제주양씨 병사공실기

濟州梁氏 兵使公實記

제주양씨병사공파종중

◤ 역자소개 김채식(金菜植)

1967년 충청북도 진천에서 출생했다. 성균관대학교 한문교육과를 졸업하고, 한림대학교 부설 태동고전연구소에서 한문을 수학했다. 성균관대학교 한문학과에서 석사와 박사 학위를 받았다. 성균관대학교 대동문화연구원 거점번역연구소에서 문집번역에 종사 하였고, 현재 경운초당에서 초서를 가르치고 있다. 번역서로 《무명자집》, 《풍고집》, 《환재집》, 《김광국의 석농화원》 등이 있다.

제주양씨 병사공실기

2022년 9월 21일 초판1쇄 인쇄
2022년 10월 7일 초판1쇄 발행

편 자 | 제주양씨병사공파종중
역 자 | 김채식
발행인 | 김영환
발행처 | 도서출판 다운샘

05661 서울특별시 송파구 중대로27길 1(오금동)
전화 02 - 449 - 9172 팩스 02 - 431 - 4151
E-mail : dusbook@naver.com
등록 제1993 - 000028호
ISBN 978-89-5817-516-2 93990

값 60,000원

제주양씨 병사공실기

濟州梁氏 兵使公實記

제주양씨병사공파종중

도서출판
다운샘

일러두기

1. 이 책의 대본은 《병사양공실기(兵使梁公實記)》(1971), 《양씨세장첩(梁氏世藏帖) 상(上)·하(下)》(1963)이다.

2. 번역문을 작성하면서 한문원문을 앞에 두고 아래에 번역문을 두었다.

3. 《양씨세장첩(梁氏世藏帖) 상(上)·하(下)》는 뒤에 원본을 영인하여 첨부하였는데, 수록 순서는 우측에서 좌측으로 되어 있다.

4. 영인본과 번역문을 대조하기 쉽도록 영인본의 해당 면에도 동일한 기호를 표기하였다.

5. 원전의 오류 및 역사사실과 다른 것은 바로 수정하여 번역하였고, 내용이 의심스러우나 검증할 자료가 없는 경우에는 원전대로 두었다.

병사공의 투구

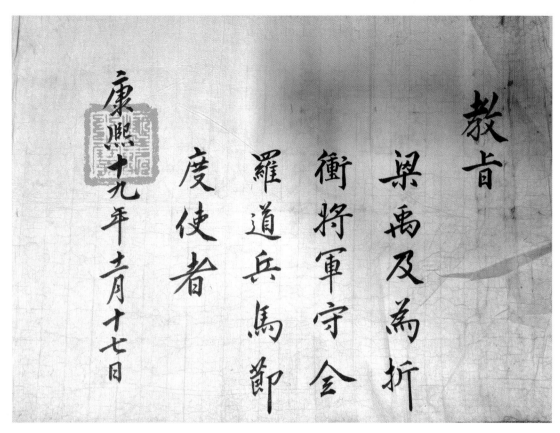

教旨

梁禹及爲折

衝將軍守全

羅道兵馬節

度使者

康熙十九年十二月十七日

병마절도사 교지(敎旨)

諭全羅道兵馬節度使梁禹及

卿受委一方體任非輕凡

發兵應機安民制敵一

應常事自有舊章慮

或有予與卿獨斷審置

事非密符莫可施爲且

意外奸謀不可不預防

如有非常之命合符無

疑然後當就命故賜押

第三十二符卿其受之故

諭

康熙十九年十二月二十五日

병마절도사 유서(諭書)

병사공 산소(현) 보성군 득량면 송곡리

병사공 시제(이장전 파주시 교하면 동패리 산소)

병사공 제각 숭모재(崇慕齋)

숭모재 준공식

《제주양씨 병사공실기》를 간행하면서

우리 제주양씨병사공파종중(濟州梁氏兵使公派宗中)은 전라도 병마절도사를 역임하신 절충장군(折衝將軍) 양우급(梁禹及, 1630~1683) 병사공 할아버지를 공동선조로 모시는 종중입니다.

이번에 간행하는 《제주양씨 병사공실기》는 우리 종중이 보관하고 있는 병사양공실기(兵使梁公實記), 양씨세장첩(梁氏世藏帖) 상(上)·하(下) 등 3권의 책을 번역하여 한 권으로 만든 것입니다. 병사양공실기에는 병사공 할아버지에 관련된 교서(敎書), 제문(祭文), 연보(年譜), 행장(行狀) 등 귀중한 자료가 실려 있습니다. 양씨세장첩 상권에는 조선 시대의 제현(諸賢)들이 병사공을 비롯한 우리 선조님들에게 보내준 서한(書翰)이 실려 있고, 그 하권에는 우리 선조님들이 주고받은 서한이 실려 있습니다.

모든 자료가 한문(漢文)으로 작성되어 있고, 특히 서한은 초서(草書)로 작성된 것이 대부분이어서 그 동안 후손들이 그 내용을 파악하기가 쉽지 않았습니다. 후손된 사람으로서 그 뿌리인 선조에 관한 자료를 해독하지 못한다는 것은 매우 안타까운 일이 아닐 수 없습니다. 이에 우리 종중은 후손들이 병사공을 비롯한 선조님들의 삶의 발자취를 알아볼 수 있도록 우선 위 3권의 책을 한글로 번역하기로 하였습니다.

책의 편집 방식은 병사양공실기, 양씨세장첩(상), 양씨세장첩(하) 순으로 싣되, 앞에 한문으로 된 원문을 싣고, 그 다음에 한글 번역문을 실었습니다. 다만 양씨 세장첩 상·하권의 초서로 된 원문은 책 뒷부분에 영인하여 실어서 원문과 번역문을 대조할 수 있도록 하였습니다.

당초에 이 책은 우리 후손들만을 위하여 간행하려 하였으나, 관심있는 외부인들도 접할 수 있게 하는 것이 좋겠다는 의견이 있어서 이 책을 전국의 국공립 도서관에 배포하겠습니다. 이 책의 간행을 시작으로 앞으로도 우리 종중이 보관하고 있는 선대의 유품(遺品)도 순차적으로 번역, 출간할 예정입니다.

아무쪼록 우리 종중 구성원들은 이번에 번역 출간되는 이 책을 머리맡에 두고 늘 선조님들의 가르침과 삶의 지혜를 배우고 익혀서 선조님들에게 부끄럽지 않는 삶을 영위하는 후손이 되도록 더욱 노력해야 하겠습니다.

번역은 한학과 초서에 조예가 깊은 경운초당의 김채식 박사께서 맡아주셨고, 출판은 도서출판 다운샘의 김영환 대표께서 맡아주셨습니다. 두 분께 깊이 감사드립니다.

이 책을 번역 출간하는데 많은 협조와 노력을 기울여주신 수랑, 동월 부회장, 후열 총무를 비롯한 종중 임원 여러분과 동섭 종원님에게 감사드리며 이 기쁨을 함께 나누고 싶습니다.

제주양씨병사공파종중의 무궁한 발전을 기원합니다.

2022. 9.

제주양씨병사공파종중 회장 11대손 양동관(梁東冠)

목 차

권3(卷三)

부록(附錄)

권4(卷四)

부록(附錄)

제현수찰(諸賢手札)

만(輓)

권5(卷五)

부록(附錄)

추부(追附)

양씨세장첩 상(梁氏世藏帖 上)

양씨세장첩 하(梁氏世藏帖 下)

병사양공실기

兵使梁公實記

병사양공실기 권수
兵使梁公實記 卷首

사교문[현종 갑인년(1674) 정월 22일]

賜敎文[顯宗甲寅正月二十二日]

諭慶尙左水軍節度使梁禹及

爾受委一方 體任非輕 凡發兵應機 安民制敵 一應常事 自有舊章 慮或有予
與爾獨斷處置事 非密符莫可施爲 且意外奸謀 不可不預防 如有非常之命
合符無疑 然後當就命 故賜押第十四符 爾其受之 故諭

경상 좌수군절도사 양우급[1])에게 하유한 글[諭慶尙左水軍節度使梁禹及]

그대가 한 지방을 위임받았으니, 사체와 임무가 가볍지 않다. 무릇 군대를 출동시키거나 적절한 계책을 내며, 백성을 안심시키고 적을 제압하는 일이 모두 마땅히 해야할 일이므로 본래부터 정해진 법이 있다. 염려하건대 나와 그대가 홀로 판단하여 처리해야 할 일이 생기면 밀부(密符 비밀 부절)가 아니고서는 시행할 수가 없다. 또 뜻밖의간악한 모의는 미리 방비하지 않을 수 없다. 만약에 비상(非常)의 명령이 있을 때엔 부절을 합하여 의심이 없는 연후에 마땅히 명에 응하여야 한다. 그리하여 친압(親押 임금이 직접 서명) 제14부[第十四符]를 하사하니, 그대는 받으라. 이에 유시한다.

---

1) 양우급(梁禹及) : 1630~1683. 본관은 제주(濟州), 자는 찬경(纘卿)으로 학포(學圃) 양팽손(梁彭孫)의
다섯째 아들인 참봉 양응덕(梁應德)의 현손이며, 양일남(梁一南)의 둘째 아들이다. 무과에 급제하여
경상 좌수군절도사, 전라도 병마절도사를 지냈다.

사교문[숙종 경신년(1680) 12월 25일]

賜敎文[肅宗庚申十二月二十五日]

諭全羅道兵馬節度使梁禹及

卿受委一方 體任非輕 凡發兵應機 安民制敵 一應常事 自有舊章 慮或有予
與爾獨斷處置事 非密符莫可施爲 且意外奸謀 不可不預防 如有非常之命
合符無疑 然後當就命 故賜押第三十二符 卿其受之 故諭

전라도 병마절도사 양우급에게 하유한 글[諭全羅道兵馬節度使梁禹及]

경이 한 지방을 위임받았으니, 사체와 임무가 가볍지 않다. 무릇 군대를 출동시키거
나 적절한 계책을 내며, 백성을 안심시키고 적을 제압하는 일이 모두 마땅히 해야 할
일이므로 본래부터 정해진 법이 있다. 염려하건대 나와 그대가 홀로 판단하여 처리해
야 할 일이 생기면 밀부(密符 비밀 부절)가 아니고서는 시행할 수가 없다. 또 뜻밖의
간악한 모의는 미리 방비하지 않을 수 없다. 만약에 비상(非常)의 명령이 있을 때엔 부
절을 합하여 의심이 없는 연후에 마땅히 명에 응하여야 한다. 그리하여 친압(親押 임
금이 직접 서명) 제32부[第三十二符]를 하사하니, 경은 받으라. 이에 유시한다.

사제문[숙종 갑자년(1684) 6월 16일. 예관 예조정랑 김운승] 지제교 서종태가 지음

賜祭文[肅宗甲子六月十六日 禮官禮曹正郎金運乘] 知製教徐宗泰製

王若曰 惟靈 顯閥令裔 名儒宅相 資器勁特 志略恢朗 恥守一檗 起而弁鶡
遂登朝路 其齡則夙 歷踐名選 蔚爲時胥 出縮州符 入斜禁旅 精勤率職 厥勞
茂著 間奉次對 邊務是奏 其語甚晰 予聽每注 湖閫節鉞 海營樓船 展試漸殷
政聲彌宣 繕城敕甲 峙糧練卒 我固克鞏 軍民讙咢 廉訪之啓 輒褒其績 中更
時變 趣操無渝 弗競弗趨 退然怯夫 進塗方闢 哀聞斯遽 干城之良 孰爲翹楚
睠然顧懷 予懷有惻 肆賜禮酹 庶冀歆假

　왕이 이렇게 말하노라. 영령께서는 현달한 가문의 훌륭한 후손이며 이름난 유학자의
외손이다. 자질과 국량이 굳세고 특출났으며, 뜻과 책략이 넓고도 밝아, 문필에 매몰
되는 것을 부끄러워하여 몸을 일으켜 무관이 되었다. 드디어 조정의 벼슬길에 오르니
그 나이는 어렸고, 이름난 자리를 두루 역임하면서 당시의 훌륭한 인재가 되었다. 나
가서는 고을의 부절을 관장하였고 들어와서는 금위영의 군사를 통솔하여, 한마음으로
부지런히 직책을 수행하여 그 공로가 매우 드러났다. 간간이 차대(次對)2)로 만났을 때
엔 변방의 업무를 상주하였는데, 그 말이 매우 분명하여 내가 매번 주의를 기울여 들
었다. 전라도 관찰사의 부절과 황해도 감영의 누선에 대해 재능을 시험한 것이 많아지
자 관리로서의 명성이 점차 드러났다. 성을 보수하고 무기를 선별하며, 군량을 쌓고
사졸을 훈련시키는 데에 나로부터 먼저 공고히 하자 군사와 백성들이 환호하였고, 민
심을 안찰하여 올린 계문에 곧 그 공적을 포상하였노라. 중간에 다시 시절이 변하였어
도 취향과 지조가 변하지 않아, 다투지도 쏠리지도 않고서 겸손하기가 겁쟁이처럼 보
였도다. 앞날이 장차 열리려는 즈음에 갑자기 이런 부음을 들으니, 간성(干城)3)의 훌
륭한 신하가 누가 이분보다 뛰어날까. 지난날을 회상해봄에 나의 심정이 서글프도다.
이에 예를 갖춰 술잔을 하사하노니, 영령께서는 흠향하소서.4)

---

2) 차대(次對) : 매월 여섯 차례 정기적으로 정부 당상과 대간(臺諫), 옥당(玉堂) 들이 입시하여 중요한
　 정무에 대해 상주하던 일, 또는 그 자리이다.
3) 간성(干城) : 국가를 위해 방패가 되고 성이 되는 훌륭한 장수를 뜻한다. 《시경》 〈주남(周南) 토저(兔
　 罝)〉에 "굳세고 굳센 무부여, 공후의 간성이로다.[赳赳武夫, 公侯干城.]"라고 하였다.
4) 이 사제문은 《양씨세장첩》 상권에 〈절도공치제문(節度公致祭文)〉이란 제목으로 실려 있다.

사녹훈권

賜錄勳券

保社原從功臣前水使梁禹及

康熙二十年六月初八日 右承旨臣宋昌敬奉傳旨

王若曰 功無小大而爲國之誠則均 賞有重輕而酬勞之道則一 茲申寵命 益遵
彝章 言念曩日宗祐之危 實惟前古史冊所罕 務敦愛於近戚 馴致亂堦之釀成
謬委權於奸臣 莫察禍機之潛伏 審幾決策 縱賴一二協心 奮義除兇 亦資三
千同德 急書再聞 陰謀畢露於爰辭 天誅亟行 餘黨罔漏於常憲 九廟之精靈
式悅 八域之民庶載欣 咨爾士大夫曁茲軍兵吏胥臺隷 而王家顯忠之方 豈以
貴賤而或間 故盟府紀績之日 咸有等級而不差 酒於實封之餘 誕頒原從之券
於戲 況推延世之典 宥及子孫 毋替衛社之忠 勉盡終始 故茲敎示 想宜知悉
左議政鄭知和 判中樞權大運 領議政金壽恒 領中樞金壽興 判義禁李正英
知義禁吳斗寅 大司諫金萬重 典翰崔錫鼎 校理李師命 府尹金益勳 參判南
九萬 右議政閔鼎重 判義禁閔維重 大司憲申翼相 校理申琬 副護軍李弘述
前司果沈榴 佐郎安崟 校理吳道一 修撰林泳 司直黃玧 主簿趙持憲 監役朴
泰斗等(外三百七十四人)乙良 保社原從功臣一等

參議朴純 晉平君澤 前水使梁禹及 司果楊憲奭 宣傳官玄信達 御侮趙壽東
等(外七百三十三人)乙良 保社原從功臣二等

學生金鎭龜 通德郎張義傑 閑良梁應淇 宣略朴論男 司僕薛宗立 府奴安己
丑等(外二千七百三十七人)乙良 保社原從功臣三等 爲等如施行爲只爲 下吏
曹爲良如敎

보사원종공신 전 수사 양우급(保社原從功臣前水使梁禹及)

강희(康熙) 20년(1681, 숙종7) 6월 초8일. 우승지(右承旨) 신(臣) 송창(宋昌)이 공경히 전지를 받들다.

왕이 이렇게 말씀하셨다. 공적이 크고 작고를 막론하고 나라를 위한 정성은 균등하고, 포상엔 무겁고 가벼움이 있으되 노고를 치하하는 도리는 한결같으므로 이제 총애로운 명령을 펴서 더욱 떳떳한 법전을 따르노라. 생각건대 지난날 종묘사직의 위태로움은 실로 지난날의 역사에서 드물게 보던 바이다. 가까운 인척에서 돈독한 사랑에 힘썼으나 점점 혼란의 계단만 양성되었고, 권력을 간신들에게 잘못 맡겨서 화기(禍機)가 잠복한 줄을 살피지 못하였다. 기미를 살펴 책략을 결정하는 것은 비록 한 두 사람의 협심에 의지하더라도 의기를 떨쳐 흉도를 제거하는 것 또한 마음을 같이하는 삼천 명에 의지하였노라. 급한 서찰이 재차 들려오니, 음모가 원사(爰辭 진술서)에서 다 드러났고, 하늘의 주벌을 속히 행하니 남은 잔당이 떳떳한 법전에서 누락되지 않았도다. 구묘(九廟)의 영령들이 이에 흡족해하시고, 팔도의 백성들이 이에 기뻐하였도다.

아, 너희 사대부(士大夫) 및 군병(軍兵), 이서(吏胥), 대예(臺隸)들아! 왕가에서 충성을 현창하는 방도에 어찌 귀천에 따라 차이를 두겠는가. 그러므로 맹부(盟府 공신각)에서 공적을 기록하는 날에 모두 등급에 따라 차이가 없었도다. 이에 실봉(實封)[5]의 뒤에 원종공신의 녹권을 크게 반포하노라. 하물며 은혜를 대대로 물려주는 법을 넓혀 용서가 자손에까지 미치니, 사직을 보호한 충성을 바꾸지 말고 시종 노력을 다하라. 그러므로 교시하노니 의당 잘 알아들었으리라 생각하노라.[6]

좌의정(左議政) 정지화(鄭知和), 판중추(判中樞) 권대운(權大運), 영의정(領議政) 김수항(金壽恒), 영중추(領中樞) 김수흥(金壽興), 판의금(判義禁) 이정영(李正英), 지의금(知義禁) 오두인(吳斗寅), 대사간(大司諫) 김만중(金萬重), 전한(典翰) 최석정(崔錫鼎), 교리(校理) 이사명(李師命), 부윤(府尹) 김익훈(金益勳), 참판(參判) 남구만(南九萬), 우의정(右議政) 민정중(閔鼎重), 판의금(判義禁) 민유중(閔維重), 대사헌(大司憲) 신익상(申翼相), 교리(校理) 신완(申琓), 부호군(副護軍) 이홍술(李弘述), 전 사과(前司果) 심집(沈楫), 좌랑

---

5) 실봉(實封) : 신하가 임금에게 백성의 이해(利害)와 사직의 안위(安危)에 관한 중대사를 밀계(密啓)할 때 다른 사람이 소장의 내용을 보지 못하도록 봉(封)하던 것을 말한다.

6) 이 녹훈권은 오도일(吳道一)이 지제교(知製教)로서 경신년(1680, 숙종6)에 지어 바친 것으로 되어 있다.《西坡集 卷25 保社原從功臣錄券教文 庚申○以知製教製進》

(佐郎) 안음(安崟), 교리(校理) 오도일(吳道一), 수찬(修撰) 임영(林泳), 사직(司直) 황윤(黃玧), 주부(主簿) 조지헌(趙持憲), 감역(監役) 박대두(朴泰斗) 등(이외 374인)은 보사원종공신(保社原從功臣) 1등.

참의(參議) 박순(朴純), 진평군(晉平君) 이택(李澤), 전 수사(前水使) 양우급(梁禹及), 사과(司果) 양헌석(楊憲奭), 선전관(宣傳官) 현신달(玄信達), 어모(御侮) 조수동(趙壽東) 등(이외 733인)은 보사원종공신(保社原從功臣) 2등.

학생(學生) 김진귀(金鎭龜), 통덕랑(通德郎) 장의걸(張義傑), 한량(閑良) 양응기(梁應淇), 선략(宣略) 박론남(朴論男), 사복(司僕) 설종립(薛宗立), 부노(府奴) 안기축(安己丑) 등(이외 2737인)은 보사원종공신(保社原從功臣) 3등. 통틀어 시행하도록 이조에 내려 보내도록 하라.

康熙二十年(壬戌)六月初八日 右承旨臣宋昌敬奉傳旨

王若曰 保社原從功臣一等乙良 各加一資 子孫承蔭 宥及後世 父母封爵 二等乙良 各加一資 子孫承蔭 宥及後世 子孫中從自願加散官一資 其中無子孫者 兄弟壻侄中 從自願加散官一資

三等乙良 各加一資 子孫承蔭 宥及後世 爲等矣 各等通訓以上乙良 子孫兄弟甥侄女婿中一人 從自願加散官一資 物故人乙良 各依本等施行爲彌 各追贈一資爲齊 犯罪作散人乙良 並於本品敍用爲齊 在喪及無故作散人乙良 各加一資敍用爲齊 永不敍用人乙良 許通仕路爲齊 職牒還收人乙良 並只還給爲齊 妾子乙良 限品安徐爲齊 公私賤口乙良 並只免賤爲齊 係干逆黨及因逆賊公私間事被罪者乙良 官爵一款擧行安徐爲只爲 下吏曹爲良如敎

강희(康熙) 20년 신유년[7](1681, 숙종7) 6월 초8일. 우승지(右承旨) 신(臣) 송창(宋昌)이 공경히 전지를 받들다.

왕이 이렇게 말씀하셨다. 보사원종공신(保社原從功臣) 1등은 각각 자급을 하나 올려

---

7) 신유년 : 원문에 임술년으로 되어 있으나 착오로 보이므로 수정하였다.

주고, 자손들이 음덕을 이어 받고, 죄가 있어도 후세까지 사면을 받으며, 부모를 봉작(封爵)한다.

2등은 각각 자급을 하나 올려주고, 자손들이 음덕을 이어 받고, 죄가 있어도 후세까지 사면을 받으며, 자손 중에 자원하는 사람은 산관(散官) 1자급을 더해 주고, 그중에 자손이 없는 자는 형제, 사위, 조카 중에 자원에 따라 산관(散官) 1자급을 더해준다.

3등은 각각 자급을 하나 올려주고, 자손들이 음덕을 이어 받고, 죄가 있어도 후세까지 사면을 받는다.

각 등급의 통훈(通訓) 이상은 자손, 형제, 생질, 사위 중 1인을 자원에 따라 산관(散官) 1자급을 더해주고, 물고인(物故人 사망자)은 각 본래 등급대로 시행하며, 각각 1자급을 추증할 것. 범죄로 산인(散人)인 된 자는 모두 본품(本品)에 서용(敍用)할 것. 상중에 있거나 까닭 없이 산인(散人)이 된 자는 각각 1자급을 더해주고 서용할 것. 영원히 서용치 않는 사람은 벼슬길에 허통(許通)할 것. 직첩(職牒)을 환수 받은 사람은 모두 직첩만 환급할 것. 첩의 자식은 품계를 한정하지 않을 것. 공사천구(公私賤口)는 모두 면천만 시킬 것. 역당에 관계되거나 역적으로 인해 공사 간에 죄를 받은 자는 관작(官爵) 한 조목은 거행하지 말도록 이조에 내려 보내도록 하라.

사복훈권

賜復勳券

保社原從功臣前水使梁禹及 改修錄券
康熙三十三年 甲戌五月日承命釐正
但名別簡略一等二十三人 二等六人 三等六人登載 而外三千八百四十三人
詳見復勳券原本

보사원종공신(保社原從功臣) 전 수사(前水使) 양우급(梁禹及)의 녹권을 다시 발급함.
강희(康熙) 33년 갑술년(1694, 숙종20) 5월 모일. 명을 받아 바로잡음.
- 다만 명단은 생략한다. 1등 23인, 2등 6인, 3등 6인을 등재하고 이외 3843인은
복훈권(復勳券) 원본에 상세하다.

兵使梁公實記序

記曰 先祖有善而不知 不明也 知而不傳 不仁也 又曰 無美而稱之 誣也 余每讀此 未嘗不歎惜乎時人之昧然於此也 夫不欲知其先懿之爲何等事者 不近人情 已不足道 而其所謂知而傳之者 張皇無實之先德 杜撰無據之文獻 做得別樣人 自陷於誣先 卒同歸於不明不仁之科 若是而彝倫安得不斁敗 世道安得不汙下乎 只自仰屋而已 迺者 梁斯文仁承 遠訪余于冠岳山中 袖示其先祖兵使公實記 而曰 先祖才兼文武 早擢虎榜 位至閫帥 亟被聖眷 庶可以建立功業 而遽天喪之 未克大展厥蘊 已足爲後承之痛恨 況歷世既遠 且遭家禍 平日著述 盡歸散佚 只有七代孫茶菴公梡 八代孫參奉公德煥所輯 當時諸賢往復札若干 而他不存焉 不肖 以是抱憾冞深積年歲 而廣授博採 得若干附以諸家記述 及他文蹟 欲付手民 子其惠一言爲弁文 余實非其人 而顧念先誼 有難終拒 乃閱其全篇 攄實叙次 無一毫飾虛溢美 足以究見公之一生大治 蓋公以學圃惠康公之肖孫 爲牛山安文康公之宅相 有內外世德之美 故粵自蚤歲 習聞其詩禮忠孝之說 蒙養得正 及其長而從遊乎 堂時賢流 琢磨者道義 淬礪者名節 故居家而盡其道於愛親敬兄之間 移而事君 則盡其義於居官任職之地 良驥之步方展於坦道 而大鵬之翮 旋切於中霄 噫何其不幸也 豈非造物者之多猜也耶 雖然才志未伸 而訏謨猶傳 故其孫府使公益標 樹人節於辛壬之際 垂名汗靑 有光先德 遺徽餘烈 久而不替 今仁承亦有所傳受 故其得明且仁之義 而警夫世之張皇杜撰者 如此也 詩云 永言孝思 孝思維則 又云 孝子不匱 永錫爾類 吾將見梁氏之益爲法門 而餘慶之永世未艾也 姑以是書其卷端
龍集庚戌南至日 德殷宋在直序

병사양공실기 서문[兵使梁公實記序]

《예기》〈제통(祭統)〉에 "그 선조에게 선행이 있는데도 알지 못한다면 이는 밝지 못한 것이고, 알고서도 후세에 전하지 않는다면 이는 어질지 못한 것이다."라고 하였고, 또 "선행이 없는데도 칭찬한다면 이는 속이는 것이다."라고 하였다.

내가 매번 이 글을 읽을 때마다 지금 사람들이 이에 대해 무지한 것에 대해 한탄하며 애석해하지 않은 적이 없었다. 대체로 그 선조의 아름다운 일이 어떠한 일인지 알고 싶어 하지 않는 것은 인정(人情)과 가깝지 않은 것이므로 족히 이야기할 가치도 없지만, 이른바 알고서 전하는 자가 내용이 없는 선조의 덕을 장황히 떠벌이고, 근거 없는 문헌을 날조하여 전혀 다른 사람을 만든다면, 이는 선조를 속이는 데 스스로 빠져서 마침내 밝지 못하고 어질지 못한 허물로 똑같이 귀결될 것이다. 이렇게 하고서 이륜(彝倫 윤리)이 어찌 퇴패하지 않을 수 있으며, 세도(世道)가 어찌 아래로 하강하지 않을 수 있겠는가. 그저 스스로 지붕을 쳐다보며 탄식할 뿐이다.

지난 번에 양사문 인승(梁斯文仁承)이 멀리 관악산 속으로 나를 찾아와 소매에서 선조 병사공의 실기를 꺼내 보여주며 말하기를 "선조께서 문무(文武)를 겸비하여 일찍 무과에 급제하여 지위가 절도사에 이르렀고, 자주 성상의 관심을 받아서 거의 공업(功業)을 세울 수 있을 만했는데, 하늘이 갑자기 앗아가 그 온축된 재능을 다 펴지 못하였습니다. 너무나 후손들의 통한이 되고 있는데, 하물며 지나온 세월이 이미 오래되고 또 집안이 재앙을 만나서 평소에 저술한 것이 온통 흩어져 사라지고 말았습니다. 다만 7대손 다암공(茶菴公) 순(栒)과 8대손 참봉공(參奉公) 덕환(德煥)이 편집한 당시 제현(諸賢)들의 왕복 서찰 약간이 있고, 다른 것은 남지 않았습니다. 불초(不肖)는 이 때문에 품은 유감이 더욱 깊어 여러 해에 걸쳐 널리 찾아 모으고, 제가(諸家)들의 기록 및 기타 문적(文蹟)을 덧붙여서 출판에 붙이고자 하니, 그대는 한 말씀의 서문을 지어 주십시오."라고 하였다.

나는 실로 그 적임자가 아니지만 선대의 정의를 생각함에 끝내 거절하기 어려운 점이 있어서 이에 그 전편(全篇)을 열람해 보니, 사실을 모아 차례를 매긴 것이 터럭만큼의 과장과 찬미가 없어서 족히 공의 일생의 큰 업적을 고찰해 볼 수 있었다.

대체로 공은 학포(學圃) 혜강공(惠康公 양팽손)의 훌륭한 자손이고 우산(牛山) 안문강공(安文康公 안방준)의 외손으로, 안팎으로 대대로 이어온 아름다운 덕행을 지녔으므로, 이른 나이부터 그 시례(詩禮)와 충효(忠孝)의 설을 익숙히 들어 어린 시절의 교육이 바름을 얻을 수 있었다. 장성함에 이르러 당시의 어진 분들과 어울리며 도의(道義)를 갈고 닦고 명절(名節)을 서로 권면하였으므로 집에 거처하면서 어버이를 사랑하고 형을 공경하는 사이에서 도리를 극진히 발휘하였고, 그것을 옮겨 임금을 섬기게 되자 관직에 거처하며 직무를 감당하는 처지에서 의리를 극진히 지켰다.

빼어난 말발굽이 막 탄탄대로를 달리려는 즈음에 대붕(大鵬)의 날개가 도리어 중천에서 부러지니, 아! 어찌 그리 불행한가. 이 어찌 조물주가 시기심이 많아서가 아니겠는가. 비록 그렇지만 재능과 뜻을 펼치지 못했더라도 훌륭한 계책이 아직도 전해지므로 그 손자 부사공(府使公) 익표(益標)가 신임사화(辛壬士禍) 때에 큰 절개를 수립하여 명성이 역사서에 드리워져 선조의 덕보다 광채를 발하였다. 선대가 남긴 덕과 공적이 오래되어도 쇠퇴하지 않아서 지금 인승(仁承) 또한 전수를 받은 바가 있으므로 밝고 어진 의리를 터득하여 세상에서 장황히 늘어놓고 날조하는 자들을 경계시킴이 이와 같다.

《시경(詩經)》〈대아(大雅) 하무(下武)〉에 "영원토록 효성을 바침이여, 그 효성이 오직 법칙이 되도다.[永言孝思, 孝思維則.]"라고 하였고, 또 〈대아(大雅) 기취(旣醉)〉에 "효자의 효성이 다함이 없으니, 영원히 그대들에게 복을 내리리라.[孝子不匱, 永錫爾類.]"라고 하였다. 나는 양씨가 더욱 법도 있는 가문이 되어서 남은 경사가 영원토록 끊이지 않을 것임을 장차 볼 것이다. 우선 이 말로써 책머리에 쓰노라.

용집(龍集 세차) 경술년(1970) 남지일(南至日). 덕은(德殷) 송재직(宋在直)이 서문을 쓴다.

서
書

上伯氏參奉公禹成

伏承下書 因諗氣體萬吉 伏喜 舍弟今旬無事到營 私幸 伏惟下察
辛酉元月十三日 舍弟禹及拜

백씨 참봉공 우성께 올림[上伯氏參奉公禹成]

  내려주신 편지를 받고서 기체(氣體)가 두루 좋으심을 알게 되니, 매우 기쁩니다. 사제(舍弟)는 이번 달 10일에 탈 없이 감영에 도착하였으니 다행입니다. 살펴주시기 바랍니다.

  신유년(1681, 숙종7) 1월 13일. 사제(舍弟) 우급(禹及) 올림.

잡저

雜著

禮義[別科] … 一張一弛文武之道

謹按 演洪範之卒章曰 玆闔之窮 斯闢之通 盖論其一陰一陽之道 而有貞下起元之理 言其屈伸健順之德 而有應時適變之權 噫 爲此說者 可與論聖王體天莅民之道乎 吾於禮經而驗之矣 記曰 一張一弛 文武之道 吁禮之言 其亦演洪範闔闢之義也 請演其義而爲之說曰 夫剡木弦絲 或張或弛者 操弓之術也 作辟莅政 佚之勞之者 使民之道也 弓之張弛 不可以久 久之則有力絶體變之患 民之佚勞 亦不可久 久之則有怠慢困憊之虞矣 是故善操弓者 省括于度 而張之弛之 能隨其時 善御民者 使民以義 而勞之佚之 能適其宜 此易之所謂先張之弧 後說之弧 而詩之所謂民亦勞止 汔可小康者也 然則既張我弓 抑弢弓忌者 乃聖王休民役民之穀率 而允文允武之要的也 煥乎其有文而不亂 嚴乎其神武而不殺 故損剛益柔 與時偕行 而隨之時義 大矣哉 嗚呼 弓譬則民也 政譬則張弛也 其所以文而弛之 武以張之者 抑不在於仁以撫之 義以振之者乎 天有元亨利貞之德 而陽開陰闔 寒往暑來 則其所以生長於春夏 收藏於秋冬者 天之所以一張一弛之文武也 聖有仁義禮智之性 而肅乂睿哲 克寬克慄 則其所以勤民於耕作 休民於歸藏者 聖王之所以乃文乃武之張弛也 相古先王 誰盡此道 丕顯哉文王謨 丕承哉武王烈 凡厥人牧 尚鑑于玆 謹義

예의(禮義)[8]---[별과(別科)] - 한 번 당기고 한 번 늦추는 것은 문무(文武)의 도이다.

삼가 고찰하건대, 〈홍범(洪範)〉을 부연한 마지막 장에 이르기를 "이것은 합(闔)의 궁극이고, 이것은 벽(闢)의 통함이다."라고 하였으니, 대체로 일음(一陰)과 일양(一陽)의 도리를 논하여서 정하기원(貞下起元 정 아래에서 원이 생겨남)의 이치를 둔 것이고, 굴신(屈伸)과 건순(健順)의 덕을 말하여 응시적변(應時適變 임기응변)의 권도를 둔 것이다.

아, 이 설을 말한 자는 가히 더불어 성왕(聖王)의 체천이민(體天莅民)의 도리를 논할 만하도다. 내가 예경(禮經)에서 징험해 보았다. 《예기(禮記)》〈잡기 하(雜記下)〉에 "한 번 긴장을 시키고, 또 한 번 이완을 시켜주는 것이, 바로 문왕과 무왕의 도이다.[一張一弛, 文武之道.]"라고 하였으니, 아 예의 말은 그 또한 홍범의 합벽(闔闢)의 의리를 부연한 것이다. 청컨대 그 의미를 부연하여 이야기를 하고자 한다.

대체로 나무를 깎아 활줄을 걸어서 당기기도 하고 풀어주기도 하는 것은 활을 조종하는 기술이다. 임금이 되어 정치를 펴면서 편안히도 해주고 수고롭게도 하는 것은 백성을 다스리는 도리이다. 활을 당기고 펴는 것은 오래할 수 없으니, 오래하면 힘이 다하고 몸체가 변하는 근심이 있다. 백성을 편안하고 수고롭게 하는 것 또한 오래할 수 없으니, 오래하면 태만하고 고단한 근심이 생길 것이다. 이 때문에 활을 잘 다루는 자는 법도에 맞는가를 살펴서 당기거나 풀어주어 능히 적절한 때를 따르고, 백성을 잘 부리는 자는 백성을 의리로써 부려서 수고롭거나 편안하게 해주어 능히 그 마땅함에 맞춘다. 이것이 《주역(周易)》〈규괘(睽卦)〉에서 이른바 "먼저는 활시위를 당겼다가 나중에 시위를 풀어 놓는다.[先張之弧, 後說之弧.]"라는 것이고, 《시경(詩經)》〈민로(民勞)〉에서 "백성이 또한 수고로운지라, 조금 편안하게 해준다.[民亦勞止, 汔可小康.]"라는 것이다.

그렇다면 이미 나의 활을 당기고, 또한 활집에 거두어들이는 것은 바로 성왕께서 백성을 쉬게 하거나 백성을 부리는 법도인 것이고, 문(文)과 무(武)를 적절히 쓰는 요점인 것이다. 그 문체가 찬란하게 빛나면서도 어지럽지 않고, 신령스런 무력이 엄정하면서도 죽이지 않기 때문에 강한 것을 덜어내서 유약한 데다 보태주고, 때와 더불어 함께 행하니 수괘(隨卦)의 의미가 훌륭하도다.

---

8) 예의(禮義) : 과거 시험의 하나로 예(禮)에 관한 특정한 문제에 대해 수험생의 의견을 진술하는 형식이다. 이 답안지는 별과를 볼 때 작성하여 제출한 것이다.

오호라, 활을 비유하면 백성이고, 정치를 비유하면 당기고 늦추는 것이니, 그 문(文)으로써 풀어주고 무(武)로써 당기는 것은 또한 인(仁)으로 다독여주고 의(義)로써 긴장을 주는 데에 달려 있지 않겠는가.

하늘에는 원형이정(元亨利貞)의 덕이 있어서 양으로 열어주고 음으로 닫아주어 추위가 가면 더위가 오니, 그 봄과 여름에 나서 자라고 가을과 겨울에 거두어 갈무리하는 것은 하늘이 한 번 당기고 한 번 풀어주는 문무(文武)의 수단이다. 성인에게는 인의예지(仁義禮智)의 성품이 있어서 엄숙하고 조리있고 총명하고 현명하니, 그 밭을 갈아 경작하는 데서 백성을 권장하고 돌아가 숨는 데서 백성을 쉬게 하는 것은 성왕께서 문(文)과 무(武)를 적절히 당기고 풀어주던 수단이다.

옛날 선왕을 보건대 누가 이 도리에 극진하였는가. 《서경》〈군아(君牙)〉에 "크게 드러났도다, 문왕의 가르침이여. 크게 계승하였도다, 무왕의 공렬이여.[丕顯哉, 文王謨, 丕承哉, 武王烈.]"라고 하였으니, 무릇 사람을 다스리는 자는 여기서 살피기 바란다. 삼가 의견을 진술한다.

通文[濟南大族譜刊出時]

右文爲收族合譜事也　族之爲譜　其來盖古　而其爲譜也　必取其所自出之祖
以弁諸孫之首者　欲使後之視若塗人者　皆有以知夫其初之一人　而無致忽忘
焉　其尊祖敬宗之道　敦本修睦之義意甚遠矣　今吾宗之梁　則不然　夫梁氏之
在東韓　或于京　或于嶺　或于湖之西南者　其麗寔繁　而原其所出　則漢挈神人
良乙那　其鼻祖也　東韓之梁　同祖乙那　而乙那濟人　則乙那之後　雖遠至千百
世之久　派分億萬人之衆　其譜系本貫　宜無異同　而今吾梁譜牒　不明于京于
嶺者　叙之譜　不及二湖　二湖者之叙之亦然　而且其書貫　各因其中葉勳封之
祖　曰濟　曰羅　曰黃　曰南原者　若是其殊絶　奚哉　盖其勳封之祖　亦皆乙那之
子孫　則同爲其後　而二三其譜系本貫者　茲豈祖先之志哉　昔三季之衰　世族
之家　叙譜多舛　有曺氏而或祖虞舜　或祖振鐸　以朱氏而　或祖顓頊　或祖丹朱
幷皆緣於不知系出之致　而當時猶譏之　今吾宗之梁　雖千支萬派　皆知其乙那
之後　而猶有是曺朱二家之舛　其可乎哉　吾宗譜系本貫之殊　果如前所云者
而尚且因循不使之同　則安知其久後不以譜系本貫之殊　遂疑其非族　而不知
其爲一人之後乎　不知其爲一人之後　則於是乎梁之世　必有通媒聘女者矣　夫
同姓而嫁娶　禽犢之爲也　譜系本貫相殊之弊　馴致不免於禽犢之歸　則爲吾宗
者　烏可不惕然深念　謨所以防之於其始乎　大抵自乙那之後　以至中葉勳封之
祖　其間系數必多　而不幸年代旣逖　累經兵燹　未有文字可考　汶汶焉無傳　故
乙那以後　中葉以前　都不能擧其世　是則誠爲吾梁之欠缺　而子孫之隱痛者矣
雖然前之不能擧其世　勢也　勢吾無如之何也　至於中葉以下之系　各有所記
而吾梁者　擧皆知其同爲乙那之後　則必須收輯中葉以下之系　釐正序列　而又
弁乙那於諸孫之首　使梁之譜系本貫　無有二三者　最是吾宗第一事務　而尚且
委之於勢　不汲汲焉爲之哉　誠願諸族　念其初一人之出　惕今日塗人之視　諸
梁譜系　合而一之　然後又待式年改籍　以故聞之官　皆以濟州書貫　而譜牒之
弁　書曰濟州梁氏族譜云爾　則反本復始之意　於是乎在　而敦宗睦族之風　庶
乎其無墮矣　生等將以是年五月一日　會于綾州天台寺　議完茲事　及敢价此門

族中爲僧者 遍告諸族 遠求遺缺之譜 諸族地遠難以畢至 則須各定一員隸遣
而不能則專委一力 將小譜來致 又不能則檢討小譜於此師之歸如何 若其欹
闕之事 則或屬於先爲州縣者 或置別有司 集衆力而營幹之 惟在諸族擇可而
命之耳 伏惟僉尊鑑 癸亥正月日

통문(通文) ---[《제남대족보(濟南大族譜)》를 간행할 때 돌린 통문]

이 통문은 우리 일족의 족보를 수합하기 위한 일입니다. 씨족에게 족보가 있는 것은
그 유래가 오래 되었습니다. 그런데 족보를 만들 때에, 반드시 씨족이 나온 조상을 찾
아서 여러 후손들의 첫머리에 싣는 것은 후세에 길거리의 모르는 사람처럼 보던 자들
로 하여금 모두 그 처음에 한 사람이 있었음을 알게 하여 자칫 잊지 않도록 하기 위함
입니다. 그 조상을 존숭하고 종족을 공경하는 도리와 근본을 돈독히 하고 친목을 닦는
의의가 깊고도 원대하다 하겠습니다.

지금 우리 종족 양씨(梁氏)는 그렇지가 못합니다. 대체로 양씨로서 우리나라에 사는
자들은 서울에도 영남에도 호서와 호남에도 있어서 그 숫자가 매우 많은데, 그 나온
곳을 추적해보면 한라 신인(漢拏神人) 양을나(良乙那)가 그 시조입니다. 우리나라의 양
씨는 을나(乙那)를 같은 조상으로 하는데, 을나는 제주 사람이므로 을나의 후손이라면
비록 천백 세의 오랜 세월이 흐르고 억만 명의 많은 분파가 생겼을지라도 그 보계(譜
系)와 본관(本貫)은 의당 다름이 없어야 합니다.

그런데 지금 우리 양씨의 보첩(譜牒)은 분명하지 않아서, 서울과 영남에 사는 자들이
족보를 만들면 호서와 호남의 양씨를 언급하지 않고, 호서와 호남의 족보도 또한 마찬
가지입니다. 또 본관을 표시하는 것도 각자 중엽의 공을 세워 봉작을 받은 조상으로
인해 제(濟), 라(羅), 황(黃), 남원(南原)이라 하니, 이렇게 전혀 달라진 것은 무엇 때문
입니까. 대체로 그 봉작을 받은 조상들 또한 모두 을나의 자손이라면 똑같이 그 후손
이 되어야 하는데, 보계와 본관을 제각기 달리하는 것이 어찌 조상들의 뜻이겠습니까.

옛날에 세상이 말세에 이르자 유서 깊은 가문에서 족보를 서술함에 잘못이 생겨,
조씨(曹氏)이면서 간혹 우순(虞舜)을 조상이라 하고 혹은 진탁(振鐸)을 조상이라 하며,
주씨(朱氏)이면서 간혹 전욱(顓頊)을 조상이라 하고 혹은 단주(丹朱)를 조상이라 하니,
이 모두가 세계(世系)를 알지 못하기 때문에 생긴 것으로 당시에도 기롱을 받았습니

다. 우리 종족인 양씨는 비록 천만 가지로 자손이 나뉘더라도 모두가 을나의 후손임을 알고 있는데, 오히려 조씨(曺氏), 주씨(朱氏) 두 집안과 같은 잘못이 있어서야 될 일입니까.

우리 종족의 계보와 본관이 다른 것은 과연 앞서 말한 것과 같은데, 오히려 옛일을 답습하면서 동일하게 만들지 못한다면, 아주 오랜 뒤에 계보와 본관이 다른 데서 그치지 않고 드디어 같은 종족이 아닌 것으로 의심하고 한 사람의 후손인 줄도 모르게 되지 않을 줄 어찌 알겠습니까. 한 사람의 후손이라는 것을 모르게 된다면, 그 때는 양씨의 세대에도 반드시 중매를 놓아 혼인을 하는 경우가 생길 것입니다. 대체로 성씨가 같으면서 혼인을 하는 것은 금수(禽獸)와 같은 짓입니다. 계보와 본관이 서로 달라진 폐단이 점점 심해져 금수로 귀결됨을 면치 못한다면 우리 종족이 된 자들이라면 어찌 두려워하며 깊이 염려하여 애초에 미리 방비할 수단을 도모하지 않겠습니까.

대체로 을나 이후로 중엽의 봉작을 받은 조상에 이르기까지 그 사이의 대수가 반드시 많을 것인데, 불행이 연대가 아득히 멀어지고 자주 전란을 겪다보니 고찰할 만한 문자가 없어져 깡그리 전해지지 못했습니다. 그러므로 을나 이후로 중엽 이전은 온통 그 세계(世系)를 거론치 못하니, 이는 참으로 우리 양씨의 흠결이 되고 자손들이 속으로 아파하는 바입니다.

비록 그렇지만 예전에 세계를 거론치 못한 것은 형세가 그런 것이니, 형세에 대해서는 우리가 어찌할 수가 없습니다. 중엽 이하의 세계에 이르면 각자 기록이 있어서 우리 양씨가 모두 을나의 후손임을 모두가 알고 있으니, 반드시 중엽 이하의 세계를 수집하여 차례대로 정리하여 나열해야 합니다. 그리고 을나를 모든 후손의 첫머리에 놓아서 양씨의 보계와 본관이 여러 가지가 되지 않도록 만드는 것이 우리 종족이 해야 할 가장 급선무인데, 아직까지 형세가 그런 것이라고 핑계를 대고 서둘러 하지 않는단 말입니까.

진실로 바라건대 제족(諸族)께서는 처음 한 사람이 나온 것을 생각하시고, 오늘날 서로 길가는 사람처럼 보는 것을 두려워하여 여러 양씨의 보계를 합하여 하나로 만들고, 그런 뒤에 식년(式年 3년)마다 호적(戶籍)을 고칠 때를 기다려 이런 사연을 관아에 알리되 모두 제주(濟州)를 본관으로 기록하며, 보첩의 첫머리에는 "제주양씨족보(濟州梁氏族譜)"라고 쓴다면, 근본을 돌이키고 처음을 회복하는 뜻이 그제서야 생겨날 것이고, 종족을 돈독히 하고 씨족을 화목하게 하는 기풍이 거의 무너짐이 없게 될 것입니다.

저희들이 장차 올해 5월 1일에 능주(綾州)의 천태사(天台寺)에 모여서 이 일을 논의하여 완결하고자 하여, 감히 양씨 가문 중에 승려가 된 사람을 심부름꾼 삼아서 여러 종족들께 두루 알려서 빠지고 누락된 족보를 멀리 구하고자 합니다. 제족들께서는 지역이 멀어서 모두 오시기 어려울 경우엔 각기 한 사람의 심부름꾼을 뽑아 보내주시고, 이것도 어려우면 한 사람을 일부러 보내 소보(小譜)를 보내 주시고, 그것도 어려우면 소보를 이 승려가 가는 편에 검토해 주심이 어떠합니까.

판각하는 일에 대해서는 먼저 주현(州縣)의 수령이 된 분에게 부탁을 해보거나 혹은 별유사(別有司)를 두어서 모든 역량을 모아서 도모해 보겠습니다. 오직 제족들께서 좋다고 허락해주시기를 바랍니다. 첨존(僉尊)께서 살펴주시기 바랍니다.

계해년(1683, 숙종9) 정월 모일.

書南原梁氏世紀後

右世記　出於故進士梁筳之家　而筳之曾孫躋之所傳記者也　筳於化平君十六世孫云爾　此記固有闕失　又多可疑處　雖不足以考信　然其於世系之源委　或不無參考者　玆記以備考證焉

[世紀見譜牒首篇事蹟中]

《남원양씨세기》 뒤에 쓴 글[書南原梁氏世紀後]

이 세기(世記)는 작고한 진사(進士) 양정(梁筳)의 집안에서 나왔는데, 양정의 증손 제(躋)가 전해 기록한 것이다. 양정은 화평군(化平君)의 16세손이라고 한다. 이 세기는 본디 빠진 것이 있고, 또 의심할 곳이 많아서 고신(考信)하기에는 부족하다. 그러나 세계(世系)의 근원에 대해 간혹 참고할 것이 없지 않으므로 지금 기록하여 고증의 자료로 대비한다.

[세기는 보첩(譜牒) 수편(首篇)의 사적(事蹟) 가운데에 보인다]

제문
祭文

祭先祖學圃府君墓文[辛酉十月日]

伏以祭獸及魚 豹獺皆知報本 愼終追遠 君子所以厚民 若稽古而有文 其在今而怠禮 竊惟小子載忝家風 去書學兵 背靑氈之舊業 還鄕畫錦 愧黃麻之新恩 餘慶攸屆 極知荷天之寵 積德乃發 敢聽先祖之榮 旣得祿食之侈 宜篤報享之孝 轅門小暇 莫抽拘官之身 戎務多繁 久闕省墓之典 屬秋冬之巡 按路桑鄕之經過 水丘依依 可想杖屨之迹 松楸鬱鬱 寧禁霜露之思 百年如隔晨 載瞻塋域 五世不斬澤 宛覩典刑 玆具選牲之時羞 敢伸見羹之私愁 生死本一氣 祖宗氣遺在子孫 幽明無二心 吾人心上通鬼神 來拜苦晩 雖蹈不孝之愆 哀矜勿誅 只恃如保之愛 非曰黍稷之惟馨 庶幾神君之降格 尙饗

선조 학포 부군께 올린 제문[祭先祖學圃府君墓文][9]---[신유년(1681, 숙종7) 10월 모일]

　엎드려 생각건대, 짐승과 물고기를 늘어놓고 제사를 지낸다면 표범과 수달도 모두 근본에 보답할 줄 아는 것이니,[10] 신종추원(愼終追遠)[11]은 군자가 백성을 두텁게 하는 수단입니다. 만약 옛날을 고찰하여 글이 있었다면, 지금 세상에서 예에 태만해서야 되겠습니까.

　가만히 생각건대 소자(小子)가 외람되이 가풍(家風)을 물려받았는데, 서책을 버리고

---

9) 선조……제문 : 양우급(梁禹及, 1630~1683)이 1681년(숙종7) 10월에 5대조인 학포(學圃) 양팽손(梁彭孫, 1488~1545)의 영전에 올린 제문이다. 이 제문은 조카뻘인 육화(六化) 양거안(梁居安, 1652~1731)이 절도사 양우급을 위해 대신 지은 것이다.《六化集 卷3 祭學圃先祖墓文(代族叔節度公禹及撰)》

10) 짐승과……것이니 : 조상을 위하여 제사를 올린다는 의미로, 전하는 이야기에 승냥이와 수달이 식량을 비축하기 위하여 짐승과 물고기를 많이 잡아 늘어놓는 것이 마치 제사를 드리는 것과 같다는 데에서 나온 말이다.

11) 신종추원(愼終追遠) : 부모의 상에 예를 다해 장사지내고, 조상의 제사를 정성껏 지내는 도리를 말한다.《논어》〈학이(學而)〉에 "어버이의 상을 당해서는 예를 다해서 장사를 지내고, 조상님의 제사를 정성껏 지낸다면, 백성들의 덕성이 돈후해질 것이다.〔愼終追遠, 民德歸厚矣.〕"라고 하였다.

병장기를 배웠으니 청전(靑氈)의 구업(舊業)을 배반한 것이어서, 주금(晝錦)으로 금의환향하였으나 황마지(黃麻紙)[12]에 내린 임금의 새 은혜가 부끄럽습니다. 이는 남은 경사가 이른 것이므로 하늘의 총애를 받은 줄 잘 압니다만, 조상이 쌓으신 덕이 드러난 것이므로 감히 선조의 영광으로 받아들였습니다. 이미 나라의 녹을 많이 얻었으니 의당 보답을 드리는 효성을 돈독하게 올려야 합니다.

군문이란 여가가 적어서 매인 몸을 빼낼 수가 없고, 군대의 사무는 번거로워서 성묘하는 절차를 오래 누락하였으나, 가을과 겨울의 순행하는 계절이 되어, 길이 고향을 경유하게 되었습니다. 고향산천은 예전과 같으므로 부군께서 소요하시던 자취를 상상할 수 있고, 선영이 울창하게 우거지니 어찌 서리와 이슬에 이는 생각을 금할 수 있겠습니까. 백년의 세월도 어제 일과 같은데 어느덧 무덤을 우러르게 되었고, 5세에도 은택이 끊어지지 않으니 완연히 전형을 뵈옵는 듯합니다. 이제 희생과 제철 제수를 갖추고서 감히 사모하는 제 심정을 펴옵니다.

삶과 죽음이 본래 한 기운인지라 조상의 기가 전해져 자손에게 남아있고, 저승과 이승이 두 마음이 아닌지라 제 마음이 위로 신령과 통합니다. 찾아와 절을 올림이 참으로 늦어서 비록 불효의 허물을 짓게 되었으나, 가엾게 여기시어 혼내지 않으시리니 오직 갓난아이처럼 보호하는 사랑을 믿습니다. 기장과 같은 제물이 향기로운 것은 아니지만, 바라건대 신군(神君)께서 강림하시기 바랍니다. 흠향하소서.

祭伯氏參奉公文

維歲次辛酉四月甲申朔十三日丙申　舍弟折衝將軍守全羅道兵馬節度使禹及謹以淸酌庶羞之奠　敬祭于顯伯將仕郞北部參奉之柩前　嗚呼哀哉　惟我弟兄早違嚴庭　慈訓共承　自在髫齡　出入相將　如影依形　萱背春暉　荊樹連枝　幾和塤篪　弟許終繻　兄奉潘輿　家國共扶　養送無欠　兄心何憾　弟慾賴捄　共依松楸永保水丘　相期白頭　弟靡榮恩　遊宦漢關　姜被屢寒　陟屺感結　燃鬚思切　搬家入洛　江漢風流　棠棣讙虞　嘉樂無憂　叨分南閫　榮極追遠　棣會是願　緣弟逾分

---

12) 황마지(黃麻紙) : 옛날에 임금의 조서(詔書)를 베껴 쓸 적에 쓰던 종이로, 전하여 임금이 내리는 교서(敎書)를 가리키는 말로 쓰인다.

42　제주양씨 병사공실기

減兄退算 大歸奄遣 千里歸程 一片丹旌 行路吞聲 嗚呼曷歸 我懷之悲 白日
無輝 恒憂弟殘 每慶兄安 延促還怨 病未分灸 殮違攀柩 痛徹心膂 兒扶旅櫬
魂飄賓館 節序旣晚 職在重寄 誠闕扶舉 雖生若死 代人寫臆 敢竭哀幅 奠拜
痛哭 幽明之間 如有感焉 庶格心肝 松聲滿壑 海月動色 萬古今夕 嗚呼哀哉
尙饗

백씨 참봉공께 올린 제문[祭伯氏參奉公文][13]

유세차 신유년(1681, 숙종7) 4월 갑신삭(甲申朔) 13일 병신일에 사제(舍弟) 절충장
군(折衝將軍) 수 전라도 병마절도사(守全羅道兵馬節度使) 우급(禹及)은 삼가 맑은 술과
제물을 차려놓고 백씨 장사랑(將仕郞) 북부 참봉(北部參奉)의 영전에 공경히 제사를 올
립니다. 오호애재라.

오직 우리 형제는, 일찍부터 부친을 여의어,

모친의 가르침을 함께 받음은, 아주 어린 시절부터였습니다.

출입하며 서로 의지하여, 마치 그림자가 실체에 의지하듯 하였고,

모친 아래서 봄볕을 쬐며, 형수처럼 가지가 연달았습니다.[14]

훈지[15]를 불며 화합하다가, 아우는 종군처럼 명주를 버렸고,[16]

형께서 반여(潘輿)[17]를 모시니, 온 나라가 함께 받들었습니다.

봉양과 장례에 흠결이 없었으니, 형의 심정에 유감이 있으리오,

---

13) 이 제문은 양우급이 친형 양우성(梁禹成, 1627~1681)이 서울에서 살다 세상을 떠났을 때 지은 것이
다. 이때 양우급은 전라도 병마절도사에 재임 중이어서 즉시 분상하지 못하였으므로 이 제문을 지어
먼저 애도한 것이다.

14) 형수(荊樹)처럼 가지가 연달았습니다 : 형제의 우애가 깊은 것을 비유한 말이다. 옛날에 전진(田眞)
3형제가 부모의 유산을 똑같이 나누고는 마지막으로 당(堂) 앞에 서 있는 자형나무 한 그루는 차마
나누지 못했다는 고사에서 온 말이다. 《續齊諧記》

15) 훈지(壎篪) : 형제 사이의 화목과 조화를 비유할 때 쓰는 말이다. 《시경(詩經)》 소아(小雅) 하인사(何人
斯)의 "맏형은 훈을 불고 둘째형은 지를 분다.[伯氏吹壎, 仲氏吹篪.]"는 말에서 나온 것이다.

16) 종군(終軍)처럼 명주를 버렸고 : 웅지를 품고 고향을 떠난 것을 가리킨다. 한(漢)나라 종군(終軍)이란
사람이 관문을 나서면서 "대장부가 한 번 떠나면 그만이지, 무엇 하러 이 관문을 다시 지나겠는가."
하고는 신표가 되는 명주조각을 버렸다고 한다. 《漢書 終軍傳》

17) 반여(潘輿) : 모친을 봉양하는 것을 비유한 말이다. 반여는 진(晉)나라 반악(潘岳)이 어머니를 모실
때 쓰던 가마를 가리킨다.

아우의 허물을 덮어주시어, 함께 선영을 의지하게 되었습니다.

고향산천을 영원히 지키며, 흰머리 되도록 살자 기약했는데,

아우는 은혜로운 영광 입어, 변방으로 벼슬살이를 떠났습니다.

강피가 자주 차가워짐에, 척기에 그리움이 맺히니,[18]

수염을 태울 생각[19] 간절해져, 서울로 집을 옮겨왔습니다.

서울의 좋은 풍류 속에, 형제의 우애가 매우 즐거워,

근심 없이 즐거워하다가, 아우가 남쪽의 절도사에 임명받았습니다.

극진한 영예가 조상에게 미치자, 형제가 모여 살기를 원하였더니,

아우의 분수가 너무 넘쳐, 형의 수명을 갉아먹고 말았습니다.

고향에 돌아가는 형의 시신을 보내자니, 천 리나 먼 길이라,

한 조각 붉은 명정에, 가는 길에서 울음을 삼켰습니다.

오호라 어디로 돌아갈까, 내 마음의 슬픔이여,

대낮의 해도 빛을 잃으니, 아우의 쇠잔함이 늘 걱정입니다.

매양 형의 안녕을 축원하다, 도리어 허물을 재촉하였으니,

질병으로 아픔을 나누지 못하고, 염습과 운구도 하지 못했습니다.

아픔이 심장을 꿰뚫는 중에, 아들이 널을 부축해 운구하니,

혼이 객지 여관을 떠도는 중에, 계절이 이미 저물어버렸습니다.

맡은 직책이 무거운지라, 참으로 상여를 부축하지도 못했으니,

비록 살아도 죽은 것과 같아, 사람을 대신 보내 심정을 폅니다.

어찌 감히 슬픈 제문으로, 통곡하는 심정을 다 펼 수 있으랴,

저승과 이승의 사이에, 마치 남은 느꺼움이 있는 듯합니다.

제 심정을 헤아리소서. 솔바람소리만 골짜기에 가득하니,

바닷가 달이 빛이 변하는, 만고의 오늘 저녁입니다.

오호애재라, 흠향하소서.

---

18) 강피(姜被)가……맺히니 : 형제가 멀리 떨어져 늘 그리워했다는 의미이다. 강피는 후한 시대 강굉(姜肱)의 이불로 우애가 지극하여 아우와 항상 한 이불을 덮고 잤다고 한다. 척기(陟屺)는 높은 언덕을 말하는데, 효자가 부역을 나가서 높은 언덕에서 어버이를 그리워한 고사가 있다.

19) 수염을 태울 생각 : 형님을 모시고 싶은 생각을 말한다. 당(唐)나라 이적(李勣)이 복야(僕射)라는 고관에 올랐으나, 그 누이가 병들자 몸소 불을 때어 죽을 끓이다가 수염을 태웠다는 고사가 있다.《小學 善行》

祭姑母任氏夫人文

嗚呼哀哉

東流不住　日月其徐　逝者如斯　不可留且

靈輀載駕　卽遠有期　已矣斯世　永隔閨儀

溫貞其質　淑愼其德　在古罕有　今不復覿

自我孩提　蒙霑覆露　親雖姑侄　恩實子母

先君同氣　次第淪歿　風樹餘哀　復纏今日

不肖謬恩　忝帥鄕藩　嘻噫前年　親拜于門

姑稱榮耀　我賀壽康　云胡末疾　莫賴扁倉

縻官閫臬　不許私便　終違一哭　咫尺靈筵

情乖侍殯　禮缺臨墳　撫心自悼　慟結幽明

弗腆菲薄　替伸微誠　緘辭九原　有淚如泉

嗚呼哀哉　尙饗

고모 임씨 부인께 올린 제문[祭姑母任氏夫人文]

오호애재라.

동으로 흐르는 물이 그치지 않듯, 세월이 빠르게 흐르니,

가는 것이 저와 같아서, 머무르게 할 수 없습니다.

상여에 멍에를 매게 되니, 이제 멀리 떠나야 하는데,

이미 이 세상과는 끝이므로, 영원히 규방의 모습과 작별합니다.

따스하고 곧은 그 자질이며, 맑고 신중한 그 덕성은,

옛날에도 보기 드물었고, 지금에선 다시 볼 수 없습니다.

내가 어렸을 때부터, 감싸주시는 은혜를 흠뻑 받으니,

친분으로는 고모와 조카이지만, 은혜로는 자식과 어미였습니다.

선친의 동기들께서, 차례로 세상을 떠나시니,

풍수의 남은 슬픔20)이, 다시금 오늘에 얽히고 말았습니다.

---

20) 풍수(風樹)의 남은 슬픔 : 풍수지탄(風樹之嘆)에서 온 말로, 어버이가 세상을 떠나 모시지 못함을 탄
식하는 말이다. 주(周)나라 때의 고어(皐魚)가 어머니의 죽음에 탄식하며 "나무는 고요히 있으려 하나

불초가 임금의 은혜를 입어, 변방의 절도사가 되었을 때,

아! 지난 날에, 친히 문에 나아가 뵈었습니다.

고모께선 영광스럽다 칭송하시고, 나는 고모의 만수무강을 빌었지요,

그런데 어쩌다가 손발이 마비되어, 이름난 의원도 손쓰지 못했습니까.

제가 변방의 관직에 몸이 매여, 사사로운 편의를 허락받지 못하여,

한번 곡하는 일도 어려워, 지척의 영전을 찾아뵙지 못했습니다.

빈소에서 모시려는 심정도 어그러지고, 무덤에서 영결하는 예도 어그러지니,

가슴을 만지며 스스로 애도하자니, 애통함이 유명 간에 맺힙니다.

변변찮은 제수를 차려서, 미미한 제 정성을 대신 펴는데,

구천에 제문을 올리자니, 눈물이 샘처럼 흐릅니다.

오호애재라, 흠향하소서.

바람이 그치지 않고, 아들은 어버이를 봉양하려 하나 어버이가 기다려 주지 않는다.[樹欲靜而風不止, 子欲養而親不待.]"라고 한 말에서 유래하였다. 《孔子家語 권2 致思》

병사양공실기 권2
兵使梁公實記 卷二

부록

附錄

年譜

大明毅宗皇帝崇禎三年(本祖仁祖大王八年) 庚午三月二十九日申時

　公生于全羅道寶城郡松谷面亳谷里(今得粮面松谷里) 茶田第

　先是公之五世祖惠康公　治第于亳谷　及樂安栢峴(今筏橋邑尺嶺里) 俱置田庄　後以外
　孫鄭務安澐居栢峴(後有務安外孫護軍金天禧居之)　第五子參奉公居亳谷　幷傳遺業
　四傳而至公也

四年辛未(公二歲)

五年壬申(公三歲)

六年癸酉(公四歲)

　八月二十四日丁參判公憂

　　參判公 以萬曆三十七年(宣祖四十二年)己酉正月二十七日生 享年僅二十五 公兄弟
　　姊妹 凡四人 兄禹成 年甫七歲 姊僅五歲 妹生纔一期 傍無一人 親族只有八十曾王
　　父 六十王父母 相按呼哭 慘不忍見

　十月襄奉于國師山先塋下癸坐原

七年甲戌(公五歲)

　八月二十四日行常事

　九月一日遭曾王父寧海公喪

　　寧海公壬辰倡義 官止通政大夫 寧海都護府使 明廟甲寅生 享年八十一

十一月襄奉寧海公于國師山先塋下寅坐

八年乙亥(公六歲)

五月二十日遭王母淑夫人奇氏喪

　奇氏籍幸州　參議孝芬女　參奉贈承旨大臨孫(高峯大升其從祖也)

七月襄奉王母于寧海公墓下癸坐原

同月十七日遭王父承旨公喪

　未二朞而連遭四喪　其子子孤單之情狀　莫不悲慘

八月二十四日　行參判公祥事

九月一日　行寧海公常事

同月日　襄奉承旨公于淑夫人奇氏墓左(雙兆)

同月日　遭火變　全燒第宅　移居池邊新基

　是時公兄弟　以時痘大痛中　村人咸集　欲爲滅火　公母夫人安氏謂村人曰　吾今早寡
　而只有幼兒四男妹而已　俗說有痘兒者　以水滅火　則患兒面相縛縛作痕云云　雖曰迷
　信　豈不爲嫌乎　寧當火灾　使兒等無痕爲愈矣　村人遂止之　但拽出寢具穀蓄等物　而
　咸稱其愛子女之情矣

十月　奉行參判公禫事

十二月九日　仁烈王后韓氏昇遐

九年丙子(仁祖大王十四年　公七歲)

正月始就學

　進謁于外王庭隱峯先生而受學

三月日　行王母常事

五月二十日　行王母祥事

七月十七日　行王父常事

同月日　奉王母禫事

九月一日　行寧海公祥事

十一月日　奉行禫事

十二月日　撤讀歸家

　時北虜皇太極(太宗)借稱皇帝　國號大淸　遣使龍骨大馬保大等　傳書於本國　書意傲

慢不恭 朝廷拒之不受 是月九日 淸主親率十三萬大兵 渡江長驅而來 十四日大駕
播遷南漢山城 中殿及世子嬪宮入江都 國家甚危 外王父募義旅而勤王 伯舅承旨公
厚之仲舅宣敎郎愼之季舅宣敎郎逸之陪從焉 公遂撤讀歸省萱堂(二十三日)

十年丁丑(公八歲)

三月復繼讀書

正月江華被陷 朝庭竟與虜和 世子北行 外王父聞南漢解圍 旋罷義旅而歸 公卽日
進謁而受業 自能勤課

七月十七日 行王父祥事

九月日 奉行王父禫事

十一年戊寅(公九歲)

十二年己卯(公十歲)

十三年庚辰(公十一歲)

十四年辛巳(公十二歲)

三月八日 聞外王母鄭氏夫人喪 陪從母夫人奔喪

十五年壬午(公十三歲)

十六年癸未(公十四歲)

四月一日 聞季舅宣敎郎逸之喪

宣敎郎居憂 過哀而卒 享年僅三十一

是年讀書于可信齋

齋在書堂洞 距家稍間 山徑險巇 通行不便 傳說每當雨雪之夜 則途中有人前導 雖
漆黑三更 不至失路 而近齋則因忽不見云 其爲神佑可知也

十七年甲申(公十五歲)

六月聞毅宗皇帝殉社稷之報 北望擧哀

十八年乙酉(公十六歲)

五月聞昭顯世子(倳)薨 擧哀

九月二十七日 聘慶州李氏于坡州(今交河面樹村) 宣敎郎德翼女 贈兵判天一
曾孫 大司諫湛之玄孫

夫人生于庚午三月十七日 有婦德 孝友勤儉 鄕黨稱之

十九年丙戌(公十七歲)

二十年丁亥(公十八歲)

二十一年戊子(公十九歲)

二十二年己丑(公二十歲)

　五月八日(丙寅) 仁祖大王昇遐

　孝宗大王(初封鳳林大君 仁祖大王第二男)嗣位

二十三年庚寅(公二十一歲)

二十四年辛卯(公二十二歲)

　十二月日 登武科別試

　　公氣岸豪爽 風儀軒昂 有赳赳干城之資 至是遂擢虎榜

二十五年壬辰(公二十三歲)

　十月奉外王父命 進拜老峯閔文忠公(鼎重)

　　是年累擬初入仕之望 未蒙天點

二十六年癸巳(公二十四歲)

　五月日 拜忠毅校尉 參下武臣 兼宣傳官

二十七年甲午(公二十五歲)

　二月二十一日 除宣略將軍參下武臣兼宣傳官

　十一月十三日(己亥) 聞外王父喪 設位而哭

　　公自幼多蒙外祖父母愛恤 而職事所縻 未由赴喪 常恨其未盡情禮

二十八年乙未(公二十六歲)

　三月聞三舅宣教郎審之喪

　五月日 除昭威將軍武臣兼宣傳官

二十九年丙申(公二十七歲)

　十一月九日 陞拜通訓大夫 通禮院引儀 未及肅拜 移拜宣略將軍訓鍊院判官

三十年丁酉(公二十八歲)

　六月二十三日 移拜宣略將軍五衛都摠府都事

　十月十三日 出除禦侮將軍全羅兵營虞侯

三十一年戊戌(公二十九歲)

　　五月十一日　庶子深生

三十二年己亥(公三十歲)

　　五月四日(甲子)　孝宗大王昇遐

　　顯宗大王嗣位

　　六月十日　子澂生

　　十月日　瓜遞　啓下昭威將軍　訓鍊都監把摠

三十三年庚子(公三十一歲)

　　三月　陞拜禦侮將軍　都摠經歷

　　五月四日(戊午)　大行大王初期　哭于外斑

三十四年辛丑(公三十二歲)

　　五月四日(壬子)　大行大王再期　哭于外斑易服

　　六月二十二日　移拜禦侮將軍　釜山浦鎭官　多大浦水軍僉節制使兼牧官

三十五年壬寅(公三十三歲　淸康熙元年)

三十六年癸卯(公三十四歲)

　　九月日　啓下昭威將軍　御營都監把摠　未幾陞拜禦侮將軍

三十七年甲辰(公三十五歲)

　　八月十四日(癸酉)　聞伯舅承旨公厚之喪

　　同月日　拜禦侮將軍　五衛都摠府經歷

　　十二月二十三日　出除通訓大夫竹山都護府使　被抄將領薦

三十八年乙巳(公三十六歲)

　　十月日　見罷炎傷　歸屬昭威將軍　訓鍊把摠　移拜禦侮將軍　訓鍊僉正　未幾又移
拜禦侮將軍　都摠府經歷

三十九年丙午(公三十七歲)

　　九月二十六日　出除通政大夫　漆谷都護府使

　　十一月二十七日　陞拜折衝將軍　龍驤衛副護軍　兼晉州營將

　　　漆谷本無挈眷之規　極力變通於方伯　得情而未及奉行　有此陞遷

四十年丁未(公三十八歲)

正月日 拜折衝將軍 義興衛司果

五月十九日 子潏生

六月日 以親病棄歸 邊將邊帥之不得任自棄官 乃是法典 仍配長興府 纔過十數日蒙宥

秋 啓下禦侮將軍 御營千摠

四十一年戊申(公三十九歲)

正月三日 哭內兄刑郎公嘗喪

同月日 移拜折衝將軍 龍驤衛副護軍 御營將官 仍資

二月二十三日 拜折衝將軍 龍驤衛副護軍

八月五日 出除折衝將軍忠武衛副護軍 兼公州營張

十一月二十日 哭夫人李氏喪

十二月日 葬于交河木洞里

四十二年己酉(公四十歲)

九月 有賊湖嶺間 殺掠甚衆 機捕悉誅之 當方伯啓聞 多移功管下 廖人徼賞 何足貴也 方伯强之 終不許

四十三年庚戌(公四十一歲)

七月日 瓜遞 啓下折衝將軍 忠武衛副護軍 御營將官 行資

四十四年辛亥(公四十二歲)

二月七日 拜通政大夫 寧邊大都護府使 境下多未字女 至有年三四十者 助婚資而嫁之 邑人追思不已

同月二十日 聞仲舅宣教郎(愼之)喪

五月十日 丁母夫人憂

夫人生于萬曆三十四年丙午六月一日 早通禮經 一遵無違 事舅姑無毫髮違德 訓子女愛而嚴 使婢僕威而惠 閨門之內 常肅如也 親戚鄕黨 稱爲女中君子 文康公常曰 有女皆如是 安用子男爲

七月 襄奉于國師山先塋下癸坐原

公二千里奔喪　米飮不近於口　晝夜號哭　疾馳得達　僅經襄奉　柴毀成疾　幾至不救

四十五年壬子(公四十三歲)

五月十日　行常事

是年建五梅亭

公在草土中　築亭于茶田嶝西南麓　亭下鑿池　深五尺　長百餘尺　廣二十餘尺　招工治石　四角形築堤　提上植五梅　而因名五梅亭　經年了役　納于伯氏參奉公　庚申參奉公移居京第　幾至荒廢　後十年信齋公　自京歸鄉　僅爲守護　三十年及卒　春川(信齋公子)公四歲幼兒入繼　而且家道漸衰　亭隨以頹落　及春川公長成　諸後孫　合力再建　通德公(可燐)撰上樑文　自學生公(春川公子)基豐　移居加谷後　無有補修者　遂爲頹圮　至今但傳遺址　而池上一梅獨存焉

四十六年癸丑(公四十四歲)

五月十日　行祥事

七月十八日丁亥　行禫事

八月二十三日　除折衝將軍　忠武衛上護軍　宣傳官　行資

十二月二十六日　拜堂上宣傳官　出除通政大夫永興大都護府使　未辭　陞拜折衝將軍　慶尚左水軍節度使(有敎文　藏于家)　是月以庶子深　有賑恤廳啓禮曹立案有許通

禮案

禮曹爲許通事　賑恤廳啓辭　據賑恤次　水使梁禹及良妾子深　納米肆石　依事目許通者

康熙十二年十二月日

許通

正郎　行判書　參判(印)　參議　佐郎(印)

四十七年甲寅(公四十五歲)

正月日　兵曹奉敎賜折衝將軍　慶尚左水軍節度使(今甲寅第科錄)

五月二日　始有京第

　漢城府內南部孝賢坊第一里

八月十九日(己酉)　顯宗大王昇遐擧哀

同月二十三日　肅宗大王嗣位

左水營下　土俗多未嫁女老者　公給婚資勸令嫁　巡撫使權大載啓　槩省浮費廣儲
蓄　自城池舘宇　以至槍釰甲楯之屬　巨細整頓　爲緩急備

四十八年乙卯(公四十六歲)

正月日　兵曹奉敎賜折衝將軍　慶尚左水軍節度使(今乙卯第科錄)

七月日　上書于尤庵宋先生圍籬所(書逸○答見卷四)

　往年因鑴黨搆捏尤春兩先生　至於遠竄　尤翁竄于德源　至是年六月圍籬于長鬐

八月五日　竪先山墓表

同月十八日　大行大王初期哭斑

十月二十七日　箇滿啓下禦侮將軍　訓局千摠　移拜通政大夫　鐵原都護府使　銓
官諉以文武交差啓遞之　卽拜折衝將軍　龍驤衛內禁衛將(銓官卽尹鑴也)

十一月　除淮陽鎭官　兵馬僉節制使

十二月十六日　除折衝將軍　龍驤衛副護軍

同月二十七日　移拜折衝將軍　忠武衛副護軍

四十九年丙辰(公四十七歲)

廟堂議抄　堂上以上　可用武臣以啓(被抄者　柳斐然　李益亨　朴以昭　李鍊　金興
運　元相　權道經　朴振翰　張是奎　金煥　閔暹　梁禹及　李必馨　李世選　鄭總謙　李
積　申時建　朴長源　金世龜　柳星緯　李聖賚　柳重起　李相勛　李藕　金世器　姜萬
碩　睦存善　李東老　邊國翰　李雲登　等三十人　其後或拜將任　或至閫帥　官至州
府者　只數人已)

四月五日　特下武臣嘉善堂上中有聲望者　極擇入侍之命　公與於是選　每當入侍
必以戎事邊務　多所陳白　上皆嘉納　出除折衝將軍　守所江防禦使　兼所江鎭水
軍僉節制使　備局綴遞　自兵曹仍任本職　未久以病辭遞　不數日啓下折衝將軍
忠武衛副護軍　守禦別將　○　尹鑴時兼摠府內禁衛將　亦宜統屬　仍令投刺　而前

無規例 具報本兵 本兵移文摠府 覈其由 竟杖之 鑴辭窮諉之吏 公又請本兵覈
吏杖之

四月十一日 除折衝將軍 龍驤衛副護軍 內禁衛將

五月日 移拜折衝將軍 忠武衛副護軍

八月十八日 大行大王再期哭斑易服

五十年丁巳(公四十八歲)

四月日 陞拜折衝將軍 忠武衛副護軍 守禦將官 仍資

同月(己未)日 以前任水使時事就理 該府照律 止於告身(引見備局諸臣 時慶尙
左水營軍卒 因貿易事 三人縊死 至是左議政權大運 向上曰 盡罪前後水使似
太過 李世選梁禹及等所犯顯著者 固當治罪 而其餘不必拿問 上從之

竟以臺啓 徒配三和 蓋事非當坐 而乃時人所構而成之也(先是左水軍節度使
及廟堂議抄 並本抄事實 皆見國朝實錄) 鐵原之啓遞 所江之綴遞 皆是鑴之陰
毒也

五十一年戊午(公四十九歲)

十月日 蒙宥 卽日發程 居謫週年 不出所舍之門 不言公私之事 至今爲世所欽歎

五十二年己未(公五十歲)

正月日 拜折衝將軍 龍驤衛副護軍 兼內禁衛將

同月日 移拜折衝將軍 忠武衛副護軍

同月日 學圃先祖家狀成(玄孫世南撰)

先是 先生子松川公應鼎 謁行狀于柳眉巖(希春) 墓碣于曹南冥(植) 墓誌于李
龜巖(楨) 皆佚不傳

五十三年庚申(公五十一歲)

三月四日 移拜折衝將軍 副護軍 宣傳官

同月日 討逆鑴堅等 伏誅

先時鑴與積等 密議假托別設體府 陰謀不軌 招納力士 窺上動靜 詗察朝紳 堅與元
楨等 謀危宗社 是月二十八日 積爲其祖潛延諡宴 秘謀將發 金錫胄金萬基諸公 奮
忠討逆 公亦與焉 堅及元楨廷昌台瑞宗室楨柟等 皆伏誅 ○鄭元老李元成等 因金

錫胄上變 四月四日夜初更 闕門城門 叩角聚軍 扈衛宮城 設庭鞫 判義禁李正英知
義禁吳斗寅 承旨尹堦 大諫金萬重 問事郎廳崔錫鼎李玄錫權珪金儁相 病代姜銃
加出沈壽賢任堂

四月日 拜折衝將軍 忠武衛副護軍

同月十一日 再拜通政大夫 竹山府使 時當扈衛訓局以 外輕內重

九月二十日 自訓局啓請 仍任 又拜折衝將軍 忠武衛副護軍 兼宣傳官

十月日 陞拜折衝將軍 忠武衛上護軍 宣傳官 仍資

十一月十七日 陞拜折衝將軍 守全羅道兵馬節度使(有敎文)

十二月九日 孫慶恒生于京第(後改益柱)

同月二十六日 仁敬王后昇遐擧哀

是年爲伯氏參奉公治第于漢城之終南賢洞 而自寶城奠居焉

五十四年辛酉(公五十二歲)

正月十三日 上答于伯氏(書見世藏帖)

鉤得諸奸吏私徵軍布者 減死杖治 暗行御史吳道一啓槃

到任未久 已有廉勤之稱 修軍伍廣儲蓄 戎務咸擧 軍情大悅等語褒之

二月 聞伯氏參奉公訃 身在重寄 不得迎哭於返櫬之時 只於襄禮時 匹馬來哭
操文以祭之 ○ 同月四日(見申大將汝哲書)

六月日 下傳旨 賜錄勳券

　右承旨宋昌敬 奉敎錄保社原從勳二等 加一資 祖與父母封爵子孫承蔭宥及
　後世 改修戶籍(戶籍至今藏于家)

九月日 火水部合啓請 恭靖大王尊號追上之制 蒙允

　先是恭靖大王昇遐之初 未加尊號 恐爲列聖朝未遑之典 今永寧殿祧主 陵寢四時之
　祭 請加尊號之禮

十月上書于文谷金相國(書逸 答書見世藏帖 ○ 同月十五日 見宗人參判重廈書)

是年累世先山豎墓表 置祭田

　綾州池洞虎洞雙峯三世位 運江華石而豎之 且置位畓二十斗落 以充祀享之
　資(光復後 後孫會仁改豎池洞墓表 亂刻官職 誣書配位 可嘆矣)

既任本道兵營 遠近親舊 不可勝數 倘有貧乏者 捐俸以救之 至於請囑 一不敢

從 以是請托不入 自初至終 益自畏愼 竟無公私意外之誚
是年春 敎賜錄奉文

兵曹奉敎賜折衝將軍 守全羅道兵馬節度使梁禹及 今辛酉年苐科錄者
康熙二十年正月日
參議 正郎
行判書 參判
參知(臣)趙(印) 佐郎(臣)李(印)

五十五年壬戌(公五十三歲)

正月 上書滄溪林公(泳) (書逸 答見世藏帖)

二月 上書于完寧李判書(書逸 答見世藏帖)

三月 上書醒齋申相國(書逸 答見世藏帖)

四月 上書西谷李判書(書逸 答見世藏帖)

五月 上書默齋申公(命圭)謫所(書逸 答見世藏帖)

同月 貽書明齋尹公拯(書逸 答見世藏帖)

六月 上書西谷李判書(答見世藏帖)

八月 見默齋申公書(見世藏帖)

十月 哭大谷任姑母 操文以祭之(書逸 答見世藏帖)

十一月 上書完寧李判書(答見世藏帖)

同月 上書西谷李判書(答見世藏帖)

同月 上書文谷金相國(答書見世藏帖)

同月日 改竪承旨公以下三世墓表

推恩贈爵故改竪之平山申命圭(號默齋文玉執義) 撰義禁府都事申鈃(號寒竹堂官禮
判贈左相諡忠景)書

十二月日 瓜遞 屬訓局馬兵別將 以至中軍 ○ (同月三日 見族弟克家書)

五十六年癸亥(公五十四歲)

　新正元日　上書默齋申公謫所(答見世藏帖)

　同月濟南大族譜刊事發通全國　而僉議詢同　後三年丙寅完役　譜牒三冊傳于家

　三月　公宿疾沉綿呈遞

　十一月十四日　公卒于京第

五十七年甲子(肅宗十年)

　四月十一日　卜葬于交河石村面巖谷里(今坡州郡交河面東貝里)案山枕亥原雙兆

　六月六日　朝庭特以勳臣禮致祭賻如儀　禮曹正郎金運乘奉祭文　知製敎徐宗泰

　(官領相　謚文孝)製

　是年　公長子通德公澂　述公世系履歷摠畧

　西人中老少黨論始分　互相攻擊　通德公自後杜門絶世　終隱德不仕

五十八年乙丑(肅宗十一年)

　七月二十日　孫俊恒生于京第(一名益杓　後改益標)

六十二年己巳(肅宗十五年)

　鑣黨來善與黯宗道以庚申獄事構誣　有追奪勳爵之命

　　世道丕變　李義徵鄭維岳輩用事　坤殿失位　牛栗兩先生　出享文廟　尤庵文谷受後命

　　松江隱峯追奪官職　毀撤院宇　李師命金益勳亦被禍　以張禧嬪爲后　自是以後　西人

　　失勢

六十三年庚午(肅宗十六年)

　十月行狀成　大司憲楊州趙泰東(號楓溪)撰

　　撰狀在錄券被奪時　拘於時態　有簡畧未盡處

六十四年辛未(肅宗十七年)

　進士李光錫等　湖南儒生數百人　上伸寃疏　未蒙允(疏逸)

六十六年癸酉(肅宗十九年)

　博士金樑　率舘學儒生數十人　上伸復疏　依允(疏逸)

六十七年甲戌(肅宗二十年)

　承復勳之命　改修錄券

　　時壼位復御　儒寃畢伸　○　復勳都監平川君申琓光恩君金鎭龜司僕寺正李徵明副司

果趙泰彙童蒙教官朴泰殷(先是錄勳都監 淸城府院君金錫冑光城府院君金萬基副司
果黃允主簿金錫齡監役官朴泰斗)

二百三十七年甲子(高宗元年)

大韓高宗皇帝光武二年戊戌 追遠稧創設

諸後孫合議設稧 以爲祀享之資 出后七世孫憲黙有序文

十年丙午 墓前石物粗具

後孫力不及 但具床石望柱 九世孫會賢동董役

純宗紀元後十三年庚申八月日 竪墓碑

八世孫德煥治煥 千里監役 而但力有不及 猶未刻文

同五十一年丁酉三月六日 行改莎草

公及通德公信齋公配三位墓 歲久頹圮 十世孫雲承仁承百承 合謀同時了役矣

同六十七年癸卯 世藏帖二冊刊出(諸賢及公先世及後孫遺墨 寫本並載)

同七十四年庚戌 墓碣銘成 德殷宋在直(號誠之齋)撰

同七十五年辛亥 實記成 ○ 宋在直序 ○(十世孫仁承)跋

연보(年譜)---양우급(梁禹及)

대명(大明) 의종황제(毅宗皇帝) 숭정(崇禎) 3년 [조선 인조대왕 8년] 경오년(1630) 3월 29일 신시(申時) 공께서 전라도(全羅道) 보성군(寶城郡) 송곡면(松谷面) 박곡리(亳谷里) [지금의 득량면(得粮面) 송곡리(松谷里)] 다전(茶田)의 집에서 태어났다.

> 이보다 앞서 공의 5세조 혜강공(惠康公 팽손(彭孫))이 박곡(亳谷) 및 낙안(樂安) 백현(栢峴)[지금의 벌교읍(筏橋邑) 척령리(尺嶺里)]에 집을 마련하고, 두 곳 모두 전장(田庄)을 두었다. 나중에 외손으로 무안 현감을 지낸 정운(鄭澐)이 백현(栢峴)[나중에 무안의 외손 호군(護軍) 김천희(金天禧)가 거처하였다]에 거처하였다. 다섯 번째 아들 참봉공(參奉公 응덕(應德))이 박곡에 거처하며 두루 유업(遺業)을 이었고, 네 번 전하여 공에게 이르렀다.

◆ 숭정 4년 신미년(1631, 인조9) : 공 2세.

◆ 숭정 5년 임신년(1632, 인조10) : 공 3세.

◆ 숭정 6년 계유년(1633, 인조11) : 공 4세.

8월 24일. 참판공(參判公 일남(一南))의 상을 당하다.

> 참판공은 만력(萬曆) 37년(선조42) 기유년(1609) 1월 27일에 태어났는데 향년이 겨우 25세였다. 공의 형제자매는 모두 4인으로, 형 우성(禹成)[21]은 나이가 겨우 7세이고, 누님은 겨우 5세, 누이동생은 태어난 지 겨우 1년이 지나 곁에 한 사람도 없었고, 친족이란 80세의 증조부, 60세의 조부만이 계시어 서로 어루만지며 목 놓아 곡을 하니, 참혹함을 차마 볼 수 없었다.

10월. 국사산(國師山) 선영 아래 계좌(癸坐)의 언덕에 장사지내다.

◆ 숭정 7년 갑술년(1634, 인조12) : 공 5세.

8월 24일. 상사(常事: 小祥)를 거행하다.

---

21) 양우성(梁禹成) : 1627~1681. 본관은 제주(濟州), 자는 도경(度卿)으로 양일남(梁一南)의 첫째 아들이다.

9월 1일. 증조부 영해공(寧海公)[22]의 상을 당하다.

 영해공은 임진왜란에 의병을 일으켰고, 관직은 통정대부(通政大夫 정3품 상계)로 영해 도호부사(寧海都護府使)에 그쳤다. 명종(明宗) 갑인년(1554)에 태어나 향년이 81세였다.

11월. 영해공을 국사산 선영 아래 인좌(寅坐)에 장사지내다.

◆ 숭정 8년 을해년(1635, 인조13) : 공 6세.

5월 20일. 조모 숙부인(淑夫人) 기씨(奇氏)의 상을 당하다.

 기씨(奇氏)는 본관이 행주(幸州)로 참의(參議) 기효분(奇孝芬)의 딸이고, 참봉(參奉)을 지내고 승지(承旨)에 추증된 기대림(奇大臨)의 후손이다.

 -고봉(高峯) 기대승(奇大升)이 그 종조(從祖)이다.-

7월. 조모를 영해공(寧海公)의 묘소 아래 계좌(癸坐)의 언덕에 장사지내다.

7월 17일. 조부 승지공(承旨公)[23]의 상을 당하다.

 2년도 지나기 전에 연달아 네 분의 상을 당하니, 그 외롭고 고단한 심정과 형편은 슬프고 참담하기 그지없었다.

8월 24일. 참판공(參判公)의 상사(祥事: 大祥)를 거행하다.

9월 1일. 영해공(寧海公)의 상사(常事: 小祥)를 거행하다.

동월 모일. 승지공을 숙부인 기씨의 묘소 왼쪽에 장사지내다.(쌍분)

동월 모일. 화재를 만나 집이 전소되어 연못가의 새 터전으로 이사하다.

 이때 공의 형제는 천연두로 크게 앓는 중이었는데, 마을 사람들이 모두 모여 불을 끄려고 했다. 공의 모부인 안씨(安氏)께서 마을 사람들에게 말하기를 "내가 지금 일찍 과부가 되어 어린 아이 4남매뿐인데, 속설에 천연두에 걸린 아이가 있을 때, 물로 불을 끄면 천연두를 앓는 아이 얼굴에 바글바글 곰보자국이 생긴다고 합니다. 비록 미신이라 하더라도 어찌 꺼림칙하지 않겠습니까. 차라리 화재를 당할지언정 아이들 얼굴에 곰보자국이 없게 하는 편이 낫습니다."라고 하니, 마을 사람들이 이에 불끄기를 그치고, 다만 침

---

22) 영해공(寧海公) : 양산항(梁山杭, 1554~1634)을 가리킨다. 본관은 제주(濟州), 자는 명호(明湖)이다. 양응덕(梁應德)의 아들로 임진왜란 때 의병을 일으켰고, 영해도호부사(寧海都護府使)를 지냈다.

23) 승지공(承旨公) : 양철용(梁哲容, 1583~1635)을 가리킨다. 본관은 제주(濟州), 자는 공보(恭保)이다.

구와 곡식, 가축 등을 꺼냈는데, 모두들 모친께서 자녀들을 사랑하는 마음을 칭송하였다.

10월. 참판공의 담사(禫事: 禫祭)를 거행하다.

12월 9일. 인열왕후(仁烈王后) 한씨(韓氏)가 승하하다.

◆ 숭정 9년 병자년(1636, 인조14) : 공 7세.

1월. 처음 배움에 나아가다.

　　외가의 은봉 선생(隱峯先生)[24]을 찾아가 뵙고 가르침을 받았다.

3월 모일. 조모의 상사(常事: 小祥)를 거행하다.

5월 20일. 조모의 상사(祥事: 大祥)를 거행하다.

7월 17일. 조부의 상사(常事: 小祥)를 거행하다.

7월 모일. 조모의 담사(禫事: 禫祭)를 거행하다.

9월 1일. 영해공의 상사(祥事: 大祥)를 거행하다.

11월 모일. 담사(禫事: 禫祭)를 거행하다.

12월 모일. 독서를 중지하고 집에 돌아오다.

　　이때 북쪽 오랑캐 황태극(皇太極 태종(太宗))이 황제를 참칭(僭稱)하여 국호를 대청(大淸)이라 하고, 사신 용골대(龍骨大)와 마보대(馬保大) 등을 보내 우리나라에 국서를 전했는데, 국서의 뜻이 오만하고 공손치 않았다. 조정에서 거부하고 받지 않으니, 12월 9일에 청나라 군주가 친히 13만의 대병을 거느리고 압록강을 건너 거침없이 달려왔다. 14일에 대가(大駕 어가)가 남한산성(南漢山城)으로 피난하고, 중전(中殿) 및 세자의 빈궁(嬪宮)이 강화도로 들어가 국가가 매우 위태로웠다. 외조부가 의병을 모아 임금을 호위하러 가니, 큰외삼촌 승지공(承旨公) 안후지(安厚之), 둘째 외삼촌 선교랑(宣敎郎) 안신지(安愼之), 막내 외삼촌 선교랑 안일지(安逸之)가 배종하였다. 공이 이에 독서를 그만두고 돌아와 모친을 뵈었다.(23일)

---

24) 은봉 선생(隱峯先生) : 안방준(安邦俊, 1573~1654)을 가리킨다. 본관은 죽산(竹山), 자는 사언(士彦), 호는 은봉(隱峰)·우산(牛山)이다. 전라도 보성의 북쪽 우산(牛山)에서 성리학에 전념하며 후진을 교육하여 호남지방에서 이름을 떨친 학자이며, 임진왜란과 병자호란에 의병을 일으킨 우국지사이다. 저서로 〈항의신편(抗義新編)〉, 〈호남의병록(湖南義兵錄)〉, 〈매환문답(買還問答)〉, 〈기묘유적(己卯遺蹟)〉 등이 있다. 시호는 문강(文康)이다.

◆ 숭정 10년 정축년(1637, 인조15) : 공 8세.

　3월. 다시 독서를 이어가다.

　　1월에 강화도가 함락당하여 조정이 마침내 오랑캐와 화친하여 세자가 북
　　쪽으로 끌려갔다. 외조부께서 남한산성의 포위가 풀렸다는 소식을 듣고
　　곧 의병을 해산하고 돌아왔다. 공이 그날로 나아가 뵙고 수업을 받으며
　　근면하게 공부하였다.

　7월 17일. 조부의 상사(祥事: 大祥)를 거행하다.

　9월 모일. 조부의 담사(禫事: 禫祭)를 봉행하다.

◆ 숭정 11년 무인년(1638, 인조16) : 공 9세.

◆ 숭정 12년 기묘년(1639, 인조17) : 공 10세.

◆ 숭정 13년 경진년(1640, 인조18) : 공 11세.

◆ 숭정 14년 신사년(1641, 인조19) : 공 12세.

　3월 8일. 외조모 정씨 부인(鄭氏夫人)의 초상이 난 소식을 듣고 모부인을 배
　종하여 분상(奔喪)하다.

◆ 숭정 15년 임오년(1642, 인조20) : 공 13세.

◆ 숭정 16년 계미년(1643, 인조21) : 공 14세.

　4월 1일. 막내 외삼촌 선교랑(宣敎郎) 안일지(安逸之, 1613~1643)의 초상이
　난 소식을 듣다.

　　선교랑은 모친상을 치르며 지나치게 슬퍼하다 죽은 것이니, 향년이 겨우
　　31세였다.

　이 해에 가신재(可信齋)에서 독서하다.

　　가신재는 서당동(書堂洞)에 있어서 집에서 거리가 약간 떨어져 있었는데,
　　산속으로 난 지름길이 험하여 통행하기가 불편하였다. 전하는 말에 따르
　　면 매번 비와 눈이 내리는 밤이면 도중에 어떤 사람이 앞에서 인도해주
　　어 비록 칠흑 같은 밤중에도 길을 잃지 않았는데, 가신재에 가까워지면

이내 홀연히 종적을 감췄다고 하니, 그것이 신명이 보우하신 것임을 알
수 있다.

◆ 숭정 17년 갑신년(1644, 인조22) : 공 15세.

6월. 의종황제(毅宗皇帝)가 나라를 위해 순절했다는 소식을 듣고, 북쪽을 바
라보며 애도하다.

◆ 숭정 18년 을유년(1645, 인조23) : 공 16세.

5월. 소현세자(昭顯世子) 이정(李㴭)이 훙서했다는 소식을 듣고 애도하다.
9월 27일. 경주 이씨(慶州李氏)를 파주(坡州)[지금의 교하면(交河面) 수촌(樹村)]
에서 신부로 맞으니, 선교랑(宣敎郎) 이덕익(李德翼)의 딸이고, 병조판서에 추
증된 이천일(李天一)의 증손녀이며, 대사간(大司諫) 이담(李湛)의 현손녀이다.
　부인은 경오년(1630, 인조8) 3월 17일에 태어나, 부덕(婦德)이 있고 효성
과 우애가 있으며 근면하고 검소하여 온 고을이 칭송하였다.

◆ 숭정 19년 병술년(1646, 인조24) : 공 17세.

◆ 숭정 20년 정해년(1647, 인조25) : 공 18세.

◆ 숭정 21년 무자년(1648, 인조26) : 공 19세.

◆ 숭정 22년 기축년(1649, 인조27) : 공 20세.

5월 8일 병인일. 인조대왕(仁祖大王)이 승하하다.
효종대왕(孝宗大王)이 이어서 즉위하다. 처음에 봉림대군(鳳林大君)에 봉해졌
고, 인조대왕의 둘째 아들이다.

◆ 숭정 23년 경인년(1650, 효종1) : 공 21세.

◆ 숭정 24년 신묘년(1651, 효종2) : 공 22세.

12월 모일. 무과 별시(武科別試)에 합격하다.
　공은 기상이 호쾌하고 풍채가 헌칠하였고 씩씩하게 장수의 자질을 지녔는
데, 이때에 이르러 드디어 무과에 급제한 것이다.

◆ 숭정 25년 임진년(1652, 효종3) : 공 23세.

10월. 외조부(안방준)의 명을 받들어 노봉(老峯) 문충공(文忠公) 민정중(閔鼎重)을 찾아가 뵈다.

이 해에 여러 차례 벼슬에 추천되었으나, 임금의 낙점을 받지 못했다.

◆ 숭정 26년 계사년(1653, 효종4) : 공 24세.

5월 모일. 충의교위(忠毅校尉) 참하 무신 겸 선전관(參下武臣兼宣傳官)에 제수되다.

◆ 숭정 27년 갑오년(1654, 효종5) : 공 25세.

2월 21일. 선략장군(宣略將軍) 참하 무신 겸 선전관(參下武臣兼宣傳官)에 제수되다.

11월 13일 기해일. 외조부의 초상이 난 소식을 듣고 신위(神位)를 마련하고 곡을 하다.

공은 어려서부터 외조부의 사랑을 듬뿍 입었는데, 이때 직무에 얽매여 초상집으로 달려가지 못하였으므로 심정과 예법을 극진히 다하지 못한 것을 늘 한탄하였다.

◆ 숭정 28년 을미년(1655, 효종6) : 공 26세.

3월. 셋째 외삼촌 선교랑(宣教郎) 안심지(安審之, 1600~1655)의 초상이 난 소식을 듣다.

5월 모일. 소위장군(昭威將軍) 무신 겸 선전관(武臣兼宣傳官)에 제수되다.

◆ 숭정 29년 병신년(1656, 효종7) : 공 27세.

11월 9일. 승진하여 통훈대부(通訓大夫) 통례원 인의(通禮院引儀)에 제수되었는데, 사은숙배(謝恩肅拜)하기 전에 선략장군(宣略將軍) 훈련원 판관(訓鍊院判官)으로 옮겨 제수되다.

◆ 숭정 30년 정유년(1657, 효종8) : 공 28세.

6월 23일. 선략장군(宣略將軍) 오위도총부 도사(五衛都摠府都事)에 옮겨 제수되다.

10월 13일. 외직으로 어모장군(禦侮將軍) 전라병영 우후(全羅兵營虞侯)에 제수되다.

◆ 숭정 31년 무술년(1658, 효종9) : 공 29세.

5월 1일. 서자(庶子) 심(深)이 태어나다.

◆ 숭정 32년 기해년(1659, 효종10) : 공 30세.

5월 4일 갑자일. 효종대왕이 승하하다.
현종대왕(顯宗大王)이 왕위에 오르다.
6월 10일. 아들 징(澂)이 태어나다.
10월 모일. 임기를 마치고 체직되다. 임금의 명으로 소위장군(昭威將軍) 훈련도감 파총(訓鍊都監把摠)이 되다.

◆ 숭정 33년 경자년(1660, 현종1) : 공 31세.

3월. 승진하여 어모장군(禦侮將軍) 도총 경력(都摠經歷)에 제수되다.
5월 4일 무오일. 대행대왕(大行大王 효종)의 초기(初期 1주기)에 외반(外斑)에서 곡을 하다.

◆ 숭정 34년 신축년(1661, 현종2) : 공 32세.

5월 4일 임자일. 대행대왕의 재기(再期 2주기)에 외반에서 곡을 하고 복식을 갈아입다.
6월 22일. 어모장군(禦侮將軍) 부산포 진관(釜山浦鎭官), 다대포 수군첨절제사 겸 목관(多大浦水軍僉節制使兼牧官)에 옮겨 제수되다.

◆ 숭정 35년 임인년(1662, 현종3) : 공 33세. 청(淸)나라 강희(康熙) 원년.

◆ 숭정 36년 계묘년(1663, 현종4) : 공 34세.

9월 모일. 임금의 명으로 소위장군(昭威將軍) 어영도감 파총(御營都監把摠)이 되었고, 얼마 뒤에 승진하여 어모장군(禦侮將軍)에 제수되다.

◆ 숭정 37년 갑진년(1664, 현종5) : 공 35세.

8월 14일 계유일. 첫째 외삼촌 승旨공(承旨公) 안후지(安厚之, 1590~1664)의 초상이 난 소식을 듣다.

동월 모일. 어모장군(禦侮將軍) 오위도총부 경력(五衛都摠府經歷)에 제수되다.

12월 23일. 외직으로 통훈대부(通訓大夫) 죽산 도호부사(竹山都護府使)에 제수되었고, 장령(將領)의 천거 명단에 뽑히다.

◆ 숭정 38년 을사년(1665, 현종6) : 공 36세.

10월 모일. 염상(炎傷)으로 파직되어 돌아와 소위장군(昭威將軍) 훈련 파총(訓鍊把摠)에 다시 임명되었고, 얼마 뒤에 또 어모장군(禦侮將軍) 도총부 경력(都摠府經歷)에 옮겨 제수되다.

◆ 숭정 39년 병오년(1666, 현종7) : 공 37세.

9월 26일. 외직으로 통정대부(通政大夫) 칠곡 도호부사(漆谷都護府使)에 제수되다.

11월 27일. 승진하여 절충장군(折衝將軍) 용양위 부호군 겸 진주영장(龍驤衛副護軍兼晉州營將)에 제수되다.

칠곡(漆谷)은 본래 식구를 데려가는 규정이 없었으므로 관찰사에게 극력으로 변통해주기를 청하여 허락을 받았는데, 떠나기 전에 이렇게 승진하여 옮기게 되다.

◆ 숭정 40년 정미년(1667, 현종8) : 공 38세.

1월 모일. 절충장군(折衝將軍) 의흥위 사과(義興衛司果)에 제수되다.

5월 19일. 아들 흡(潝)이 태어나다.

6월 모일. 모친의 병 때문에 관직을 버리고 돌아오다. 변장(邊將)과 변수(邊帥)가 마음대로 관직을 버릴 수 없는 것이 바로 법전이었으므로 이윽고 장흥부(長興府)에 유배되었다가 불과 십여 일 만에 용서를 받다.

가을. 임금의 명으로 어모장군(禦侮將軍) 어영 천총(御營千摠)이 되다.

◆ 숭정 41년 무신년(1668, 현종9) : 공 39세.

1월 3일. 내형(內兄 외삼촌의 아들) 형랑공(刑郞公) 안증(安嶒)의 상에 곡을 하다.

동월 모일. 절충장군(折衝將軍) 용양위 부호군(龍驤衛副護軍) 어영장관(御營將官)에 옮겨 제수되고, 품계를 그대로 유지하다.

2월 23일. 절충장군(折衝將軍) 용양위 부호군(龍驤衛副護軍)에 제수되다.

8월 5일. 외직으로 절충장군(折衝將軍) 충무위 부호군 겸 공주영장(忠武衛副護軍兼公州營將)에 제수되다.

11월 20일. 부인 이씨(李氏)의 상을 당하다.

12월 모일. 교하(交河) 목동리(木洞里)에 장사지내다.

◆ 숭정 42년 기유년(1669, 현종10) : 공 40세.

9월. 호남과 영남 사이에 적도(賊徒)가 발생하여 살인과 약탈이 매우 심하자, 계책을 써서 붙잡아 모두 죽였다. 관찰사가 조정에 보고하려고 하자, 공은 부하들에게 공적을 많이 옮겨주며 사람을 죽여 포상을 받는 것을 귀하게 여기지 않았는데, 관찰사가 강권을 하여도 끝내 허락하지 않았다.

◆ 숭정 43년 경술년(1670, 현종11) : 공 41세.

7월 모일. 임기를 마치고 체직되다. 임금의 명으로 절충장군(折衝將軍) 충무위 부호군(忠武衛副護軍) 어영장관(御營將官)이 되었다. 품계보다 직무가 낮았다.[行資]

◆ 숭정 44년 신해년(1671, 현종12) : 공 42세.

2월 7일. 통정대부(通政大夫) 영변 대도호부사(寧邊大都護府使)에 제수되다. 영변 고을에 혼인을 하지 못한 여자가 많아 30, 40살에 이른 여자도 있었는데, 혼인 비용을 부조하여 시집을 보내주니, 고을 사람들이 나중까지도 고마워해 마지않았다.

동월 20일. 둘째 외삼촌 선교랑(宣敎郎) 안신지(安愼之, 1592~1671)의 초상이 난 소식을 듣다.

5월 10일. 모친상을 당하다.

모친은 만력(萬曆) 34년 병오년(1606, 선조39) 6월 1일에 태어났다. 일찍부터 예경(禮經)에 통달하여 한결같이 준행하며 어기지 않았다. 시아버지와 시어머니를 섬기며 터럭만큼도 부덕에 어그러짐이 없었고, 자녀들을 가르치되 사랑하면서도 엄격함을 겸비하였고, 비복들을 부리되 위엄을 보이면서도 은혜를 베푸니, 규문(閨門)의 안이 늘 엄숙하였다. 친척과 고향사람들이 여중군자(女中君子)라 칭송하였고, 문강공(文康公 안방준)이 늘 "딸이 모두 이와 같다면, 무엇하러 아들만 바라리오."라고 하였다.

7월. 국사산(國師山) 선영 아래 계좌(癸坐)의 언덕에 장례 지내다.

공은 초상을 듣고 2천 리 길을 달리며 미음조차 입에 대지 않았고, 밤낮으로 부르짖고 통곡하며 빠르게 달려 당도하였다. 겨우 장례를 마친 뒤엔 앙상하게 말라 질병이 되어 거의 목숨을 구하지 못할 뻔하였다.

◆ 숭정 45년 임자년(1672, 현종13) : 공 43세.

5월 10일. 상사(常事: 小祥)를 거행하다.

이 해에 오매정(五梅亭)을 건립하다.

공이 상중에 있으면서 다전(茶田)의 등성이 서남쪽 기슭에 정자를 지었는데 정자 아래에 연못을 파니 깊이가 5척이고 길이가 1백여 척이며 넓이가 20여 척이었다. 석공을 불러 돌을 다듬어 사각형으로 둑을 쌓고, 둑 위에 다섯 그루의 매화나무를 심고서, 이윽고 오매정(五梅亭)이라 이름을 붙였다. 1년이 지나 공사를 마치고 백씨(伯氏) 참봉공(參奉公 우성(禹成))에게 드렸는데, 경신년(1680, 숙종6)에 참봉공이 서울의 집으로 옮겨 거처하게 되자 거의 황폐하게 되었다. 10년 뒤에 신재공(信齋公 흡(潝))이 서울로부터 고향으로 돌아와 겨우 지키고 보호하였는데, 30년 뒤에 세상을 떠나자 춘천공(春川公 익채(益采))이 4세의 어린아이로 입계(入繼)하게 되고, 또 집안이 점차 쇠락해지자 정자도 그에 따라 퇴락해졌다. 춘천공이 장성하게 되어 여러 후손들이 힘을 합해 다시 건축하자, 통덕공(通德公) 가혁(可㷀)이 상량문(上樑文)을 지었다. 학생공(學生公) 기풍(基豊)으로부터 가곡(加谷)에 옮겨 살게 된 후로는 보수하는 자가 없어서 드디어 퇴락해 무너져 지금까지 터만 전해오고, 연못 가에 매화나무 한 그루만이 남았다.

◆ 숭정 46년 계축년(1673, 현종14) : 공 44세.

5월 10일. 상사(祥事: 大祥)를 거행하다.

7월 18일 정해일. 담사(禫事: 禫祭)를 거행하다.

8월 23일. 절충장군(折衝將軍) 충무위 상호군(忠武衛上護軍) 선전관(宣傳官)에 제수되다. 품계보다 직무가 낮았다.[行資]

12월 26일. 당상 선전관(堂上宣傳官)에 제수되고, 외직으로 통정대부(通政大

夫) 영흥 대도호부사(永興大都護府使)에 제수되었는데, 사은숙배하기 전에 승진하여 절충장군(折衝將軍) 경상 좌수군절도사(慶尙左水軍節度使)에 제수되다. -사교문(賜敎文)이 집에 소장되어 있다- 이 달에 서자 심(深)을 진휼청(賑恤廳)에서 예조에 계문하고 입안(立案)하여 허통(許通)[25]을 받았다.

禮案
禮曹爲許通事 賑恤廳啓辭 據賑恤次 水使梁禹及良妾子深 納米肆石
依事目許通者
康熙十二年十二月日
許通
行判書 參判(印) 參議 正郎 佐郎(印)

예조의 입안.
예조에서 허통하는 일. 진휼청의 계사(啓辭)에 의거하여 진휼할 때에 수사(水使) 양우급(梁禹及)의 양첩자(良妾子) 심(深)이 쌀 4석을 납부하였기에 규정에 의거하여 허통함.
강희(康熙) 12년(1673) 12월 일.
허통.
행판서(行判書) 참판(參判) (印) 참의(參議) 정랑(正郎) 좌랑(佐郎) (印)

◆ 숭정 47년 갑인년(1674, 현종15) : 공 45세.

1월 모일. 병조에서 전교를 받들어 절충장군(折衝將軍) 경상 좌수군절도사(慶尙左水軍節度使)를 하사하다. -지금 갑인제과(甲寅第科)에 기록되었다.-
5월 2일. 처음으로 서울에 집을 마련하다.
　한성부(漢城府) 안의 남부(南部) 효현방(孝賢坊) 제1리(第一里).
8월 19일 기유일. 현종대왕(顯宗大王)이 승하하여 애도하다.
동월 23일. 숙종대왕(肅宗大王)이 왕위에 오르다.

---

25) 허통(許通) : 조선시대에 서얼(庶孽)에게 금고법(禁錮法)을 풀어 과거에 응시하도록 허락한 제도이다.

좌수영(左水營) 아래의 민간에 시집을 가지 못하고 늙은 자가 많으니, 공이 혼례 비용을 지급하여 혼인을 권장하였다. 순무사(巡撫使) 권대재(權大載)가 보고한 개략에, '불필요한 경비를 줄이고 저축을 늘려, 성곽과 해자 및 관사로부터 창검과 갑옷 방패 등의 병장기에 이르기까지 크고 작은 것이 정돈되어 급박한 사태에 방비가 되어 있다.'라고 하였다.

◆ 숭정 48년 을묘년(1675, 숙종1) : 공 46세.

1월 모일. 병조에서 전교를 받들어 절충장군(折衝將軍) 경상 좌수군절도사(慶尙左水軍節度使)를 하사하다. -지금 을묘제과(乙卯第科)에 기록되었다.-

7월 모일. 우암(尤庵) 송선생(宋先生 송시열)이 위리안치(圍籬安置)된 곳에 편지를 올리다.(편지는 잃어버렸다. ○ 답서는 권4에 있다.)

　　지난 해에 윤휴(尹鑴)의 일당이 우암(尤庵)과 동춘(同春 송준길) 두 선생을 죄에 역어서 멀리 유배를 가기에 이르렀다. 우암은 함경도 덕원(德源)에 유배되었다가 이해 6월에 경상도 장기(長鬐)에 위리안치 되었다.

8월 5일. 선산에 묘표(墓表)를 세우다.

동월 18일. 대행대왕(大行大王 현종) 1주기의 곡반(哭班)에 참여하다.

10월 27일. 임기가 차서 임금의 명으로 어모장군(禦侮將軍) 훈국 천총(訓局千摠)에 제수되고, 통정대부(通政大夫) 철원 도호부사(鐵原都護府使)로 옮겼는데, 전관(銓官 인사담당자)이 문관과 무관을 교대로 차임해야 한다[26]는 규정을 핑계로 보고하여 체직되었다가 즉시 절충장군(折衝將軍) 용양위 내금위장(龍驤衛內禁衛將)에 제수되었다. -전관(銓官)은 바로 윤휴(尹鑴)였다.-

11월. 회양 진관(淮陽鎭官) 병마첨절제사(兵馬僉節制使)에 제수되다.

12월 16일. 절충장군(折衝將軍) 용양위 부호군(龍驤衛副護軍)에 제수되다.

동월 27일. 절충장군(折衝將軍) 충무위 부호군(忠武衛副護軍)에 옮겨 제수되다.

---

26) 문관과……한다 : 《대전회통》에 "변경 지역이나 바닷가에 위치한 고을은 문관과 무관을 교대로 차임한다.[沿海邑守令 以文武交差]"라고 한 것을 말한다. 함경도 길주(吉州), 경흥(慶興), 경원(慶源), 온성(穩城), 부령(富寧), 갑산(甲山)이 해당된다. 《大典會通 吏典 外官職》

◆ 숭정 49년 병진년(1676, 숙종2) : 공 47세.

묘당(廟堂 조정)에서 논의하여 당상관 이상으로 쓸만한 무신을 뽑아 보고하라고 하다.

-뽑힌 자는 유비연(柳斐然), 이익형(李益亨), 박이소(朴以昭), 이집(李鏶), 김흥운(金興運), 원상(元相), 권도경(權道經), 박신한(朴振翰), 장시규(張是奎), 김환(金煥), 민섬(閔暹), 양우급(梁禹及), 이필형(李必馨), 이세선(李世選), 정총겸(鄭總謙), 이빈(李礧), 신시건(申時建), 박장원(朴長源), 김세귀(金世龜), 유성위(柳星緯), 이성뢰(李聖賚), 유중기(柳重起), 이상훈(李相勛), 이우(李藕), 김세기(金世器), 강만석(姜萬碩), 목천선(睦桙善), 이동로(李東老), 변국한(邊國翰), 이운등(李雲登) 등 30인이다. 그 뒤에 장임(將任)에 제수되거나 곤수(閫帥)에 오르거나 관직이 주부(州府)에 이른 자가 겨우 몇 사람이었다.-

4월 5일. 임금의 특별한 하교로, 무신으로 가선대부(嘉善大夫) 당상관 중에 명망이 있는 자를 신중히 골라 입시(入侍)토록 하였는데, 공이 이 선발에 참여하게 되었다. 매번 입시할 때마다 반드시 융사(戎事)와 변무(邊務)로써 진달한 것이 많았는데, 임금이 모두 가납(嘉納)하였다. 외직으로 절충장군(折衝將軍) 수 소강방어사 겸 소강진수군첨절제사(守所江防禦使兼所江鎭水軍僉節制使)에 제수되었다. 비국(備局 비변사)에 의해 체직되어 병조(兵曹)로부터 본직(本職)에 잉임(仍任)되었다가 오래지 않아 병으로 사직하고 체직되었다. 며칠 지나지 않아 임금의 명으로 절충장군(折衝將軍) 충무위 부호군(忠武衛副護軍) 수어별장(守禦別將)에 제수되었다. ○ 윤휴(尹鑴)가 당시 총부(摠府 오위도총부)를 겸직하고 있었는데, 내금위장(內禁衛將) 또한 그의 통솔 아래 있으므로 공에게 투자(投刺)²⁷⁾하라고 명하였다. 그런데 규례가 없으므로 공은 사유를 갖춰 병조에 보고하였고, 병조에서는 총부에 문서를 보내서 그 사유를 조사하여 장형(杖刑)으로 다스리도록 하였다. 윤휴는 말이 궁해지자 아전이 한 것으로 핑계를 댔다. 공이 또 병조에 요청하여 그 아전을 찾아서 장형을 가하도록 하였다.

4월 11일. 절충장군(折衝將軍) 용양위 부호군(龍驤衛副護軍) 내금위장(內禁衛將)에 제수되다.

---

27) 투자(投刺) : 처음 윗사람에게 인사를 올릴 때 미리 명함(名銜)을 들여보내는 것을 가리킨다.

5월 모일. 절충장군(折衝將軍) 충무위 부호군(忠武衛副護軍)에 옮겨 제수되다.

8월 18일. 대행대왕(大行大王 현종)의 2주기가 되어 곡반에 참여하여 복식을 갈아입다.

◆ 숭정 50년 정사년(1677, 숙종3) : 공 48세.

4월 모일. 승진하여 절충장군(折衝將軍) 충무위 부호군(忠武衛副護軍) 수어장관(守禦將官)에 제수되다. 품계를 그대로 유지하다.[仍資]

동월 13일 기미일. 전에 역임한 수군절제사 때의 일로 의금부에서 심리를 받았는데, 의금부에서 법률에 비추어 단지 고신(告身)을 빼앗는 것으로 그쳤다. -비변사의 신하들을 인견할 때, 경상 좌수영의 군졸이 무역하는 일로 인해 3인이 목매어 죽었는데, 이때에 이르러 좌의정 권대운(權大運)이 아뢰기를 "전후의 수사들을 모두 죄줌은 너무 과할 듯하니, 이세선(李世選)·양우급(梁禹及) 등 범한 죄가 현저한 자들은 마땅히 죄를 다스려야 하지만 그 나머지는 잡아다가 추문할 것 없습니다."라고 하여 임금이 따랐다.- 마침내 대간(臺諫)의 논계(論啓)에 따라 삼화(三和)에 도배(徒配)되었다. 대체로 그 사건이 연좌될 일이 아닌데도 당시 어떤 자의 사주에 의해 이루어진 것이다. -이에 앞서 경상좌수군절도사에 제수된 것, 묘당에서 선발토록 논의한 것과 여기에 초록한 사실은 모두 국조실록(國朝實錄)에 보인다.- 철원(鐵原)에서 계체(啓遞)된 것과 소강(所江)에서 체직된 것은 모두 윤휴가 몰래 손을 쓴 것이다.

◆ 숭정 51년 무오년(1678, 숙종4) : 공 49세.

10월 모일. 사면을 받아 그날로 길을 떠나다. 유배지에 있던 1년 동안 거주지의 문을 나가지 않았고 공사(公私)의 일을 말하지 않아서 지금까지 세상의 공경과 탄복을 받고 있다.

◆ 숭정 52년 기미년(1679, 숙종5) : 공 50세.

1월 모일. 절충장군(折衝將軍) 용양위 부호군 겸 내금위장(龍驤衛副護軍兼內禁衛將)에 제수되다.

동월 모일. 절충장군(折衝將軍) 충무위 부호군(忠武衛副護軍)에 옮겨 제수되다.

동월 모일. 학포선조가장(學圃先祖家狀)이 이루어지다. -현손 세남(世南)이 짓
다. - 이보다 앞서 선생의 아들 송천공(松川公 응정(應鼎))이 미암(眉巖) 유희
춘(柳希春)에게 행장(行狀)을, 남명(南冥) 조식(曹植)에게, 묘갈(墓碣)을, 귀암
(龜巖) 이정(李楨)에게 묘지(墓誌)를 요청하였으나, 모두 잃어버려 전하지 않
는다.

◆ 숭정 53년 경신년(1680, 숙종6) : 공 51세.

3월 4일. 절충장군(折衝將軍) 부호군(副護軍) 선전관(宣傳官)에 옮겨 제수되다.

동월 모일. 윤휴(尹鑴), 허견(許堅) 등의 역적이 토벌되어 복주되다.

　이보다 앞서 윤휴와 허적(許積) 등이 다른 목적으로 비밀히 모의하여 체부(體府)[28]를
따로 설치하고, 몰래 흉악한 모의를 꾸며 역사(力士)를 불러들이고, 임금의 동정을
살피고 조정 대신들을 기찰하였다. 허견과 이원정(李元禎) 등이 종묘사직을 위태롭게
하려고 3월 28일에 허적이 조부 허잠(許潛)의 시호를 받으며 연시연(延諡宴)을 열어
서 비밀 모의를 장차 실행하려 하였는데, 김석주(金錫冑)와 김만기(金萬基) 등 여러
공들이 충의를 떨쳐 역적을 토벌하니, 공 또한 토벌에 참여하였다. 허견 및 이원정,
오정창(吳挺昌), 이태서(李台瑞), 종실(宗室) 이정(李楨)과 이남(李楠) 등이 모두 복주
되었다. ○ 정원로(鄭元老), 이원성(李元成) 등은 김석주의 고변으로 인하여 4월 4일
밤 초경(初更)에 궐문과 성문에서 뿔을 두드려 군사를 모아 궁성을 호위하였다. 국청
을 설치하였는데, 판의금(判義禁) 이정영(李正英), 지의금(知義禁) 오두인(吳斗寅),
승지(承旨) 윤계(尹堦), 대간(大諫) 김만중(金萬重), 문사낭청(問事郞廳) 최석정(崔錫
鼎)·이현석(李玄錫)·권규(權珪)·김준상(金儁相)을 뽑았는데, 질병으로 강선(姜銑)
으로 대신하고, 심수현(沈壽賢)·임당(任堂)을 더 뽑았다.

4월 모일. 절충장군(折衝將軍) 충무위 부호군(忠武衛副護軍)에 제수되다.

동월 11일. 재차 통정대부(通政大夫) 죽산 부사(竹山府使)에 제수되다. 당시
호위를 담당함에 훈국(訓局)에서는 외방을 가볍게 여기고 가까운 곳을 중히
여겼기 때문이다.

9월 20일. 훈국(訓局)의 계청으로 잉임(仍任 그대로 머물음)되어 또 절충장군
(折衝將軍) 충무위 부호군 겸 선전관(忠武衛副護軍兼宣傳官)에 제수되다.

---

28) 체부(體府) : 조선 시대 체찰사(體察使)가 주둔하는 감영으로, 체찰사는 지방에 군란(軍亂)이 있을 경
　우 왕을 대신하여 그 지방에 나아가 군무를 두루 총찰하던 군직인데, 정승이 겸임하였다. 이 당시에
　허적(許積)은 윤휴(尹鑴) 등과 의논하여 대의(大義)를 내세우고 허적의 집 동산 언저리에 체부를 특별
　히 설치한 다음 허적이 도체찰사(都體察使)가 되었다.

10월 모일. 승진하여 절충장군(折衝將軍) 충무위 상호군(忠武衛上護軍) 선전 관(宣傳官)에 제수되다. 품계를 그대로 유지하다.[仍資]

11월 17일. 승진하여 절충장군(折衝將軍) 수 전라도 병마절도사(守全羅道兵馬節度使)에 제수되다. -사교문(賜敎文)이 있다.-

12월 9일. 손자 경항(慶恒)이 서울 집에서 태어나다. -나중에 익주(益柱)로 개명-

동월 26일. 인경왕후(仁敬王后)가 승하하여 애도하다.

이 해에 백씨(伯氏) 참봉공(參奉公)을 위해 한성(漢城)의 종남(終南) 현동(賢洞)에 집을 마련하여, 백씨가 보성(寶城)으로부터 옮겨와 살다.

◆ 숭정 54년 신유년(1681, 숙종7) : 공 52세.

1월 13일. 백씨(伯氏)에게 답장을 보내다. -편지는 세장첩(世藏帖)에 보인다.-

사사로이 군포(軍布)를 징수한 간사한 아전들을 술책을 써서 적발하여 사형에서 감형하여 장형(杖刑)으로 다스리다. 암행어사 오도일(吳道一)이 보고한 대략에, '도임한 지 오래지 않아, 이미 청렴과 근면으로 칭송이 있었다. 군대의 편제를 정비하고 저축을 늘려 군사의 업무가 체계가 잡히니, 군사들이 크게 기뻐하였다.' 등의 말로 표창하였다.

2월. 백씨(伯氏) 참봉공(參奉公)의 부음을 듣다. 공은 몸이 중요한 직무에 매여 있으므로 고향으로 돌아가는 백씨의 상여를 맞아 곡을 할 수가 없었고, 다만 장례를 지낼 때 필마를 타고 달려가 곡을 하고 글을 지어 제사를 지냈다.

○ 동월 4일. 대장(大將) 신여철(申汝哲)의 편지를 받았다.

6월 모일. 전지(傳旨)가 내려와 녹훈권(錄勳券)을 하사받다.

우승지(右承旨) 송창(宋昌)이 공경히 하교를 받들어, 보사원종훈(保社原從勳) 2등에 녹훈하고, 자급을 하나 더해주고, 조부와 부모를 봉작(封爵)하고, 자손들이 음덕을 이어 받고, 죄가 있어도 후세까지 사면을 받으며, 호적(戶籍)을 다시 작성하였다. -호적은 지금까지 집에 소장되어 있다.-

9월 모일. 예조(禮曹)와 공조(工曹)에서 합동으로 계청하여 공정대왕(恭靖大王)29)에게 존호(尊號)를 추가로 올리는 조치를 청하여 윤허를 받다.

이보다 앞서 공정대왕(恭靖大王)이 승하하던 처음에 존호(尊號)가 더해지지

---

29) 공정대왕(恭靖大王) : 조선 제2대 임금 정종(定宗)의 시호이다. 오랫동안 묘호(廟號) 없이 공정대왕으로 불리다가 이때 비로소 정종이란 묘호를 받았다.

않아서 열성조에서 미처 행할 겨를이 없었던 전례로 남았는데, 이제 영녕
전(永寧殿)에 신주를 모시고, 능침(陵寢)에 사계절 제사를 올리며, 존호를
더하는 예를 요청하게 된 것이다.

10월. 문곡(文谷) 김상국(金相國 김수항)에게 편지를 올리다. -편지는 잃어버렸
고, 답장은 세장첩(世藏帖)에 보인다.- ○ 동월 15일. 종인(宗人) 참판(參判) 중하
(重廈)의 편지를 받았다.

이 해에 여러 대의 선산(先山)에 묘표(墓表)를 세우고 제전(祭田)을 마련하였다.
능주(綾州)의 지동(池洞), 호동(虎洞), 쌍봉(雙峯) 3대의 묘소에 강화석(江華
石)을 운반하여 세웠고, 또 위답(位畓) 20두락(斗落)을 두어서 제향(祀享)의
자산으로 삼게 하였다. -광복 후에 후손 회인(會仁)이 지동(池洞)의 묘표를 다시
세웠는데, 관직을 어지럽게 새기고 배위(配位)를 잘못 썼으니, 한탄스럽다.-

이미 본도(本道 전라도) 병영(兵營)에 부임하자, 원근의 친척과 친구들이 이루
헤아릴 수 없이 많았는데, 혹시 가난한 자가 있으면 녹봉을 덜어서 부조해 주
었으나, 청탁에 대해서는 하나도 들어주지 않으니, 이 때문에 청탁이 들어오
지 않았다. 부임한 처음부터 끝마칠 때까지 더욱 조심하여 마침내 공사(公私)
모두에 뜻밖의 비방이 없었다.

이 해 봄에 임금의 하교로 녹봉문(錄奉文)을 하사하였다.

兵曹奉
教賜折衝將軍 守全羅道兵馬節度使梁禹及 今辛酉年
第○科錄者
康熙二十年正月日
行判書 參判 參議 參知(臣)趙(印) 正郎 佐郎(臣)李(印)

병조(兵曹)에서 하교를 받들어 절충장군(折衝將軍) 수 전라도 병마절도사(守
全羅道兵馬節度使) 양우급(梁禹及)에게 이번 신유년(1681, 숙종7)에 제○과
록(科錄)을 하사한다.
강희(康熙) 20년 정월 모일.

행판서(行判書) 참판(參判) 참의(參議) 참지(參知) 신(臣) 조(趙) (印) 정랑(正郎) 좌랑(佐郎) 신(臣) 이(李) (印)

◆ 숭정 55년 임술년(1682, 숙종8) : 공 53세.

1월. 창계(滄溪) 임공(林公) 영(泳)에게 편지를 올리다. -편지는 잃어버렸고, 답장은 세장첩(世藏帖)에 보인다.-

2월. 완녕군(完寧君) 이판서(李判書)에게 편지를 올리다. -편지는 잃어버렸고, 답장은 세장첩에 보인다.-

3월. 성재(醒齋) 신상국(申相國)에게 편지를 올리다. -편지는 잃어버렸고, 답장은 세장첩에 보인다.-

4월. 서곡(西谷) 이판서(李判書)에게 편지를 올리다. -편지는 잃어버렸고, 답장은 세장첩에 보인다.-

5월. 묵재(黙齋) 신공(申公) 명규(命圭)의 유배지에 편지를 올리다. -편지는 잃어버렸고, 답장은 세장첩에 보인다.-

동월. 명재(明齋) 윤공(尹公) 증(拯)에게 편지를 보내다. -편지는 잃어버렸고, 답장은 세장첩에 보인다.-

6월. 서곡(西谷) 이판서(李判書)에게 편지를 올리다. -답장은 세장첩에 보인다.-

8월. 묵재(黙齋) 신공(申公)의 편지를 받다. -세장첩에 보인다.-

10월. 대곡(大谷) 임고모(任姑母)를 곡하고, 글을 지어 제사를 지냈다.

11월. 완녕군(完寧君) 이판서(李判書)에게 편지를 올리다. -답장은 세장첩에 보인다.-

동월. 서곡(西谷) 이판서(李判書)에게 편지를 올리다. -답장은 세장첩에 보인다.-

동월. 문곡(文谷) 김상국(金相國)에게 편지를 올리다. -답장은 세장첩에 보인다.-

동월 모일. 승지공(承旨公) 이하 3세의 묘표(墓表)를 다시 세우다.

추은(推恩)[30]하여 벼슬이 증직되었으므로 다시 세운 것이다. 평산(平山) 신명규(申命圭) -호는 묵재(黙齋), 문과에 급제하여 홍문관에 들어갔고, 집의(執義)로 있었다- 가 글을 지었고, 의금부 도사(義禁府都事) 신임(申銋) -호는 한죽당 (寒竹堂)으로 관직은 예조 판서를 지냈고, 좌의정에 추증되었으며, 시호는 충경(忠 景)이다- 이 글씨를 썼다.

10월 모일. 임기가 만료되어 체직되다. 훈국(訓局) 마병별장(馬兵別將)에 소 속되었다가 중군(中軍)에 이르다. ○ 동월 3일. 족제(族弟) 극가(克家)의 편지 를 받다.

◆ 숭정 56년 계해년(1683, 숙종9) : 공 54세.

정월 초하루. 묵재 신공의 유배지로 편지를 올리다. -답장은 세장첩에 보 인다.-

동월. 제남대족보(濟南大族譜)를 간행하는 일로 전국에 통문(通文)을 띄웠는 데, 모든 사람의 의견이 일치하여 3년 뒤인 병인년(1686, 숙종12)에 간행을 마쳤다. 보첩(譜牒) 3책이 집에 전해온다.

3월. 공이 묵은 병이 위중해지자 사직소를 올려 체직되다.

11월 14일. 공이 서울 집에서 졸하다.

◆ 숭정 57년 갑자년(1684, 숙종10)

4월 11일. 교하(交河) 석촌면(石村面) 암곡리(巖谷里) -지금의 파주군(坡州郡) 교하면(交河面) 동패리(東貝里)- 안산(案山) 해좌(亥坐)의 언덕에 쌍분으로 장사 지내다.

6월 6일. 조정에서 특별히 훈신(勳臣)으로 대우하는 예로 격식에 맞는 제사와 부의를 하사하다. 예조 정랑(禮曹正郎) 김운승(金運乘)이 제문을 받들었고, 지 제교(知製敎) 서종태(徐宗泰) -관직은 영의정에 올랐고, 시호는 문효(文孝)이다- 가 지었다.

이 해에 공의 장자 통덕공(通德公) 징(澂)이 공의 세계(世系)와 이력(履歷)의 대략을 서술하다.

서인(西人) 중에서 노소(老少)의 당론(黨論)이 처음 갈려 서로 공격을 하 니, 통덕공이 이후로 대문을 닫고 세상과 사절하여 덕을 숨긴 채 출사하지 않다.

---

30) 추은(推恩) : 자손이 귀하게 되어 조상의 관작(官爵)이나 품계를 더 높여주는 일을 말한다.

◆ 숭정 58년 을축년(1685, 숙종11)

7월 20일. 손자 준항(俊恒)이 서울 집에서 태어나다. -다른 이름으로는 익표(益枸)이고 나중에 익표(益標)로 개명하였다.-

◆ 숭정 62년 기사년(1689, 숙종15)

윤휴(尹鑴)의 당파 목래선(來善), 민암(閔黯), 민종도(閔宗道)가 경신옥사(庚申獄事)[31]를 허위로 날조하여 서인의 공훈과 관작을 추탈(追奪)하라는 명이 내리다.

세도(世道)가 크게 변하여 이의징(李義徵), 정유악(鄭維岳)의 무리들이 정권을 잡으니, 곤전(坤殿)이 지위를 잃었고, 우율(牛栗 성혼(成渾)과 이이(李珥))이 문묘(文廟)의 제향에서 폐출되었고, 우암(尤庵 송시열)과 문곡(文谷 김수항)이 후명(後命 사약)을 받았다. 송강(松江 정철)과 은봉(隱峯 안방준)은 관작이 추탈되고 서원이 훼철되었고, 이사명(李師命)과 김익훈(金益勳)도 화를 입었으며, 장희빈(張禧嬪)을 왕후로 삼았다. 이로부터 이후로 서인(西人)이 세력을 잃었다.

◆ 숭정 63년 경오년(1690, 숙종16)

10월. 행장(行狀)이 이루어지다. 대사헌(大司憲) 양주(楊州) 조태동(趙泰東) -호는 풍계(楓溪)- 이 지었다.

행장을 지은 때가 녹권(錄券)을 빼앗겼을 때이므로, 세상의 눈치를 보느라 너무 간략하여 미진한 곳이 있었다.

◆ 숭정 64년 신미년(1691, 숙종17)

진사(進士) 이광석(李光錫) 등 호남(湖南)의 유생 수백 명이 신원소(伸寃疏)를 올렸으나, 윤허를 받지 못하다. -신원소는 잃어버렸다.-

---

31) 경신옥사(庚申獄事) : 남인(南人)이 실각한 사건. 현종(顯宗) 이후 예론(禮論)에 승리한 남인이 집권하였으나, 숙종의 신임이 그다지 두텁지 않던 차에 숙종 6년(1680) 영의정 허적(許積)의 유악남용사건(帷幄濫用事件)으로 숙종은 더욱 남인을 꺼렸다. 서인(西人) 김석주(金錫胄)·김익훈(金益勳) 등이 허적의 서자(庶子) 허견(許堅)이 종실(宗室)인 복창군(福昌君)·복선군(福善君)·복평군(福平君)의 3형제와 역모한다고 고변(告變)하여 옥사가 일어나서 복창군 3형제와 허적·윤휴(尹鑴) 등 남인이 사사되고 많은 남인이 파직되었다.

◆ 숭정 66년 계유년(1693, 숙종19)

박사(博士) 김유(金楺)가 성균관 유생 수십 명을 이끌고 신복소(伸復疏)를 올려 윤허를 받다. -신복소는 잃어버렸다-

◆ 숭정 67년 갑술년(1694, 숙종20)

공훈을 회복하는 명을 받다. 녹권(錄券)을 다시 만들다.

당시 곤위(壼位 인현왕후)의 지위가 회복되어 유림의 원한이 모두 풀렸다. ○ 복훈도감(復勳都監)에서 평천군(平川君) 신완(申琓), 광은군(光恩君) 김진귀(金鎭龜), 사복시정(司僕寺正) 이징명(李徵明), 부사과(副司果) 조태휘(趙泰彙), 동몽교관(童蒙敎官) 박태은(朴泰殷)의 공훈을 회복하였다. -이보다 앞서 녹훈도감(錄勳都監)에서 청성부원군(淸城府院君) 김석주(金錫冑), 광성부원군(光城府院君) 김만기(金萬基), 부사과(副司果) 황윤(黃允), 주부(主簿) 김석령(金錫齡), 감역관(監役官) 박태두(朴泰斗)를 녹훈하였다.-

◆ 숭정 237년 갑자년(1864) -고종원년-

대한(大韓) 고종황제(高宗皇帝) 광무(光武) 2년 무술년(1898) 추원계(追遠禊)를 창설하다.

여러 후손들이 합의하여 계를 창설하여 제사와 제향의 바탕으로 삼다. 출후(出后 후사로 출계함) 7세손 헌묵(憲黙)이 서문을 지었다.

10년 병오년(1906). 묘소 앞에 석물을 대략 갖추다.

후손들의 힘이 부족하여 상석(床石), 망주(望柱)만 갖추었다. 9세손 회현(會賢)이 역사를 감독하였다.

순종(純宗) 기원후 13년 경신년(1920) 8월 모일. 묘비(墓碑)를 세우다.

8세손 덕환(德煥)과 치환(治煥)이 천 리를 달려 역사를 감독하였으나, 역량이 부족하여 아직 글을 새기지 못하였다.

동 51년 정유년(1957) 3월 6일. 개사초(改莎草)를 거행하다.

공 및 통덕공(通德公), 신재공(信齋公)의 부인 3위의 묘가 세월이 오래되어 퇴락하자, 10세손 운승(雲承), 인승(仁承), 백승(百承)이 함께 도모하여 동시에 역사를 완료하였다.

동 67년 계묘년(1963). 세장첩(世藏帖) 2책을 간행하다. -제현(諸賢) 및 공의
  선세 및 후손의 유묵으로 사본(寫本)도 함께 실었다.-
동 74년 경술년(1970). 묘갈명(墓碣銘)이 완성되다. 덕은(德殷) 송재직(宋在
  直) -호는 성지재(誠之齋)- 이 지었다.
동 75년 신해년(1971). 실기(實記)가 완성되다. ○ 송재직(宋在直)이 서문을
  짓다. ○ 10세손 인승(仁承)이 발문(跋文)을 짓다.

부록

附錄

家狀---[長子澂]

我梁氏 出自耽羅 後世有諱洵 在新羅登科壯元 用文章自名 卒官翰林學士
遂封漢挐君 寔爲我鼻祖 其子孫 歷仕羅麗 世爲翰林 人稱十二世翰林之門
入我朝 有諱碩材 文科歷翰苑 至殿直司書 世襲袿組 至諱彭孫 號學圃 少登
第 歷天曹玉署 爲世聞人 己卯士禍 罷歸南鄕 及卒配享于趙靜庵竹樹書院
以子應鼎貴 贈吏曹參判 卽府君五世祖考也 高祖諱應德 參奉 曾祖諱山杭
官至府使 祖諱哲容 贈左承旨 考諱一南 贈參判 參判公 篤志力學 文行俱備
早遊於牛山安公邦俊之門 牛山大奇之 以女妻之曰 唯此子 可配吾女 府君
以崇禎庚午生 二十二歲辛卯 登武科 初拜參下武臣兼宣傳官 陞拜引儀 未
幾移拜訓鍊判官 又移拜都摠都事 丁酉出除全羅兵虞侯 瓜遞屬訓局把摠 移
拜都摠經歷 辛丑出除多大浦僉使 翌年以病罷歸 屬御營把摠 又移拜都摠經
歷 甲辰出除竹山府使 是年被抄將薦 遞歸 又屬訓局把摠 移拜訓鍊院僉正
都摠經歷 丙午出除漆谷府使 到任未一日 陞拜晉州營將 翌年以親病棄歸
盖邊帥例不得棄官 而府君日聞危篤之報 方伯又不許遞 不得已徑歸 坐是徒
配 過一旬蒙宥 又屬御營千摠 戊申出除公州營將 遞屬御營別將 辛亥出除
寧邊府使 數月丁內艱 癸丑除堂上宣傳官 俄而出除永興府使 未階陞拜慶尙
左水使 乙卯瓜遞 卽屬訓局千摠 旋除鐵原府使 銓官諉以當代以文啓遞之
丙辰除內禁衛將 時上令武臣堂上以上 擇其聲名者 輪次入侍 府君與於是選

每當入侍 必以戎事邊務 多所陳白 上皆嘉納焉 夏出除黃海道所江防禦使
時時事大誤 府君居常慨惋 公務之外 絶不出入 以是最疾惡之 每曰是非安
某之外孫耶 及受本職 備局無端啓遞 移屬守禦別將 俄陞中軍 丁巳 以前任
水使時事 就理徒配 盖事非當坐 而亦時人所構而成之也 周歲蒙宥 又屬訓
局千摠 俄而移拜內禁衛將 自訓局啓請仍任 兼拜宣傳官 庚申春 參補社原
從勳 俄而再拜竹山府使 是當扈衛 內外危疑 訓局以內重外輕 啓請仍任 又
拜宣傳官 是年冬陞拜全羅兵使 翌年辛酉 六月下傳旨賜錄勳券加一資 祖與
父母封爵 子孫承蔭 壬戌瓜遞 屬訓局馬兵別將 癸亥夏 病遞 十一月十四日
卒于京第 壽僅五十四歲 嗚呼通哉 府君資稟遒勁 所操堅確 在輩流中 未嘗
謔言俚語 簡黙自持 每見人脂韋 汩沒沾沾以自容者 鄙之若奴隷 以此人多
敬憚 居官莅職 律以淸謹 每曰 吾家世以文取科 而投筆唯我 寧可居職不謹
以重貽忝先之譏耶 其在水營也 緝修城池舘宇 措備戎器 細大一新 緩急可
用 俱在巡務使書啓中 其在兵營也 鉤得諸奸吏私徵軍布者 悉置之法 修軍
伍廣儲蓄 戎務咸擧 軍情大悅 亦在暗行御使褒啓中 寶城卽府君本鄕 而距
兵營在近 以此益加勤飭 人或比之晝錦之榮 府君大傷痛 不遞祖妣在世時
語及常泫然流涕 竊惟府君 言行頗有可記 而不肖孤顓蒙 卽有所未能耳 伏
念今日所仰聞 亦不必太細 玆敢略叙世系履歷如右 而荒迷之中 亦恐煩亂失
次 伏有以諒之
右甲子在草土時謹記

가장(家狀)---[맏아들 징(澂)이 짓다]

우리 양씨(梁氏)는 탐라(耽羅)에서 나왔다. 후세에 휘(諱) 순(洵)이 나와서 신라(新羅)
에서 과거에 장원급제하였고 문장(文章)으로 이름이 나서 관직은 한림학사(翰林學士)로
끝마쳤으며, 드디어 한라군(漢拏君)에 봉해지니, 이 분이 우리의 비조(鼻祖 시조)이다.
그 자손이 신라와 고려에서 두루 벼슬하여 대대로 한림(翰林)이 되니, 사람들이 '십이
세한림지문(十二世翰林之門)'이라 일컬었다. 조선조에 들어와 휘 석재(碩材)가 문과에
급제하여 한원(翰苑)을 거쳐 전직사서(殿直司書)에 이르렀다. 대대로 벼슬아치가 이어

지다 휘 팽손(彭孫)에 이르니, 호는 학포(學圃)로 어려서 과거에 급제하여 이조와 홍문관을 거쳐 세상에 현달한 사람이 되었는데, 기묘사화(己卯士禍) 때에 벼슬을 버리고 남쪽 고향으로 돌아왔다. 세상을 떠남에 조정암(趙靜庵 조광조)을 모신 죽수서원(竹樹書院)에 배향(配享)되었다. 아들 응정(應鼎)이 고귀하게 된 덕분에 이조참판에 추증되니, 바로 부군(府君)의 5세조이다. 고조(高祖) 휘 응덕(應德)은 참봉을 지냈다. 증조(曾祖) 휘 산항(山杭)은 관직이 부사(府使)에 이르렀다. 조(祖) 휘 철용(哲容)은 좌승지에 추증되었다. 고(考) 휘 일남(一南)은 참판에 추증되었다.

참판공(參判公 부친)은 뜻을 독실히 지니고 힘써 공부하여 문학과 행실이 모두 갖추어졌다. 일찍 우산(牛山) 안공 방준(安公邦俊)의 문하에서 공부하니, 우산이 크게 기특하게 여겼으며, 딸을 아내로 주면서 "오직 이 아이만이 내 딸의 배필이 될 수 있다."라고 하였다.

부군(府君)은 숭정(崇禎) 경오년(1630, 인조8)에 태어났다. 22세 때인 신묘년(1651, 효종2)에 무과(武科)에 급제하여 처음으로 참하(參下) 무신 겸 선전관(武臣兼宣傳官)에 제수되었다가 승진하여 인의(引儀)에 제수되었고 얼마 지나지 않아 훈련 판관(訓鍊判官)에 옮겨 제수되고 또 도총도사(都摠都事)로 옮겨 제수되었다.

정유년(1657, 효종8, 28세)에 외직으로 전라병영 우후(全羅兵營虞侯)에 제수되었고, 임기가 만료되자 훈국 파총(訓局把摠)에 소속되었다가 도총 경력(都摠經歷)으로 옮겨 제수되었다.

신축년(1661, 현종2, 32세)에 외직으로 다대포 첨사(多大浦僉使)에 제수되었고, 이 듬해에 질병으로 파직되어 돌아와 어영 파총(御營把摠)에 소속되었다가 또 도총 경력(都摠經歷)에 옮겨 제수되었다.

갑진년(1664, 현종5, 35세) 외직으로 죽산 부사(竹山府使)에 제수되었다. 이 해에 장수의 후보에 선발되었다. 체직되어 돌아와 또 훈국 파총(訓局把摠)에 제수되었다가 훈련원 첨정(訓鍊院僉正), 도총 경력(都摠經歷)에 옮겨 제수되었다.

병오년(1666, 현종7, 37세)에 외직으로 칠곡 부사(漆谷府使)에 제수되었다. 도임한 지 하루도 되기 전에 승진하여 진주 영장(晉州營將)에 제수되었고, 이듬해에 모친의 질병 때문에 벼슬을 버리고 돌아왔다. 대체로 변장의 장수는 규례 상 벼슬을 버리지 못하게 되어 있었는데, 부군은 모친이 위독하다는 소식이 날마다 들려오는데도 관찰사가 또 체직을 허락하지 않으니, 부득이하여 빨리 돌아왔다. 이 일로 인해 도배(徒配)에 처해졌다가 열흘이 지나서 용서를 받았고, 어영 천총(御營千摠)에 소속되었다.

무신년(1668, 현종9, 39세)에 외직으로 공주 영장(公州營將)에 제수되었고, 체직되자 어영 별장(御營別將)에 소속되었다.

신해년(1671, 현종12, 42세)에 외직으로 영변 부사(寧邊府使)에 제수되었는데, 몇 달 뒤에 모친상을 당하였다.

계축년(1673, 현종14, 44세)에 당상(堂上) 선전관(宣傳官)에 제수되었고, 잠시 뒤에 외직으로 영흥 부사(永興府使)에 제수되었다. 품계가 차기 전에 승진하여 경상 좌수사(慶尙左水使)에 제수되었다.

을묘년(1675, 숙종1, 46세)에 임기를 마치고 체직되어 즉시 훈국 천총(訓局千摠)에 소속되었다가 이내 철원 부사(鐵原府使)에 제수되었는데, 전관(銓官 인사담당자)이 '마땅히 문관을 대신 보내야 한다.'[32]라고 핑계를 대며 보고하여 체직되었다.

병진년(1676, 숙종2, 47세) 내금위장(內禁衛將)에 제수되었다. 당시에 임금이 무신(武臣) 중에 당상(堂上) 이상으로 명망이 있는 자를 선발하여 윤번으로 입시(入侍)하도록 하였는데, 부군이 이 선발에 뽑히게 되었다. 부군이 매번 입시할 때마다 반드시 군대의 일과 변방의 업무로써 진달해 올린 것이 많았는데, 임금이 모두 가납(嘉納)하였다. 여름에 외직으로 황해도(黃海道) 소강 방어사(所江防禦使)에 제수되었다.

당시에 시국의 정황이 크게 잘못되니, 부군이 거처하며 늘 분개하고 한탄스러워하였다. 공무(公務) 이외에는 절대로 상관에게 출입하지 않으니, 이 때문에 가장 미움을 받아, 상관이 매양 말하기를 "이 자는 안모(安某 안방준)의 외손이 아니냐?"라고 하면서, 본직(本職)을 받을 즈음에 이르러, 비변사에서 무단히 보고하여 체직시켰다. 수어 별장(守禦別將)으로 옮겨 제수되고, 잠시 뒤에 중군(中軍)으로 승진하였다.

정사년(1677, 숙종3, 48세)에 전에 역임한 수군절제사 때의 일로 의금부에서 심리를 받고 도배(徒配)에 처해졌는데, 대체로 그 사건이 연좌될 일이 아닌데도 또한 당시 어떤 자의 무함에 의해 이루어진 것이었다. 한 해가 지나 용서를 받아 또 훈국 천총(訓局千摠)에 소속되었다가 잠시 뒤에 내금위장(內禁衛將)에 옮겨 제수되었다. 훈국(訓局)에서 계청(啓請)하여 잉임(仍任 그대로 머물음)되었고 겸하여 선전관(宣傳官)에 제수되었다.

---

32) 마땅히……한다 : 《대전회통》에 "변경 지역이나 바닷가에 위치한 고을은 문관과 무관을 교대로 차임한다.[沿海邑守令 以文武交差]"라고 한 것을 말한다. 함경도 길주(吉州), 경흥(慶興), 경원(慶源), 온성(穩城), 부령(富寧), 갑산(甲山)이 여기에 해당된다. 《大典會通 吏典 外官職》

경신년(1680, 숙종6, 51세) 봄. 보사원종공신(保社原從功臣)에 이름이 올랐고, 잠시 뒤에 재차 죽산 부사(竹山府使)에 제수되었다. 이것은 호위를 담당함에 안팎이 위태롭고 의심스러우니, 훈국(訓局)에서 가까운 곳을 중시하고 외방을 가볍게 여겼으므로 계청하여 잉임(仍任)시킨 것이다. 또 선전관에 제수되었다. 이 해 겨울에 승진하여 전라병사(全羅兵使)에 제수되었다. 이듬해 신유년(1681, 숙종7, 52세) 6월에 전지(傳旨)가 내려와 녹훈권(錄勳券)을 하사받았는데, 자급을 하나 더해주고, 조부와 부모를 봉작(封爵)하고, 자손들이 음덕을 이어 받았다.

임술년(1682, 숙종8, 53세) 임기를 채우고 체직되어 훈국(訓局) 마병별장(馬兵別將)에 소속되었다.

계해년(1683, 숙종9, 54세) 여름. 병으로 체직되었다. 11월 14일에 서울 집에서 졸하니, 수명이 겨우 54세였다. 오호통재라.

부군은 자질이 굳세었고 지조가 견고하였다. 동료들과 어울릴 때에도 시끄럽거나 속된 말을 하지 않아 점잖고 묵묵한 자세를 지녔다. 매양 기름과 가죽처럼 부드러워 세상에 아부하는 데 골몰하는 자들을 보면 마치 노예처럼 비루하게 여기니, 이 때문에 경탄(敬憚)하는 사람들이 많았다.

관직에 거처하며 직무를 살필 때엔 청렴과 근신으로 스스로를 단속하며, 매양 말하기를 "우리 집안이 대대로 문장으로 과거에 합격하였는데 오직 나만이 붓을 던졌으니, 어찌 직무를 살피면서 근신하지 않아서 거듭 선조에게 누를 끼쳐서야 되겠는가."라고 하였다. 공이 수영(水營)에 있을 때엔, 성곽과 해자 및 관사를 수리하고 병장기를 구비하여 크고 작은 것이 일신되어 급박한 사태에 대비할 수 있었으니, 모두 순무사(巡撫使)가 조정에 올린 보고에 내용이 보인다. 병영(兵營)에 있을 때엔, 사사로이 군포(軍布)를 징수한 간사한 아전들을 술책을 써서 적발하여 모두 법으로 다스렸고, 군대의 편제를 정비하고 저축을 늘려 군대의 업무가 체계가 잡히니, 군사들이 크게 기뻐하였다. 이것 또한 암행어사가 표창하며 조정에 올린 보고에 내용이 보인다. 전라도 보성(寶城)은 바로 부군의 본향(本鄕)인데 병영(兵營)으로부터 거리가 가까우므로 이 때문에 더욱 엄정하게 단속하였고, 사람들이 간혹 주금(晝錦)의 영예33)에 비교하자, 부군은

---

33) 주금(晝錦)의 영예 : 주금이란 낮에 비단옷을 입는다는 뜻으로 출세하여 금의환향하는 것을 가리킨다. 진(秦)나라 말기에 항우(項羽)가 함양(咸陽)을 도륙하고 관중(關中)을 차지하자, 어떤 자가 항우에게 관중에 머물러 있으라고 권하였다. 항우는 진나라 궁실이 다 불탄 것을 보고 자신의 고향인 강동

조부와 조모께서 살아계실 때에 영광을 드리지 못함을 크게 애통해 하였고, 말이 이에 미칠 때마다 늘 눈물을 줄줄 흘리곤 하였다.

가만히 생각건대, 부군의 언행은 기록할 만한 것이 자못 많았으나, 불초한 내가 몽매하여 미처 기록해 두지 못하였다. 가만히 회상하건대, 오늘날 위로 알리는 글에 굳이 너무 세세히 쓸 필요는 없으므로 이에 감히 세계(世系)와 이력(履歷)을 위와 같이 대략 서술하였다. 그런데 황망하고 혼미한 중에 또한 번거롭고 어지러워 차서를 잃었을 듯하므로 양찰해 주시기를 바랍니다.

이상, 갑자년(1684, 숙종10) 상중에 있으면서 삼가 기록하다.

(江東)으로 돌아가고자 하여, "부귀하게 되어서 고향으로 돌아가지 않으면 비단옷을 입고 밤길을 가는 것이나 마찬가지이다."라고 하였다. 《漢書 卷30 項籍傳》

行狀----[趙泰東]

世傳耽羅有三穴 梁高夫三姓 三姓子孫之在耽羅者 至今以冬至日祭其穴 梁氏之得姓 亦遠矣 新羅時 有諱洵 用巍科官翰林 卒封漢挐君 是爲鼻祖 其後承歷仕羅麗 世爲翰林 時稱十二歲翰林之門 入我朝 有諱碩材 亦官翰林 累傳至諱彭孫 號學圃 少登第 歷天曹玉署 己卯士禍 罷官南歸 及卒配享趙靜庵竹樹書院 後以子應鼎貴 贈吏曹參判 寔公五代祖也 高祖諱應德 參奉 曾祖諱山杭 府使 祖諱哲容 贈左承旨 考諱一南 贈參判 參判公 篤至力學 遊於安牛山邦俊之門 牛山大加稱奬 妻之以女 以崇禎庚午三月二十日生公 名禹及 字纘卿 少時豪儁 蔚有䍐駕意 二十二歲 登武科 由宣傳官 通禮院引儀訓鍊院判官 都摠府都事 出爲全羅兵營虞侯 遞拜都摠府經歷 又出爲多大浦僉使 病罷 又拜經歷 甲辰拜竹山府使 是年被將領薦 是武斑極選也 遞拜訓鍊僉正 丙午拜漆谷府使 未幾歷晉州營將 翌年聞母夫人疾篤 累乞遞不得 冒法棄歸 坐謫長興 到配旋蒙宥 戊申出爲公州營將 時有賊在湖嶺間 殺掠人畜甚衆 公機捕悉誅之 後當方伯啓聞 乃移功將校曰 僇人以徼賞 吾不爲也 雖陞一資 何足貴乎 方伯强之 終不聽 辛亥拜寧邊府使 値歲大歉 闕賑有方無捐瘠 境內多未字女 至有年三四十者 公出府財助婚資以嫁之 邑人追思不已 莅位數月丁內艱 服闋拜堂上宣傳官 俄出爲永興府使 旋陞拜慶尙左水使 省浮費廣儲蓄 自城池舘宇 以至槍釰甲楯之屬 巨細整頓 爲緩急備 巡務使 馳啓以褒 乙卯瓜遞 拜鐵原府使 朝議以爲當代以文 未赴 丙辰拜內禁衛將 時上令擇於武臣有聲望者 輪回入侍 公與是選 登對之日 以邊事戎務 明白條陳 上曰 近日引接武臣多矣 於今始得聞邊務 且其所奏 正合事宜 特命施行 時時事大變 公以牛山外孫 最爲時人所惡 尹鑴時兼摠府 舊掌諸衛內禁將 亦宜統屬 仍令諸衛將投刺 諸衛將畏其氣焰皆往見 公獨曰 內禁將 本兵所屬 於摠府自不相干 終不往 鑴令人督之 其意本欲侵公 公怒具報本兵本兵移文摠府詰其由 鑴辭窮諉之吏 公又請本兵覈吏杖之 鑴甚啣之 後公爲所江防禦使 備局無端啓遞之 丁巳坐微事就理 竟配于三和 皆鑴所陰毒也周歲蒙宥 拜內禁將 俄移宣傳官 庚申春參保社原勳 夏再拜竹山府使 訓局

以千摠啓留 又兼宣傳官 冬陞拜全羅兵使 推恩贈爵祖與考 宥及子孫 公本
寶城人 丘墓親戚 皆在其地 人稱晝錦之榮 而公益自畏愼 與親舊約倘有貧
乏 吾當捐捧以賑 至於干囑 不敢聽從 以是請托不入 號令大行 營中猾吏輩
竊食軍布 其來已久 公欲痛革此弊 鉤鉅以得之 乃三十餘人也 不忍盡致之
法 減死杖之 管下咸服其恩威 公以爲節度之職 莫先於團束隊伍激勸將士
乃修整軍籍 悉塡逋故 節縮裘餉 厚積財穀 以時練習 不愛重賞 於是軍情大
悅 暗行御使啓褒之 壬戌瓜遞 屬訓局馬兵別將中軍 癸亥夏病遞 以十一月
十四日 卒于京第 享年五十四 訃聞命禮官致祭賻如儀 至翌年四月十一日
卜葬于交河石村巖谷里亥坐之原 公精爽遒勁 資性諒直 平生不言人過 而居
官之日 若上官有違 同僚有愆 必正言無諱 不喜與物相競 而人或加以非道
則雖氣勢所在 不少撓屈 以此人多敬憚焉 內行克備 事母夫人 必盡志物之
養 及自寧邊赴喪而歸 自以早孤事母 又不克終 是天地間一罪人 遂有皐魚
立死之意 號哭之聲 數月不絶 終至柴毀骨立 起坐湏人 賴伯氏參奉公涕泣
勸止 僅能回甦 而蔬糲之食 哀慕之誠 三年如一日 鄕里咸歎 前時母夫人 常
謂公曰 湖南是吾鄕 及見汝建節來耶 逮按湖閫 母夫人已下世矣 公益加傷
痛 至欲不赴 爲參奉公所强 至則凡紛華娛耳目之具 一切不近於身 語及母
夫人 輒泫然流涕 事參奉公如事嚴父 非有公故 不蹔離側 公家業素饒 子女
已長 而終參奉公之世 未嘗分異 仰賴衣食焉 推及宗黨 睦媚尤至 不問疏戚
待之以誠 雅好文士 或有來訪者 必愛而敬之 若武人來 則雖高官大爵 不甚
屑也 出身以來 一心戒謹 衆趨之門 足跡罕到 及爲節度 乃曰 涯分已過 志
願已畢 寧可抛官務事權貴 以益求榮進耶 唯日夜孜孜 職事是勤 勞績漸著
譽聞方興 而年壽所局 不克大展 嗚呼惜哉 然其勁直之氣 孝恭之行 自足以
表見 而況立朝三十餘年 累典州郡 再仗閫鉞 而廉白謹飭之操 終始如一 雖
其素所媚疾者 不敢以汚衊之言加諸公 若公者 求之今世武弁 盖鮮覯焉 配
貞夫人 慶州李氏 宣敎郎德翼之女 大司諫湛之玄孫也 有婦德 先公十五年
卒 葬于交河樹村 及公葬 移窆 同穴焉 生男澂澐 女適元德裕鄭載蔓 側室生
男深 女適李自煥趙泰善李萬年 澂娶監察李九成女 生二男二女 澐娶奉事金

弘柱女 生一男二女 元德裕生一男三女 鄭載蔓生四男一女 深娶知事成稷女
生三男一女 李自煥生一男二女 趙泰善生二男一女 李萬年生一男一女 幷幼
嗚呼 昔余先君按節湖南 公時罷官家居 遂辟以佐幕 幕中多士大夫 獨公隨
事進規 以此先君雅敬重之 旣先君歿 公視諸孤甚厚 無替舊時 余誦其義 至
今不敢忘也 後余徙家 適與公同里歡甚 未數歲公遽捐世矣 每及公諸子相對
輒道舊愴情 一日其長子瀓 泣謂余曰 知吾先人 莫吾子若 子其爲狀 余以不
文累懇 辭不獲則顧其意 亦有終不可得以辭焉者 敢忘僭猥 謹次系歷履行如
右 俾托于知言之君子

행장(行狀)----[조태동(趙泰東)34)이 짓다]

　세상에 전하기로 탐라(耽羅)에 세 구멍이 있어서 양(梁)·고(高)·부(夫) 3성(姓)이 나
왔는데, 3성의 자손들 중에 탐라에 사는 사람들은 지금까지 동짓날에 그 구멍에 제사
를 올린다고 하니, 양씨(梁氏)가 성을 얻은 것이 또한 오래되었다고 하겠다.

　신라 때에 휘(諱) 순(洵)이 과거에 장원급제하여 한림학사(翰林學士)를 지내고 마침내
한라군(漢拏君)에 봉해졌으니, 이 분이 시조이시다. 그 후손들이 신라와 고려에 두루
벼슬하여 대대로 한림(翰林)이 되니, 당시에 '십이세한림지문(十二世翰林之門)'으로 일
컬어졌다.

　조선조에 들어와 휘 석재(碩材)란 분도 한림(翰林) 벼슬을 지냈다. 여러 대를 지나 휘
팽손(彭孫)에 이르니, 호는 학포(學圃)로 어려서 과거에 급제하여 이조와 홍문관을 두
루 거쳤는데, 기묘사화(己卯士禍) 때에 벼슬을 버리고 남쪽 고향으로 돌아왔다. 세상을
떠남에 조정암(趙靜庵 조광조)을 모신 죽수서원(竹樹書院)에 배향(配享)되었다. 나중에
아들 응정(應鼎)이 고귀하게 된 덕분에 이조 참판에 추증되니, 이분이 공의 5대조이다.
고조(高祖) 휘 응덕(應德)은 참봉을 지냈다. 증조(曾祖) 휘 산항(山杭)은 부사(府使)를 지
냈다. 조(祖) 휘 철용(哲容)은 좌승지에 추증되었다. 고(考) 휘 일남(一南)은 참판(參判)
에 추증되었다. 참판공(參判公)은 뜻을 독실히 지니고 힘써 공부하여 우산(牛山) 안방
준(安邦俊)의 문하에서 수학하니, 우산이 크게 칭찬하면서 딸을 아내로 주었다.

---

34) 조태동(趙泰東) : 1649~1712. 본관은 양주(楊州), 자는 성등(聖登)으로 조귀석(趙龜錫)의 아들이다.
　　1697년(숙종23) 문과 중시에 급제하여 홍문관 수찬을 거쳐 벼슬이 참판에 이르렀고, 외직으로 함경
　　도 관찰사를 지냈다.

숭정(崇禎) 경오년(1630, 인조8)에 공이 태어나니, 이름은 우급(禹及), 자는 찬경(纘卿)이다. 어렸을 때부터 호방하고 준수하여 굴레를 벗어날 뜻이 많았다.

22세에 무과(武科)에 급제하여 선전관(宣傳官), 통례원 인의(通禮院引儀), 훈련원 판관(訓鍊院判官), 도총부 도사(都摠府都事)를 거쳐 외직으로 전라병영 우후(全羅兵營虞侯)가 되었고, 체직되어서는 도총부 경력(都摠府經歷)에 제수되었다. 또 외직으로 다대포 첨사(多大浦僉使)가 되었다가 병으로 파직되고서 또 경력(經歷)에 제수되었다.

갑진년(1664, 현종5, 35세)에 죽산 부사(竹山府使)에 제수되었다. 이 해에 장령(將領)의 후보에 선발되니, 이는 무반(武班)에서 으뜸으로 치는 자리였다. 체직되어 훈련원 첨정(訓鍊院僉正)에 제수되었다.

병오년(1666, 현종7, 37세)에 칠곡 부사(漆谷府使)에 제수되었다. 얼마 지나지 않아 진주 영장(晉州營將)에 제수되었다. 이듬해에 모친의 질병이 위독하다는 소식을 듣고 여러 차례 체직을 요청하였으나 허락받지 못하였다. 마침내 법을 어기고 벼슬을 버리고서 돌아오니, 이에 연루되어 장흥(長興)에 유배되었으나 유배지에 도착하자 곧 용서를 받았다.

무신년(1668, 현종9, 39세)에 외직으로 공주 영장(公州營將)이 되었다. 당시에 적도(賊徒)가 호남과 영남 사이에 발생하여 살인과 약탈이 매우 심하자, 공이 계책을 써서 붙잡아 모두 죽였다. 나중에 관찰사가 조정에 보고할 즈음에, 공은 장교들에게 공적을 옮겨주며 말하기를 "사람을 죽여 포상을 받는 일을 나는 하지 않겠다. 비록 한 자급(資級)이 오를지라도 어찌 귀하다 하겠는가."라고 하였고, 관찰사가 강권하여도 끝내 듣지 않았다.

신해년(1671, 현종12, 42세)에 영변 부사(寧邊府使)에 제수되었다. 큰 흉년을 만났으나 진휼하는 데 방책이 있어서 굶주려 죽은 백성이 없었다. 영변 고을에 혼인을 하지 못한 여자가 많아 30, 40살에 이른 여자도 있었는데, 공이 관아의 재물을 내어 혼인 비용을 부조하여 시집을 보내주니, 고을 사람들이 나중까지도 고마워해 마지않았다. 재임한 지 몇 달 만에 모친상을 당하였다. 복을 마치자 당상 선전관(堂上宣傳官)에 제수되었고, 잠시 뒤에 외직으로 영흥 부사(永興府使)가 되었다가 곧 승진하여 경상 좌수사(慶尙左水使)에 제수되었다. 불필요한 경비를 줄이고 저축을 늘려, 성곽과 해자 및 관사로부터 창검과 갑옷 방패 등의 병장기에 이르기까지 크고 작은 것이 정돈되어 급박한 사태에 방비가 완비되니, 순무사(巡撫使)가 조정에 보고하여 표창하였다.

을묘년(1675, 숙종1, 46세)에 임기가 차서 체직되자 철원 부사(鐵原府使)에 제수되었는데, 조정에서 '마땅히 문관으로 대신해야 한다.'35)라는 논의가 일어 부임하지 못하였다.

병진년(1676, 숙종2, 47세)에 내금위장(內禁衛將)에 제수되었다. 당시에 임금이 명하여 무신(武臣) 중에 명망이 있는 자를 선발하여 윤번으로 입시(入侍)하도록 하였는데, 공이 이 선발에 뽑히게 되었다. 공이 등대(登對)하는 날마다 군대의 일과 변방의 업무로써 명백히 조목조목 진달하자, 임금이 "근래에 무신을 접견한 자가 많았는데, 지금에서야 비로소 변방의 업무를 듣게 되었도다. 또 그가 상주한 바가 참으로 시의적절하니 특명으로 시행하라."라고 하였다.

이 당시에 시국의 정황이 크게 잘못되니, 공이 우산(牛山 안방준)의 외손으로서 당시 사람들의 미움을 가장 많이 받았다. 윤휴(尹鑴)가 당시 오위도총부를 겸직하고 있었는데, 예로부터 모든 위(衛)를 관장하였고 내금위장 또한 그의 통솔을 받았다. 윤휴가 이에 모든 위장(衛將)에게 투자(投刺)36)하라고 명령을 내리니, 모든 위장들은 그 기세를 두려워하여 가서 배알을 하였는데, 공만이 홀로 "내금위장은 본병(本兵 병조) 소속으로 도총부와는 서로 관련이 없다."라고 하면서 끝내 가지 않으니, 윤휴가 사람을 시켜 독촉하였다. 윤휴의 뜻은 본래 공에게 모욕을 주고자 한 것이었으므로 공이 노하여 사연을 자세히 갖춰 병조에 보고하니, 병조에서는 도총부에 문서를 보내 그 연유를 힐문하였다. 윤휴가 말이 궁해지자 아전이 한 일로 핑계를 대니, 공이 또 병조에 청하여 아전을 찾아내 장형을 가하기를 요청하자, 윤휴가 몹시 원망을 품게 되었다. 나중에 공이 소강 방어사(所江防禦使)가 되었을 때, 비변사에서 무단히 계문(啓聞)하여 체직시켰다.

정사년(1677, 숙종3, 48세)에 작은 사건으로 인해 의금부에서 심리를 받고 마침내 삼화(三和)에 유배되니, 모두 윤휴가 몰래 사주한 것이었다. 한 해가 지나 용서를 받아 내금위장(內禁衛將)에 제수되었고, 잠시 뒤에 선전관(宣傳官)에 옮겨 제수되었다.

경신년(1680, 숙종6, 51세) 봄에 보사원종공신(保社原從功臣)에 이름이 올랐다. 여름에 재차 죽산 부사(竹山府使)에 제수되었는데, 훈국(訓局)에서 천총(千摠)으로서 보고하여 유임시킨 것이고, 또 선전관을 겸직하였다. 겨울에 승진하여 전라 병사(全羅兵使)

---

35) 마땅히……한다 : 《대전회통》에 "변경 지역이나 바닷가에 위치한 고을은 문관과 무관을 교대로 차임한다.[沿海邑守令 以文武交差]"라고 한 것을 말한다. 함경도는 길주를 비롯하여 경흥(慶興), 경원(慶源), 온성(穩城), 부령(富寧), 갑산(甲山)이 해당된다. 《大典會通 吏典 外官職》

36) 투자(投刺) : 처음으로 윗사람을 뵈올 때에 미리 명함(名銜)을 전하여 드리던 일.

에 제수되니, 추은(推恩)37)하여 조부와 부친에게 관작이 추증되었고, 죄를 지어도 자손들까지 사면을 받게 되었다.

공은 본래 전라도 보성(寶城) 사람으로 선영과 친척이 모두 전라도에 있었으므로 사람들이 주금(晝錦)의 영예38)라고 칭송을 하였으나, 공은 더욱 스스로 두려워하고 조심하였다. 친구들과 약속하기를 "만약에 가난한 사람이 있으면 내가 마땅히 녹봉을 헐어 구휼해 주겠지만, 청탁에 대해서는 절대 들어주지 않겠다."라고 하니, 이에 청탁이 들어오지 않았고 호령이 크게 행해지게 되었다.

감영의 교활한 아전들이 몰래 군포(軍布)를 빼먹는 것은 그 유래가 오래되었다. 공이 이런 폐단을 따끔하게 고치고자 하여 술책을 써서 적발하니 30여 명이나 되었다. 차마 모두 법으로 처벌할 수 없어서 사형에서 감하여 장형(杖刑)으로 다스리니, 관내가 모두 공의 은혜와 위엄에 감복하였다. 공은 절도사의 직임이란 대오(隊伍)를 단속하고 장사(將士)들을 격려하는 것보다 앞서는 것이 없다고 생각하여, 이에 군적(軍籍)을 정비하여 달아나거나 죽은 군졸을 모두 채워 넣었고, 입을 것과 먹을 것을 절약하여 재물과 군량을 넉넉히 쌓아놓고 철따라 훈련을 하면서 무거운 포상을 아끼지 않으니, 군사들이 크게 기뻐하였다. 암행어사가 조정에 보고하여 표창하였다.

임술년(1682, 숙종8, 53세)에 임기를 채우고 체직되어 훈국(訓局)의 마병별장(馬兵別將)과 중군(中軍)에 소속되었다.

계해년(1683, 숙종9, 54세) 여름에 병으로 체직되어 11월 14일에 서울 집에서 졸하니, 향년이 54세였다. 부음이 전해지자 조정에서 예조의 관원으로 하여금 격식에 맞는 제사와 부의를 하사하도록 하였다. 이듬해 4월 11일에 교하(交河) 석촌(石村) 암곡리(巖谷里) 해좌(亥坐)의 언덕에 장사지냈다.

공은 정신이 굳세고 성품이 정직하여 평생 남의 허물을 말하지 않았고, 관직에 재임하는 날에 만약 상관이 법을 어기고 동료가 잘못을 범하면 반드시 바른말로 지적하여

---

37) 추은(推恩) : 자손이 귀하게 되어 조상의 관작(官爵)이나 품계를 더 높여주는 일을 말한다.

38) 주금(晝錦)의 영예 : 주금이란 낮에 비단옷을 입는다는 뜻으로 출세하여 금의환향하는 것을 가리킨다. 진(秦)나라 말기에 항우(項羽)가 함양(咸陽)을 도륙하고 관중(關中)을 차지하자, 어떤 자가 항우에게 관중에 머물러 있으라고 권하였다. 항우는 진나라 궁실이 다 불탄 것을 보고 자신의 고향인 강동(江東)으로 돌아가고자 하여, "부귀하게 되어서 고향으로 돌아가지 않으면 비단옷을 입고 밤길을 가는 것이나 마찬가지이다."라고 하였다. 《漢書 卷30 項籍傳》

거리낌이 없었다. 남들과 경쟁하는 것을 좋아하지 않았으나 남들이 간혹 도리에 어긋난 일을 하면 비록 기세(氣勢)가 있는 자일지라도 조금도 굽히지 않으니, 이 때문에 경탄(敬憚)하는 사람이 많았다.

집안에서의 행실도 잘 갖추어져 모부인을 섬기면서 반드시 뜻에 맞게 하고 물건으로 봉양을 극진히 하였다. 영변(寧邊)에서 모친상을 당해 돌아오게 되자, 스스로 '어려서 부친을 잃고 모친을 모셨는데 또 끝까지 하지 못했으니, 이는 천지간에 하나의 죄인이다.'라고 생각하였다. 이에 고어(皐魚)가 선 채로 죽은[39] 생각이 들어서 통곡하는 소리가 몇 달 동안 끊어지지 않았고, 끝내 앙상하게 말라 뼈만 남아 일어나고 앉는 일에 남의 도움이 필요할 지경이 되었는데, 백씨(伯氏) 참봉공(參奉公)이 눈물을 흘리며 그만두기를 권하자 겨우 다시 소생할 수 있었다. 그러나 거친 밥을 먹고 슬피 사모하는 정성이 3년이 하루와 같으니, 향리가 모두 감탄하였다.

전날에 모부인께서 늘 공에게 말하기를 "호남은 우리의 고향인데, 네가 병마절도사의 깃발을 세우고 오는 것을 볼 수 있으려나?"라고 하였는데, 호남의 병마절도사가 되었을 때에 모부인은 이미 세상을 떠난 뒤이므로 공이 더욱 슬피 애통해하며 심지어 부임하지 않고자 하였다. 참봉공으로부터 강권을 받아 부임해서는 모든 화려하고 이목을 기쁘게 하는 도구를 일체 몸에 가까이 하지 않았고, 말이 모부인에 미치면 곧 왈칵 눈물을 쏟곤 하였다.

참봉공을 섬기기를 마치 엄한 부친을 섬기듯이 하여 공적인 일이 아니면 잠시도 곁을 떠나지 않았다. 공의 집안은 살림이 평소 풍족하였는데, 자녀들이 이미 장성했음에도 참봉공이 세상을 떠나기 전까지 살림을 나누지 않고 의복과 음식을 참봉공에게서 받아서 썼다. 종친에까지 은혜를 미루니 화목함이 더욱 지극하였고, 멀고 가까움을 막론하고 성심으로 대우하였다.

평소에 문사(文士)를 좋아하여 혹시 찾아오는 자가 있으면 반드시 친애하고 공경하였고, 만약 무인이 찾아오면 비록 고관대작이라도 별로 달가워하지 않았다. 벼슬에 나간 이래로 한 마음으로 경계하고 조심하여 남들이 달려가는 대문에는 발길이 드물게 미쳤는데, 절도사가 됨에 이르러서는 이에 말하기를 "분수에 지나쳐 뜻과 소원이 이미

---

39) 고어(皐魚)가……죽은 : 춘추 시대 공자가 길을 가는데 고어란 사람이 슬피 울고 있기에 까닭을 물었더니, "나무는 고요하고자 하여도 바람이 그치지 않고 자식이 봉양하고 싶어도 어버이는 기다려 주지 않는다." 하고는 서서 울다가 말라 죽었다는 고사가 있다. 《韓詩外傳》

이루어졌으니, 어찌 관아의 업무를 버리고 권문귀족을 섬겨서 더욱 영달을 구할 필요가 있으랴."라고 하면서 오직 밤낮으로 부지런히 직무에 힘썼다. 공적이 점차 드러나고 명예가 높이 드날렸으나 수명에 구애되어 크게 펼쳐보지 못했으니, 아 애석하도다.

그러나 공의 굳세고 곧은 기개와 효성스럽고 공경스런 행실은 스스로 드러나기에 충분했고, 하물며 조정에 벼슬한 30여 년 동안에 여러 차례 주군(州郡)을 맡고 두 번 곤월(閫鉞 절도사)이 되었으나, 청렴하고 조심하는 지조는 시종 한결같았으니, 비록 평소 공을 미워하는 자일지라도 감히 모욕하는 말을 공에게 하지 못하였다. 공과 같은 이는 지금 세상의 무인 중에 구하여도 드물게 보는 경우이다.

부인 정부인(貞夫人) 경주 이씨(慶州李氏)는 선교랑(宣教郎) 이덕익(李德翼)의 딸이고 대사간(大司諫) 이담(李湛)의 현손녀이다. 부인의 덕을 지녔는데 공보다 15년 먼저 세상을 떠나 교하(交河) 수촌(樹村)에 장사지냈는데, 공을 장사지냄에 이르자 옮겨다 같은 묘혈에 합장하였다.

아들 징(澂)과 흡(瀹)을 두었고, 딸은 원덕유(元德裕), 정재만(鄭載蔓)에게 각각 출가하였다. 측실에서 아들 심(深)을 얻었고, 딸은 이자환(李自煥), 조태선(趙泰善), 이만년(李萬年)에게 각각 출가하였다.

징(澂)은 감찰(監察) 이구성(李九成)의 딸을 부인으로 맞아 2남 2녀를 낳았다. 흡(瀹)은 봉사(奉事) 김홍주(金弘柱)의 딸을 부인으로 맞아 1남 2녀를 낳았다. 원덕유는 1남 3녀를 낳았고, 정재만은 4남 1녀를 낳았다. 심(深)은 지사(知事) 성직(成稷)의 딸을 부인으로 맞아 3남 1녀를 낳았다. 이자환은 1남 2녀를 낳았고, 조태선은 2남 1녀를 낳았으며, 이만년은 1남 1녀를 낳았는데, 모두 어리다.

오호라. 지난 날 나의 선친[40]이 호남의 관찰사로 있을 때, 공은 당시 관직에서 물러나 집에 거처하고 있었다. 드디어 불러다 좌막(佐幕 보좌관)으로 삼았는데 군영에 즐비한 선비와 대부들 중에서 공만이 홀로 일에 따라 진언하니, 이 때문에 선친께서 공경하고 중시하였다. 이미 선친이 세상을 떠나자, 공이 여러 고아들을 돌보기를 매우 후덕하게 하여 지난 시절과 다름이 없으니, 내가 그 의리를 칭송하며 지금까지 감히 잊지 못하고 있다.

---

40) 나의 선친 : 이 행장(行狀)을 지은 조태동(趙泰東)의 부친 조귀석(趙龜錫, 1615~1665)을 가리킨다. 본관은 양주(楊州), 자는 우서(禹瑞), 호는 장륙당(藏六堂)이다, 1648년(인조26)에 정시문과에 급제하여 청요직을 두루 역임하였다. 1644년(현종5)에 전라도 관찰사로 재임하였다.

나중에 내가 이사를 하여 마침 공과 같은 마을에 살며 기쁘기가 그지없었는데, 몇 해가 지나기 전에 공이 갑자기 세상을 떠나고 말았다. 매양 공의 여러 아들을 마주하면 곧 옛일을 이야기하며 서글픈 심정이 되곤 하였는데, 하루는 공의 맏아들 징(澂)이 눈물을 흘리며 나에게 말하기를 "나의 선친을 아는 분으로 그대 만한 사람이 없으니, 그대가 행장을 지어주시오."라고 하였다. 나는 문장이 부족하다고 여러 차례 사양하였으나 허락을 얻지 못했고, 그의 뜻을 보건대 끝내 사양할 수 없기에 감히 외람됨을 무릅쓰고 삼가 이와 같이 세계(世系)와 이력(履歷)을 차례에 따라 늘어놓고 말을 아는 군자들에게 드리노라.

墓碣銘 並序 ---[宋在直]

兵使梁公 以文武全才 有忠孝至行 見稱於當時諸賢 而歿後數百載 尙無顯
刻 只有石床與石碑等物 庸衛阡道 乃後孫德煥與治煥會賢之所勒竪 而亦無
陰記 以表其行治 方欲別具貞珉 銘頌遺烈 遣仁承懇乞于余 余曰 世有任其
責者 奚庸此腐筆爲哉 其請不已 遂按其狀 公諱禹及 字纘卿 自幼豪儁 有封
侯志 年廿二登武科 內而歷宣傳官引儀判官都事經歷僉正內禁衛將馬兵別將
中軍 外而爲虞候僉使府使營將防禦使水使至兵馬節度使 所在盡職 略擧其
績之尤著者 則爲公州營將也 賊起湖嶺間 殺掠人畜 公設方略而勦滅之 方
伯欲啓其功于朝 公曰 僇人徼賞 吾不爲也 移其功於軍校 其任寧邊也 適値
荒年 賙賑有方 民免餓莩 見境內孤貧男女過期未婚者 爲資裝而嫁娶之 其
在水營也 省浮費廣儲蓄 修城池治舘宇 整甲兵造戰艦 以備緩急 其在禁衛
也 上命選武臣有聲望者 輪番入侍 公與其列 每於榻前條陳邊備戎務 上稱
善而多施行者 聖寵日厚 而朝象大變 賊臣尹鑴 爲摠府惡公之爲牛山安文康
公邦俊之外孫 要其投刺 公不從 鑴令人督之 公具報本兵 移文詰之 鑴辭窮
誘諸吏而益唧之 未幾公爲防禦使 而備局啓遞之 又以微事就理 配于三和
周歲蒙宥 皆出於鑴之指使 而公終不撓屈 其不爲禍福之所動如此也 庚申鑴
伏誅 而公參保社原從勳陞閫帥 公以榮不及親欲呈辭 黽勉伯氏參奉公之命
而赴任 奉法益嚴 謝却知舊之干囑 禁戢猾吏之作奸 修整軍籍 悉塡逋故 節
縮裒餙 鍊習以時 號令嚴而賞罰明 士卒咸服其恩威焉 巡使褒啓 廟議將發
而以明陵癸亥十一月十四日卒 距生崇禎庚午三月二十九日壽五十四也 訃聞
以勳臣禮命禮曹祭賻如儀 葬于交河石村巖谷里亥坐原

濟州氏 出自耽羅 至新羅翰林諱洵 封漢拏君 始起世代 在勝國連十二世處
翰苑 入國朝諱碩材 亦官翰林 世遂以翰林門稱之 累傳諱彭孫 與靜庵趙先
生同朝歷天曹玉署 己卯禍 罷官南歸 後贈吏判 謚惠康 配享于竹樹書院 卽
學圃先生 而於公爲五世祖也 參奉諱應德府使諱山杭高若曾 而祖諱哲容 贈
左承旨 考諱一南 贈戶參 以公貴而追榮也 參判公 嘗從牛山先生學 先生以
女妻之 公爲其所出也 公爲人謙恭而諒直 平居不喜論人長短 而見權貴之犯

分蔑禮 則正言不諱 見强豪之作威作福 則抗顔直斥 身爲武弁 而有敬賢禮
士之風 持節藩鎭 而無耳目聲色之娛 淸白飭躬 廉公爲治 故非無媢疾者 而
不敢加以汚衊之言矣 公自以早孤 事母夫人盡孝 志物俱養 每當除拜 輒有
奉檄之喜 及母夫人下世 公適在任所 未能臨終 自以爲天地間一罪人 延數
朔而號哭不已 柴毀骨立 欲遂皐魚之志 伯氏萬端泣喩 强進糜粥 終三霜而
泣血 制闋語及出涕 可知其孺慕無窮也 與伯氏友于篤至 非有公故 暫不相
離 家業素饒 而一聽伯氏裁決 一衣一食 莫不仰賴 推及宗黨 不問親疎 待之
以誠 各得其懽 蓋其修身正家 則恪守先範 無或踰矩 居官任職 則 一心奉公
無或徇私 生而有淸操雅望 歿而有令聞懿烈 於戲韙矣 配慶州李氏 宣敎郞
德翼女 有婦德 先公而歿 始窆樹村 後與公同壙 生二男澂濬 二女適元德裕
鄭載蔓 其曰深李自煥趙泰善李萬年 側出子女也 長房孫府使益標 以辛壬三
武臣之一 被禍甚慘 後贈兵判 世謂之尙其類 餘煩不錄也 銘曰
惠康故家 公又挺生 食牛氣槩 穿楊才名 早擢虎榜 雲衢始亨 秉旄仗鉞 爲國
干城 定遠何人 公可抗衡 禮接幕賓 恩及孤惸 謙恭威惠 罔敢自輕 河東家法
公實遵行 天若假年 功業就成 將星忽墜 國失一卿 聖主隱卒 致賻施榮 睠役
巖谷 四尺封塋 藏公體魄 旣安且寧 屹屹穹石 據實勒銘 不崩不泐 於千萬齡
時上章閹茂臨之上澣 德殷宋在直撰

묘갈명 병서(墓碣銘幷序)---[송재직(宋在直)이 짓다]

　병사(兵使) 양공(梁公)은 문무(文武)를 겸비한 인재로 충성과 효성에 지극한 행실이
있어 당시의 여러 현인들에게 칭송을 받았다. 그런데 세상을 떠난 지 수백 년이 되도
록 아직도 비석에 새기지 못하고, 다만 석상(石床)과 석비(石碑) 등의 물건만이 묘소 길
을 호위하고 있다. 이에 후손 덕환(德煥)과 치환(治煥), 회현(會賢)이 새겨 세웠으나, 또
한 음기(陰記)가 없어 행실과 치적을 드러내지 못하고 있다. 지금 바야흐로 비석을 따
로 마련하여 남은 공적을 칭송하고자 하여 인승(仁承)을 보내 나에게 간청하였다. 나는
"세상에 그 책무를 감당할 분이 있는데, 어찌 이런 썩어 문드러진 글솜씨를 쓰고자 하
는가."라고 하였으나, 그 요청이 그침이 없어 드디어 그 행장을 살펴보았다.
　공은 휘(諱)가 우급(禹及), 자는 찬경(繪卿)으로 어려서부터 호방하고 걸출하여 봉후

(封侯)41)의 뜻을 지녔다. 나이 22세에 무과(武科)에 급제하여, 내직으로는 선전관(宣傳官), 인의(引儀), 판관(判官), 도사(都事), 경력(經歷), 첨정(僉正), 내금위장(內禁衛將), 마병별장(馬兵別將), 중군(中軍)을 역임하였고, 외직으로는 우후(虞候), 첨사(僉使), 부사(府使), 영장(營將), 방어사(防禦使), 수사(水使)를 지냈고 병마절도사(兵馬節度使)에까지 이르렀다. 처한 곳마다 직무에 충실하였으나, 공적이 더욱 현저한 것을 들어보면 다음과 같다.

공이 공주 영장(公州營將)이 되었을 때, 적도(賊徒)가 호남과 영남 사이에 발생하여 사람과 가축을 죽이고 약탈하자 공이 계책을 써서 섬멸하였다. 관찰사가 그 공을 조정에 보고하려고 하자, 공은 "사람을 죽여 포상을 받는 일을 나는 하지 않겠소."라고 하며 그 공적을 군교(軍校)들에게 옮겨주었다.

공이 영변(寧邊)을 맡았을 때, 마침 큰 흉년을 만났으나 진휼하는 데 방책이 있어서 백성들이 굶어죽지 않을 수 있었고, 영변 경내에 가난하여 혼기가 지나도록 결혼을 하지 못한 남녀를 보고, 혼수비용을 마련하여 시집장가를 보내주었다.

경상 좌수영(慶尙左水營)에 있을 때, 불필요한 경비를 줄여 저축을 늘리고, 성곽과 해자 및 관사를 수선하고, 창검과 갑옷을 정돈하고 전함(戰艦)을 건조하여 급박한 사태에 대비하였다.

내금위장(內禁衛將)으로 있을 때, 임금이 무신(武臣)으로 명망이 있는 자를 선발하여 윤번으로 입시(入侍)하도록 명하였는데, 공이 그 반열에 들었다. 공이 매번 용상 앞에서 변방의 방비와 군대의 사무를 조목조목 진달하자, 임금이 매우 좋다고 칭찬하며 시행한 일이 많았다. 임금의 총애가 날마다 두터워졌으나 조정의 기상이 크게 변하여, 적신(賊臣) 윤휴(尹鑴)가 오위도총부의 우두머리가 되어 공이 우산(牛山) 안문강공 방준(安文康公邦俊)의 외손임을 미워하여 공에게 투자(投刺)42)하도록 요구하였으나 공이 이를 따르지 않았다. 윤휴가 사람을 시켜 독촉하자, 공은 사연을 갖춰 병조에 보고하였고, 병조에서 문서를 보내 힐문하니, 윤휴는 말이 궁해져 아전이 한 일이라 둘러대고는 더욱 공에게 원한을 품게 되었다. 얼마 지나지 않아 공이 방어사(防禦使)가 되자 비변사에서 계문(啓聞)하여 체직시켰고, 또 작은 사건으로 인해 의금부의 심리를 받고 삼화(三和)에 유배되었다가 한 해가 지나 용서를 받았으니, 이 모든 일이 윤휴의 사주

---

41) 봉후(封侯) : 장수가 되어 전공을 세워 제후로 봉해지는 것을 말한다.
42) 투자(投刺) : 처음으로 윗사람을 뵈올 때에 미리 명함(名銜)을 전하여 드리던 일.

에서 나온 것이었다. 그러나 공은 끝내 뜻을 굽히지 않았으니, 그 화복(禍福)에 의해 동요되지 않음이 이와 같았다.

경신년(1680, 숙종6)에 윤휴가 복주(伏誅)되자, 공이 보사원종공신(保社原從功臣)에 참여하여 곤수(閫帥 병마절도사)로 승진하였는데, 공은 영예가 어버이에게 미치지 못하였다는 이유로 사직소를 올렸으나, 힘써 백씨(伯氏) 참봉공(參奉公)의 말씀에 따라 부임하였다. 재임하는 동안 법을 더욱 엄히 지켜 친구들의 청탁을 거절하고 교활한 아전들의 농간을 엄금하였으며, 군적(軍籍)을 정비하여 달아나거나 죽은 군졸을 모두 채워 넣었고, 입을 것과 먹을 것을 절약하여 재물과 군량을 넉넉히 쌓아놓고 철따라 훈련을 하며 호령이 엄하고 상벌이 분명하니, 사졸들이 모두 공의 은혜와 위엄에 감복하였다.

순사(巡使)의 표창하는 계문이 올라가 조정의 논의가 이루어질 즈음 명릉(明陵 숙종) 계해년(1683, 숙종9) 11월 14일에 졸하니, 공이 태어난 숭정(崇禎) 경오년(1630, 인조8) 3월 29일로부터 54세의 수명을 누렸다. 부음이 알려지자 훈신(勳臣)을 대우하는 예로 격식에 맞는 제사와 부의를 하사하였다. 교하(交河) 석촌(石村) 암곡리(巖谷里) 해좌(亥坐)의 언덕에 장사지냈다.

제주양씨(濟州梁氏)는 탐라(耽羅)에서 나와 신라(新羅) 때에 한림(翰林) 휘(諱) 순(洵)이 한라군(漢拏君)에 봉해지면서부터 세대가 시작되었다. 고려 시대에 연달아 12대가 한원(翰苑)에 벼슬하였고, 조선조에 들어와 휘 석재(碩材) 또한 한림 벼슬을 하니 세상에서 "한림가문[翰林門]"이라 일컬어졌다.

여러 대를 전하여 휘 팽손(彭孫)이 정암(靜庵) 조선생(趙先生 조광조)과 더불어 같은 조정에서 이조와 홍문관을 역임하다가 기묘사화(己卯士禍)에 관직을 버리고 남쪽으로 돌아왔다. 나중에 이조 판서에 추증되고 혜강(惠康)이라는 시호를 받아 죽수서원(竹樹書院)에 배향되니, 바로 학포선생(學圃先生)으로 공에게는 5세조가 된다. 참봉(參奉)을 지낸 휘 응덕(應德), 부사(府使)를 지낸 휘 산항(山杭)은 고조(高祖)와 증조(曾祖)이다. 조(祖) 휘 철용(哲容)은 좌승지에 추증되고, 고(考) 휘 일남(一南)은 호조 참판에 추증되니, 공이 고귀하게 된 덕분으로 영광이 위에까지 미친 것이다.

참판공(參判公)은 일찍이 우산선생(牛山先生)의 문하에서 수학하였는데, 선생이 딸을 아내로 삼아주니, 공이 여기에서 출생하였다.

공은 사람됨이 겸손하고 공손하면서 진실하고 정직하여, 평소 거처하면서 남의 장점과 단점을 말하기 좋아하지 않았다. 그러나 권문귀족이 분수에 넘고 예를 어기면 바른 말로 거리낌 없이 직언하였고, 강포한 자들이 위엄을 짓고 복을 짓는43) 것을 보면 얼굴을 빳빳이 들고 곧장 지적하였다. 몸은 무변(武弁)이 되었으면서 현자와 선비를 공경하는 기풍을 지녔고, 변방의 진영에 근무하면서도 이목(耳目)과 성색(聲色)의 즐거움을 추구하지 않았다. 청백(淸白)으로 몸을 단속하였고 청렴과 공정으로 다스렸으므로 미워하는 자가 없지 않았으나 감히 모멸스러운 말을 가하지 못하였다.

공은 일찍 부친을 여의고부터 모부인을 섬기는데 효성을 다하여 뜻과 물건으로 봉양을 극진히 하였다. 매번 벼슬에 제수될 때면 부름을 받는 기쁨을 얼굴에 드러냈는데, 모부인이 세상을 떠날 즈음에 공이 마침 임지에 있어서 임종을 하지 못하게 되자, 스스로 천지간의 한 죄인으로 생각하여 몇 달을 연달아 통곡해 마지않았다. 그리하여 앙상하게 말라 뼈만 남아 고어(皐魚)의 뜻44)을 이루고자 하였는데, 백씨(伯氏)가 온갖 말로서 눈물을 흘리며 타이르자 억지로 죽을 먹기 시작하였다. 삼년상을 마치도록 피눈물을 흘렸고 복을 마치고도 말이 모친에 미치면 눈물을 흘렸으니, 공이 모친을 애통하게 사모함이 끝이 없었음을 알 수 있다.

백씨(伯氏)와는 우애가 독실하여 공적인 일이 아니면 잠시도 곁을 떠나지 않았다. 공의 집안은 살림이 평소 풍족하였는데 늘 백씨의 허락을 받았고, 한 벌의 의복과 한 그릇의 밥도 백씨께 의지하지 않음이 없었다. 친족에까지 은혜를 미루어 멀고 가까움을 막론하고 성심으로 대우하니, 모두가 즐거움을 누렸다. 대체로 공이 몸을 단속하고 집안을 바로잡는 데는 선대의 법도를 신중히 지켜 조금이라도 법도를 넘지 않았고, 관직에 거처하며 직무를 살피는 데는 한 마음으로 공무를 받들어 조금이라도 사적인 욕심을 따르지 않았다.

공은 태어나면서부터 청렴한 지조와 명성이 있었고, 죽어서는 아름다운 명성과 업적이 있었으니, 아! 훌륭하도다.

부인 경주 이씨(慶州李氏)는 선교랑(宣敎郞) 이덕익(李德翼)의 딸로 부인의 덕을 지녔으나, 공보다 먼저 세상을 떠나 처음에 수촌(樹村)에 장사지냈다가 나중에 공과 같은 묘혈에 합장하였다.

---

43) 강포한……짓는 : 힘과 세력이 있는 자들이 임금의 권한을 행사한다는 말이다. 《서경》〈홍범〉에 "오직 임금만이 복을 짓고, 오직 임금만이 위엄을 짓고, 오직 임금만이 옥식을 할 수 있으니, 신하가 복을 짓고 위엄을 짓고 옥식을 하는 일이 있으면 안 된다.[惟辟作福 惟辟作威 惟辟玉食 臣無有作福作威玉食]"라는 말이 나온다.

44) 고어(皐魚)의 뜻 : 부모를 따라 죽는 것을 말한다. 춘추 시대 공자가 길을 가는데 고어란 사람이 슬피 울고 있기에 까닭을 물었더니, "나무는 고요하고자 하여도 바람이 그치지 않고 자식이 봉양하고 싶어도 어버이는 기다려 주지 않는다." 하고는 서서 울다가 말라 죽었다는 고사가 있다. 《韓詩外傳》

두 아들을 두니 징(澂)과 흡(潝)이고, 두 딸은 원덕유(元德裕), 정재만(鄭載蔓)에게 각각 출가하였다. 아들 심(深)과 이자환(李自煥), 조태선(趙泰善), 이만년(李萬年)에게 시집간 딸들은 측실에서 낳은 자녀들이다.

큰아들에게서 얻은 손자로 부사(府使)를 지낸 익표(益標)는 신임사화(辛壬士禍) 때의 세 무신 중의 한 사람으로 화를 당함이 매우 참혹하였고 나중에 병조 판서에 추증되니,[45] 세상에서 '선조를 닮았다'고 하였다. 나머지는 번거로워 기록하지 않는다. 명(銘)은 다음과 같다.

惠康故家　혜강공의 옛 가문에
公又挺生　공이 또 우뚝 태어나니
食牛氣槩　소도 잡아먹을 기개에
穿楊才名　버들잎 뚫는 활솜씨를 지녔도다
早擢虎榜　일찍 무과에 급제하여
雲衢始亨　창창한 벼슬길 비로소 열리니
秉旄仗鉞　대장기와 부월을 잡고서
爲國干城　나라의 방패와 성곽이 되었도다
定遠何人　정원후[46]가 어떤 사람인가
公可抗衡　공이 그와 대등하였네
禮接幕賓　예를 갖춰 막객을 대우하니

---

45) 익표(益標)는……추증되니 : 신임사화(辛壬士禍)란 경종(景宗) 원년인 신축년(1721)과 이듬해 임인년(1722)에 걸쳐 일어난 사화이다. 1721년 숙종이 죽고 경종이 33세의 나이로 즉위하였는데, 후사가 없고 병이 많자, 노론의 주도하에 연잉군(延礽君 영조)을 세제(世弟)로 책봉하고 세제의 대리청정을 강행하려 하였다. 이에 소론인 사직(司直) 김일경(金一鏡) 등이 노론의 행위를 경종에 대한 불충으로 몰아 탄핵하자, 경종이 노론의 사대신(四大臣)인 김창집(金昌集), 이이명(李頤命), 이건명(李健命), 조태채(趙泰采)를 처형하고 이외에도 많은 노론들을 제거하였다. 양익표(梁益標, 1685~1722)는 양우급(梁禹及)의 손자로 숙종 때 무과에 급제하였으나 중용되지 못하다가 1717년(숙종43) 영의정 김창집(金昌集)의 건의로 등용되었다. 노론측 입장에서 연잉군의 대리청정을 상소하였다가 노론 사대신이 처형될 때 함께 화를 입었다. 1724년(영조 즉위년) 노론 4대신의 복작과 동시에 신원되고 병조 판서에 추증되었다.
46) 정원후(定遠侯) : 후한(後漢)의 반초(班超)를 가리킨다. 반초는 젊어서 문서를 베끼는 일로 모친을 봉양하고 살다가 붓을 버리고 무인이 되어 서역을 평정하고 정원후에 봉해졌다.《後漢書 卷47 班超列傳》

恩及孤惸　은혜가 고아들에게 미쳤도다

謙恭威惠　겸손과 공손, 위엄과 은혜로

罔敢自輕　감히 가벼이 처신하지 않으니

河東家法　하동의 가법을[47]

公實遵行　공이 실로 준행하였도다

天若假年　하늘이 수명을 더 주었더라면

功業就成　공적을 성취하였으련만

將星忽隊　장군의 별이 문득 떨어지니

國失一卿　나라에 고관이 하나 사라졌도다

聖主隱卒　성상께서 공을 애도하며

致賻施榮　부의를 내려 영예를 기렸도다

睠役巖谷　저 암곡리를 바라봄에

四尺封堂　넉 자의 봉분이 보이도다

藏公體魄　공의 체백을 묻으니

旣安且寧　이미 안정되고 편안하도다

屹屹穹石　높고 높은 비석에

據實勒銘　사실을 엮어 새기노니

不崩不泐　무너지지도 닳지도 않아서

於千萬齡　천만 년 이어지리라

때는 상장엄무(上章閹茂, 경술년, 1970) 임월(臨月 12월) 상순. 덕은(德殷) 송재직(宋在直)이 짓다.

---

47) 하동(河東)의 가법(家法)을 : 당(唐)나라 하동 절도사(河東節度使) 유공작(柳公綽)이 늘 효성스럽고 엄숙하고 검소한 가법을 지킨 것을 말한다.《小學 善行》

병사양공실기 권4
兵使梁公實記 卷四

부록
附錄

제현수찰
諸賢手札

○ 우암 송시열 선생[尤庵宋先生時烈]
　　---〉 번역은 세장첩【상-5】 참조

○ 문곡 김수항 상국[文谷金相國壽恒] 2건
　　---〉 번역은 세장첩【상-6】 참조

○ 성재 신익상 상공[醒齋申相公翼相]
　　---〉 번역은 세장첩【상-7】 참조

○ 창계 임영 공[滄溪林公泳]
　　---〉 번역은 세장첩【상-9】 참조

○ 완녕군 이사명 공[完寧李公師命] 2건
   ---〉 번역은 세장첩【상-10】 참조

○ 서곡 이정영 판서[西谷李判書正英] 3건
   ---〉 번역은 세장첩【상-11】 참조

○ 묵재 신명규 공[黙齋申公命圭] 6건
   ---〉 번역은 세장첩【상-12】 참조

○ 명재 윤증 공[明齋尹公拯]
   ---〉 번역은 세장첩【상-8】 참조

○ 대장 신여철 공[大將申公汝哲]

令監前狀上 (大將申公汝哲)

湖南 兵營 節下史

謹候春和 令體何如 就稟金將軍忠烈廟碑 石旣具 文字已成 而主家力綿 無計磨治 尚未樹立 豈非吾東一大欠闕事乎 將軍忠勳義烈 可與日月爭光 山岳並峙 不但東國之一人 將爲天下萬世之一人 而傳後之事 至今寥寥 此實吾輩之失着 伏望令監特出錢布如干 以爲扶救助成之地 如何如何 碑役浩大 非藉衆力 無以完就 且非我一人之私 實搢紳間共濟之事 故敢以遍告 更須速圖之 餘不宣 伏惟令下照 拜狀上
辛酉二月四日 大將申汝哲 具鎰 李仁夏
所送之物 送于工判家 以爲轉送之地 如何

영감 전에 편지 올림(대장 신공 여철)
호남 병영 절하사

따스한 봄철에 기체가 어떠하신지 묻습니다. 품의를 올린 김장군(金將軍)의 충렬묘비(忠烈廟碑)는 돌이 이미 구비되었고 문자도 이미 이루어졌는데, 주손 집의 힘이 약하여 돌을 다듬어 세울 계책이 없으므로 아직도 세우지 못했으니, 어찌 우리 동방의 한 가지 큰 흠결이 되는 일이 아니겠습니까. 김장군께서는 충훈과 의열이 일월과 더불어 빛을 다투고 산악과 더불어 나란히 우뚝하니, 우리나라의 한 사람일 뿐만 아니라 장차 천하 만세의 한 사람이 될 것입니다. 그런데 후세에 전하는 일이 지금까지 적막하니, 이는 실로 우리들의 실책입니다. 삼가 바라건대 영감께서 특별히 약간의 전포(錢布)를 내주시어 일이 이루어지도록 부조해 주시는 것이 어떻겠습니까. 비석을 세우는 일이 거창하여 여러 사람의 힘을 빌리지 않는다면 완성이 될 수 없고, 또 나 한 사람의 사사로움 때문이 아니라 실로 사대부 사이에 함께 이루어야 할 일이므로 감히 널리 고하오니 다시금 속히 도모해 주십시오. 이만 줄입니다. 영감께서 살펴주시기 바라며 편지 올립니다.

신유년(1681, 숙종7) 2월 4일. 대장 신여철(申汝哲), 구일(具鎰), 이인하(李仁夏). 보내주실 물건은 공조 판서 댁으로 보내서 전달해 줄 수 있도록 해주심이 어떠합니까.

○ 참판 종인 양중하[參判宗人重廈] 남원인(南原人)

令監前謹拜狀上 (參判宗人重廈○南原人)

兵營節下

遠惟此時 令政候萬安 仰慰且溸 夏間謝札 其能趁登徹否 厥後每欲奉一字以候 而公故多端 不遑人事 闕焉迄今 伏歎伏歎 就中家兒 頃於節製居魁 仍有直赴殿試之命 私幸曷喩 殿試不遠 而試紙難辦 且唱榜後當卽免新 而回刺紙亦甚未易 簇子尤非私家可備之物 此三種 令監幸留念下惠如何 專恃同宗之義 敢此仰懇 拔例顧見 千萬伏望 餘不備 伏惟令下照 謹拜狀上
辛酉十月十五日 宗末重廈拜上

영감 전에 삼가 답장 올림---(참판 종인 중하, 남원인)
병영 절하

　멀리서 생각건대 이런 때에 영감의 정무 보시는 체후가 두루 평안하시리라 생각하니, 우러러 위안되고 또 그립습니다. 여름철에 보낸 답장은 제때 받아보셨습니까. 그 뒤로 매번 몇 글자를 올려서 문후를 드리고 싶었으나 여러 가지 공무에 매여 인사를 닦을 겨를이 없어 지금까지 시행하지 못하고 있으니, 몹시 한탄스럽습니다.

　말씀드릴 일은 집 아이가 얼마 전에 절제(節製)에서 장원을 하였고 그 길로 전시(殿試)에 직부(直赴)하라는 명이 있었으니, 저의 다행스러움을 어찌 형용하겠습니까. 전시가 멀지 않은데 시지(試紙 답안용 종이)를 마련하기 어렵고, 또 창방(唱榜) 후에 응당 즉시 면신례(免新禮)[48]를 해야 하는데 회자지(回刺紙)[49] 또한 마련하기 몹시 쉽지 않으며 족자(簇子)는 더욱 저희 집안에 구비된 물건이 아닙니다. 이 3종을 영감께서 유념하시어 보내주시면 어떻겠습니까. 오로지 동종(同宗)으로서의 의리만 믿고 감히 이렇게 간청하오니, 특별히 돌아보시기를 천만 바랍니다. 이만 줄입니다. 영감께서 살펴주시기 바라며 삼가 답장 올립니다.

　신유년(1681, 숙종7) 10월 15일. 종말(宗末) 중하(重廈)가 절하고 올립니다.

○ 곡성 족제 양극가[谷城族弟克家]

兵營 梁兵使 行次前狀上(谷城族弟克家)
省禮言 伏想瓜期雖迫 意謂交印當在開月間矣 卽伏聞脂轄已啓云 伏不勝悵仰 未審行中體候若何 哀慕不自已 華蓋當由何路 仙巖之於陋巷 不過一投足之間 倘蒙枉顧 則可攄多少無涯之懷 而亦展許多奉議之事 是用哀企哀企 族譜京中族親世系 多有未詳 問而不來 故尙此遲稽 未免歸虛 極嘆極

48) 면신례(免新禮) : 출사(出仕)하는 관원이 구관(舊官)을 초청하여 음식을 접대하는 예로, 허참례(許參禮)라고도 한다.
49) 회자지(回刺紙) : 명함을 돌릴 종이를 가리킨다. 회자는 승문원(承文院)의 신진(新進)이 귀복(鬼服)을 입고 밤에 돌아다니며 선진(先進)을 찾아 보고 벼슬에 나아감을 허락받는 일이다.

嘆 然灝卿相議修正 追後送上之計 日後之地 任刊出事 母忽幸甚 欲知先世
代系之備詳 則行到完山 完山南門外居進士梁基華家所存族譜冊 取覽如何
自餘非書可旣 荒迷不次 伏惟下照 惟祝行旆萬安而已 謹不備疏上
壬戌十二月初三日 門弟罪人克家(欠式疏上)

병영 양병사 행차 앞에 편지 올림(곡성 족제 극가)

예식을 생략하고 말씀드립니다. 생각건대 임기가 비록 닥쳐오지만, 교인(交印 인수인계)은 응당 다음 달 중에 있을 것이라고 생각했는데, 지금 수레가 이미 출발을 했다고 하니 섭섭함을 가눌 수 없습니다. 여행 중에 체후는 어떠한지 몰라 사모하는 심정을 그칠 수 없습니다. 행차가 어느 길로 경유하십니까. 선암(仙巖)은 제가 사는 골목과 불과 한 번 발을 구를 사이에 있으므로, 혹시 왕림해 주신다면 다소간의 한량 없는 회포를 풀 수 있고 또한 허다한 논의 거리를 펼칠 수 있을 것이니, 이렇게 되기를 고대하고 고대합니다. 족보에서 서울의 족친과 세계가 대부분 미상인데, 물어도 회답이 오지 않으므로 지금까지 지체되어서 허사로 돌아가는 것을 면치 못하니 몹시 한탄스럽습니다. 그러나 호경(灝卿)과 상의하고 수정하여 추후에 보내 올릴 계획인데, 훗날의 간행하는 일에 소홀하지 않으신다면 매우 다행이겠습니다. 선대의 세대와 세계를 상세히 알고 싶으시면 완산(完山)으로 행차하시어 완산 남문 밖에 거주하는 진사 양기화(梁基華) 집에 둔 족보를 열람하심이 어떠합니까. 나머지 사연은 편지로 다하지 못하므로 경황이 없어 격식을 갖추지 않습니다. 살펴주시기 바라며 오직 여행길이 평안하시기를 축원할 뿐입니다. 삼가 갖추지 않고 소(疏)를 올립니다.

임술년(1742, 영조18) 12월 초3일. 문제(門弟) 죄인(罪人) 극가(克家)가 소의 격식을 생략하고 올립니다.

만사---표종 안전50)(소와공 안전)
挽 ---表從 安崟(邵窩安公崟)

嫺睦歡情老更深	인척이 되어 기쁜 정이 늙을수록 깊은데
幾多湖海兩相尋	몇 번이나 호수와 바다에서 서로 찾았던가
投簪允合終辭義	함께 모여 마음이 합치됨에 세 번 사양하는 의리 있었고
治碣不圖永慕心	비갈을 세우길 도모하지 않아도 영원히 사모하는 마음일세
千里東華同結社	천 리의 동화51)에서 함께 모임을 맺었고
十年寒月共論襟	십 년의 차가운 달빛 아래 흉금을 토론했네
存亡此日增悽怛	삶과 죽음이 나뉘는 이날에 애달픈 심정 더하니
獨立風前淚不禁	바람 앞에 홀로 서니 눈물을 금할 길 없네

만사---표종 안음52)
又 ---表從安崟

痛哭秦京道	진경53)의 도로에서 통곡하니
凄凉一片旌	처량해라 한 조각 명정이여
江干延佇立	강가에 우두커니 서서 바라보니
極目摠悲情	두 눈엔 슬픔을 자아내는 풍경뿐일세

---

50) 안전(安崟): 1614~1686. 안방준(安邦俊)의 손자이고 안후지(安厚之)의 맏아들이다.
51) 동화(東華): 조정을 뜻한다. 중국의 중앙 관서가 모두 궁성의 동화문(東華門) 안에 있었던 데에서 유래한 것이다.
52) 안음(安崟): 1622~1685. 안방준의 손자이고 안후지의 둘째 아들이다.
53) 진경(秦京): 본디 진(秦)나라의 도성인 함양(咸陽)을 가리켰으나, 전하여 범범하게 도성을 가리키는 말로 쓰였다.

병사양공실기 권5
兵使梁公實記 卷五

부록
附錄

추부
追附

追遠契序(戊戌十二月日) 七代孫憲默

子孫之於祖先 自一世而二世 以至親盡服疎 廟主既祧 薦享不享 則子孫羹
墻之慕 非邱壟焉托焉 吾家先墓 在畿輔西郊 交河縣石串面巖谷里 其最尊
位 惟我本生七代祖節度公墓也 節度公 實爲吾家築底之祖 瑣尾屛孫 穀腹
絲身 莫非覆蔭也 在昔先行祀享之禮守護之節 未嘗不盡誠力 世代寖降 門
戶轉益衰替 不期與忘而忘之 使香火重地 遠在八百里外 殆同無後之荒山
靜而思之 孰不愓然動心 日夕憂懼哉 去年可信洞齋室創建之餘 推財二百鑼
大門界捐租十石 別設一契 而名曰追遠禊 以爲祀享之資 非敢曰了誠焉 將
爲始耳 大抵刱始非難 紹述爲難 紹述之道 在於同心 同心之道 在於敦睦 敦
睦之道 在於無相類矣 吾雖拙矣 意實有在 諸君勉之哉

추원계 서문[追遠契序]---[무술년(1898, 고종35) 12월 모일] 7대손 헌묵(憲默)

자손이란 조상에 대해서 1세로부터 2세는 물론, 제사의 대수가 다하고 복 입는 촌수가 멀어지고, 사당의 신주도 이미 옮겨 묻고 제향도 올리지 않는데 이른다면, 자손들의 사모하는 심정은 묘소가 아니면 어디를 의지할 것인가.

우리 집안의 선영은 경기도 서쪽 교외의 교하현(交河縣) 석곶면(石串面) 암곡리(巖谷里)에 있는데, 가장 높으신 어른이 바로 나의 본생 7대조 절도공(節度公)의 묘소이다. 절도공은 실로 우리 가문의 기틀을 다지신 조상으로, 보잘것없는 자손들까지 곡식을 먹고 비단옷을 걸치게 된 것은 절도공의 음덕이 아님이 없다.

지난날에 제사를 올리는 예절과 묘소를 보호하는 절차에 성심으로 온힘을 기울이지 않은 적은 없으나, 세대가 점점 내려오면서 문호가 점차 쇠잔해져 잊지 않으려 해도 잊혀지게 되었다. 향화(香火)를 올리는 막중한 땅이 멀리 8백 리 밖에 있어서 거의 후손이 없는 황량한 산과 다름없이 되었으니, 가만히 생각해보면 누군들 화들짝 마음이 놀라 밤낮으로 두려워하지 않겠는가.

지난해 가신동(可信洞)에 재실(齋室)을 창건한 뒤에 2백 꿰미의 돈을 모으고, 대문계(大門契)에서 쌀 10석을 부조하여 따로 하나의 계(契)를 창설하고 이름을 '추원계(追遠契)'로 하여 제사를 올리는 바탕으로 삼으니, 감히 정성을 다했다고 하는 것이 아니라, 장차 이제부터 시작인 것이다.

대체로 처음 만드는 것은 어렵지 않고 계속 이어가는 것이 어렵다. 계속 이어가는 방도는 마음을 같이 하는 데 달려 있고, 마음을 같이 하는 방도는 두터운 정과 화목에 달려 있으며, 두터운 정과 화목한 방도는 서로 비교하지 않는 데 달려 있다. 나는 비록 졸렬한 사람이지만 뜻을 둔 바가 있으니, 제군들은 힘쓸지어다.

五梅亭重建上樑文[曾孫可爀]

十世之園林久荒 每切墜祖業之歎 數間之棟宇重闢 可喜貽孫謨之休 寔惟舊
基 莫曰新築 伏念 今日遺址 舊時華欄 門容馹馬奚啻皂盖之籠 庭列棨戟有
如黃鉞之榮 人皆仰峻宇雕墻 世俱服高門華閥 中葉運去 幾年臺空 壁敗礎
移尋常行路猶爲嗟嘆 篁疎松老而况屓孫寧不悲傷 固知天道之好還 那無人
事之回復 十年志願 一朝經營 爰居爰處園林自是湖海上宿緣 肯構肯堂風烟
元來几案間舊物 門拓十里沃野 軒臨百尺淸潭 豈意古家靑氈 復爲新搆白屋
將軍巖使令嶂名不虛傳 祖先業子孫基天有所授 庶幾茀祿永錫 奚特風物徒
然 載唱短吟 助擧脩樑

抛樑東 碧潭寒月五更紅 百年杖屨逍遙地 落葉懷根帶晩風
抛樑南 藤蘿古壁碧藍毿 酒醒茶罷悠然立 檻外輕檣送兩三
抛樑西 石廩峯高快活啼 耕鑿年年秋大熟 黃雲四野極眸迷
抛樑北 居得芳鄰巖號德 敬受前休且裕昆 天其永錫斯年億
伏願上樑之後 鳳舞龍飛 鸞停鵠峙 承承繼繼 子子孫孫

오매정 중건 상량문[五梅亭重建上樑文][54]---[증손 가혁(可爀)]

10세의 원림(園林)이 오래 황폐되어, 매양 조상의 업적을 실추시킨 탄식이 있었는
데, 몇 칸의 건물을 다시 지음에, 자손에게 계책을 물려줄 아름다움에 기쁨이 이네. 이
것은 옛날의 터이므로 새로 짓는다고 말해서는 안 되리.

가만히 생각건대, 오늘날 남은 터는 옛날엔 화려한 누각이 있었네. 대문은 고관의
수레가 드나들었으니, 어찌 작은 가마 따위가 드나들랴, 뜨락에 붉은 창이 줄지어 섰
으니, 마치 임금의 의장대처럼 찬란하였네. 사람들이 모두 높은 건물과 화려한 담장을
우러렀고, 세상에선 누구나 지체 높은 화려한 문벌을 숭상했네.

중엽에 가운이 떠나가니, 몇 년 만에 누대가 비었네. 벽은 무너지고 주추는 옮겨져,

---

54) 오매정 중건 상량문[五梅亭重建上樑文] : 오매정(五梅亭)은 양우급이 43세 때인 현종 13년(1672)에
   모친상 중에 전라도 보성의 다전(茶田)의 등성이 서남쪽에 건립한 정자이다. 이 상량문은 중건할 때
   증손 양가혁(梁可爀)이 지은 것이다.《兵使梁公實記 卷2 附錄 年譜》

길가는 보통사람도 탄식을 하였으니, 성근 대나무와 늙은 소나무에, 잔약한 후손들이 어찌 슬퍼하지 않으랴. 본디 천도(天道)가 순환함을 알고 있으니, 어찌 인사(人事)가 회복됨이 없을 수 있으랴.

십 년의 뜻과 소원을, 하루 아침에 경영하니. 이에 거하고 이에 처하니, 정원과 숲에 저절로 호해(湖海)의 묵은 인연이 있고, 아비가 계획하고 아들을 지으니, 바람과 안개는 원래 궤안(几案) 사이의 옛물건일세. 대문은 십 리의 비옥한 평야를 내다 보고, 처마는 백 척의 맑은 연못을 내려다 보네. 어찌 생각했으랴, 오랜 가문의 옛물건이, 다시 새로운 건물 흰 지붕으로 설 줄을. 장군바위, 사령봉우리에 이름이 거저 전해지지 않았고, 조상의 사업과 자손의 기틀은 하늘이 전수한 바라네. 복록이 영원히 자손에게 이어지기 바라니, 풍물만이 계승되는 것으로 어찌 그치랴.

이에 짧은 노래를 읊어서, 들보를 올리는 행사를 돕노라.

어영차, 들보를 동으로 던지니,
푸른 연못에 비친 차가운 달은 오경에 붉게 빛나네.
백 년 전에 지팡이 나막신으로 소요하던 곳에,
낙엽이 뿌리를 덮고 저녁바람을 맞고 섰도다.

어영차, 들보를 남으로 던지니,
담쟁이 우거진 옛 벽에 푸른 기운 감도네.
술이 깨어 차를 마시고서 유연히 서서,
난간 밖으로 가벼운 돛대 두 세 척을 보내네.

어영차, 들보를 서쪽으로 던지니,
높디 높은 석름봉에 쾌활히 새가 우네.
밭 갈고 우물 파서 마시니 해마다 농사가 풍년이라,
누런 물결 사방 들에 넘실거려 눈길 끝까지 펼쳐지네.

어영차, 들보를 북쪽으로 던지니,
살면서 좋은 이웃 얻으니 바위 이름이 덕암이라.

선대의 아름다움 공경히 받아 후손들에게 넉넉히 전하니,
하늘이 영원토록 억만년 동안 복록을 내려주리.

엎드려 바라건대 상량한 뒤에,
봉황이 춤추고 용이 날며,
난새가 머물고 고니가 우뚝하여,
전대를 이어받고 후대로 이어주며,
자자손손 계속되기를.

발
跋

跋

於戲 我先祖兵使府君 以文武全才 立朝三十年 累典州郡 再擢閫帥 而深謀
良策 亟被聖眷 淸操雅望 深爲尤庵文谷諸賢之所倚重 猗歟盛哉 建功立業
指日可待 而不幸爲黑水所陷 困于三和 庚申討逆 參保社勳 己巳亂政 追奪
勳爵 甲戌更化 承復勳之命 其爲榮悴得喪 又與尤庵文谷生前身後 始終一
軌 出處之大 何其懿哉 當日諸賢之往復書疏 班班可考 而至於府君之所著
逸無傳焉何也 嗚呼 我家辛壬之禍 慘矣尙忍言之哉 府君孫龜城公 世所稱
四大臣三武臣中擧一也 于時子姓 猶且求命不遑 況可望文獻之保全乎 灰燼
漂流 固其宜矣 族大父茶岑公(德煥) 以是爲恨 有志述先而未果 仁承積年裒
蒐於古紙休堆中 得行狀及書文若干頁 乃考諸國朝實錄 而纂次年譜 附以諸
賢簡牘 編爲實記一册 就正於宋誠之齋在直甫 而受序文及墓碣 三百年未遑
之志事 今可以小伸矣 噫 一頰角一革毛 猶可以想其麟鳳之全體 則顧此片
言隻句 亦足播其剩馥 挹其餘韻耶 崑崗之炎 玉石俱焚之餘 又何其幸也 凡
爲後承者 當琬琰奉之 而金石壽之也
歲辛亥至月日 十世孫仁承謹識

발문[跋]

　오호라. 우리 선조 병사 부군(兵使府君)은 문무(文武)를 겸비한 재능으로 조정에 선 20년 동안 여러 차례 주군(州郡)을 맡고 두 번 곤월(閫鉞 절도사)이 되었으나, 깊은 염려와 좋은 계책은 여러 차례 임금의 알아줌을 받았고, 청렴한 지조와 고상한 명성은 깊이 우암(尤庵 송시열)과 문곡(文谷 김수항) 제현들의 존중을 받았으니, 아 성대하도다. 공을 세우고 업적을 수립하는 것을 날을 꼽으며 기다릴 수 있었으나, 불행히 흑수(黑水)55)에게 모함을 받아 삼화(三和)에 유배되었고, 경신년(1681, 숙종7)에 역적이 토벌되자 보사공신(保社功臣)에 참여하였으며, 기사년(1689, 숙종15)에 정치가 어지러워지자 훈작(勳爵)을 추탈(追奪)되었다가 갑술년(1694, 숙종20)에 정치가 바로잡히자 복훈(復勳)의 명을 받게 되었다. 그 영광과 시련, 성취와 몰락은 또 우암과 문곡의 생전과 사후와 시종 궤적을 같이 하였으니, 나아가고 물러난 훌륭한 행적은 어찌 이리 아름다운가. 당시 제현들과 왕복한 서찰에서 하나하나 고찰할 수 있는데, 부군께서 지으신 글이 전해지지 않는 것은 무엇 때문인가.

　오호라, 우리 집안이 당한 신임사화(辛壬士禍)는 참혹함을 어찌 차마 말로 하겠는가. 부군의 손자 귀성공(龜城公)56)은 세상에서 이른바 사대신(四大臣), 삼무신(三武臣) 중의 으뜸인 분이다. 이 때에 후손들이 오히려 목숨을 구하기에도 겨를이 없었는데, 하물며 문헌을 보존하기를 바랄 수 있었으랴. 불에 타고 물에 흘러감이 진실로 마땅하였다.

　족대부(族大父) 다잠공(茶岑公) 덕환(德煥)이 이것을 한으로 여겨서 조상의 업적을 서술하는데 뜻을 두었으나 실행하지 못하였다. 인승(仁承)이 여러 해 동안 옛날 책과 종이더미 사이에서 수습하여 행장(行狀) 및 편지글 약간을 얻고서, 이에 국조실록(國朝實錄)에서 고찰하여 연보(年譜)를 편찬하고, 제현들의 간독(簡牘)을 붙여서 실기(實記) 1책을 편집하고, 성지재(誠之齋) 송재직(宋在直)에게 질정을 받고 서문 및 묘갈을 받으

---

55) 흑수(黑水) : 윤휴(尹鑴)를 가리킨다. 윤휴가 살았던 경기 여주(驪州)의 '여(驪)' 자가 '검은 말 여' 자로 검다는 뜻이 있고 거기에 여강(驪江)이 있으므로 윤휴를 배척하는 측에서 그의 별칭으로 사용하였다.

56) 귀성공(龜城公) : 양우급(梁禹及)의 손자 양익표(梁益標, 1685~1722)를 가리킨다. 귀성공이란 양익표가 경종1년(1721)에 귀성 부사(龜城府使)에 제수되었기 때문에 부르는 말이다. 약익표는 숙종 때 무과에 급제하였으나 중용되지 못하다가 1717년(숙종43) 영의정 김창집(金昌集)의 건의로 등용되었다. 노론측 입장에서 연잉군의 대리청정을 상소하였다가 노론 사대신이 처형될 때 함께 화를 입었다. 1724년(영조 즉위년) 노론 4대신의 복작과 동시에 신원되고 병조참판에 추증되었다.

니, 3백 년 동안 이루지 못했던 뜻과 사업이 지금에서야 약간이나마 풀리게 되었다.

아, 뿔 하나와 털 하나로도 오히려 기린과 봉황의 전체를 상상할 수 있으니, 이 몇 마디 짧은 글로도 또한 족히 넉넉한 향기를 전파하고 그 남은 여운을 음미할 수 있지 않겠는가. 곤륜산의 치솟는 불길에 옥과 돌이 온통 타버린 나머지에 또 이것만도 얼마나 다행인가. 무릇 후손된 자들은 귀한 보옥처럼 받들고서 쇠와 돌처럼 영원히 전해야 할 것이다.

신해년(1971) 11월 모일. 10세손 인승(仁承)이 삼가 기록한다.

양씨세장첩 상

梁氏世藏帖 上

양씨세장첩 상
梁氏世藏帖 上

《 양씨세장첩 상 수록 인명록 》

김집(金集) : 1574~1656. 자는 사강(士剛), 호는 신독재(愼獨齋), 본관은 광산(光山). 문원공
　　　　　(文元公) 사계(沙溪) 김장생(金長生)의 둘째 아들. 은일(隱逸)로 판중추를 지
　　　　　냄. 시호는 문경(文敬).

송준길(宋浚吉) : 1606~1672. 자는 명보(明甫), 호는 동춘(同春), 본관은 은진(恩津). 군수(郡
　　　　　守) 정좌와(靜坐窩) 송이창(宋爾昌)의 아들. 은일로 참찬(參贊)을 지냄. 시호
　　　　　는 문정(文正).

송시열(宋時烈) : 1607~1689. 자는 영보(英甫), 호는 우암(尤庵), 본관은 은진(恩津). 경헌공
　　　　　(景獻公) 수옹(睡翁) 송갑조(宋甲祚)의 셋째 아들. 은일로 좌상(左相)을 지냄.
　　　　　시호는 문정(文正).

조속(趙涑) : 1595~1668. 자는 희온(希溫), 호는 창강(滄江), 본관은 풍양(豐壤). 좌랑(佐郎)
　　　　　조수륜(趙守倫)의 아들. 은일로 장령(掌令)을 지냄.

김수항(金壽恒) : 1629~1689. 자는 구지(久之), 호는 문곡(文谷), 본관은 안동(安東). 동지(同
　　　　　知) 김광찬(金光燦)의 아들, 문정공(文正公) 청음(淸陰) 김상헌(金尙憲)의 손
　　　　　자. 문과(文科)에 급제, 영상(領相)을 지냄. 시호는 문충(文忠).

신익상(申翼相) : 1634~1697. 자는 숙필(叔弼), 호는 성재(醒齋), 본관은 고령(高靈). 감정(監
　　　　　正) 신량(申湸)의 아들. 우상(右相) 신용개(申用漑)의 6세손. 진사 · 문과에
　　　　　급제, 우상(右相)을 지냄. 시호는 정간(貞簡).

윤증(尹拯) : 1629~1714. 자는 자인(子仁), 호는 명재(明齋), 본관은 파평(坡平). 문경공(文敬
　　　　　公) 미촌(美村) 윤선거(尹宣擧)의 아들. 은일로 우상(右相)을 지냄. 시호는 문
　　　　　성(文成).

임영(林泳) : 1649~1696. 자는 덕함(德涵), 호는 창계(滄溪), 본관은 나주(羅州). 군수(郡守)
　　　　　임일유(林一儒)의 아들. 문과에 급제, 대사헌을 지냄.

이사명(李師命) : 1647~1689. 자는 백길(伯吉), 봉호는 완녕군(完寧君), 본관은 전주(全州).
　　　　　대사헌 이민적(李敏迪)의 아들. 세종대왕 별자(別子) 밀성군(密城君) 이침(李

琛)의 후손. 진사시 장원, 문과에 급제, 옥당(玉堂 홍문관)을 거쳐 병조 판서를 지냄. - 충문공(忠文公) 소재(疎齋) 이이명(李頤命)의 백형(伯兄).

이정영(李正英) : 1616~1686. 자는 자수(子修), 호는 서곡(西谷), 본관은 전주(全州). 효민공(孝敏公) 호조 판서 석문(石門) 이경직(李景稷)의 넷째 아들. 공정대왕(恭靖大王) 별자(別子) 덕천군(德川君) 이후생(李厚生)의 후손. 문과에 급제, 판서를 지냄.

신명규(申命圭) : 1618~1688. 자는 원서(元瑞), 호는 묵재(黙齋), 본관은 평산(平山). 한림(翰林) 신상(申恦)의 아들. 대사성 화당(化堂) 신민일(申敏一)의 손자. 문과에 급제, 옥당을 거쳐 집의(執義)를 지냄. - 승지공(承旨公) 및 참판공(參判公)의 묘표문(墓表文)을 지음.

서종태(徐宗泰) : 1652~1719. 자는 노망(魯望), 호는 만정(晚靜), 본관은 달성(達城). 참의(參議) 서문상(徐文尙)의 아들. 문과 좌찬성 사가정(四佳亭) 서거정(徐居正)의 후손. 문과에 급제, 영상(領相)을 지냄. 시호는 문효(文孝).

김창협(金昌協) : 1651~1708. 자는 중화(仲和), 호는 농암(農岩)·석교(石郊). 문곡(文谷) 김수항(金壽恒)의 둘째 아들. 문형(文衡 대제학)과 예조 판서를 지냄. 시호는 문간(文簡).

조상우(趙相愚) : 1640~1718. 자는 자직(子直), 호는 동강(東岡), 본관은 풍양(豊壤). 충간공(忠簡公) 예조 판서 조형(趙珩)의 셋째 아들. 풍양군(豊壤君) 조세훈(趙世勛)의 현손. 문과에 급제, 우상을 지냄. 시호는 효헌(孝獻) - 전주(全州) 이장영(李長英)의 사위.

남구만(南九萬) : 1629~1711. 자는 운로(雲路), 호는 약천(藥泉), 본관은 의령(宜寧). 현령(縣令) 남일성(南一星)의 아들. 좌상 남지(南智)의 후손. 문과에 급제, 영상을 지냄. 시호는 문충(文忠).

어진익(魚震翼) : 1625~1684. 자는 익지(翼之), 호는 겸재(謙齋), 본관은 함종(咸從). 판관(判官) 어한명(魚漢明)의 아들. 좌상 어세겸(魚世謙)의 후손. 문과에 급제, 대사간을 지냄. - 도곡(陶谷) 이의현(李宜顯)의 장인.

조태수(趙泰壽) : 1658~1715. 자는 사유(士維), 본관은 풍양(豊壤). 동강(東岡) 조상우(趙相愚)의 아들. 은일로 첨정(僉正)을 지냄. - 아들 조준명(趙駿命)은 목사(牧使)를 지냄.

이세재(李世載 : 1648~1706. 자는 지숙(持叔), 본관은 용인(龍仁). 목사 이하악(李河岳)의 다섯째 아들. 진사·문과 장원 대사간 이사경(李士慶)의 증손. 문과에 급제, 감사(監司)를 지냄.

김진규(金鎭圭) : 1658~1716. 자는 달부(達夫), 호는 죽천(竹泉). 광성부원군(光城府院君) 김

만기(金萬基)의 둘째 아들. 사계선생(沙溪先生)의 현손. 문형과 예조 판서를 지냄.

원덕유(元德裕) : 1656~1711. 자는 공윤(公潤), 본관은 원주(原州). 통제사 원상(元相)의 아들. 판서 원효연(元孝然)의 후손. 시정(寺正)에 추증. - 병사공(兵使公)의 맏사위.

김주신(金柱臣) : 1661~1721. 자는 하경(廈卿), 호는 수곡(壽谷), 본관은 경주(慶州). 생원 김일진(金一振)의 둘째 아들. 충익공(忠翼公) 영상 김명원(金命元)의 현손. 경은부원군(慶恩府院君).

남정중(南正重) : 1653~1704. 자는 백진(伯珍), 호는 기봉(碁峰), 본관은 의령(宜寧). 문익공(文翼公) 이조 판서 남용익(南龍翼)의 아들. 충경공(忠景公) 영상 남재(南在)의 후손. 문과에 급제, 옥당을 거쳐 감사를 지냄. - 경주(慶州) 이인환(李寅煥)의 사위.

오수일(吳遂一) : 본관은 해주(海州). 참봉(參奉) 오도현(吳道玄)의 아들. 충렬공(忠烈公) 추담(秋潭) 오달제(吳達濟)의 손자. 음직(蔭職)으로 군수를 지냄. - 서파(西坡) 오도일(吳道一)의 재종질. 동강(東岡) 조상우(趙相愚)의 질서(姪壻).

정운룡(鄭雲龍) : 1679~?. 본관은 진양(晉陽).

유언명(俞彦明) : 1666~?. 자는 용회(用晦), 본관은 기계(杞溪). 군수 유명익(俞命益)의 손자. 한림 유호증(俞好曾)의 현손. 호조 판서 경민공(敬敏公) 유강(俞絳)의 후손. 문과에 급제, 정언(正言)을 지냄.

김창흡(金昌翕) : 1653~1722. 자는 자익(子益), 호는 삼연(三淵). 문곡(文谷) 김수항(金壽恒)의 셋째 아들. 은일로 장령(掌令)을 지냄. 시호는 문강(文康).

김숭겸(金崇謙) : 1682~1700. 자는 군산(君山), 호는 관복재(觀復齋). 농암(農岩) 김창협(金昌協)의 아들. - 밀양(密陽) 박권(朴權)의 사위.

조문명(趙文命) : 1680~1732. 자는 숙장(叔章). 호는 학암(鶴庵), 본관은 풍양(豊壤). 풍릉군(豊陵君) 조인수(趙仁壽)의 셋째 아들. 풍양군(豊壤君) 조세훈(趙世勛)의 후손. 문형과 우상을 지냄. 시호는 문충(文忠). - 안동(安東) 김창업(金昌業)의 사위.

이광협(李匡協) : 본관은 전주(全州). 효민공(孝敏公) 이경직(李景稷)의 현손. 생원·진사를 거쳐 현감을 지냄.

이태동(李泰東) : 본관은 전주(全州). 덕천군(德川君) 이후생(李厚生)의 후손. 문과에 급제, 현감을 지냄

이경중(李敬中) : 본관은 전주(全州). 부윤(府尹) 이현장(李顯章)의 아들. 광평대군(廣平大君) 이여(李璵)의 후손. 생원으로 지사(知事)를 지냄.

이덕성(李德成) : 본관은 전주(全州). 이기영(李起英)의 아들. 석문(石門) 이경직(李景稷)의 손자. 이윤성(李允成)의 종제(從弟). 문과에 급제, 감사를 지냄.

이교악(李喬岳) : 1653~1728. 자는 백첨(伯瞻), 호는 석음와(惜陰窩), 본관은 용인(龍仁). 이후망(李後望)의 아들. 문과 병조 정랑 이신충(李藎忠)의 현손. 문과에 장원 급제, 옥당을 거쳐 대사헌을 지냄.

이집(李潗) : 1670~1727. 호는 약곡(鑰谷), 본관은 한산(韓山). 군수 이정룡(李廷龍)의 아들. 목은(牧隱) 이색(李穡)의 후손. 문과에 급제, 옥당을 거쳐 이조 참의에 오르고 감사를 지냄. - 한림 양만용(梁曼容)의 외손.

이지순(李志洵) : 본관은 전주(全州). 의금부도사(義禁府都事)로 있다가 경종 신축년(1721) 11월에 파직되어 돌아왔고, 나중에 신원되어 군수를 지냄.

이위(李瑋) : 본관은 전주(全州). 문과에 급제, 안산 군수(安山郡守)를 지내다 경종 임인년(1722) 5월 모일에 파직되어 돌아옴. 나중에 신원됨.

이택(李澤) : 1661~?. 본관은 한산(韓山). 약곡(鑰谷) 이집(李潗)의 형. 문과에 급제, 옥당을 거쳐 이조 참의를 지냄.

이광세(李匡世) : 1679~1756. 본관은 전주(全州). 감찰(監察) 이구성(李九成)의 손자. 목사 이장영(李長英)의 증손. 문과에 급제, 호조 참판을 지냄.

이의현(李宜顯) : 1669~1745. 자는 덕재(德哉), 호는 도곡(陶谷), 본관은 용인(龍仁). 좌상 이세백(李世白)의 아들. 문형을 지내고 영상에 오름. 시호는 문간(文簡). - 이세재(李世載)의 삼종질.

이의록(李宜祿) : 1697~?. 본관은 용인(龍仁). 우윤(右尹) 이세성(李世晟)의 아들. 도곡(陶谷) 이의현(李宜顯)의 당형(堂兄). 문과에 급제, 목사를 지냄.

이성효(李性孝) : 본관은 전주(全州). 이광세(李匡世)의 아들. 문과에 급제, 교리(校理)를 지냄.

조정빈(趙鼎彬) : 1681~?. 본관은 양주(楊州). 충익공(忠翼公) 이우당(二憂堂) 조태채(趙泰采)의 아들. 군수 조희석(趙禧錫)의 손자. 대사헌 조태동(趙泰東)의 종질. 문과에 급제, 군수를 지냄. - 유명뢰(兪命賚)의 사위.

이광덕(李匡德) : 1690~1748. 자는 성뢰(聖賚), 호는 관양(冠陽), 본관은 전주(全州). 판서 이진망(李眞望)의 아들. 덕천군(德川君)의 후손. 문형을 맡았고 참판을 지냄.

원일규(元一揆) : 본관은 원주(原州). 원공윤(元公潤)의 아들. 무과에 급제, 현감을 지냄.

김우일(金遇一) : 1659~?. 자는 시중(時仲), 본관은 예안(禮安). 문과에 급제, 예조 좌랑을 지냄.

최창대(崔昌大) : 1669~1720. 자는 효백(孝伯), 호는 곤륜(崑崙), 본관은 전주(全州). 영상 최석정(崔錫鼎)의 아들. 문충공(文忠公) 지천(遲川) 최명길(崔鳴吉)의 증손. 문과에 급제, 부제학을 지냄.

이화종(李和從) : 본관은 경주(慶州). 문충공(文忠公) 익재(益齋) 이제현(李齊賢)의 후손.

김이신(金履信) : 1723~?. 자는 공우(公祐), 본관은 안동(安東). 교관(教官) 김준행(金埈行)의 아들. 공조 참판 곡운(谷雲) 김수증(金壽增)의 후손. 문과에 급제, 목사를 지냄.

김이소(金履素) : 1735~1798. 자는 백안(伯安), 호는 용암(庸庵). 승지 김제겸(金濟謙)의 손자. 문과에 급제, 옥당을 거쳐 좌상에 오름. 시호는 익헌(翼憲).

조윤대(曹允大) : 1748~1813. 본관은 창녕(昌寧). 목사 조명준(曹命峻)의 아들. 감찰 조하정(曹夏挺)의 손자. 회곡(晦谷) 조한영(曹漢英)의 후손. 문과에 급제, 이조 판서에 오름.

백동원(白東薳) : ?~1832, 본관은 수원(水原). 문과 참의 백사근(白師謹)의 아들. 충장공(忠壯公) 부총관(副摠管) 백시구(白時耇)의 증손. 무과에 급제, 병사(兵使)를 지냄.

백주진(白周鎭) : 자는 문여(文汝), 본관은 수원(水原). 진사에 합격.

원영린(元永麟) : 본관은 원주(原州). 현감 원일규(元一揆)의 후손. 무과에 급제, 부사를 지냄.

이유상(李儒常) : 본관은 함평(咸平). 부사 이광운(李匡運)의 아들. 감사 구주(九疇) 이춘원(李春元)의 후손. 무과에 급제, 수사(水使)를 지냄.

김명순(金明淳) : 1759~?. 본관은 안동(安東). 김이경(金履慶)의 아들. 몽와(夢窩) 김창집(金昌集)의 후손. 문과에 급제, 참판을 지냄. - 광양류인(光陽曇人).

이동야(李東野) : 본관은 전주(全州). 이명휘(李明徽)의 아들. 양녕대군(讓寧大君) 이제(李禔)의 후손. 진사에 합격, 부사를 지냄.

김달순(金達淳) : 1760~1806. 본관은 안동(安東). 군수 김이현(金履鉉)의 아들. 삼연(三淵) 김창흡(金昌翕)의 후손. 문과에 급제, 옥당을 거쳐 우상을 지냄.

이인수(李仁秀) : 1737~1813. 자는 성빈(聖賓), 본관은 덕수(德水). 금위대장 이한응(李漢膺)의 아들.

김이도(金履度) : 1750~1813. 본관은 안동(安東). 용암(庸庵) 김이소(金履素)의 아우. 문과에 급제, 판서를 지냄.

신재양(申在陽) : 1758~?. 자는 내경(來卿), 본관은 평산(平山). 문과 신광보(申光輔)의 아들. 병사 신사언(申思彦)의 증손. 판서 신호(申浩)의 후손. 진사 · 문과에 급제, 정언(正言)을 지냄.

신순(申淳) : 자는 희서(羲瑞), 본관은 고령(高靈). 진사 신택빈(申宅彬)의 아들. 성재(醒齋) 신익상(申翼相)의 5세손. 진사에 합격, 부령 현감(富寧縣監)을 지냄.

김문순(金文淳) : 1744~1811. 본관은 안동(安東). 김이신(金履信)의 아들. 문과에 급제, 옥당을 거쳐 이조 판서를 지냄.

원영귀(元永龜) : 본관은 원주(原州). 시정(寺正) 원덕유(元德裕)의 후손. 무과에 급제, 부사를 지냄.

박기풍(朴基豊) : 본관은 밀양(密陽). 무과에 급제, 병사(兵使)를 지냄.

김봉순(金鳳淳) : 1744~?. 본관은 안동(安東). 좨주(祭酒) 삼산재(三山齋) 김이안(金履安)의 아들. 농암(農岩) 김창협(金昌協) 후손. 진사에 합격, 목사를 지냄.

조명철(趙命喆) : 1754~?. 본관은 양주(楊州). 조영석(趙榮晳)의 아들. 이우당(二憂堂) 조태채(趙泰采)의 증손. 무과에 급제, 부사를 지냄.

이근주(李近胄) : 본관은 전주(全州). 무과에 급제, 병사를 지냄.

이한정(李漢鼎) : 본관은 전주(全州). 진사 이중규(李重揆)의 손자. 태종대왕 5자 익녕군(益寧君) 이비(李裶)의 후손. 문과에 급제, 군수를 지냄.

조태석(趙台錫) : 본관은 평양(平壤). 부사 조엽(趙曄)의 아들. 평간공(平簡公) 송산(松山) 조견(趙狷)[초명은 조윤(趙胤)]의 후손. 무과에 급제, 부사를 지냄.

김용순(金龍淳) : 1754~?. 본관은 안동(安東). 목사 김이기(金履基)의 아들. 몽와(夢窩) 김창집(金昌集)의 후손. 진사에 합격, 목사를 지냄.

정택신(鄭宅信) : 구례 현감(求禮縣監)을 지냄.

김정근(金鼎根) : 자는 군보(君輔), 본관은 안동(安東). 김문순(金文淳)의 아들. 문과에 급제, 판서를 지냄.

조봉진(曹鳳振) : 1777~1838. 본관은 창녕(昌寧). 조윤대(曹允大)의 아들. 문과에 급제, 이조판서를 지냄.

이덕겸(李德謙) : 1771~?. 자는 회룡(會龍), 본관은 전주(全州), 수사 이동헌(李東憲)의 아들. 중종대왕 별자 덕양군(德陽君) 이기(李岐)의 후손. 무과에 급제, 부사를 지냄.

서봉순(徐鳳淳) : 본관은 달성(達城). 통제사 서영보(徐英輔)의 아들. 대장(大將) 서유대(徐有大)의 손자. 영상 서문도(徐文道)의 후손. 무과에 급제, 병사를 지냄.

이제완(李濟完) : 본관은 우봉(牛峯). 문과에 급제, 군수를 지냄.

유화원(柳和源) : 본관은 진주(晉州). 통제사 유진하(柳鎮夏)의 아들. 무민공(武愍公) 유취장(柳就章)의 증손. 무과에 급제, 병사를 지냄.

양주화(梁柱華) : 1816~?. 본관은 남원(南原), 순천 영장(順天營將)을 지냄.

김평묵(金平默) : 1819~1891. 자는 치장(穉章), 호는 중암(重庵), 본관은 청풍(淸風). 은일로 감역(監役)을 지냄.

성대영(成大永) : 1829~?. 자는 경로(景老), 호는 발산(鉢山), 본관은 창녕(昌寧). 문과에 급제, 판서를 지냄.

송병선(宋秉璿) : 1836~1905. 자는 화옥(華玉), 호는 연재(淵齋), 본관은 은진(恩津). 우암(尤庵) 송시열(宋時烈)의 후손. 은일로 좨주를 지냄. 시호는 문충(文忠). - 혜강공(惠康公)의 신도비명(神道碑銘)을 지음.

최익현(崔益鉉) : 1833~1906. 자는 찬겸(贊謙), 호는 면암(勉庵), 본관은 경주(慶州). 문과에
　　　　　　　급제, 판서를 지냄. - 학포당유지비(撰學圃堂遺址碑)와 서원동유지비명(書院
　　　　　　　洞遺址碑銘)을 지음.

송병순(宋秉珣) : 1839~1912. 자는 동옥(東玉), 호는 심석재(心石齋). 은일로 도사(都事)를
　　　　　　　지냄. 연재(淵齋) 송병선(宋秉璿)의 아우. - 죽수서원유허비문(竹樹書院遺墟
　　　　　　　碑文)을 지음.

이건창(李建昌) : 1852~1898. 자는 봉조(鳳藻), 호는 영재(寧齋), 본관은 전주(全州). 문과에
　　　　　　　급제, 참판을 지냄.

기우만(奇宇萬) : 1846~1916. 자는 회일(會一), 호는 송사(松沙), 본관은 행주(幸州). 참봉을
　　　　　　　지냄. - 혜강공묘지명(惠康公墓誌銘) 및 지장록서문(誌狀錄序文)을 지음.

김진(金瑨) : 본관은 안동(安東). 문곡(文谷) 김수항(金壽恒)의 후손.

안규용(安圭容) : 1873~1959. 자는 경삼(敬三), 호는 회봉(晦峯), 본관은 죽산(竹山). 문강공
　　　　　　　(文康公) 은봉(隱峯) 안방준(安邦俊)의 후손.

안종학(安鍾鶴) : 자는 운경(雲卿), 호는 지봉(支峯). 문강공(文康公)의 후손.

안성환(安成煥) : 자는 치장(穉章), 호는 소산(蘇山), 문강공(文康公)의 후손.

양회갑(梁會甲) : 1884~1961. 자는 원숙(元淑), 호는 정재(正齋), 본관은 제주(濟州). 학포공
　　　　　　　(學圃公)의 후손.

이이장(李彛章) : 1708~1764. 자는 군칙(君則), 호는 수남(水南), 본관은 한산(韓山). 문과에
　　　　　　　급제, 대사헌을 지냄. 시호는 충정(忠正).

송재직(宋在直) : 호는 성지재(誠之齋), 본관은 은진(恩津). 우암(尤庵) 송시열(宋時烈)의 후손.

【상-1】 신독재(愼獨齋) 김집(金集)이 양주남(梁柱南)에게 보낸 답장 2건

【상-1】-1

梁生員宅 謝狀上 (手決) [諱柱南 字子擎 號四松 又梅溪]

疇昔之拜 不能從頌 於心終不忘 即者恭承遠翰 如更拜展 慰豁倍品 不啻口
出 趙先生碑役扶救 當此劇農 不遠三四百里 專使輸致 數且優厚 欽仰左右
崇德右文之義 無以爲喩 即當傳送于沃川爲計 權淸河 遽爾棄世 今念四已
爲永宅於韓山地 長慟而已 寡弱單子 言之短氣 相距綿遠 想未及聞知耳 禮
書二件 朱子筆跡一件 印封已久 玆謹附上 鄙拙呻痛中 僅僅支過 手戰草上
悚仄悚仄 伏惟尊照 謹拜謝狀上 海衣深荷眷貺 仰謝無已

癸巳四月三十日 集狀上

양생원댁에 답장 올림[1]---[휘 주남, 자 자경, 호 사송·매계]

예전에 뵈었을 적에 조용히 대화를 나누지 못하여 제 마음에 끝내 잊혀지지 않았는데,
지금 멀리서 보내신 편지를 공손히 받자오니 마치 다시 뵙는 것 같아서, 시원히 위안
되는 심정이 평소의 갑절이 됨은 그저 입으로 하는 소리가 아닙니다. 조선생(趙先生)의
비석을 세우는 역사를 부조하는 일에, 이처럼 농번기에 3, 4백 리 먼 길을 마다 않고
일부러 사람을 보내 수송하면서 숫자도 또 넉넉히 갖춰주시니, 좌우께서 덕을 높이고
문화를 숭상하는 의리에 공경스런 마음이 일어 무어라 말씀을 드릴 수가 없습니다. 즉
시 옥천(沃川)으로 전달해 보낼 계획입니다. 권 청하(權淸河)[2]가 갑자기 세상을 등지
니, 이번달 24일에 이미 한산(韓山) 땅에다 영원히 매장하였으니, 길이 애통해할 뿐입
니다. 과부와 어린 자식의 고단한 신세에 대해 말하자면 기가 막힙니다. 거리가 멀어
서 아마도 들어서 알지 못하셨을 듯합니다. 예서(禮書) 2건, 주자(朱子)의 필적 1건을

---

1) 신독재(愼獨齋) 김집(金集, 1574~1656)이 1653년(효종4) 4월 30일에 양주남(梁柱南, 1610~1656)
   에게 보낸 편지이다. 김집은 본관이 광산(光山), 자는 사강(士剛), 호는 신독재(愼獨齋)이다. 충청도
   연산(連山)에 세거하였으며 김장생(金長生)의 아들이다. 양주남(梁柱南)은 자가 자경(子擎), 호는 사송
   (四松)·매계(梅溪)이다.

2) 권 청하(權淸河) : 청하 현감을 역임한 권항(權伉)을 가리킨다.

인쇄하여 봉해 놓은 지 이미 오래인데, 지금 삼가 부쳐 올립니다.

졸렬한 저는 고통으로 신음하는 중에 근근히 버텨나가고 있습니다. 손이 떨리는 중에 글씨를 쓰려니 송구하기 그지없습니다. 존형께서 살피시기 바라며 삼가 답장 올립니다. 해의(海衣 김)는 돌보아주시는 은혜가 담긴 선물이라 감사하기 그지없습니다.

계사년(1653, 효종4) 4월 30일. 집(集)이 편지 올립니다.

【상-1】-2

集白 家運不幸 正字姪奄忽喪逝 痛毒之懷 不自勝堪 寧欲溘然而無聞知也 卽者伏奉惠帖 就審尊候佳迪 慰感交至 無以爲喩 集喪違之餘 哀病轉劇 二十一日 因事留疏 遽爾出城 昨日始到家山 早晚庶有從頌之便 欣企欣企 下惠各種海味 深荷眷念 仰謝仰謝 餘不宣 伏惟尊察 謹拜謝狀上

庚正月二十九日 服人金集狀上

집(集)이 아룁니다.

집안 운수가 불행하여 정자(正字) 조카가 문득 세상을 떠나니,3) 애통하고 사나운 심정을 감내할 수가 없어 차라리 탁 죽어버려서 아무런 지각이 없었으면 싶습니다. 보내주신 편지를 받자옵고, 존형의 체후가 좋으심을 알게 되니, 위안과 감사가 지극하여 말로 표현할 수가 없습니다.

집(集)은 초상을 겪은 끝에 쇠약과 질병이 점차 심해졌고, 21일에 어떤 일로 인해 소(疏)를 남겨두고 갑자기 도성을 나와서 어제 비로소 고향으로 돌아왔습니다.4) 조만간 조용히 대화를 나눌 기회가 있기를 바라고 바랍니다. 보내주신 각종 해산물은 돌보아주신 관심을 깊이 받은 것이라 감사하기 그지없습니다. 나머지 사연은 줄입니다. 존형께서 살펴주시기 바라며 삼가 답장 올립니다.

경인년(1650, 효종1) 1월 27일. 복인(服人) 김집(金集)이 편지 올립니다.

---

3) 정자(正字)……떠나니 : 김집의 삼촌 김반(金槃)의 넷째 아들 김익후(金益煦, 1625~1649)가 승문원 정자(承文院正字)로 재직하던 중에 갑자기 죽은 것을 가리킨다.

4) 21일에……돌아왔습니다 : 1650년(효종1) 1월 21일에 이조 판서로 있던 김집이 대동법 시행으로 김육(金堉)과 마찰이 생기자 고향 충청도 연산(連山)으로 돌아온 것을 가리킨다.

【상-2】동춘당(同春堂) 송준길(宋浚吉)이 양주남(梁柱南)에게 보낸 편지 3건

【상-2】-1

久仰聲華 尚欠交臂 盖緣僕病廢人也 卽惟春和 尊起居佳勝 何計抃晤討此
平生 悵悵 曾聞洪叔鎭有簡易兩件借其一 有此書於左右 敢傳之 倘可付寄
此便耶 適忙甚 草此不宣 謹狀上
己丑三月三日 宋浚吉頓

오랫동안 성화(聲華 명성)를 우러러 사모했으면서도 아직까지 악수하며 뵙지 못한 것
은 제가 병으로 폐인(廢人)이 되었기 때문입니다. 지금 화창한 봄날에 존형의 기거가
좋으시리라 생각합니다. 어찌하면 서로 손잡고 담론하며 평소의 생각을 펼 수가 있을
까요. 서글플 뿐입니다. 일찍이 듣건대 홍숙진(洪叔鎭)[5]의 집에 있는《간이집(簡易集)》
두 질 중에 그 한 질을 빌려 가서 그 책이 좌우께 있다 하므로 감히 부탁하는 바이니,
혹시 이번 인편에 부쳐 주실 수 있겠습니까. 마침 너무 바빠서 이렇게만 쓰고 줄입니
다. 삼가 편지 올립니다.
기축년(1649, 인조27) 3월 3일. 송준길(宋浚吉)이 올립니다.[6]

【상-2】-2

梁生員行史 謹謝狀 (手決)謹封

日者猥蒙辱訪 迨用感荷 卽承情札 始審尚滯沙村 驚慰倍切 此間衰病日劇
明秋之約 倘成亦幸也 日昏眼暗 只此不宣 謹謝狀
辛臘卄六日 浚吉

---

5) 홍숙진(洪叔鎭) : 홍주세(洪柱世, 1612~1661)를 가리킨다. 본관은 풍산(豐山), 자는 숙진(叔鎭), 호는
   정허당(靜虛堂)이다. 1650년(효종1) 증광 문과에 을과로 급제하여 벼슬이 영천 군수(榮川郡守)에 이
   르렀다. 문장이 뛰어났으며, 저서로는《정허당집(靜虛堂集)》이 있다.
6) 동춘당(同春堂) 송준길(宋浚吉, 1606~1672)이 1649년(인조27) 3월 3일에 양주남(梁柱南)에게 보낸
   편지이다.《동춘당집 속집(同春堂集 續集)》권3에 〈양자경 주남에게 줌. 기축년[與梁子擎柱南 己丑]〉
   이라는 제목으로 실려 있다.

양생원 행사(行史)께 삼가 답장 올림.7)

일전에 방문해 주신 과분한 은혜를 입어 지금까지 감사하게 여기고 있습니다. 오늘 정다운 편지를 받고서 아직 사촌(沙村)8)에 체류하고 계심을 비로소 알고는 놀랍고 위안되는 마음 한층 더 간절하였습니다. 이곳의 저는 노쇠와 질병이 날로 심해지니, 내년 가을의 약속을 이룰 수 있으면 다행이겠습니다. 날이 어둡고 눈도 어두워 이만 쓰고 줄입니다. 삼가 답장 올립니다.

신묘년(1651, 효종2) 12월 26일. 준길(浚吉).

【상-2】-3

頃奉依草 書來慰甚 僕近益呻痛 意緒亡聊 梁上舍疏托 本非所堪 而擬欲勉副 俾作替面資 此意非不切 而宿諾至此 病倦良可憐 幸爲我謝梁友至佳 金君委訪 盛誼良愧 聞兩友同寓不遠 而無計就謝 秪自瞻悵而已 千萬不宣 謹拜復狀

九月七日 浚吉頓

근자에 의초(依草)9)를 만났는데, 편지를 보내 주시니 매우 마음이 위안되었습니다. 저는 근래 더욱 고통에 신음하다 보니 심사가 무료합니다. 양 상사(梁上舍)가 편지로 부탁한 일은 본래 제가 감당할 수 있는 바가 아니었지만, 억지로라도 그 요구를 들어주어 얼굴을 대신하는 예물로 삼고자 하였습니다. 이런 생각이 간절하지 않은 것이 아니었으나 지금까지 그 약속을 묵힌 것은 병으로 게으르기 때문이니, 참으로 가련합니다. 바라건대, 나를 위해 양우(梁友)에게 사과해 주시면 고맙겠습니다. 김군(金君)이 방문해 주니, 그 두터운 정의(情誼)에 진실로 부끄러웠습니다. 듣건대 두 벗이 멀지 않은 곳에 함께 우거(寓居)하고 있다고 하는데도 찾아가 사례할 방법이 없으니, 단지 그곳을 바라보며 스스로 한탄만 할 뿐입니다. 많은 사연은 이만 줄이고 삼가 답장 올립니다.

9월 7일. 준길(浚吉)이 올립니다.10)

---

7) 양생원……올림 : 송준길이 1651년(효종2) 12월 26일에 양주남(梁柱南)에게 보낸 편지이다. 행사(行史)는 여행길에서 시봉하는 사람을 가리킨다. 《동춘당집 속집(同春堂集 續集)》 권3에 〈양자경에게 답함[答梁子擎]〉라는 제목으로 실려 있다.

8) 사촌(沙村) : 송준길의 선산이 있는 사한리(沙寒里)를 가리키는 듯하다.

9) 의초(依草) : 문인이나 추종자를 이르는 듯하다.

【상-3】 우암(尤庵) 송시열(宋時烈)이 양주남(梁柱南)에게 보낸 편지

【상-3】

三陽回泰 伏候四松安否 弟昨暮過淸寓 星漢將廻 非剝琢人門之時 秪式閭
而行 實作終夜恨 今日此中諸益 爲作蘭亭勝致 不可無右軍淸眞 須置左對
右顧之樂 來做半日閒話 如何如何 餘竢面敍 不宣 伏惟淸照
己元卄六 弟時烈

삼양(三陽)이 돌아와 봄이 되었는데, 사송(四松)의 안부는 어떠하십니까.
저는 어제 저녁에 청주(淸州)의 우소(寓所)에 들렀으나, 별자리가 돌아가는 밤중이라
남의 문을 두드릴 때가 아니므로 그저 대문에 공경만 표하고 출발하였으니, 실로 밤중
내내 한스러웠습니다. 오늘 이곳의 여러 친구들이 난정(蘭亭)의 운치를 만들고자 하는
데, 우군(右軍)의 맑고 진솔한 운치가 없어서는 안 됩니다.[11] 모름지기 좌우로 마주하
고 돌아보는 즐거움을 만들고자 하오니, 오셔서 반 나절의 담소를 나눔이 어떠합니까.
나머지는 뵙고 말씀나누기로 하고 이만 줄입니다. 맑게 살피시기 바랍니다.
기축년(1649, 인조27) 1월 26일. 제(弟) 시열(時烈).[12]

---

10) 송준길이 양주남(梁柱南)에게 보낸 편지로 《동춘당집 속집(同春堂集 續集)》 권3에 〈양자경에게 답함
[答梁子擎]〉라는 제목으로 실려 있다.

11) 오늘……안 됩니다 : 좋은 모임에 꼭 참석해 달라는 의미이다. 우군(右軍)은 진(晉)나라 명필 왕희지
(王羲之)를 가리킨다. 왕희지가 영화(永和) 9년 3월 3일에 사안(謝安), 손작(孫綽) 등 당대의 명사 40
여 인과 함께 회계(會稽) 산음(山陰)의 난정(蘭亭)에 모여서 계모임을 가졌는데, 이 과정을 왕희지가
기록하고 쓴 난정서(蘭亭序)가 유명하다.

12) 우암(尤庵) 송시열(宋時烈, 1607~1689)이 1648년(인조26) 3월 19일에 양주남(梁柱南)에게 보낸 편
지로 《송자대전 속습유(宋子大全續拾遺)》 권1에 〈양자경 주남에게 주다[與梁子擎 柱南]〉라는 제목으
로 실려 있다.

【상-4】

崔生之歸 不得承候動靜 方切歎歎 意外謹承尊札 恭審春來 寓況佳安 慰感
不已 涑年來病患喪禍 憂慘送日 客裏逢春 只增凄楚 知尊客寓 益多艱苦 敢
請送人 而旣到無可送之物 致令遠路空返 極媿極媿 餘祝良辰 雅況佳勝 謹
拜復
戊子季春旬九 涑頓

최생(崔生)이 돌아오는 편에 존형의 동정(動靜)을 듣지 못해 바야흐로 섭섭한 탄식이
깊던 차에, 뜻밖에 존형의 서찰을 받자옵고 봄이 된 뒤로 객지의 근황이 평안하심을
알게 되니, 위안과 감사가 그치지 않습니다.

속(涑)은 올해 이후로 병환과 초상으로 인해 근심과 슬픔으로 날을 보내는 중에 객지
에서 봄을 맞으니 더욱 처량하고 쓰라림만 더하는데, 존형의 객지 생활은 더욱 괴로움
이 많을 줄 압니다. 감히 사람을 보내주기를 청하면서 이미 보내드릴 물건이 없는 지
경에 이르러 먼 길을 헛되이 돌아가게 만들었으니, 몹시 부끄럽고 부끄럽습니다. 나머
지는 좋은 계절에 근황이 좋으시기를 축원하며 삼가 답장 올립니다.

무자년(1648, 인조26) 3월 19일. 속(涑)이 올립니다.[13]

---

13) 창강(滄江) 조속(趙涑, 1595~1668)이 1648년(인조26) 3월 19일에 양주남(梁柱南)에게 보낸 답장이
다. 조속은 본관이 풍양(豊壤), 자는 희온(希溫)·경온(景溫). 호는 창강(滄江)·창추(滄醜)·취추(醉
醜)·취옹(醉翁) 등이다. 시서화에 두루 능하였는데, 그 중에 수묵화조화에 뛰어나 조선 중기의 대표
적 화가로 꼽힌다.

【상-5】

左水營節下 [諱禹及 字纘卿 官兵使]

以契誼之重 則宜有此問恤 而以此凜凜之時 不計利害福禍者 豈今世之所有
耶 仰認高義 無以盡說 此中事 何待言而知也 姑保首領者 莫非聖上之寬恩
日夜感祝而已 千萬不敢多談 照察
乙卯七月十八日 纍人時烈

좌수영 절하에[14)---[휘 우급, 자 찬경, 관 병사]

마음으로 사귄 무거운 우정을 생각하면 이렇게 문안해주심이 마땅한데, 이토록 위험하
고 두려운 때에 이해(利害)와 화복(禍福)을 따지지 않는 사람이 어찌 지금 세상에 또
있겠습니까. 높으신 의리를 알아보게 되었으니, 이루 말로 할 수 없습니다. 이곳의 일
은 어찌 말을 기다려야 알겠습니까.15) 그저 목숨을 보존한 것만으로도 성상의 관대한
은혜가 아님이 없으니, 밤낮으로 감축할 뿐입니다. 많은 사연은 말로 다 할 수 없으니,
살펴주시기 바랍니다.
을묘년(1675, 숙종1) 7월 18일. 류인(纍人)16) 시열(時烈).

---

14) 우암(尤庵) 송시열(宋時烈)이 1675년(숙종1) 7월 18일에 경상 좌수사 양우급(梁禹及, 1630~1683)에
게 보낸 편지이다. 《송자대전 속습유(宋子大全續拾遺)》 권1에 〈양찬경 우급에게 답함-을묘년 7월 18
일[答梁纘卿禹及ㅇ乙卯七月十八日]〉으로 실려 있다. 양우급은 본관이 제주(濟州), 자는 찬경(纘卿)으로
학포(學圃) 양팽손(梁彭孫)의 다섯째 아들 참봉 양응덕(梁應德)의 현손이다. 무과에 급제, 병사(兵使)
를 지냈다.
15) 이곳의……알겠습니까 : 현종 대에 송시열은 노론의 거두로 사림의 여론을 주도했음은 물론 조정의
대신들은 매사를 송시열에게 물어 결정하는 형편이었다. 그러나 1674년(현종15) 효종비의 상으로
인한 제2차 예송에서 송시열의 예론을 추종한 서인들이 패배하자 예를 그르친 죄로 파직되어 삭출되
었다. 송시열은 1675년(숙종1) 1월 함경도 덕원(德源)에 유배되었다가 뒤에 6월에 경상도 장기(長
鬐)에 이배되어 위리안치 되었다.
16) 류인(纍人) : 유배 중인 사람이 스스로를 가리키는 말이다.

【상-6】 문곡(文谷) 김수항(金壽恒)이 양우급(梁禹及)에게 보낸 답장 2건

【상-6】-1

令前 上謝狀

全羅兵使 節下　(手決)敬

謹承令峕札 就想寒沍 令候淸福 慰荷良深 生疾病日漸沈痼 而扶曳供劇 筋力殆盡 公私可悶 兒子幸中小科 而喪慘之餘 全沒興況 亡女初朞淹泊 情事尤不可堪忍也 別錄各種 蒙此曲念遠惠 感佩盛眷 反增未安 寒疾方苦 千萬不盡 統惟令照 謝狀上

辛酉至月初八日 壽恒

영감 전에 답장 올림[17]
전라병사 절하에

영감께서 사람을 보내 전해주신 서찰을 받고서 엄동의 추위에 영감의 체후가 청복(淸福)을 누리심을 상상할 수 있었으니, 위안되고 감사하기가 참으로 깊습니다.
생(生)은 질병이 날마다 점점 심해지는데 병든 몸을 이끌고 공무를 보느라 근력이 거의 소진되었으니, 공적으로 사적으로 근심스럽습니다. 아들이 다행히 소과(小科)에 급제하였으나,[18] 초상을 치른 나머지이므로 흥취가 전혀 없고, 죽은 딸의 초기(初朞 1주기)가 문득 다가오니, 저의 심정에 더욱 참아낼 수가 없습니다. 별지에 기록된 각종 물품은 곡진히 염려하여 멀리까지 보내주신 것을 받은 것이므로 성대한 관심에 감사함이 지극하다 못해 도리어 미안한 마음이 더합니다. 한질(寒疾)로 한창 괴로우므로 많은 사연은 다 쓰지 않습니다. 두루 영감께서 살펴주시기 바라며 답장을 올립니다.
신유년(1681, 숙종7) 11월 초8일. 수항(壽恒).

---

17) 영의정으로 있던 문곡(文谷) 김수항(金壽恒, 1629~1689)이 1681년(숙종7) 11월 7일에 전라도 병마절도사 양우급(梁禹及)에게 보낸 답장이다.

18) 아들이⋯⋯급제하였으나 : 김수항의 넷째 아들 김창업(金昌業)이 신유년(1681, 숙종7) 식년 진사시에 급제한 것을 가리킨다.

【상-6】-2

便中謹承令札 就審寒沍 令況淸勝 慰荷良深 生勞傷之餘 宿疾添劇 可悶奈
何 令惠紙束油芚 感領厚意 但其數過多 反用未安 想令非久還朝 千萬只竢
面敍 不宣 統惟令照 上謝狀

壬戌至月廿五日 壽恒

인편을 통해 영감의 서찰을 받고서 엄동의 추위에 영감의 근황이 좋으심을 알게 되니,
위안과 감사가 참으로 깊습니다.

생(生)은 피로와 손상을 겪은 나머지에 묵은 병이 덧났으니, 근심스럽지만 어찌하겠습
니까. 영감께서 보내신 종이 묶음과 유둔(油芚 종이에 기름을 먹인 비옷)은 두터운 성의
를 감사히 받았습니다. 다만 그 숫자가 너무나 많아서 도리어 미안해집니다. 생각건대
영감께서 오래지 않아 조정으로 돌아오실 듯한데, 많은 사연은 만나서 대화할 때를 기
다리기로 하고 이만 줄입니다. 두루 영감께서 살펴주시기 바라며 답장 올립니다.

임술년(1682, 숙종8) 11월 25일. 수항(壽恒).[19]

---

19) 영의정으로 있던 문곡(文谷) 김수항(金壽恒, 1629~1689)이 1682년(숙종8) 11월 25일에 전라도 병
마절도사에서 교체된 양우급(梁禹及)에게 보낸 답장이다.

【상-7】 성재(醒齋) 신익상(申翼相)이 양우급(梁禹及)에게 보낸 답장

【상-7】

令監前謹謝上狀

兵營 節下史　　(手決)謹封

懸仰之中 承拜令問札 憑審春暮 令履珍重 瞻慰區區 向時出巡之日 若由長
興 則庶有奉敍之便 而失此期會 迨用悵歎 啓草璧還 而事係兩便 何可已乎
措語亦爲完好耳 貴牒內事 前往左水營時 亦有此等事 方欲啓聞 當一體請
賞計耳 惠來弓帒筒箇 依受多荷 餘萬不宣 伏惟令照 謹拜謝上狀

壬戌三月卄三日 翼相

영감 전에 삼가 답장 올림[20]
병영 절하사께

그리워하던 중에 영감의 서찰을 받고서 늦봄에 영감의 생활이 평안하심을 알게 되니, 우러러 위안되는 심정 간절합니다. 지난번 순행(巡行)을 떠나던 날에 만약 장흥(長興)을 경유했다면 거의 만나서 회포를 풀 기회가 있었는데, 이 기회를 잃어버려 지금까지 섭섭한 탄식을 하고 있습니다. 장계(狀啓)의 초본을 온전히 돌려드리는데, 일이 양쪽이 편리한데 관계되니 어찌 중지하겠습니까. 말을 엮은 것 또한 완전히 좋습니다. 보내신 문서 안의 일은 전에 좌수영에 갔을 때에도 이런 일이 있었으므로 바야흐로 조정에 계문(啓聞)하여 마땅히 일체 포상을 청할 계획입니다. 보내주신 궁대(弓袋 활집)와 통개(筒箇 화살통)은 숫자대로 받아 매우 감사합니다. 나머지 사연은 이만 줄입니다. 영감께서 헤아리시기 바라며 삼가 절하고 답장 올립니다.
임술년(1682, 숙종8) 3월 23일. 익상(翼相).

---

20) 전라도 관찰사로 있던 신익상(申翼相, 1634~1697)이 1682년(숙종8) 3월 23일에 전라도 병마절도사 양우급(梁禹及)에게 보낸 답장이다.

【상-8】

令監 謹謝狀上

湖南 兵營 節下 　　(手決)謹封

不料節扇之問 遠及窮谷 加以四種食物 五十簡幅 並荷垂軫 愧戢之餘 還深
悚仄 不知所以仰喩也 仍審旱炎 令體萬重 尤增瞻慰 無任區區 拯一味跧蟄
與病爲伴 無足言者 昨爲省墓於西圻 致違來使 今始因便追謝 伏惟令恕鑒
謹拜謝狀上

壬戌五月卄九日 尹拯頓首

영감께 삼가 답장 올림[21]
호남 병영 절하에

생각지도 않게 절선(節扇 단오 부채)으로 문안하는 편지가 멀리 궁벽한 골짜기까지 이르렀고, 게다가 4종의 음식물과 50폭의 편지지까지 곁들였으니, 생각해주시는 관심을 두루 받고서 부끄럽고 감사한 나머지 도리어 매우 송구해져서 무어라 말씀을 올려야 할지 모르겠습니다. 편지를 보고 가뭄과 더위에 영감의 체후가 두루 평안하심을 알게 되니, 더욱 그리움과 위안이 더합니다.

증(拯)은 한결같이 웅그려 칩거한 채로 질병과 이웃이 되었으니, 족히 말씀을 올릴 만한 것이 없습니다. 어제 성묘하기 위해 서기(西圻 충청도의 서쪽)로 간 탓으로 찾아온 심부름꾼과 길이 어긋났기 때문에 지금 비로소 인편을 통해 뒤늦게 답장을 합니다. 영감께서 너그러이 헤아리시기 바라며 삼가 절하고 답장 올립니다.

임술년(1682, 숙종8) 5월 29일. 윤증(尹拯)이 머리를 조아립니다.

---

21) 명재(明齋) 윤증(尹拯, 1629~1714)이 1682년(숙종8) 5월 29일에 전라도 병마절도사 양우급(梁禹及)에게 보낸 답장이다.

【상-9】

前秋南下 竟孤一候 迨以爲悵 忽承惠翰 從審向來 令制闈起居增重 區區仰
慰且感 泳保拙添齒 他何更喩 春餉歲儀 依領勤意 不任仰謝 餘忙不宣 只希
新陽 令體履神相 伏惟令下照 謹謝上狀
壬戌正月二日 泳頓

지난 가을에 남쪽으로 내려갔을 때에22) 마침내 한번 문후할 기회를 저버려 지금까지
섭섭하게 생각하고 있던 차에 보내주신 편지를 문득 받고서, 그 후로 영감의 절도사로
서의 기거가 평안하심을 알게 되었으니, 간절히 위안이 되고 또 감사하였습니다.
영(泳)은 졸렬한 몸을 보존하여 나이만 더하고 있으니, 다른 일을 어찌 다시 말하겠습
니까. 춘향(春餉 봄 선물)과 세의(歲儀 연말 선물)를 정성스런 뜻을 잘 받고서 감사해
마지않습니다. 나머지는 바빠서 이만 줄입니다. 오직 새봄에 영감의 체후가 신의 가호
를 받기를 바랍니다. 영감께서 살펴주시기 바라며 삼가 답장 올립니다.
임술년(1682, 숙종8) 1월 2일. 영(泳)이 올립니다.23)

---

22) 지난……때에 : 임영(林泳)이 홍문관 교리로 근무하던 1681년(숙종7) 가을에 호남에 시관(試官)이 되
어 잠시 내려간 것을 가리킨다.

23) 이조 좌랑으로 재임중인 창계(滄溪) 임영(林泳, 1649~1696)이 1682년(숙종8) 1월 2일에 전라도 병
마절도사 양우급(梁禹及)에게 보낸 답장이다.

【상-10】-1

令監 謹謝上狀
兵使 記室　　(手決)謹封

向者之奉 尙有餘懷 爲之依悵 卽承令惠札 憑審近間 令候神相 仰慰無已 僕
纔已幷巡 歸稅營下 而百病交作 悶然奈何 令監瓜期已過 纔送一書於領相
前 以仍任之意 未及回報之前 仍右相所啓差出新處 此後鄙說 必不得行 爲
之悵然 多少不宣 伏惟令照 謹謝上狀
壬戌十一月初五日 師命頓

영감께 삼가 답장 올림[24]
병마절도사 기실에

지난번에 뵈었을 때 아직 회포가 남아서 그 때문에 섭섭하던 차에, 영감께서 보내신
서찰을 막 받았습니다. 편지를 통해 근간 영감의 체후가 신의 가호로 평안하심을 알게
되니, 우러러 위안되기 그지없습니다.
복(僕)은 두루 순행을 겨우 마치고 감영으로 돌아왔는데, 온갖 질병이 함께 발작하여
근심스럽지만 어찌하겠습니까. 영감의 과기(瓜期 임기)가 이미 지났으므로 막 편지 한
통을 영의정 앞으로 써서 잉임(仍任 그 자리에 계속 임명)하라는 뜻을 전했는데, 회답을
받기도 전에 우의정의 보고에 의해 새로운 곳으로 차출되었습니다.[25] 이후로는 저의
말이 반드시 시행되기 어렵게 되었으니, 그 때문에 서글퍼집니다. 많은 사연은 이만
줄입니다. 영감께서 헤아리시기 바라며 삼가 답장 올립니다.
임술년(1682, 숙종8) 11월 초5일. 사명(師命)이 올립니다.

---

24) 전라도 관찰사로 재임중이던 이사명(李師命, 1647~1689)이 1682년(숙종8) 11월 초5일에 전라도
　　병마절도사에서 해임된 양우급(梁禹及)에게 보낸 답장이다.
25) 새로운 곳으로 차출되었습니다 : 양우급은 임술년(1682, 숙종8) 10월에 전라도 병마절도사의 임기
　　가 만료되어 체직되었고, 곧이어 훈국(訓局)의 마병별장(馬兵別將)에 소속되었다가 중군(中軍)에 이르
　　렀다.

【상-10】-2

令前 謹謝上狀

全羅兵營 牙下　(手決)謹封

謹承令辱復 憑審近間 令候神相 仰慰無已 惠送佳箑 數優而制精 尤爲仰荷
此中卯酉奔走 筋力日敗 悶然奈何 多少非遠書可旣 不宣 伏惟令照 謹謝上
壬戌三月初五日 師命

영감 전에 삼가 답장 올림26)

전라 병영 아하27)에

영감의 답장을 삼가 받자옵고 근간 영감의 체후가 신의 가호로 평안하심을 알게 되니, 우러러 위안되기 그지없습니다. 보내주신 아름다운 부채는 숫자도 많고 정밀하게 만들어져 더욱 감사합니다.

이곳의 저는 묘유(卯酉)28)에 분주하여 근력이 날로 쇠퇴하니, 근심스러움을 어찌하겠습니까. 많은 사연은 멀리 보내는 편지에 다 쓰지 못하므로 이만 줄입니다. 영감께서 살펴주시기 바라며 삼가 답장 올립니다.

임술년(1682, 숙종8) 3월 초5일. 사명(師命).

---

26) 도승지로 재임 중이던 이사명(李師命)이 1682년(숙종8) 3월 초5일에 전라도 병마절도사 양우급(梁禹及)에게 보낸 답장이다.

27) 아하(牙下) : 대장 깃발의 아래라는 의미로, 대장의 휘하에서 업무를 보조하는 사람을 가리킨다.

28) 묘유(卯酉) : 정시에 출퇴근하는 것을 말한다. 관리들은 통상 묘시(卯時 오전 5시~7시)에 출근하고 유시(酉時 오후 5시~7시)에 퇴근한다.

【상-11】-1

令前 拜謝狀

全羅兵使道　(手決)式

卽承令問札 就審夏日 令籌履有相 深慰 生粗遣於喪患中 餘無足言者 令惠
節扇及間紙眞梳 三種海錯依受 深謝且感 賢胤秀才平安耶 戀戀 不備 拜謝
上狀

壬戌五月四日 正英

영감 전에 답장 올림[29]

전라 병마절도사께

영감의 서찰을 막 받자옵고 여름날에 영감의 절도사로서의 체후가 평안하심을 알게
되니, 깊이 위안이 됩니다.

생(生)은 초상과 우환 속에 그럭저럭 지내므로 족히 말씀드릴 것이 없습니다. 영감께서
보내주신 절선(節扇 단오 부채) 및 편지지와 참빗, 3종의 해산물을 숫자대로 받아서 깊
이 감사하고 감동스럽습니다. 현윤(賢胤 상대방의 아들) 수재(秀才)께서는 평안하십니
까. 그립습니다. 이만 줄이며 절하고 답장 올립니다.

임술년(1682, 숙종8) 5월 4일. 정영(正英).

【상-11】-2

卽承令問札 仍審此時 令籌履有相 深慰 令惠弓箭及冠帶板 深感 請得箭者
非爲如此之箭也 欲得三鄕極品者 來者旣非三鄕之産 品且不美 制造極麤
大小輕重懸殊 有五錢九分者 有四錢三四分者 而皆有助乙 生之欲得者 重

---

29) 판돈녕부사로 재임 중이던 이정영(李正英, 1616~1686)이 1682년(숙종8) 5월 4일에 전라도 병마절
도사 양우급(梁禹及)에게 보낸 답장이다.

則五錢二三分 逆木不長不短 沙皮不欲露骨 久而終無助乙者二十箇耳 令若
改造以惠 則盛之竹筒中 俾無箭筒之弊 如何 箭筒在家者 亦多 如是及之耳
以此來箭見之 則令雖以武發身 深恐將軍不好武耳 可呵 不備 拜謝狀上
　壬戌七月八日 服人正英

영감의 서찰을 막 받고서 이런 즈음에 영감의 절도사로서의 생활이 평안하심을 알게
되니, 깊이 위안이 됩니다. 영감께서 보내주신 궁전(弓箭 화살) 및 관대판(冠帶板)은 매
우 감사합니다. 제가 요청한 화살은 이런 화살이 아니라, 삼향(三鄕)30)에서 나는 최상
품입니다. 이번에 온 것은 삼향에서 난 것이 아닐뿐더러, 품질도 아름답지 못하고 만
든 품새도 극히 거칩니다. 크기와 무게도 현격히 달라서 5전 9푼 짜리도 있고 4전 3,
4푼짜리도 있는데, 모두 조을(助乙 줄)이 나 있습니다. 제가 얻고 싶은 것은 무게는 5
전 2, 3푼에 역목(逆木)은 길지도 짧지도 않고, 사피(沙皮)는 뼈가 드러나지 않으며, 오
래되어도 끝내 조을이 없는 것으로 20개입니다. 영감께서 만약 다시 만들어 보내신다
면 죽통(竹筒)에 넣어 보내시어 전통(箭筒)이 없다는 폐단이 없도록 해주심이 어떠합니
까. 전통이 집에 있는 것이 많아서 이렇게 말씀을 드립니다. 이번에 온 화살로 보건대
영감께서 비록 무인으로 출세하셨으나, '장군이 무(武)를 별로 좋아하지 않는가' 하여
매우 두렵습니다. 껄껄. 이만 줄이고 절하며 답장 올립니다.
임술년(1682, 숙종8) 7월 8일. 복인(服人) 정영(正英).31)

【상-11】-3

卽承令問札 就審此時 令籌履有相 深慰深慰 交代已出 還朝在邇 惟此令惠
各種 依受深感 餘在不久之企耳奉盡 姑不備 謹謝狀
　壬戌至月十八日 正英

---

30) 삼향(三鄕) : 전라도 나주(羅州)에 있는 지명으로 본래 군산(群山)·두포(杜浦)·임성(任城)의 세 부곡
(部曲)을 합한 고을이다.
31) 오위도총부 부총관(副摠管)으로 재임 중이던 이정영(李正英)이 1682년(숙종8) 7월 8일에 전라도 병
마절도사 양우급(梁禹及)에게 보낸 답장이다.

영감께서 보내신 서찰을 막 받고서 이런 즈음에 영감의 절도사로서의 생활이 평안하심을 알게 되니, 깊이 위안이 되었습니다. 교대할 사람이 이미 출발하여 조정에 돌아오실 날이 가까운데, 이렇게 영감께서 각종 물건을 보내주시니, 숫자대로 받고서 매우 감사하였습니다. 나머지 사연은 멀지 않은 때에 만나서 대화를 나누기로 하고 이만 줄입니다. 삼가 답장 올립니다.

임술년(1682, 숙종8) 11월 18일. 정영(正英).32)

---

32) 판의금부사(判義禁府事)로 재임 중이던 이정영(李正英)이 1682년(숙종8) 11월 18일에 전라도 병마절도사에서 교체된 양우급(梁禹及)에게 보낸 답장이다.

【상-12】-1

令前 拜謝上狀

節度使 轅門 記室 (手決)

蚤日承伻 惠以四種佳味 感荷之至 不知攸謝 此時此物 禁令甚毒 若非令眷
安得此䴵餗味爲哉 呵呵 纍人一病七八日 尚此叫呻 私悶不可言 餘病不宣
伏惟令察 謹拜謝狀上

九祥病纍命圭頓

영감 전에 절하고 답장 올림[33]

절도사 원문 기실[34]에

아침 일찍 심부름꾼이 와서 4종의 훌륭한 음식물을 전해주니, 감사한 나머지 사례할 방도를 모르겠습니다. 이런 때 이런 물건은 금령(禁令)이 매우 혹독한데, 영감의 돌보아주시는 관심이 아니라면 어찌 이렇게 두려운 맛을 얻을 수 있었겠습니까. 껄껄.

류인(纍人)[35]은 한 가지 질병이 7, 8일을 연달아 아직도 고통에 신음하고 있으니, 속마음의 근심을 이루 말할 수 없습니다. 나머지는 병으로 인해 이만 줄입니다. 영감께서 살펴주시기 바라며 삼가 절하고 답장 올립니다.

구상병류(九祥病纍)[36] 명규(命圭)가 올립니다.

---

33) 전라도 강진(康津)에서 유배 중인 신명규(申命圭, 1618~1688)가 전라도 병마절도사 양우급(梁禹及)에게 보낸 답장이다. 신명규는 본관은 평산(平山), 자는 원서(元瑞)·군서(君瑞), 호는 묵재(黙齋)이다. 1662년(현종3) 증광문과에 급제, 청요직을 두루 역임하다가 1673년(현종14) 산릉도감낭청(山陵都監郞廳)이 되어 영릉(寧陵)을 옮길 때 석역(石役)의 감독이 태만했다는 죄로 평안도 박천(博川), 전라도 강진(康津) 등지로 10년간 유배되었다가 1683년(숙종9)에 풀려났다.

34) 원문(轅門) 기실(記室) : 원문은 군문(軍門)이나 진영(鎭營)의 문이다. 본래 수레를 늘어놓아 진(陣)을 만들고 수레 끌채를 마주 세워 만든 문이다. 기실은 하급관리들이 근무하는 곳으로 비서실을 가리킨다.

35) 류인(纍人) : 유배중인 사람이 스스로를 일컫는 말이다.

36) 구상병류(九祥病纍) : 전라도 강진(康津) 열수면(列樹面) 구상리(九祥里)에서 병들어 유배생활을 하는 사람이라는 의미이다.

【상-12】-2

昨既過蒙周濟 方用蹙蹐于心 卽者多種之惠 尤是意外 不勝驚竦之至 是何
前後便蕃之若是耶 只恨初不遠離于城下也 餘在面悉 不宣 謹拜

卽 纍伏竦沒

어제 이미 구제해 주시는 은혜를 지나치게 받아서 바야흐로 마음속에 위축이 되었는
데, 지금 여러 종류의 물건을 보내시니, 더욱 뜻밖이라 놀랍고 송구스러움을 가눌 수
가 없습니다. 어찌 이렇게 앞뒤로 선물을 자주 보내십니까. 그저 애초에 도성에서 멀
리 이별하지 않은 것이 한입니다. 나머지 사연은 만나서 이야기하기로 하고 이만 줄입
니다. 삼가 절하고 올립니다.
즉일. 류복(纍伏)이 두려워 이름을 생략합니다.37)

【상-12】-3

便伻更迭 細審起居 慰豁則良深 而但昨今連荷便蕃之饋 不勝驚竦恧然之至
此則似爲兒輩聞喜 而旣有朗邑 且是艸艸之設 何至煩慮若是耶 尤用未安之
至 餘在面剖 不宣 謹拜

卽 病纍煩沒頓

인편과 심부름꾼이 교대로 다녀가 영감의 기거를 세세히 알게 되니, 시원히 위안되는
심정이 참으로 깊습니다. 다만 어제와 오늘 연달아 빈번한 선물을 받고서 몹시 놀랍고
부끄러움을 가눌 수 없습니다. 이곳의 저는 아이들이 좋은 소식을 들려줄 듯하다가 이
미 낭읍(朗邑)을 차지하였으니,38) 이것도 소략하게나마 베풀어주신 은혜이므로 어찌
이토록 번거롭게 염려해 주십니까. 더욱 미안하기 그지없습니다. 나머지는 뵙고서 마

---

37) 전라도 강진(康津)에서 유배 중인 신명규(申命圭)가 전라도 병마절도사 양우급(梁禹及)에게 보낸 답장
이다.

38) 낭읍(朗邑)을 차지하였으니 : 신명규의 아들 신유(申鍒, 1642~1702)가 1680년(숙종6) 여름에 이
천현감(伊川縣監)에 임명되었다가 겨울에 영암군수(靈巖郡守)로 전직되었는데, 이것을 가리키는 듯
하다. 낭읍은 영암의 별칭이다.

음을 터놓기로 하고 이만 줄입니다. 삼가 절하고 올립니다.

즉일. 병류(病纍)가 번거로워 이름을 생략하고 올립니다.[39)

【상-12】-4

吟病叫苦之中 每承伻問 感荷難喩 今又耑使 饋以穀觫之心 二種珍果 亦隨
而偕 拜謝之至 尤用僕僕 監營殿最等第必來 可得見耶 昨日惠紙長廣潔白
殊甚可好 而三幅甚略 可呵 纍人近患暑感 彌留叫苦 已將一月 此間悶苦 如
何可言 方病不宣 伏惟令察 謹拜上謝狀

六月卄日午 九祥纍伏命圭頓

병으로 신음하며 고통에 부르짖는 중에 매번 심부름꾼을 보내 문안해주시니, 감사함을
형용하기가 어렵습니다. 지금 또 일부러 사람을 시켜 두려운 마음으로 대접을 해주시
고 2종의 진귀한 과일이 뒤따라 이르니, 절하며 사례하는 나머지 더욱 감사하기 그지
없습니다. 감영의 전최(殿最) 등제(等第)[40)가 반드시 이르렀을 것인데, 볼 수 있겠습니
까. 어제 보내주신 종이는 길고 넓으며 깨끗하여 몹시 좋아할 만한 것이었는데, 3폭은
매우 소략하였습니다. 껄껄.

류인(纍人)은 근래 서감(暑感 여름감기)에 걸려 오래도록 고통에 신음하며 이미 한 달이
되어 가는데, 이 사이의 근심과 괴로움을 어찌 말로 하겠습니까. 바야흐로 병중에 쓰
느라 이만 줄입니다. 영감께서 살피시기 바라며 삼가 절하고 답장 올립니다.

6월 20일 정오. 구상류복(九祥纍伏) 명규(命圭)가 올립니다.[41)

---

39) 전라도 강진(康津)에서 유배 중인 신명규(申命圭)가 전라도 병마절도사 양우급(梁禹及)에게 보낸 답장
이다.

40) 감영의 전최(殿最) 등제(等第) : 관찰사가 휘하 관원의 근무성적을 평가한 성적을 가리킨다. 전최는
관원들의 근무 성적을 심사하여 우열을 매기던 일로서 상(上)을 최(最), 하(下)를 전(殿)이라고 하였는
데, 매년 6월과 12월 두 차례에 걸쳐 시행하였다. 등제는 등급을 말하며 통상 상상(上上)·상중(上中)
·상하(上下)·중상·중중·중하·하상·하중·하하의 9등급으로 세분하였다.

41) 전라도 강진(康津)에서 유배 중인 신명규(申命圭)가 전라도 병마절도사 양우급(梁禹及)에게 보낸 답장
이다.

【상-12】-5

令前拜上謝狀
梁兵使 記室

旱炎甚酷 伏惟令臨戎起居勝相 瞻傃倍切 頃爲不緊之行 昨纔還寓 馬上疲病莫甚 方此伏枕叫苦 可笑可悶 其間耑使虛枉 驚歎萬萬 惠來諸種 曲念至此 仰感之餘 還用未安之至 卽見(二字缺)之書 劃當快施云 未知果然否也 餘罷病不宣 伏惟令下察 謹拜謝狀上
中夏十八日 九祥纍伏竦沒

영감 전에 절하고 답장 올림
양병사 기실에

가뭄과 더위가 혹심한데 영감께서 군영을 다스리시는 기거가 좋으시리라 생각하니, 그리움이 갑절이나 심합니다. 얼마 전에 긴요치 않은 행차 때문에 어제 비로소 우소(寓所)에 돌아왔는데, 말 위에서 시달린 피로와 병이 막심하여 바야흐로 이렇게 침상에 누워 신음하고 있으니, 우습고 근심스럽습니다. 그 사이에 일부러 보낸 사람이 헛걸음을 하였으니, 놀라 탄식함이 심합니다. 보내주신 각종 물품은 이처럼 세세히 염려해 주신 것이라, 감사한 나머지 도로 미안하기 짝이 없습니다. □□의 편지를 보니, 마땅히 흔쾌히 베풀어주시겠다고 하는데 과연 그렇게 될지 모르겠습니다. 나머지는 피로와 병으로 이만 줄입니다. 영감께서 굽어살피시기 바라며 삼가 절하고 답장 올립니다. 한여름 18일. 구상류복(九祥纍伏)이 두려워 이름을 생략합니다.

【상-12】-6

一別纔月 歲律云改 卽惟新元 令茂膺起居萬慶 遙賀千萬 歲前行中營屬之還 伏承令下札 就審氷雪長途 行候萬安 迨用慰豁且喜之至 纍人九載南荒 又添一齒 親庭隔遠 新年消息 尙此漠然 此間懷思 如何 每與朴裨言及令邊 何日可忘于懷也 適聞有便 略此修敬 忙病不宣 伏惟令下察 謹拜上謝狀 兩

庭玉皆平安否 懸懸不已也

癸亥元正十二日 纍人命圭頓

한 번 이별한지 한 달이 지나자마자 해가 바뀌었습니다. 새해 초에 영감께서 복 많이 받으시어 기거가 두루 경사스럽기를 멀리서 경하해 마지않습니다. 새해 전에 여행길에 동행한 영속(營屬)이 돌아오는 편에 영감께서 보내신 서찰을 받자옵고, 얼음과 눈이 덮인 긴 노정에 여행이 두루 평안하셨음을 알게 되니, 지금까지 시원히 위안되고 또 기쁘기 그지없습니다.

류인(纍人)은 9년 동안 남쪽 변방에 있으면서 또 한 살을 더 먹었는데, 친정(親庭)이 멀어서 새해의 소식이 아직도 까마득하니, 이 사이의 심사가 어떠하겠습니까. 매양 박비장(朴裨將)과 더불어 영감에 대한 이야기를 나누는데, 어느 날인들 마음에 잊을 수 있겠습니까. 마침 인편이 있다는 소식을 듣고 대략 이렇게 편지를 쓰니, 바쁘고 병중이라 이만 줄입니다. 영감께서 굽어살피시기 바라며 삼가 절하고 답장 올립니다. 두 아드님은 모두 평안합니까. 그립기 그지없습니다.

계해년(1683, 숙종9) 1월 12일. 류인(纍人) 명규(命圭)가 올립니다.[42]

---

42) 전라도 강진(康津)에서 유배 중인 신명규(申命圭)가 1683년(숙종9) 1월 12일에 전라도 병마절도사를 마치고 서울로 돌아간 양우급(梁禹及)에게 보낸 답장이다.

【상-13】-1

梁生員侍史 (諱澂 字汝淑 通德郎 兵使子)

屢蒙臨賁 而病伏汔未委謝 尋常歎悵 日者承拜辱書珍重 欣慰深矣 伏惟尊
啓處 比日佳安 瞻向區區 弟自夏初 病困益甚 日昨猝中酷暑 昏塞不能語 此
際見來札適 而不克作氣修謝 殊以爲愧仄也 來敎奉悉 而以弟拙筆 決難汚
浣新冊 故謹付來文矣 幸諒察毋恠也 尙此廢食委臥 奉此追謝 手掉不宣 伏
惟照察 謹謝狀上
壬六月二十日 服人宗泰拜

양생원 시사께[43]---[휘 징, 자 여숙, 통덕랑, 병사공의 아들]

여러 차례 왕림해 주셨으나 병으로 누워서 아직도 사례를 하지 못하니, 늘 서글프고
허전합니다. 며칠 전에 진중한 편지를 받으니, 기쁘고 위안됨이 깊었습니다. 존형의
기거가 줄곧 평안하시리라 생각하니, 그리운 심정이 간절합니다.

제(弟)는 초여름부터 질병과 피곤이 더욱 심하고, 엊그제엔 갑자기 혹서(酷暑)에 노출
되어 정신이 혼미하여 말을 하지 못하였습니다. 이런 즈음에 마침 당도한 서찰을 보았
으나, 기운을 내서 답장을 쓰지 못하였으니, 몹시 부끄럽습니다. 말씀하신 뜻은 자세
히 알겠습니다만 저의 졸렬한 문필로는 새로운 책을 더럽히기가 참으로 어려우므로
보내온 글을 부쳐 올립니다. 양찰하시고 괴이하게 여기지 마시기 바랍니다. 지금껏 식
사를 폐하고 쓰러져 누워 뒤늦게 답장을 올리려 하니 손이 떨려 이만 줄입니다. 살펴
주시기 바라며 삼가 답장 올립니다.

임(壬)년 6월 20일. 복인(服人) 종태(宗泰)가 올립니다.

---

43) 서종태(徐宗泰, 1652~1719)가 양징(梁澂, 1659~1702)에게 보낸 답장인데, 지은 시기는 미상이다.
    양징은 본관이 제주(濟州), 자는 여숙(汝叔)으로 병사 양우급의 아들이다.

【상-13】-2

行錄謹此奉還 宗泰忝當代撰之任 而文辭短拙 不能備述德美 宣揚上旨 不
勝惶仄 祭文草亦敢附上 徐宗泰頓首

행록(行錄)을 삼가 이번에 돌려보냅니다. 종태(宗泰)가 대찬(代撰)의 임무를 외람되게
맡았으나, 문사(文辭)가 짧고 졸렬하여 선친의 아름다운 덕을 갖추어 서술하여 임금의
뜻을 선양하지 못하니, 황공하고 부끄러움을 가눌 수 없습니다. 제문(祭文)의 초고 또
한 감히 부쳐 올립니다.
서종태(徐宗泰)가 머리를 조아립니다.[44]

節度公致祭文

維康熙二十三年歲次甲子六月乙未朔十六日庚戌 國王遣臣禮曹正郎金運乘
諭祭于卒前兵使梁禹及之靈
顯閥令裔 名儒宅相 資器勁特 志略恢朗 恥守一蕓 起而弁鶡 遂登朝路 其齡
則夙 歷踐名選 蔚爲時胥 出縮州符 入糾禁旅 精勤率職 厥勞茂著 間奉次對
邊務是奏 其語甚晰 予聽每注 湖閫節鉞 海營樓船 展試漸殷 政聲彌宣 繕城
釐甲 峙粮練卒 我圉克鞏 軍民謹号 廉訪之啓 輒褒其績 中更時變 趣操無渝
弗競弗趨 退然愀夫 進塗方闢 哀聞斯遽 干城之良 孰爲翹楚 睠焉顧懷 予懷
有惻 肆賜禮酹 庶冀歆假

절도공 치제문

유세차 강희(康熙) 23년 갑자년(1684, 숙종10) 6월 을미삭 16일 경술일에 국왕은 신
하 예조 정랑 김운승(金運乘)을 보내서 작고한 전 병사 양우급의 영전에 제문을 드린다.

---

44) 서종태(徐宗泰)가 1684년(숙종10) 6월에 양징(梁澂)에게 보낸 편지이다. 양우급이 작고하자 이듬해
   인 1684년(숙종10) 6월 16일에 숙종이 제문을 하사하였는데, 이를 홍문관 수찬(修撰)으로 있던 서종
   태가 대신 지은 것이다. 제문은 바로 아래에 실린 〈절도공치제문(節度公致祭文)〉이다. 《병사양공실
   기》에 〈사제문(賜祭文)〉으로 실려 있다

오직 영령께서는 현달한 가문의 훌륭한 후손이며 이름난 유학자의 외손이다. 자질과 국량이 굳세고 특출났고, 뜻과 책략이 넓고도 밝아, 문필에 매몰되는 것을 부끄러워하여 몸을 일으켜 무관이 되었다. 드디어 조정의 벼슬길에 오르니 그 나이는 어렸고, 이름난 자리를 두루 역임하면서 당시의 훌륭한 인재가 되었다. 나가서는 고을의 부절을 관장하였고 들어와서는 금위영의 군사를 통솔하여, 한마음으로 부지런히 직책을 수행하여 그 공로가 매우 드러났다. 간간이 차대(次對)45)로 만났을 때엔 변방의 업무를 상주하였는데, 그 말이 매우 분명하여 내가 매번 주의를 기울여 들었다. 전라도 관찰사의 부절과 황해도 감영의 누선에 대해 재능을 시험한 것이 점차 많아지자 관리로서의 명성이 점차 드러났다. 성을 보수하고 무기를 선별하며, 군량을 쌓고 사졸을 훈련시키는 데에, 나로부터 먼저 공고히 하자 군사와 백성들이 환호하였고, 민심을 안찰하여 올린 계문에 곧 그 공적을 포상하였노라. 중간에 다시 시절이 변하였어도 취향과 지조가 변하지 않아, 다투지도 쏠리지도 않고서 겸손하기가 겁쟁이처럼 보였도다. 앞날이 장차 열리려는 즈음에 갑자기 이런 부음을 들으니, 간성(干城)46)의 훌륭한 신하가 누가 이분보다 뛰어날까. 지난날을 회상해 봄에 나의 심정이 서글프도다. 이에 예를 갖춰 술잔을 하사하노니, 영령께서는 흠향하소서.

---

45) 차대(次對) : 매월 여섯 차례 정기적으로 정부 당상과 대간(臺諫), 옥당(玉堂) 들이 입시하여 중요한 정무에 대해 상주하던 일, 또는 그 자리이다.

46) 간성(干城) : 국가를 위해 방패가 되고 성이 되는 훌륭한 장수를 뜻한다. 《시경》〈주남(周南) 토저(兎罝)〉에 "굳세고 굳센 무부여, 공후의 간성이로다.[赳赳武夫, 公侯干城.]"라고 하였다.

【상-14】

梁秀才案右 拜復

石郊書　　(手決)敬

日者之來　病臥於內　不得奉對　甚以爲恨　玆承專帖　開慰良至　此間病狀　數日略似有減　而神氣則益茶然　轉頭之間　此月忽至　心骨痛毒　如觸利刃　尙何言哉　出栖院寺之疑　近來人言多如此　而於鄙意　殊甚無謂　書院固如來示　雖山寺亦何嫌耶　曾前國恤時　未聞此等議論　而今番乃如此　豈禮節益明而然耶　未可曉也　餘不具

辛巳陽月四日　朞服人昌協

禮曰　居君母君妻之喪　居處飮食衎爾　註　衎爾　和適也　以此言之　則士大夫居少君之喪固自與君喪異矣　然院寺之栖　雖君喪　亦無不可矣

양수재 책상 곁에 답장 올림[47]

석교[48]에서 편지함

지난번 찾아왔을 때 병으로 내실에 누워 있느라 만나지 못해 매우 유감스러웠는데, 지금 편지를 받아보니 마음이 시원히 위안이 되었습니다. 저의 병세는 며칠 사이에 약간 차도가 있는 것 같기는 하나 정신과 기운은 더 나쁩니다. 머리 한번 돌리는 사이에 이달이 홀연 이르러[49] 가슴과 골수가 쓰리고 아파서 마치 날카로운 칼날에 찍힌 것 같으니, 더 이상 무엇을 말하겠습니까. 서원(書院)이나 산사(山寺)에 나가 거처하는 것

---

47) 농암(農巖) 김창협(金昌協, 1651~1708)이 1701년(숙종27) 10월 4일에 양징(梁澂)에게 보낸 답장이다. 이 편지는 김창협의 《농암별집(農巖別集)》 권1에 〈양여숙 징에게 답함[答梁汝淑澂]〉이란 제목으로 실려 있다.

48) 석교(石郊) : 서울 동대문 밖의 석관촌(石串村)을 가리키는데, 본래 김창협의 아우 노가재(老稼齋) 김창업(金昌業)의 별장이다. 김창협이 이때 병이 깊어져서 의원을 대고 약을 쓰기 편하도록 그곳에 머문 것이라고 한다.

49) 이달이 홀연히 이르러 : 1년 전인 1700년(숙종26) 10월에 김창협의 아들 김숭겸(金崇謙, 1682~1700)이 19세에 요절한 것을 가리킨다.

을 의심하는 문제는 근래에 사람들 하는 말이 대부분 이와 같습니다만, 제 생각에는 매우 말할 가치가 없다고 봅니다. 서원은 말씀하신 대로이고, 산사라 하더라도 무슨 혐의가 있겠습니까. 예전에 국상을 당했을 때도 이와 같은 논의가 있었다는 말을 듣지 못했는데 이번에는 이와 같으니, 혹시 예절이 더 밝아져서 그런 것인지 도무지 모르겠습니다. 이만 줄입니다.

신사년(1701, 숙종27) 10월 4일. 기복인(朞服人)[50] 창협(昌協).

《예기(禮記)》에 '군주의 어머니와 군주의 아내의 상에는 거처와 음식을 간이(衎爾)하게 한다.'라고 하였고, 그 주석에 '간이는 느긋하고 편하다는 뜻이다.'라고 하였습니다. 이로써 말한다면 사대부가 소군(少君 제후의 처)의 상에 거상하는 것은 본래 군주의 상과는 다릅니다. 서원이나 산사에 거처하는 것은 비록 군주의 상중이라 하더라도 불가할 것이 없을 것입니다.

---

50) 기복인(朞服人) : 1년복을 입는 상주라는 의미인데, 김창협의 아들이 1년 전에 죽었기 때문에 1년복을 입은 것이다.

【상-15】

梁秀才 侍史

奉謝狀　　(手決)悋

別後音信杳然 第有悵想 卽承手札 以諦僉況佳安 忻慰 生依舊吟病 餘何足
道 聖候日漸康復 蹈抃曷勝 秋科已定 千載一時 須努力做業 毋孤老夫之望
也 不具 奉謝

甲八月一日 相愚

양수재 시사께

답장 올림[51]

이별한 뒤로 소식이 묘연하여 다만 섭섭하게 그리워하던 차에 손수 쓰신 서찰을 막 받
자옵고 여러분들의 근황이 좋으심을 알게 되니, 기쁘고 위안이 되었습니다.

생(生)은 예전처럼 병으로 신음하며 지내므로 나머지는 말씀드릴 것이 없습니다. 성상
의 환후가 날마다 점차 강건하게 회복되시니, 뛸 듯한 기쁨을 어찌 가누겠습니까. 가
을 과거시험 날짜가 이미 정해졌는데, 천재일우의 기회이므로 반드시 열심히 공부를
하여 이 늙은이의 소망을 저버리지 마십시오. 이만 줄이고 답장 올립니다.

갑(甲)년 8월 1일. 상우(相愚).

---

51) 조상우(趙相愚, 1640~1718)가 양징(梁澂)에게 보낸 답장이다. 조상우는 본관이 풍양(豊壤), 자는 자
직(子直), 호는 동강(東岡)이다. 송준길(宋浚吉)의 문인으로 1657년(효종8) 사마시에 합격한 뒤 내외
직을 두루 역임하고 벼슬이 판서에까지 올랐다.

【상-16】

頃日冒夜作行 不審無傷於風露否 殊用仰慮仰慮 昨日連有同推之事 忽擾特
甚 不得相候 極歎極歎 返斾在於何間耶 餘在過路歷枉 可得迎敍 姑此不宣
并惟照亮
九月二十三日 九萬

며칠 전에 저문 밤에 길을 떠나셨는데, 바람과 이슬에 손상이나 없으셨는지 몰라서 매우 우러러 염려되었습니다. 어제 연달아 동추(同推)52)하는 일이 있어서 바쁘고 소란함이 특히 심하여 문후를 드리지 못하여 몹시 한탄스러웠습니다. 행차가 돌아오는 것은 어느 날짜가 되겠습니까. 나머지는 지나시는 길에 일부러 왕림해주시면 만나서 이야기 나누기로 하고 이만 줄입니다. 두루 살펴주시기 바랍니다.
9월 23일. 구만(九萬).53)

---

52) 동추(同推) : 살인 사건이 발생할 경우 초검관(初檢官)과 복검관(覆檢官)이 합동하여 죄인을 신문하는 것을 말한다.
53) 남구만(南九萬, 1629~1711)이 양징(梁澂)에게 보낸 편지이다. 남구만은 본관은 의령(宜寧), 자는 운로(雲路), 호는 약천(藥泉)이다. 1656년(효종7) 별시문과에 급제하여 내외직을 두루 역임하고 벼슬이 영의정에까지 올랐다.

【상-17】

梁秀才 文右

謝帖　　　　　(手決)謹封

未識荊州之面 已艶燕許之手 玆承崇札 兼示瓊詞 披玩再三 益見謙謙之美
意也 所作辭富而意暢 淸秋百戰 奚啻折蓮而止耶 第富貴春花 卽邵康節詩
上語 而富貴一時之繁華 有同雨後之春紅 歎其盛之易衰也 未釋此義 而似
失其排置 幸須改搆以示 如何 餘不具

卽夕 震翼頓

양수재 책상 곁에
답장 올림54)

형주(荊州)의 얼굴을 알기55)도 전에 이미 연허(燕許)의 솜씨56)를 부러워하였는데, 이
제 일부러 보내주신 서찰을 받고 겸하여 아름다운 시까지 보내주시니, 두세 차례 펼쳐
읽어봄에 더욱 겸손하신 아름다운 뜻을 볼 수 있었습니다. 지으신 시도 어휘가 풍부하
고 뜻이 화창하게 통하니, 맑은 가을에 과거시험장에서 어찌 연꽃을 꺾는57) 데서 그칠
뿐이겠습니까. 다만 부귀춘화(富貴春花)는 바로 소강절(邵康節)의 시에 나오는 말58)인

---

54) 어진익(魚震翼, 1625~1684)이 양징(梁澂)에게 보낸 답장으로 양징이 과거시험 공부를 하며 지은 시
에 대해 논평하는 내용이다. 어진익은 본관은 함종(咸從), 자는 익지(翼之). 호는 겸재(謙齋)이다.
1662년(현종3) 정시 문과에 급제, 내외직을 두루 역임하고 벼슬이 승지에 올랐다.

55) 형주(荊州)의……알기 : 모든 사람들이 우러르고 사모하는 사람과 만나는 것을 말한다. 당나라 원종
(元宗) 때 사람인 한조종(韓朝宗)이 형주 자사(荊州刺史)로 있을 때 이태백(李太白)이 보낸 편지에 "살
아서 만호후에 봉할 것이 아니고, 다만 한 번 한형주를 만나고 싶을 뿐이다.[生不用封萬戶侯, 但願一
識韓荊州.]"라는 고사에서 유래하였다.

56) 연허(燕許)의 솜씨 : 문장이 빼어나다는 말이다. 연허는 당나라 현종 때의 명신 연국공(燕國公) 장열
(張說)과 허국공(許國公) 소정(蘇頲)을 합칭한 말이다. 두 사람은 모두 문장으로 세상에 드러났는데,
당시에 '연허대수필(燕許大手筆)'이라는 말이 있었다.

57) 연꽃을 꺾는 : 소과(小科)에 합격하는 것을 말하는데, 합격자 명부를 연방(蓮榜)이라하기 때문에 그렇
게 말한 것이다.

데, 부귀는 한때의 번화한 꽃이므로 비온 뒤에 봄꽃이 붉은 것과 같지만 그 성대함이 쉽게 사그라지는 것이 한탄스럽습니다. 이런 의미를 이해하지 못하고서 그 배치에 실수한 듯하니, 바라건대 다시 고쳐지어서 보여주심이 어떠합니까. 이만 줄입니다.

즉일 저녁. 진익(震翼)이 올립니다.

---

58) 부귀춘화(富貴春花)는 ……말 : 소강절은 송나라 소옹(邵雍)을 가리킨다. 그가 지은 〈안락와에서 지어 스스로에게 주다[安樂窩中自貽]〉라는 시에 "재앙당한 가을 잎은 서리 전에 떨어지고, 부귀한 봄꽃은 비 온 뒤에 붉다네.[災殃秋葉霜前墜, 富貴春花雨後紅.]"라고 한 구절이 있다.

【상-18】

梁生員 侍史

汝淑兄 上候狀 （手決）

曾是匪意 季哀儼然 驚喜萬萬 如對白眉 卽惟霜寒 啓居何似 令胤所患 加減
亦何如 仰慮亡已 弟此來月餘 奉親粗保 是則幸矣 第游游泛泛 了無所做事
慨然如之何 不備 伏惟兄照 謹上候狀

壬戌十月初四日 弟泰壽頓

此去簡了 幸望某條卽傳于乾川洞本家如何

양생원 시사께

여숙(汝淑)형께 편지 올림[59]

예전에 뜻밖에 막내아우께서 갑자기 찾아주시어 놀라움과 기쁨이 이루 말할 수 없었
는데, 흡사 백미(白眉)[60]를 뵌 듯하였습니다. 요즈음 서리내리는 추위에 기거가 어떠
하시며, 영윤(令胤 아드님)께서 앓는 병은 가감(加減)이 어떠하신지 몰라 염려가 그치지
않습니다.

제(弟)는 이곳에 온 지 한 달이 넘었는데, 어버이를 모시고 그럭저럭 지내고 있으니,
이것은 다행입니다. 다만 한가롭고 여유롭게 지내며 조금도 일삼는 바가 없으니, 개탄
스러움을 어찌하면 좋겠습니까. 이만 줄입니다. 형께서 살피시기 바라며 삼가 편지 올
립니다.

임술년(1682, 숙종8) 10월 초4일. 제(弟) 태수(泰壽) 올림.

이번에 보내는 편지를 바라건대 모쪼록 즉시 건천동(乾川洞)의 본가(本家)에 전달해 주
심이 어떠합니까.

---

59) 조태수(趙泰壽, 1658~1715)가 1682년(숙종8) 10월 4일에 양징(梁澂)에게 보낸 편지로 과거시험을
함께 준비하는 처지로 공부가 여의치 않음을 한탄하는 내용이다. 조태수는 조상우(趙相愚)의 아들로
자는 사유(士維)이다. 44세에 음보로 진출하여 내외의 작은 관직을 역임하였다.

60) 백미(白眉) : 형제들 가운데 재능이 가장 뛰어난 것을 비유한 말로 상대방을 가리킨 것이다. 촉한(蜀
漢)의 마량(馬良) 다섯 형제가 모두 재주와 명성이 있었으되, 그중에서도 마량이 가장 뛰어났는데,
유독 마량의 눈썹에 흰 털이 섞여 있었으므로, 향리(鄕里) 사람들이 "마씨(馬氏) 오형제 중에 백미(白
眉)가 가장 훌륭하다."라고 했다는 고사에서 온 말이다.

【상-19】

梁措大書幌

上狀　　(手決)謹封

即問起居如何 來此之後 彼此問聞相阻 均有所失 雖歎奈何 僕久滯邊頭 身
病且苦 私悶 佩刀送去 領情 統希狀上

丁丑九月二十五日 世載

양조대(梁措大) 서황(書幌)에[61]

편지 올림[62]

지금 묻사옵건대 기거가 어떠하십니까. 이곳에 온 이후로 피차간에 소식이 막혀 양쪽
모두 실례를 하게 되었으니, 비록 한탄한들 어쩌겠습니까.

복(僕)은 오래도록 변방에 몸이 매이고 몸도 병이 들어 고생하고 있으니 속으로 근심
입니다. 패도(佩刀)를 보내오니, 정으로 받아주십시오. 두루 살피시기 바라며 편지 올
립니다.

정축년(1697, 숙종23) 9월 25) 9월 25일. 세재(世載).

---

61) 양조대(梁措大) 서황(書幌)에 : 조대는 청빈한 선비를 가리키는 말이고, 서황은 휘장을 치고 글을 읽
　　는 곳이라는 의미로 서재를 가리킨다.

62) 동래 부사(東萊府使)로 재임 중이던 이세재(李世載, 1648~1706)가 1697년(숙종23) 9월 25일에 양
　　징(梁澂)에게 보낸 편지이다. 이세재는 본관은 용인(龍仁), 자는 지숙(持叔)이다. 1694년(숙종20) 알
　　성문과에 급제, 내직을 두루 역임하고 벼슬이 참판에까지 올랐다.

【상-20】

關峽江湖 音書阻絶 懸懸者 徒結于中 暑雨支離 不審靜裏起居何似 弟荒歲
作吏 勞拙難堪 重以憂患多端 方謀賦歸之際 聞甲子疏廳被罰 義不可在職
投紱之行 來旬當發 一棹相尋 從此亦可期矣 前託先集弁文 果已踐諾否 伯
兄在東州 時時得耗息 解歸後 無緣嗣音 亦得平安否 餘萬不宣 伏惟兄下照
謹拜狀上
丁丑六月卄七日 弟鎭圭頓
海松子三斗 聊助服餌之資

관동 골짜기와 강호 사이에 소식이 딱 끊기니, 간절한 그리움이 다만 마음에 맺혔습니
다. 더위와 비가 지루한데 조용히 거주하시는 기거가 어떠하신지 모르겠습니다.
제(弟)는 흉년에 관리가 되어 졸렬한 솜씨로 감당하기 어려운데, 더욱이 우환 거리가
매우 많아 바야흐로 벼슬을 버리고 돌아가고자 도모하던 차에, 갑자년(1684, 숙종10)
에 올렸던 상소로 인해 벌을 받았다는 소식을 들었습니다. 의리상 관직에 있을 수 없
으므로 벼슬을 버리고 떠나는 행차는 다음 달 10일에 마땅히 출발할 것인데, 배 한 척
으로 서로 찾아가는 것도 이로부터 기약해 볼 수 있게 되었습니다. 전에 부탁한 선조
의 문집에 대한 서문(序文)은 과연 약속을 이행하실 수 있겠습니까. 백형(伯兄)[63]께서
동쪽 고을에 계시어서 때때로 소식을 듣고 있었으나 해직되어 돌아간 뒤로는 소식을
들을 수 없는데, 또한 평안하십니까. 나머지 많은 사연은 이만 줄입니다. 형께서 살펴
주시기 바라며 삼가 편지 올립니다.
정축년(1697, 숙종23) 6월 27일. 제(弟) 진규(鎭圭)가 올립니다.[64]
해송자(海松子 잣) 3말을 보내오니 약을 복용하시는데 쓰십시오.

---

63) 백형(伯兄) : 양징의 형 양심(梁深)을 가리키는 듯하다.

64) 회양 부사(淮陽府使)로 재임 중이던 김진규(金鎭圭, 1658~1716)가 1697년(숙종23) 6월 27일에 양
징(梁澂)에게 보낸 편지이다. 김진규는 본관이 광산(光山), 자는 달보(達甫), 호는 죽천(竹泉)이다. 송
시열의 문인으로 1686년(숙종12) 정시문과에 급제, 내외직을 두루 역임하고 벼슬이 판서에 올랐다.
문장, 글씨, 그림에 두루 뛰어났다.

【상-21】

梁秀才 旅史
奉謝狀

前見問札 如對慰萬萬 信後歲新 遠惟客裏侍況增福 賀意多矣 此中姑遣 而
會洞喪竟出 驚慘何言 還期定在何間耶 戀戀之懷 有不可堪也 只望行李益
勝 不具狀
戊元月卄日 公潤

양수재 여사(旅史)[65]께
답장 올림[66]

일전에 문안해주신 서찰을 보니, 마치 직접 뵙는 것처럼 매우 위안이 되었습니다. 소식이 온 뒤로 해가 바뀌었는데, 멀리서 객중에 어버이를 모시는 근황이 더욱 복되시기를 빌며 경하드리는 뜻이 간절합니다.

이곳의 저는 그럭저럭 지내는데 회동(會洞)의 초상[67]이 마침내 나니, 놀랍고 참혹함을 어찌 말로 하겠습니까. 돌아오실 날짜는 언제로 정하셨습니까. 그리운 회포를 견딜 수가 없습니다. 그저 여행길이 더욱 평안하시기를 빌며 편지의 격식을 갖추지 않습니다.
무(戊)년 1월 20일. 공윤(公潤).

---

65) 여사(旅史) : 여행 중에 시봉하는 사람이란 의미이다.
66) 양우급의 맏사위 원덕유(元德裕, 1656~1711)가 양징(梁澂)에게 보낸 답장이다. 원덕유는 본관이 원주(原州), 자는 공윤(公潤)으로 통제사를 지낸 원상(元相)의 아들이다.
67) 회동(會洞)의 초상 : 서울 회현동에서 난 초상인데, 아마도 병사공의 친형 양우성(梁禹成)의 일가친척이 죽은 듯한데, 자세한 사항은 미상이다.

【상-22】 수곡(壽谷) 김주신(金柱臣)이 양징(梁澂)에게 보낸 편지

【상-22】

梁生員宅入納
順安倅候簡

伏惟初夏 兄靜履佳勝 弟身恙閱歲沈淹 私悶何喩 向溯一念 何嘗少弛 而尋
常憒憒度日 一書仰候 闕然至此 但用歉歎 自餘適憑便暫此 不宣 伏惟兄照
狀上
壬午四月十一日 弟柱臣頓
簡紙四十幅汗呈

양생원댁 입납
순안 수령의 안부 편지[68]

초여름에 형의 조용한 생활이 좋으시리라 생각합니다.
제(弟)는 몸의 병이 한 해를 넘기도록 떨어지지 않으니, 속으로 근심됨을 이루 말로 할
수가 없습니다. 그리운 한 생각이 언제 조금이나마 풀어지겠습니까만, 늘 흐리멍덩하
게 날을 보내면서 편지 한 통 띄우는 것조차 지금껏 하지 못하여 그저 서글픈 탄식만
늘어놓고 있습니다. 나머지 사연은 마침 인편이 있기에 잠시 이렇게 쓰고 이만 줄입니
다. 형께서 살피시기 바라며 편지 올립니다.
임오년(1702, 숙종28) 4월 21일. 제(弟) 주신(柱臣)이 올립니다.
편지지 40폭을 약소하나마 올립니다.

---

68) 순안 현령(順安縣令)으로 재임 중이던 김주신(金柱臣, 1661~1721)이 1702년(숙종28) 4월 21일에
양징(梁澂)에게 올린 편지이다. 김주신은 본관이 경주(慶州), 자는 하경(廈卿), 호는 수곡(壽谷)·세심
재(洗心齋)이다. 1686년(숙종12) 생원시에 합격하여 여러 관직을 역임하였고, 1720년(숙종46)에 딸
이 숙종의 계비(繼妃)가 되어 경은부원군(慶恩府院君)에 봉해졌다.

【상-23】 기봉(碁峯) 남정중(南正重)이 양징(梁澂)에게 보낸 답장

【상-23】

昨承委札 迨用慰荷 第緣日昏 未卽仰答 歎歎實深 一進敍阻 意非不切 而卒
卒無須臾暇 尙未之果 徒勞瞻悵 下示事謹悉 卽告于家親 則以爲從當招問
館吏 此刻手若不入於緊急公役 則當依敎給暇 而一朔則似難云矣 此友之尙
未往弔 長在關心中 而汨於官故病憂 至今遷就 尋常愧恨 今有轉囑之事 敢
不極力周旋焉 方在晝直 擾草不宣 伏惟下亮
卽正重頓

어제 보내주신 서찰을 받자오니, 지금까지 위안이 되고 감사합니다. 다만 날이 어두워
즉시 답장을 올리지 못하여 서글픈 탄식이 실로 깊습니다. 한 번 나아가 뵙는 것도 뜸
한 것은 저의 성의가 간절하지 못해서가 아니라 분주한 탓에 잠시의 틈도 없기 때문인
데, 지금까지도 실행하지 못한 채 그저 그리워하며 섭섭해할 뿐입니다. 말씀하신 일은
잘 알았으며 즉시 가친(家親)께 고하니, 마땅히 관리(館吏 예문관의 관리)를 불러 물어보
겠다고 하시었고, 이 각수(刻手)가 긴급한 공역(公役)에 참여하지만 않는다면 마땅히
말씀하신 대로 휴가를 주어 보낼 것인데, 한 달은 아마 어려울 것이라고 합니다.
이 벗이 아직 가서 조문하지 못하였기 때문에 늘 마음속에 걸리고 있는데, 관청의 일
과 질병에 시달려 지금까지 늦어지고 있으니, 늘 죄송하고 한스럽습니다. 지금 부탁하
신 일이 있는데, 감히 극력으로 주선하지 않을 수 있겠습니까. 한창 낮에 숙직하느라
소란스러워 이만 쓰고 줄입니다. 하량해주시기 바랍니다.
즉일. 정중(正重)이 올립니다.[69]

---

69) 남정중(南正重, 1653~1704)이 양징(梁澂)에게 보낸 편지이다. 지은 시기는 양우급이 작고하여 초상
을 치르는 중에 보낸 것으로 보인다. 남정중은 이조 판서 남용익(南龍翼)의 아들로 본관은 의령(宜
寧), 자는 백진(伯珍), 호는 기봉(碁峰)이다. 1689년(숙종15) 증광문과에 급제, 벼슬이 대사헌에 이르
렀다.

【상-24】 오수일(吳遂一)이 양징(梁澂)에게 보낸 편지 2건

【상-24】-1

庚兄 上謝狀　　(手決)謹封

伊阻此久 悵戀之懷 想惟一般 新凉入郊 鍊玉對時佳相 仰慰仰慰 第頃日書
依覿 敎意謹悉 而以弟拙筆 不敢仰塞 卽欲覔完矣 紙末乃以如見面目 請諸
儕友爲辭 因念弟雖鹵莽 後於他人 而抑兄儕友中一人 無語孤負 唐突書呈
指點之笑 焉可免乎 此謂不自量之甚者 餘在一覿委叩 姑此不宣式
卽 庚弟遂一頓
弟連在鞫獄 昨纔脫還 稽滯至此 尤用歎歎歎歎

경형(庚兄)께 답장 올림[70]

뵙지 못한 지가 이처럼 오래되어 섭섭한 그리움이 아마 피차일반일 듯합니다. 서늘함이 교외에 퍼지는데 공부하시는 생활이 철따라 좋으실 듯하여 우러러 매우 위안이 됩니다. 다만 며칠 전에 보내신 편지를 보고 말씀하신 뜻을 잘 알았습니다만, 저의 졸렬한 문장솜씨로는 감히 요구에 응할 수가 없어서 즉시 돌려보내고자 합니다. 편지 끝에 "마치 얼굴을 뵌 듯이 여러 벗들에게 청한다."라고 하셨는데, 저의 노둔함을 생각하면 남들보다 못한데, 다만 형의 벗 중에 한 사람이므로 아무 말도 없으면 요청을 거부한 것이 되므로, 당돌하게 시를 써서 바치오니, 손가락질과 비웃음을 어찌 면할 수 있겠습니까. 이것을 일러 '스스로 역량을 전혀 헤아리지 못한다'라는 것입니다. 나머지 사연은 한 번 찾아 뵙기로 하고 이만 쓰고 줄입니다.
즉일. 경제(庚弟) 수일(遂一)이 올립니다.
제(弟)가 연달아 국옥(鞫獄)에 있다가 어제 겨우 벗어나 돌아왔기에 지금까지 답장을 미뤘으니, 더욱 서글프게 탄식합니다.

---

70) 의금부도사로 재임 중이던 오수일(吳遂一)이 1688년(숙종14) 경에 양징(梁澂)에게 보낸 답장이다. 오수일은 본관이 해주(海州)로 참봉 오도현(吳道玄)의 아들이고, 충렬공(忠烈公) 오달제(吳達濟)의 손자이다. 음보로 군수를 지냈다. 경형(庚兄)은 동갑 사이에 상대방을 지칭하는 용어이고, 경제(庚弟)는 동갑 사이에 자신을 가리키는 용어이다.

【상-24】-2

雅契 謝狀上

梁雅士文右　　(手決)頓

阻餘承書 第審霖炎 況履佳安 昂慰昂慰 僕昨得山水窟 有仙緣而得此否 只
聞名不見其眞 徒增紆鬱 左右有躡仙蹤之意 則迨其秋生臨況 如何如何 吾
當作良主人 其肯果然否 呵呵 餘不宣

卽旋 遂一

아계(雅契)[71]께 답장 올림
양아사 책상 곁에

격조한 뒤에 편지를 받자옵고 장마와 더위에 근황이 좋으심을 알게 되니, 우러러 매우
위안이 되었습니다.

복(僕)은 어제 산수굴(山水窟)을 얻었는데, 신선의 인연이 있어서 이것을 얻었을까
요.[72] 그저 명성만 듣고 그 진면목을 보지 못하였으므로 다만 우울함만 더합니다. 좌
우(左右)께서 신선의 자취를 따를 의향이 있으시다면 가을이 되어 왕림하실 뜻을 내신
하면 어떻겠습니까. 제가 마땅히 좋은 주인이 될 것이니, 과연 하시고 싶으실까요. 껄
껄. 이만 줄입니다.

즉일에 답장함. 수일(遂一).

---

71) 아계(雅契) : 마음이 맞는 친구를 고상하게 부르는 말이다.

72) 산수굴(山水窟)을……얻었을까요 : 오수일이 1706년(숙종32) 5월 25일에 단양 군수(丹陽郡守)에 임
　　명된 것을 가리킨다. 충청도의 단양, 영춘(永春), 청풍(淸風), 제천(堤川)은 예로부터 산수가 빼어나
　　사군산수(四郡山水)로 불리기도 하였다.

【상-25】

謝上

嚮戀中承賜字 就知不安節旋有差慶 旣慮隨慰 弟略干餘客 稍稍盡散 雖欲
不閑 奈何 獨坐空軒 兀然無聊 賴倘於此時得故人之訪 其喜不翅墮烟霧而
已 餘楮短不多及 伏惟下在
弟雲龍 卽日拜復

답장 올림.[73]

그리워하던 중에 내려주신 편지를 받고서 병환으로 편치 못한 건강이 곧바로 차도를
보이는 경사가 있으심을 알고서, 그간의 염려가 저절로 위안이 되었습니다.
제(弟)는 약간의 손님들이 점점 모두 흩어져 돌아가니, 비록 한가롭지 않고자 해도 어
쩔 수 없습니다. 홀로 빈 서재에 앉아서 우두커니 무료하게 지내는데, 혹시 이런 때에
친구가 찾아주기라도 한다면 그 기쁨은 안개 속에 떨어져 몽롱한데 비할 뿐만이 아닐
것입니다. 나머지는 종이가 짧아 더 쓰지 못합니다. 살펴주시기 바랍니다.
제(弟) 운룡(雲龍)이 즉일에 답장합니다.

---

73) 정운룡(鄭雲龍)이 양징(梁澂)에게 보낸 답장이다. 정운룡의 자세한 행적은 미상이다.

【상-26】

梁生員 侍史 (手決)敬

頃日擾擾中相奉 迨依依 卽問兄況如何 懸溸懸溸 弟病不得一進 可歎 就前
諾古書法三帖 及石峯花潭碑 必須一一借送 覽後當卽還耳 毋任幸甚 餘病
伏不備式
卽 弟彦明頓

양생원 시사께[74]

며칠 전에 소란하던 중에 만나뵌 것이 지금껏 그립습니다. 형의 근황이 어떠한지 묻자
오니, 그립기 그지없습니다.

제(弟)는 병으로 인해 한 번 찾아뵙지 못하니, 한스럽습니다. 말씀드릴 일은 전에 승낙
하신 《고서법(古書法)》 3첩과 한석봉(韓石峯)이 쓴 화담(花潭) 서경덕(徐敬德)의 신도비
탁본을 반드시 하나하나 빌려주신다면, 열람한 뒤에 즉시 돌려드리겠습니다. 그렇게
되면 더없이 다행이겠습니다. 나머지는 병으로 누워 쓰느라 격식을 갖추지 못합니다.
즉일. 제(弟) 언명(彦明)이 올립니다.

---

74) 유언명(俞彦明, 1666~?)이 양징(梁澂)에게 보낸 편지로 서첩과 탁본을 빌려달라는 내용이다. 유언명
은 본관이 기계(杞溪), 자는 용회(用晦)로 유정기(俞正基)의 아들이다. 1699년(숙종25)에 정시문과에
급제하여 정언·지평 등을 지냈다.

【상-27】

양사문 경보와 작별하며 지어주다75)---(휘 익주, 자 경보, 호 덕은, 통덕랑, 징의 아들)
贈別梁斯文擎甫[諱益柱 字擎甫 號德隱 通德郎 澂子]

三洲一哭後	삼주를 한번 곡한 뒤로76)
寥闊阻音容	쓸쓸하게 소식이 막혔는데
共抱迷途感	함께 길을 잃은 심정을 품고서
何知瘴海逢	바닷가에서 만날 줄 어찌 알았으랴77)
忩忩惜萍水	바쁘게 타향에서 만난 것 애석해 하며
趁趁入蓮峰	느릿느릿 연꽃 봉우리 속으로 들어갔네
環碧存幽約	푸른 산속에서 조용히 약속을 남기니
君休命駕慵	그대는 수레를 준비하기에 게을러선 안 되리

丁酉孟夏日 三淵子 정유년(1717, 숙종43) 초여름. 삼연자(三淵子).

---

75) 김창흡(金昌翕, 1653~1722)이 1717년(숙종43) 초여름에 양익주(梁益柱, 1680~1733)에게 지어준
    시이다. 김창흡은 영의정 김수항(金壽恒)의 셋째아들로 자는 자익(子益), 호는 삼연(三淵)이다. 이 시
    는 김창흡의 《삼연집 습유(三淵集拾遺)》 권10에 〈보성 도중에 양사문 익주를 만나서 함께 금화불우
    에 가서 밤새 대화를 나누고, 작별할 때에 입으로 불러서 주다[寶城道中 遇梁斯文益柱 同之金華佛宇
    卜夜做穩 臨別口占以贈之]〉라는 제목으로 실려 있다. 양익주(梁益柱)는 본관이 제주(濟州), 양징(梁澂)
    의 아들로 자는 경보(擎甫), 호는 덕은(德隱)이다. 통덕랑(通德郎)을 지냈다.
76) 삼주(三洲)를……뒤로 : 김창흡의 둘째형 농암(農巖) 김창협(金昌協, 1651~1708)이 죽었을 때 초상집
    에서 만났다는 말이다. 삼주는 김창협의 별호이다.
77) 바닷가에서……알았으랴 : 김창흡은 1717년(숙종43) 2월부터 여름까지 전라도 광주(光州), 무주(茂
    朱), 용담(龍潭) 등지를 유람하였는데, 이때 보성도 유람한 듯하다.

【상-28】

전원에 거처하며 눈 내린 뒤에 도성에 들어가는 양경보를 전송하며[78]
林居雪後送梁擎甫入城

浩渺雪江遙樹團　눈 내린 강 아득하고 먼 나무들 둥근데
抱衾深臥山扉靜　이불 안고 깊이 누운 산속 사립문 고요하네
送君落日試酣歌　그대를 지는 해에 보내고 술잔 들고 노래하니
別意寒天相與永　이별의 뜻과 추운 하늘이 서로 더불어 유장하네

陽月晦日　金君山稿　11월 그믐날. 김군산이 짓다.

---

78) 김숭겸(金崇謙, 1682~1700)이 양익주(梁益柱)에게 지어준 시이다. 김숭겸은 농암 김창협의 아들로 자는 군산(君山), 호는 관복재(觀復齋)인데, 19세에 요절하였다.

【상-29】

梁大雅做案謝上

華翰至 得審別後 侍引佳安 殊慰殊慰 弟病憊益甚 不敢出門外地 以闕參訪
病也奈何 眎詩題 近年來所作 太半忘却 故僅以四五首呈似耳 何當握手看
不宣
二十六日 弟文命頓

양대아 주안에 답장 올림79)

귀한 편지가 이르러 이별한 후에 부모 모시며 평안히 지내심을 알게 되니, 매우 위안
이 되었습니다.

제(弟)는 질병과 피로가 더욱 심하여 감히 대문을 나서서 외지로 갈 수가 없으니, 방문
하지 못한 것은 병 때문이니 어쩌겠습니까. 말씀하신 시제(詩題)는 근년 이래로 지은
것은 태반을 망각하였으므로 겨우 4, 5수를 부쳐 올립니다. 언제나 악수하며 만나겠습
니까. 이만 줄입니다.

26일. 제(弟) 문명(文命) 올림.

題武帝御畫佛圖 (見韓文祭文)
제무제어화불도---한유(韓愈)의 제문에 보인다.
作東山詩慰東征將士 (詩傳東山章)
작동산시 위동정장사---시전(詩傳) 〈동산장(東山章)〉
手版擊戰鳳 (見綱目晉成帝卷溫嶠事)

---

79) 조문명(趙文命, 1680~1732)이 양익주(梁益柱)에게 보낸 답장이다. 주안(做案)은 공부하는 책상이란
뜻이다. 조문명은 본관이 풍양(豊壤), 자는 숙장(叔章), 호는 학암(鶴巖)이다. 1713년(숙종39) 증광문
과에 급제, 내외직을 두루 역임하고 벼슬이 좌의정에까지 이르렀다. 소론이면서 김창업(金昌業)의 사
위이므로 노론과도 널리 교유하였다.

수판격전봉---《강목(綱目)》 진성제권(晉成帝卷) 온교(溫嶠)의 일에 보인다.

玄圃池舟中咏招隱詩 (見世說德行卷昭明太子事)

현포지 주중영초은시---《세설》 덕행권(德行卷) 소명태자(昭明太子)의 일에 보인다.

焚券不索價 (見世說言行中卷蘇長公事)

분권불색가---《세설》 언행(言行) 중권(中卷) 소장공(蘇長公)의 일에 보인다.

【상-30】

斂哀 苫次

李從五月初吉出書

省禮 橋邊落後 至今悲結 翼日人夫之還 憑聞到山萬安 悲慰不可言 信後氣
力支保 而舊塋能平安耶 役夫凡百 何以拮据 石灰外棺 亦何以措置 區區馳
念 未嘗食息忘也 尊叔父已還否 哀遑中 想多悶迫處 還爲之奉慮 惟望克念
支保之道 以完大事 如何 七八則當某條出去 姑此替申 不備疏式
五月初一 從服人匡協

상주 여러분의 여막에 보냄
이종(李從)이 5월 초하루에 보낸 편지[80]

예식을 생략합니다. 다리께에서 뒤쳐진 뒤로 지금까지 슬픔이 맺혔는데, 이튿날 인부
들이 돌아와서 산에 당도하여 두루 평안하심을 알게 되니, 슬프고 위안됨을 말로 할
수 없습니다. 소식을 들은 뒤로 기력은 잘 지탱하시고 옛 선영은 평안합니까. 역부(役
夫)를 부리는 제반 일은 어떻게 주선하시며, 석회며 외관은 어떻게 조치하셨는지, 간절
히 염려되는 심정이 밥 먹고 쉬는 사이에도 잊혀지지 않습니다. 존형의 숙부께서는 이
미 돌아오셨습니까. 슬프고 경황없는 중에 근심스럽고 화급한 일이 많을 것이라서 도
리어 염려가 됩니다. 오직 잘 버텨나가실 방도를 생각하시어 큰 일을 완수하시기를 희
망합니다. 7, 8일 뒤에는 마땅히 모쪼록 나갈 것이므로 우선 이렇게 써서 문안을 대신
합니다. 소(疏)의 격식을 갖추지 않습니다.
5월 초1일. 종(從) 복인(服人) 광협(匡協).

---

[80] 이광협(李匡協)이 양익주(梁益柱)에게 보낸 편지인데, 부친상을 당한 상주들을 위문하는 내용이다. 이
광협은 본관이 전주(全州)이고 행적이 자세하지 않다.

【상-31】

省式 卽惟雨餘 嫂主氣力何似 而僉孝履 亦復支保否 爲之悲慮 此間爲緣糊
口 歲前遠作嶺外之行 春初轉入湖南之庄 向者始得還棲 而眼患萬分危劇
針藥數朔 少無分效 勢將失明 幾乎發狂 自憐奈何 下鄕之時 家有痘兒 拘於
俗忌 不得辭夬於兄主几筵之所 復路之後 身病如許 方在垂死 又未能晉慰
於僉哀返哭 痛此生雖存 何異隔世 瞻望哀次 且增悲咽 僉哀豈不知我病實
狀之示如此哉 還用慚歎 餘萬閉睫艱草不成式
癸未五月十四日 病戚泰東疏上

예식을 생략합니다. 비가 내린 끝에 형수님의 기력은 어떠하시고, 여러 상주분들의 건강 또한 잘 견뎌나가시는지 몰라서 슬프고 염려가 됩니다. 이곳의 저는 입에 풀칠이라도 하고자 지난 해에 멀리 영남으로 행차를 했다가 초봄에 길을 돌려 호남의 농장에 들어갔었습니다. 얼마 전에 비로소 집으로 돌아왔는데 눈병이 너무도 심하여 침과 약을 몇 달 동안 썼으나 조금도 효험이 없습니다. 실명할 수도 있는 형세이므로 거의 발광할 지경이니, 스스로 가련함을 어쩌면 좋습니까. 고향에 내려갈 즈음에 집안에 천연두를 앓는 아이가 있어서 세속의 금기에 구애되어 형님의 궤연(几筵 영전)이 차려진 곳에서 작별하지 못하였고, 길에서 돌아온 뒤로는 몸의 병이 이처럼 거의 죽을 지경이므로 또 여러 상주들께서 반곡(返哭)하는 자리에 나아가 위문을 드리지 못하였습니다. 애통하게도 제가 비록 살아 있다고 하더라도 죽은 사람과 무엇이 다르겠습니까. 멀리 상주들께서 계신 여막을 바라보며 그저 슬프게 오열만 더할 뿐입니다. 상주분들께서 어찌 제가 실제로 이처럼 병이 든 실상을 모르시겠습니까마는 도리어 부끄럽고 한탄스럽습니다. 나머지 많은 사연은 눈을 감고 간신히 쓰느라 격식을 이루지 못하였습니다.

계미년(1703, 숙종29) 5월 14일. 병척(病戚) 태동(泰東)이 소(疏)를 올립니다.[81]

---

81) 이태동(李泰東)이 1703년(숙종29) 5월 14일에 양익주(梁益柱)에게 보낸 위문장이다. 자신이 지방에 다녀오는 동안에 눈병이 심하게 걸려 양익주의 부친상에 조문을 가지 못한 것을 사과하는 내용이다.

【상-32】

謝上狀

梁生員 侍史 (手決)謹封

戀中承札 如對慰滿 況審邇來 啓居珍衛 尤用爲慰 生驅馳之餘 病狀益甚 歸期差池 鬱鬱久居 悶憐奈何 灾結固欲均施 而亦知其處報灾不多 田摠比丙子大減之邑亦多 實結正縮 公給畓百結 論移巡營爲計 興邑囚禁者 前書於樂安兼官 使之督徵 決末放送 而未知其何如也 惠送珍味 依受深感 還用未安 餘不宣式 尊照 謝上狀

癸未十月卄五 敬中

답장 올림

양생원 시사께

그립던 중에 서찰을 받자오니 마치 뵌 듯이 위안됨이 많았습니다. 하물며 그동안의 기거가 평안하심을 알게 되니, 더욱 위안이 되었습니다.

생(生)은 분주하게 달린 나머지에 병세가 더욱 심하여 돌아갈 기약도 어그러져 오래도록 울적하게 지내자니, 근심과 가련함을 어쩌면 좋습니까. 재결(灾結)[82]을 본래 균등히 나눠주고자 하였는데, 그곳에서 보고한 재결이 많지 않고, 병자년에 비교하여 전총(田摠 전답 총수)이 크게 줄어든 읍 또한 많아서 실결(實結)이 많이 축이 난 것을 알게 되었으니, 공답(公畓) 1백 결을 문서로써 순영(巡營)에 옮겨 줄 계획입니다. 흥읍(興邑)에 수감된 자들은 저번에 낙안(樂安)의 겸관(兼官)에게 편지를 써서 그들로 하여금 납부를 독촉하여 결말이 난 자를 방송하라고 하였는데, 그것이 어떨지 모르겠습니다. 보내주신 진귀한 음식물은 잘 받아서 매우 감사한데, 도리어 미안해 집니다. 나머지는 격식을 갖추지 않으니 존형께서 살펴주십시오 답장 올립니다.

계미년 10월 25일. 경중(敬中).

이태동의 본관은 전주(全州)로 덕천군(德川君)의 후손이며 현감을 지냈다고 한다.

82) 재결(災結) : 가뭄이나 홍수 등으로 흉년에 들었을 때, 농사를 제대로 짓지 못하여 세금을 줄이거나 면제해 주는 토지를 말한다.

【상-33】

答疏上

梁生員 哀次

省式 頃有哀耑札 適當出他之時 未卽承見 經日後始得接審 而昨日連有赴
公之行 抵暮始歸 方以未卽修復爲恨 又此逢伻 仍審卽辰哀況 殊用慰幸 繼
訟不敏 示教稱念 事係不難 敢不依副 前教書字 連因冗故 且非時刻緊急之
事 以此遽然至此 尤歎 當於近間得閑書呈耳 日暮潦草欠式 悚悚不備 伏惟
哀照 答疏上

卽暮 李德成欠頓

답소(答疏)를 올림[83]

양생원 상가에

예식을 생략합니다. 얼마 전에 상주께서 일부러 서찰을 보내셨는데, 마침 다른 곳에
출타한 때이므로 즉시 보지 못하였고, 며칠 지나서 비로소 읽어 보았습니다만, 어제
연달아 공무에 달려갈 일이 있어서 저물녘에 비로소 돌아왔습니다. 바야흐로 즉시 답
장을 쓰지 못한 것을 한으로 삼고 있었는데, 또 이렇게 심부름꾼을 보내주시어 그를
통해 요즈음 상주의 근황을 알게 되니, 매우 위안되고 다행스러웠습니다. 연이어 불민
함을 자책합니다.

말씀하신 칭념(稱念)[84]은 일이 별로 어렵지 않으니 감히 말씀대로 하지 않겠습니까.
전에 말씀하신 글씨를 쓰는 일은 연달아 잡무에 시달리고 또 시각을 다투는 긴급한 일

---

83) 승지로 재임 중이던 이덕성(李德成, 1655~1704)이 1703년(숙종29) 경에 상중의 양익주(梁益柱)에
게 보낸 위문장이다. 이덕성은 본관이 전주(全州), 자는 득보(得甫), 호는 반곡(盤谷)·지비자(知非子)
이다. 1682년(숙종8) 춘당대문과에 급제하여 내직에서 오래 근무하였다. 1704년(숙종30) 충청도 관
찰사 재임 중에 죽었다.

84) 칭념(稱念) : 수령들이 고을로 부임할 적에 그 지방 출신의 고관(高官)들이 술과 고기를 가지고 와서
전별하며 자기 고향의 노비들을 잘 보호해 줄 것을 청탁함을 이른다.

이 아니므로 이 때문에 어느덧 지금까지 이르렀으니, 마땅히 근간 한가할 때 써서 올리겠습니다. 해가 저물어 대충 쓰느라 격식이 미흡하니 송구스럽게 생각하며 이만 줄입니다. 상주께서 살피시기 바라며 답소(答疏)를 올립니다.

즉일 저녁. 이덕성(李德成)이 격식을 생략하고 올립니다.

【상-34】

狀上

梁秀士 友恭 禫服前　省式謹封

省式 歲月流邁 祥事倏過 禫月又迫 想僉孝慕廓然 益復罔極 日寒猝劇 不審 此時 侍奉體度更何如 遠溸且慮 無任區區 服人歸來客地 病候連仍 而且無歸 便 十九日以後 尙闕書問 俯仰今昔 只增憐歎憐歎 餘萬憑便暫此 不宣狀上 甲申復月初九日 服人喬岳頓

편지 올림[85]

양수사 우공(友恭) 담복(禫服)[86] 전에 올림. 생식근봉(省式謹封)[87]

예식을 생략합니다. 세월이 빨리 흘러 상사(祥事)[88]가 문득 지나고 담월(禫月)[89]이 또 닥치니, 생각건대 상주분들의 사모하는 마음이 허전하여 더욱 다시금 망극할 듯합니다. 날씨가 갑자기 추워졌는데, 이런 때에 시봉하시는 체후가 다시금 어떠하신지 몰라서 멀리서 그립고 또 염려되는 심정 가눌 수 없습니다.

복인(服人)은 객지에서 돌아온 뒤로 병세가 계속 이어지고 또 돌아가는 인편도 없어서

---

85) 이교악(李喬岳, 1653~1728)이 1704년(숙종30) 11월 초9일에 대상(大祥)을 맞은 양익주(梁益柱)에게 보낸 위문장이다. 이교악은 본관이 용인(龍仁), 자는 백첨(伯瞻), 호는 석음와(惜陰窩)이다. 이후망(李後望)의 아들이며, 송시열(宋時烈)의 문인이다. 1705년(숙종31) 알성문과에 장원급제, 내외직을 두루 역임하고 벼슬이 대사헌에 이르렀다.

86) 우공(友恭) 담복(禫服) : 우공은 형은 우애 있고 아우는 공손해야 한다[兄友弟恭]라는 말에서 유래하여 형제를 가리킨다. 담복(禫服)은 대상(大祥)을 치른 다음 달 하순의 정일(丁日)이나 해일(亥日)에 지내는 담제(禫祭) 때 입는 옷이다.

87) 생식근봉(省式謹封) : 예식을 생략하고 삼가 봉한다는 뜻으로 상대방이 상중에 있을 때 봉투에 쓰는 말이다.

88) 상사(祥事) : 장사 지낸 뒤 두 돌 만에 지내는 제사로 대상(大祥)을 말한다.

89) 담월(禫月) : 담제(禫祭)를 지내는 달을 이르는데, 담제는 초상(初喪)으로부터 27개월 만에 지내는 제사로, 이때 상복을 벗는다.

아직까지 편지로 문후하기를 빠뜨렸으니, 예나 지금을 회상함에 그저 가련한 탄식을 발할 뿐입니다. 나머지 많은 사연은 인편이 있기에 잠시 쓰느라 이만 줄이고 편지 올립니다.

갑신년(1704, 숙종30) 11월 초9일. 복인(服人) 교악(喬岳)이 올립니다.

【상-35】-1

梁生員 兄弟宅 傳納
歙谷書簡 (手決)謹封

日月易得 祥禫奄過 伏惟廓然之慟 何以堪勝 仰傃區區 未知近尙留住交庄
履熱佳安否 戚三年海邑 病情殊重 悶切奈何 餘憑便草此不宣 伏惟照亮 謹
候狀上
壬辰午月卄五日 戚記潗拜
(明加魚 各二束呈似 僉契分領如何)

양생원 형제댁에 보냄[90]
흡곡의 서간

세월이 쉽게 흘러 상담(祥禫)[91]이 문득 지나니, 생각건대 허전한 애통함을 어떻게 견
뎌내시는지 우러러 그립기 그지없습니다. 근래 아직까지 교하(交河)의 농장에 머물고
계시며, 더위에도 평안하신지 모르겠습니다.
척(戚)은 3년 동안 바닷가 고을에 근무하여[92] 병세가 몹시 위중하니 이 근심을 어쩌면
좋습니까. 나머지 사연은 인편을 통해 대략 쓰고 이만 줄입니다. 살펴주시기 바라며
삼가 편지 올립니다.
임진년(1712, 숙종38) 5월 25일. 척기(戚記)[93] 집(潗)이 올립니다.
명태와 가자미 각 2속씩 올리오니, 형제께서 나누어 받으심이 어떠합니까.

---

90) 강원도 흡곡 현령(歙谷縣令)으로 재임 중이던 이집(李潗, 1670~1727)이 상중의 양익주(梁益柱)에게
보낸 위문장이다. 이집은 본관이 한산(韓山), 자는 계통(季通), 호는 한주(韓州)이다. 한림(翰林)을 지
낸 양만용(梁曼容)의 외손이다.
91) 상담(祥禫) : 대상(大祥)과 담제(禫祭)를 합칭한 말이다.
92) 3년……근무하여 : 이집이 1710년(숙종36) 9월 9일에 흡곡 현령에 임명되어 3년째 재임한 것을 가
리킨다.
93) 척기(戚記) : 인척(姻戚) 사이에서 자신을 일컫는 말로, 인척간에 기억해 주는 사람이란 겸사이다.

【상-35】-2

擎甫謝狀上

德村 閑使 (手決)謹封

孟秋之初 獲承遠牘 至今披慰 第緣奔走公私 未討歸便 尙稽謝禮 歎悵更深
卽因令季行 槩審靜裏興居有勝 欣聳一倍 令季能參解額 而尊則未免見屈
無乃考官之目迷夢而然耶 咄歎咄歎 秋書敎意備悉 而已後時 今復何言 第
雖不後時 此豈發於請懇者耶 僕董保昔狀 他無足道也 餘適聞有歸便 暫此
修謝 不宣 謹上謝狀

甲午十月十七日 戚記溁頓

경보께 답장 올림94)

덕촌 한사

맹추(孟秋 초가을)의 초엽에 멀리 보내주신 서찰을 받고서 지금껏 펼쳐보며 위안을 삼
습니다. 다만 공적으로 사적으로 분주하고 돌아가는 인편을 찾지 못하다보니 지금껏
답장이 지체되어 송구하고 서글픈 심정이 더욱 깊습니다. 지금 영감의 아우님께서 행
차해주시어, 조용히 거처하는 기거가 좋으심을 대략 알게 되니, 기쁜 심정이 갑절입니
다. 아우님이 능히 해액(解額)에 들었는데,95) 존형은 낙방을 면치 못하였으니, 이것이
고시관의 눈이 흐리멍덩하여 그런 것이 아니겠습니까. 혀를 차며 한탄해 마지않습니
다. 가을에 보내신 편지의 뜻을 잘 알았습니다만, 이미 때가 지났으니 지금 다시 무슨
말을 하겠습니까. 다만 때가 지나지 않았다면 이것을 어찌 간청하실 때까지 두었겠습
니까.

복(僕)은 예전의 모습을 그럭저럭 보존하고 있으므로 달리 말씀 드릴 것이 없습니다.
나머지 사연은 마침 돌아가는 인편이 있다는 소식을 듣고 잠시 이렇게 답장을 쓰고 이
만 줄입니다. 삼가 답장 올립니다.

갑오년(1714, 숙종40) 10월 17일. 척기(戚記) 집(溁)이 올립니다.

---

94) 흡곡 현령에서 물러난 뒤 한가하게 거처하던 이집(李溁)이 양익주(梁益柱)에게 보내 과거에 떨어진
심정을 위로하는 내용이다.

95) 아우님이……들었는데 : 양익주의 아우 양익표(梁益標, 1685~1722)가 서울 모화관(慕華館)에서 치
러진 1714년(숙종40) 증광무과에 합격한 것을 가리킨다. 해액(解額)은 초시(初試)에 합격하여 회시
(會試)에 응시할 자격을 얻은 사람, 혹은 그 인원수를 가리킨다.

【상-36】

擎甫 答奉狀

梁秀士 案右 服人欠封

自尊南下之後 歲換春晚 信音渺然 常用懸仰之至 意外便中 承拜惠札 就審
向來 況履佳勝 慰瀉且荷 無以爲喻 生身患種種 憂惱多般 而飢患轉甚 苦憐
奈何 尊叔父亦得平安耶 人來無書 或緣未及相通而然耶 曾有所待之物 懸
望已久 而尙無皂白 鬱然無已 惠貺海衣 倘非尊厚誼 千里適客 不是易事 感
荷不少矣 家兒之移陞雖幸 淸寒太過 雖是貧人之例事 而還切唉憫 洛報有
難毛擧 而自上溫幸後 患候頗勝 水刺頓加 因此快復 則臣民之慶祝 當復如
何 宣城諸處 仁伯喪室之外 別無他患 而第塡壑之慮 誠非少事 亦是例也 奈
何 此間炎日漸酷 欲作遮陽 柱竹無得 幸隨便三四箇寄送 則幸何如之 與尊
叔父相議處之 而來便傳書促答 故未及有書之意 傳達如何 家兒方入直 未
能有謝狀耳 餘非筆旣 姑此不宣式

丁酉三月十三日 從叔服人志洵

去簡太無味 一小筆給去

경보께 답장 올림[96]

양수사 책상 곁에. 복인(服人)이 격식을 생략하고 봉함.

존형께서 남쪽으로 떠나신 뒤로 해가 바뀌고 봄이 저물었는데도 소식이 묘연하여 늘
그리움이 간절하던 차에, 뜻밖에 인편을 통해서 보내주신 서찰을 받자옵고, 그뒤로
근황이 좋으심을 알게 되니, 시원히 위안이 되고 또 감사하여 무어라 말로 할 수 없
습니다.
생(生)은 몸의 병이 갖가지로 생겨 근심과 고뇌가 많은데 굶주림의 근심이 갈수록 심

---

96) 이지순(李志洵)이 1717년(숙종43) 3월 13일에 양익주(梁益柱)에게 보낸 편지이다. 이지순은 본관이
　　전주(全州)로 의금부도사, 안기 찰방(安期察訪) 등을 지냈다. 자세한 행적은 미상이다.

해지니 괴로움과 가련함을 어찌해야 할까요. 존숙부(尊叔父)께서도 평안하십니까. 사람이 와도 편지가 없으니, 혹시 서로 소식이 통하지 못해서 그렇습니까. 일찍이 구하고자 하는 물건이 있어서 간절히 기다린 지가 이미 오래인데, 아직까지 가타부타 말씀이 없으시어 울적하기 그지없습니다. 보내주신 해의(海衣 김)는 존형의 후의가 아니라면 천리 타향의 나그네가 쉽게 구할 수 있는 일이 아니므로 감사한 마음이 작지 않습니다.

집아이가 자리를 옮겨 승진한 것[97]은 비록 다행이지만 한미하기가 너무 심한데, 비록 이것이 가난한 사람에게 흔히 있는 일이라 하더라도 도리어 몹시 우습고 근심스럽습니다. 서울 소식은 하나하나 거론하기 어려운데, 임금께서 온천에 행차하신 이후로 환후가 꽤 좋아지시어 수라를 갑자기 많이 드시니, 이로 인해 쾌차하여 회복되신다면 신민들의 경축이 응당 다시금 어떠하겠습니까.

선성(宣城 경상도 예안)의 여러 곳은 인백(仁伯)[98]이 아내를 잃은 일 이외에는 별로 다른 우환이 없지만, 다만 골짜기에 죽어 나뒹굴 염려는 실로 작은 걱정이 아닌데, 이 또한 흔히 있는 일이니 어찌겠습니까.

제가 요즘 뙤약볕이 점차 심해져 차양을 만들고자 하는데 기둥으로 쓸 대나무를 구할 수가 없으니, 바라건대 인편을 통해 3, 4개를 부쳐주신다면 얼마나 다행이겠습니까. 존숙부와 상의하여 처리해야겠지만, 이번에 온 인편이 편지를 전하면서 답장을 독촉하므로 따로 편지를 드리지 못하는 뜻을 전달해 주심이 어떠합니까. 집아이가 지금 숙직을 들어갔으므로 답장을 쓸 수가 없습니다. 나머지 사연은 붓으로 다 쓰지 못하므로 우선 이만하고 격식을 갖추지 않습니다.

정유년(1717, 숙종43) 3월 13일. 종숙(從叔) 복인(服人) 지순(志洵).

이번에 보내는 편지가 너무 무미건조하여 작은 붓 하나를 주어 보냅니다.

---

97) 집아이......것 : 이지순의 아들. 이위(李瑋, 1676~1727)가 사직서 직장으로 옮긴 것을 가리키는 듯하다.

98) 인백(仁伯) : 경상북도 영천(永川) 출신의 유학자 조선장(曺善長, 1661~1726)을 가리키는 듯하다. 본관은 창녕(昌寧), 자는 인백(仁伯), 호는 병애(屛厓)이다.

【상-37】

擎甫 狀上

梁生員 服前 省式謹封

雖因新門外時得安信 而書阻已久 悵仰殊至 意外獲承惠札 何等慰濯 而第
審向來腫患不細 餘證尚苦 區區不勝驚慮 便後多日 想已蘇完矣 此間侍事
依昨 而春間又喪女兒 情緒無可言者 貴郡之倅 今日政始出 而乃是平生素
昧 奈何 三淵丈 方在東峽云矣 季氏事 想則今便細聞 僅得備邊之郎 未免卽
遞 可歎 子雨今二月遭阻 殊令人怛然 萬萬書何能盡 適方赴直 略草不具式
戊戌閏月初六 再從瑋

都政尚未過行 此亦姑未出六耳

경보께 편지 올림[99]
양생원 상가 앞에. 생식근봉.

비록 신문(新門) 밖을 통해서 때때로 평안하다는 소식을 접합니다만, 편지가 뜸한 지가
이미 오래 되어 섭섭함과 그리움이 매우 심하던 차에, 뜻밖에 보내주신 서찰을 받으
니, 얼마나 시원히 위안되었겠습니까. 그런데 다만 그간에 종기를 앓는 것이 가볍지
않았고, 후유증이 아직도 괴로우심을 알게 되니, 놀랍고 염려스런 심정 가눌 수가 없
습니다. 인편이 온 뒤로 많은 날이 지났으니, 아마도 이미 완쾌되셨을 듯합니다.
이곳의 저는 어버이 모시고 예전처럼 지냅니다만, 봄 사이에 또 딸아이를 잃어 심정을
이루 말할 수가 없습니다. 귀군(貴郡)의 수령[100]이 오늘의 정사에서 처음 나왔는데, 바

---

99) 이위(李瑋, 1676~1727)가 1718년(숙종44) 윤8월 초6일에 양익주(梁益柱)에게 보낸 편지이다. 이위
   는 본관이 전주(全州), 자는 백온(伯溫), 호는 두천(斗川)이다. 이지순(李志洵)의 아들이며 김창협(金昌
   協)의 문인으로 음보로 진출하여 사용원 봉사, 사직서 직장 등을 지내다 1727년(영조3) 영천군수
   재임시 52세의 나이로 증광문과에 급제하여 문학에 제수되었으나 그 해에 죽었다.

100) 귀군(貴郡)의 수령 : 1718년(숙종44) 윤8월 6일에 박대재(朴大梓)가 보성 군수에 임명된 것을 가리
    킨다.

로 평소에 알지 못하던 자이니 어쩌면 좋습니까. 삼연(三淵) 어른께서는 지금 동쪽 골짜기에 계신다고 합니다.[101]

계씨(季氏)에 관한 일은 아마도 이번 인편으로 자세히 들으실 텐데, 겨우 비변랑(備邊郎)을 얻었다가 즉시 체직됨을 면치 못했으니 한탄스럽습니다. 자우(子雨)가 올해 2월에 죽었으니, 사람으로 하여금 애달프게 만듭니다. 많은 사연은 편지로 어찌 다하겠습니까. 마침 숙직에 나아가야 하므로 대략 쓰고 예식을 갖추지 않습니다.

무술년(1718, 숙종44) 윤8월 초6일. 재종(再從) 위(瑋).

도정(都政)[102]이 아직 지나지 않았으나 저도 아직 출륙(出六)[103]하지 못했습니다.

---

101) 삼연(三淵)……합니다 : 김창흡이 1718년(숙종44) 윤8월에 강원도 오대산(五臺山)을 유람하였는데 이때를 가리킨다.

102) 도정(都政) : 도목정사(都目政事)를 줄인 말이다. 고려·조선조 때 관원의 치적을 종합 심사하여 그 결과에 따라 영전·좌천 또는 파면을 시키는 일이다. 해마다 두 차례 시행하였는데, 음력 6월의 것을 권무정(權務政), 12월의 것을 대정(大政)이라 한다.

103) 출륙(出六) : 승륙(陞六)과 같은 말이다. 7품 이하의 관원이 그 임기가 만료되고 성적이 우수할 경우 6품으로 승급하여 다른 직책으로 전임되는 것을 말한다.

【상-38】

戚侍 拜狀上

梁生員 下史 (手決)頓

昨進未得穩敍 迨歎 夜間啓居益勝 慰仰區區 一斛周旋 旣蒙盛諾 故委送奴
馬 而用處甚急 無他可求之路 若又思量滿馱以惠 則其感如何如何 雖以破
戒爲難 而旣有周旋之意 則一二之間 似無所關矣 李廣州家 亦須問示爲仰
餘在更就 姑不宣狀儀

卽 戚記澤頓

척시(戚侍)께 편지 올림104)

양생원 하사(下史)105)께

어제 나아가서 충분히 대화를 나누지 못해 지금까지 한탄스럽습니다. 밤 사이에 기거
가 더욱 좋으실 것이므로 위안되는 심정 깊습니다. 1곡(斛)의 곡식을 주선해주시겠다
고 이미 허락을 받았으므로 일부러 종과 말을 보내는데, 쓸 곳이 매우 화급하고 달리
구할 곳도 없으므로 만약 또 생각해주시어 짐바리 가득 실어 보내주신다면 그 감사함
이 어떠하겠습니까. 비록 파계(破戒)하는 것을 어려워하시겠지만, 이미 주선해주실 뜻
이 있다면 한두 섬 정도라면 아마 관계가 없을 듯합니다. 이 광주(李廣州) 집에도 모름
지기 문안해 주시기를 바랍니다. 나머지는 다시 뵙기로 하고 이만 편지의 격식을 이만
줄입니다.

즉일. 척기(戚記) 택(澤)이 올림.

---

104) 이택(李澤)이 양익주(梁益柱)에게 보낸 편지이다. 이택은 본관이 한산(韓山)으로 숙종 대에 이조 참
　　의를 역임하였다. 척시(戚侍)는 인척으로서 부모를 모시는 상대방을 가리키는 말이다.

105) 하사(下史) : 아래서 시중드는 사람이란 의미이다. 편지 봉투에 수신자의 이름을 직접 쓰는 것은
　　실례이므로 그 아랫사람을 지칭하여 상대방을 높이는 것이다.

【상-39】

林吏便書 雖未承見 陽月望日書 得見於臘後 自樓岩還城之後 其爲欣慰 何
可勝量 第遭如瘝之喪 驚慘不可言 卽憑鄭殿中 聞作泗川之行 其已旋斾 而
氣味安佳否 正令嚴譴 其時驚歎 不可盡喩 消息亦不得以時相傳 尤可悵鬱
未知其謫所凡百 何以堪遣耶 洛毛大槪 想已盡聞 今則別無可聞者 遠書不
能細悉矣 此間過冬於親庭 歸京亦姑無事 但兩老人 種種病患 常在未良之
中 而信息濶疎 頻覲亦不克如意 私情悶切 何當戻洛 臨紙尤覺冲悵 聞鄭奴
便略此奉候 不備 只希照亮 謝狀上
壬寅二月十二日 內從匡世
筆子無所餘 只將二枚伴簡 領情幸甚

임리(林吏) 편에 부친 편지를 비록 받아보지 못하였으나, 11월 보름에 보낸 편지를 섣
달 뒤에 누암(樓岩)[106]에서 도성으로 돌아온 뒤로 받아보았으니, 그 기쁘고 위안됨을
어찌 헤아릴 수 있겠습니까. 다만 학질처럼 사나운 초상을 만나니, 놀랍고 참혹함을
이루 말할 수 없습니다. 이제 막 정 전중(鄭殿中)을 통해 사천(泗川)에 행차했다는 소식
을 들었는데, 이미 돌아오셨으며 기운과 취미는 좋으십니까. 정(正) 영감께서 엄한 견
책을 받았는데, 그 때의 놀랍고 한탄스러움을 이루 말로 할 수 없습니다. 소식 또한 때
때로 전달되지 않으니, 더욱 섭섭하고 우울합니다. 유배지의 제반 절차는 어찌 견뎌나
가시는지 모르겠습니다. 서울 소식의 대략을 아마도 모두 들으셨을 것이니, 지금은 별
로 알려드릴 만한 것이 없고, 멀리 보내는 편지에 세세히 쓸 수도 없습니다.
이곳의 저는 친정(親庭)에서 겨울을 지냈고 서울에 돌아와서도 아직 무사한데, 다만 두
노인께서 이따금 병환에 걸려 늘 편치 않은 상태로 계시는 데다가 소식도 뜸하고 자
주 찾아뵙는 것도 여의치 않으니, 속마음에 근심만 가득합니다. 언제나 서울로 돌아

---

106) 누암(樓巖) : 충주(忠州) 탄금대(彈琴臺) 부근 남한강과 달천(㺚川)이 만나는 곳의 지명이다.

오십니까. 종이를 대하니 더욱 서글픔이 느껴집니다. 정노(鄭奴) 인편이 있다고 듣고
서 대략 이렇게 써서 문후를 올리고 이만 줄입니다. 그저 살펴주시기 바라며 답장 올
립니다.

임인년(1722, 경종2) 2월 12일. 내종(內從) 광세(匡世).[107]

붓이 남은 것이 없어서 2자루만 편지에 딸려 보내니, 정으로 받아주시면 다행이겠습
니다.

---

107) 이광세(李匡世 1679~1756)가 1722년(경종2) 2월 12일에 양익주(梁益柱)에게 보낸 답장이다. 이
　　광세는 본관이 전주(全州), 자는 제이(濟而)·제경(濟卿)이다. 1719년(숙종45) 춘당대문과에 급제하
　　여 벼슬이 참판에까지 올랐다.

【상-40】-1

寶城梁生員宅 卽傳
陶山謝狀

鶴駕上昇 朞朔又駐 隕痛何 卽承盛翰 就審向來 雅況珍迪 慰謝無已 生董支
老病形骸 無足道者 安同福之喪 至今慟怛 春間渠還挽幅 果免浮沈否也 餘
不宣 尊照 謝狀上
己酉十月二日 宜顯

보성 양생원댁에 즉시 전함
도산(陶山)에서 답장 올림[108]

학가(鶴駕)가 하늘로 올라가신 뒤로 1주기의 초하루가 또 다가오니,[109] 무너지는 애통
함을 어찌하겠습니까. 지금 막 편지를 받고서 그간 고상한 생활이 평안하시었음을 알
게 되니, 위안과 감사가 그지없습니다.
생(生)은 늙고 병든 몸뚱이를 겨우 지탱해 나가므로 족히 말씀드릴 것이 없습니다. 안
동복(安同福)[110]의 초상은 지금까지 애통합니다. 봄 사이에 제가 보낸 만사(挽辭)는
과연 잘 도착했습니까. 나머지는 이만 줄입니다. 존형께서 살피시기 바라며 답장 올
립니다.
기유년(1729, 영조5) 10월 2일. 의현(宜顯).

---

108) 판중추부사로 재임 중이던 이의현(李宜顯, 1669~1745)이 1729년(영조5) 10월 2일에 양익주(梁益
柱)에게 보낸 답장이다. 이의현은 본관이 용인(龍仁), 자는 덕재(德哉), 호는 도곡(陶谷)이다. 좌의정
이세백(李世白)의 아들이며 김창협(金昌協)의 문인이다. 1694년(숙종20) 별시 문과에 급제, 내외의
중요직을 두루 역임하고 벼슬이 영의정에까지 올랐다. 문학에 뛰어나 숙종 때 대제학을 지냈다.
109) 학가(鶴駕)가……다가오니 : 1년 전인 1728년(영조4) 11월 16일에 효장세자가 창경궁에서 훙서한
것을 가리킨다.
110) 안 동복(安同福) : 동복 현감을 지낸 안수상(安壽相, 1665~1729)을 가리킨다. 본관은 죽산(竹山),
호는 오헌(吾軒)으로 안방준(安邦俊)의 증손이다. 일찍이 과거시험을 포기하고 심학에 몰두하였다.
고관들의 추천으로 1714년(숙종40) 임금의 부름을 받고 참봉에 제수되었고, 관직은 동복 현감에
이르렀다.

【상-40】-2

謝狀上

梁生員 座前 省式謹封

國哀奄訖因山 益復罔極 服人家門不幸 季母奄忽棄背 喪出千里外 不得奔
哭 情事慟割 何可忍喻 便中承拜眷札 仍審向來 起居珍迪 仰慰無已 服人衰
病中 又遭重哀 悲苦之極 一倍呻憊 無足言者 堂兄解放無期 歲色又將改矣
消息不得頻聞 念其他鄕棲屑 定非七十老人所堪 疢歎何可盡言 惠餉三十珍
果 拜領情味 感謝萬萬 餘姑不宣 伏惟尊照 謝狀上

庚戌至月十五日 朞服人李宜顯 狀上

新蓂一件 適有所得 忘略呈上

답장 올림[111]

양생원 좌석 앞에. 생식근봉.

국상(國喪)을 당하여 인산(因山) 날이 다가오니,[112] 더욱 망극한 심정이 됩니다. 복인
(服人)은 가문이 불행하여 계모(季母)께서 갑자기 세상을 버리셨는데, 초상이 천리 밖
에서 나서 달려가 곡할 수도 없으니, 애통하고 찢어지는 심정을 어찌 차마 말로 하겠
습니까. 인편 중에 보내주신 서찰을 받자옵고 그간의 기거가 좋으심을 알게 되니, 우
러러 위안되기 그지없습니다.

복인(服人)은 노쇠하고 병에 걸린 중에 또 중애(重哀)[113]를 당하니, 슬프고 괴로움이
지극하여 갑절이나 피로를 호소함은 족히 말할 것이 없습니다. 당형(堂兄)께서 유배에
서 풀려날 기약이 없는데 한 해가 또 저물려 합니다. 소식도 자주 들을 수 없으니, 타
향에서 전전하는 신세를 생각하면 참으로 70세 노인이 감내할 만한 것이 아니므로 고

---

111) 판중추부사로 재임 중이던 이의현(李宜顯, 1669~1745)이 1730년(영조6) 11월 15일에 양익주(梁
益柱)에게 보낸 답장이다.

112) 국상(國喪)을……다가오니 : 경종의 계비(繼妃) 선의왕후(宣懿王后) 어씨(魚氏)의 발인이 가까워온 것
을 말한다. 영돈녕부사 어유귀(魚有龜)의 딸로 1718년(숙종44)에 14세의 나이로 세자빈에 간택되
었고 경종이 즉위하자 왕비로 책봉되었다. 1730년(영조6) 6월 29일에 경희궁(慶熙宮) 어조당(魚藻
堂)에서 승하하였다. 휘호(徽號)는 효인혜목(孝仁惠穆)이고 능은 의릉(懿陵)이다.

113) 중애(重哀) : 미처 상복을 벗기 전에 또 부모의 상을 당해 상복을 입는 것을 이른다.

통스런 탄식을 어찌 말로 다하겠습니까. 보내주신 30개의 진귀한 과일은 정으로 보내신 맛으로 잘 받아 감사하기 그지없습니다. 나머지는 이만 줄입니다. 존형께서 살피시기 바라며 답장 올립니다.

경술년(1730, 영조6) 11월 15일 기복인(朞服人) 이의현(李宜顯)이 편지 올립니다.

새해 달력 1건을 마침 얻은 것이 있어서 약소하나마 올립니다.

【상-41】 이의록(李宜祿)이 양익주(梁益柱)에게 보낸 답장

【상-41】

寶城 梁生員宅 回納
錦城纍人謝狀　　　(手決)頓

相距不甚遠 而隔歲阻音 悵鬱方深 卽承崇書 有慰瞻仰 第聞中經許多憂惱
此是今年之通患 畢竟無事 是爲幸耳 纍人病喘 當暑殊殊欲盡 而公論不伸
恩宥無期 自分爲炎荒之枯骨而已 奈何 地主之惠及寓下 盖知澹臺之賢 豈
由於先官之力 承此稱謝 殊可愧也 陶相因國有變 故重入脩門 見方棲遑於
京邸 可想情跡之艱脆 而時象轉益危凜 終將稅駕於何地耶 餘萬病倒潦草不
盡 伏惟下照 謹謝狀上
庚戌六月卄三日 纍人宜祿頓
惠來乾生羌 感領情貺 不知攸謝

보성 양생원댁에 회납함[114]
금성류인(錦城纍人)[115]의 답장

서로 떨어진 거리가 별로 멀지 않은데 해를 넘기도록 소식이 뜸하니 섭섭함과 울적함
이 한창 심하던 차에 사람을 보내 전해주신 서찰을 받으니, 그리워하던 심정에 위안이
되었습니다. 다만 듣건대 중간에 허다한 근심거리를 겪었다는데, 이것은 올해 모든 사
람의 우환이지만 결국에는 무사하게 되셨으니 이것이 다행입니다.

류인(纍人)은 평소 앓던 천식이 더위를 당해 골골대며 죽을 지경인데, 공론(公論)이 펴
지지 않고 석방될 기약이 없어 스스로 변방의 뙤약볕 아래 마른 해골이 될 것을 알 수
있으니, 어쩌면 좋습니까. 지주(地主)의 은혜가 유배지에까지 드리워 대체로 담대(澹

---

114) 전라도 나주에 유배중인 이의록(李宜祿, 1697~?)이 양익주(梁益柱)에게 보낸 편지이다. 이의록은
　　본관이 한산(韓山), 자는 의숙(宜叔)으로 이의현의 사촌형제이다.
115) 금성류인(錦城纍人) : 금성은 전라도 나주의 별칭이고, 류인은 유배인이란 말이다. 이의록(李宜祿)은
　　광주 목사(光州牧使)로 재임할 때의 불법으로 의금부의 조사를 받고 정배되었다가 1730년(영조6)
　　에 전라도 나주로 이배되었다.

臺)의 현명함을 알게 되었는데,116) 이것이 혹시 먼저 역임한 관직의 힘으로 말미암아 이런 문후와 사례를 받은 것이 아닐까 하여 몹시 부끄럽게 생각합니다.

도상(陶相)께서 나라에 변고가 생겼기 때문에 다시 궁궐에 들어갔으므로 지금 서울에서 분주할 것입니다.117) 심정과 행동이 불안하고 시대의 분위기가 갈수록 위태로움을 알 수 있으니, 결국에는 어떤 지경으로 귀결되겠습니까. 나머지 많은 사연은 병으로 쓰러져 두서없이 쓰느라 다 쓰지 못합니다. 살펴주시기 바라며 삼가 답장 올립니다.

경술년(1730, 영조6) 6월 23일. 류인(纍人) 의록(宜祿)이 올립니다.

---

116) 지주(地主)의……되었는데 : 나주 목사를 통하여 양익주의 현명함을 알게 되었다는 의미이다. 공자의 제자 자유(子游)가 무성(武城)의 수령이 되었는데, 공자가 "네가 어떤 인재를 얻었느냐?"하고 물었다. 그러자 자유가 "담대멸명(澹臺滅明)이라는 사람이 있어 다닐 때는 지름길로 다니지 않고, 공사(公事)가 아니면 제 집에 오는 일이 없습니다."라고 대답한 고사가 있다. 《論語 雍也》

117) 도상(陶相)께서……것입니다 : 도상은 영의정을 역임한 뒤 판중추부사로 재임 중이던 도곡(陶谷) 이의현(李宜顯)을 가리킨다. 나라의 변고란 1730년(영조6)에 나홍언(羅弘彦)과 그 아들 나계태(羅啓泰) 등이 폐출되었던 종실(宗室) 이해(李垓)와 이기(李圻)를 추대하여 모반을 계획하다가 사전에 발각되어 실패로 돌아간 사건을 말한다. 이때 나계태의 집에서 모반을 계획한 문서가 발견되어, 많은 이들이 국문을 받고 나계태, 나계옥(羅啓沃), 배세익(裵世益), 나계복(羅啓復) 등이 당고개에서 참형에 처해졌다.

【상-42】

寶城亳谷

梁生員宅 回納 (手決)謹封

闕然阻候 尋常瞻仰 意外便中伏承下札 且對阿咸 細審寒令 靜中起居萬勝
區區慰豁 如得拜穩 從姪爲陪親行 夏末又往萊府 僅趁國葬入城 家親病留
樓岩 兩地離違 私情悶鬱 如何盡喩 非不欲以書付邸 仰承起居 而滯在鄕間
久而未果 情豈然哉 歎歎不已 一家禍厄 更何忍提 洛報朝紙外 別無可聞 他
餘在阿咸口達 煩大姑闕之耳 令叔一命 只贈孤露之感 方在齋所 未有書候
矣 下送五枚柚 仰感情念珍謝 明年入洛之計 果不虛否 奉拜是企 餘萬呵凍
略此 伏惟下察 謹拜上謝狀
庚戌至月卄三 從姪性孝上書
(新曆一件略上)

보성(寶城) 박곡(亳谷)[118]
양생원댁 회납[119]

소식이 딱 끊겨서 늘 그립던 차에 뜻밖에 인편을 통해 내려주신 서찰을 받은 데다 또 아함(阿咸 상대방의 조카)을 뵙고서 추운 계절에 조용히 거처하는 기거가 두루 좋으심을 자세히 알게 되니, 시원히 위안되는 심정 간절하여 마치 직접 뵙고 대화하는 듯합니다.

종질(從姪)은 어버이의 행차를 모시기 위해 여름의 끝자락에 또 동래부(東萊府)에 갔다가 겨우 국장(國葬)[120]에 맞춰서 도성에 들어왔는데, 가친께서는 병으로 누암(樓岩)에

---

118) 보성(寶城) 박곡(亳谷) : 보성 박실(亳谷)이란 곳으로 전라남도 보성군 득량면 송곡리이다.
119) 사헌부 지평으로 재임 중인 이성효(李性孝, 1697~1740)가 1730년(영조6) 11월 23일에 양익주(梁益柱)에게 보낸 답장이다. 이성효는 본관이 전주(全州), 자는 근보(謹甫)로 판윤 이광세(李匡世)의 아들이다. 충주 출신으로 1725년(영조1) 정시문과에 급제하여 홍문관 교리를 지냈다.
120) 국장(國葬) : 경종의 계비(繼妃) 선의왕후(宣懿王后) 어씨(魚氏)의 발인을 말한다.

체류하여 두 곳으로 서로 헤어지니, 제 마음속의 근심과 울적함을 어찌 다 말로 하겠습니까. 편지를 써서 저리(邸吏)에게 부쳐서 기거를 묻고 싶지 않은 적이 없으나, 시골에 체류하느라 오래도록 실행하지 못하였으니, 제 심정이야 오죽하겠습니까만 허전한 탄식을 그칠 수 없습니다. 온 집안의 재앙은 다시 어찌 차마 거론하겠습니까. 서울 소식은 조지(朝紙) 이외에는 별로 알려드릴 것이 없습니다. 다른 사연은 아함께서 입으로 전달할 것이므로 번거로워 이만 적지 않습니다. 영감의 숙부께서 일명(一命)[121]을 받으시니 그저 어버이를 일찍 여읜 슬픈 심정만 더하는데, 지금 제가 재소(齋所 재계하는 곳)에 있으므로 아직 편지로 문후를 드리지 못하였습니다. 보내주신 5개의 유자는 생각해주시는 정을 느끼게 되니 매우 감사합니다. 내년에 서울에 들어오실 계획은 과연 빈말이 아닙니까. 만나뵙기를 기대합니다. 나머지 사연은 언 붓을 불며 쓰느라 이만 쓸습니다. 살펴주시기 바라며 삼가 절하고 답장 올립니다.

경술년(1730, 영조6) 11월 23일. 종질(從姪) 성효(性孝)가 상서합니다.

새해 달력 1건을 약소하나마 올립니다.

---

121) 일명(一命) : 조정으로부터 임명받는 최하등의 관직을 가리키는 말로 통상 종9품의 관직을 이른다.

【상-43】

梁生員 哀前謝上

省式 顯仰方切 得承哀札 憑諦日間極寒 哀氣力扶支 仰慰且懍 無任區區 弟
一病遇寒添劇 參尋全闕 臥病人事絶云者 正謂此也 前示事 稟白于家尊 則
以爲長畓手決於親舊家 多爲弊端(此意) 故切不許施爲敎 故近欲躬往以敍
遷就至此 還切愧歎 示筆所儲適渴 以黃白各一送呈 略堪汗 窓紙適有冗故
未得出納 當從近覓呈 幸勿咎焉 餘在一者進敍 姑不備疏式
卽 弟趙鼎彬拜呈

양생원 상주 앞에 답장 올림122)

예식을 생략합니다. 그리움이 한창 간절하던 차에 상주의 서찰을 받고서 며칠 사이 몹
시 추운 날씨에 상주의 기력이 지탱해나가심을 알게 되니, 위안되고 그리운 제 심정을
가늠 할 수 없습니다.

제(弟)는 하나의 질병이 추위를 만나 악화되어 친구를 찾아다니는 일을 완전히 끊었으
니, '병으로 누워 인사를 끊었다.'123)라는 것이 바로 이것을 말하는 것입니다. 전에 말
씀하신 일을 가존(家尊)께 아뢰었더니 '장답(長畓)을 친구의 집에서 수결(手決)을 받는
것은 폐단이 많으므로 절대로 허락하지 말라'라고 말씀하셨으므로 근간 직접 가서 설
명하겠습니다. 지금껏 늦어져서 도리어 부끄럽고 한탄스럽습니다. 말씀하신 붓은 가진
것이 마침 고갈되어 황색과 백색 각 1자루씩 보내오나 약소하여 땀이 납니다. 창호지
는 마침 잡무가 있어서 아직 출납하지 못했는데, 마땅히 근간 찾아 보낼 것이니 탓하
지 마시기 바랍니다. 나머지 사연은 한번 나아가서 말씀드리기로 하고 이만 소(疏)의
격식을 갖추지 않습니다.

즉일. 제(弟) 조정빈(趙鼎彬)이 절하고 올립니다.

---

122) 조정빈(趙鼎彬, 1681~1756)이 상중의 양익주(梁益柱)에게 보낸 위문장이다. 조정빈은 본관이 양주
(楊州), 자는 중보(重甫)로 조태채(趙泰采)의 아들이다. 1705년(숙종31) 식년진사시에 합격하였고,
나머지 행적은 자세하지 않다.

123) 병으로……끊었다 : 당나라 송지문(宋之問)의 〈두심언(杜審言)과 이별하며[別杜審言]〉라는 시에 "병
들어 누워 인사를 끊었는데, 아 그대 만리 길 떠나시는가. 하수 다리에서 전송도 못하다니, 강가의
나무에 멀리 정이 어렸네.[臥病人事絶, 嗟君萬里行, 河橋不相送, 江樹遠含情.]"라는 구절이 있다.

【상-44】

戚兄主前 拜謝上狀 (手決)謹封

因封告襄 慟隕何喩 阻閡許久 瞻想方切 卽此意外伏承下札 從審寒沍 靜履
萬勝 仰慰不任 春間親瘵 其時焦悶難狀 幸卽回瘳 私慶何旣 下惠包珍 依受
仰感 餘姑不宣 伏惟下照 拜謝上狀
庚戌十一月二十日 戚弟匡德拜
(紙尾下示 當卽稟知于家君耳 家弟亦姑無事 來意亦傳之矣)

척형(戚兄) 전에 답장 올림[124]

인봉(因封 국장(國葬))이 이루어지니, 애통한 슬픔을 어찌 형언하겠습니까. 소식이 막힌
지 오래 되어 그리움이 바야흐로 간절하던 차에, 이렇게 뜻밖에 내려주신 서찰을 받자
옵고 엄동의 추위에 조용히 지내시는 생활이 두루 좋으심을 알게 되니, 우러러 위안되
는 심정 가늠 할 수 없습니다. 봄철에 가친께서 병을 앓았는데, 그때의 애타고 근심스러
움은 형용하기 어렵습니다. 다행히 곧 회복되시니 속마음의 다행스러움이 어찌 끝이
있겠습니까.
보내주신 선물 꾸러미는 숫자대로 받아서 감사합니다. 나머지 사연은 이만 줄입니다.
살펴주시기 바라며 절하고 답장 올립니다.
경술년(1730, 영조6) 11월 20일. 척제(戚弟) 광덕(匡德)이 올립니다.
편지 끝에 말씀하신 일은 마땅히 즉시 가군(家君)께 말씀을 올렸습니다. 가제(家弟) 또
한 무사히 지내며 말씀하신 뜻도 전달했습니다.

---

124) 이조 참의로 재임 중이던 이광덕(李匡德, 1690~1748)이 1730년(영조6) 11월 20일에 양익주(梁益
柱)에게 보낸 답장이다. 이광덕은 본관이 전주(全州), 자는 성뢰(聖賴), 호는 관양(冠陽)이다. 대제학
이진망(李眞望)의 아들로 1722년(경종2) 정시문과에 급제, 내외직을 두루 거쳐 벼슬이 참판에 이르
렀다.

【상-45】

此公來 傳手札於積月阻信之餘 忙手開讀 欣豁如對晤 兼審向來起居狀 尤慰尤慰 第聞落傷非細 豈勝驚慮 便後月再易 想所傷已入差域 而無由承聞 此用鬱慮不已 弟經此無前潦暑 種種病憂連仍 苦悶奈何 年事失稔 八路所同 然而顧此形勢 殆若獨逢者 前頭生活沒策 莫非天也 只當任之而已 那中雨後農形 果如何 南鄉盡是移秧 想被害尤甚矣 爲之奉念 何異己當之也 仁峴姊主 今十四遭姑喪 故今便未有書 而小籠及竹箇事 已奉告耳 冠山奴輩事 極可痛惋 申也事近來人心例如此 雖歎奈何 奴輩處 昨年所捧 今秋欲代捧於交庄 而所謂太英 盡室逃走 閔宅方入於墓舍云 姑未知誰人幹其農事也 況又失稔如此 所收必不實 是亦慮也 今年貢膳 亦依前例 促捧換用爲好耳 白郭山月前來訪 仍傳兄主之語 而弟則力綿使之 以兄主意作簡於宋汝儒夫人 要以周旋 雖未知彼意果如何 而緊路則無過於此耳 先達亦數次來見 爲人可愛 又合百執事之任 而得之未易 客地經過 亦甚艱楚云 殊可悶憐 餘萬萬此公去路索答 忙遽蕫艸 只祈秋熱 調履連安 不宣狀式
辛亥七月之十五日 從弟一揆頓
長陵遷葬 卜陵於交河客舍後 定日於八月晦日 而官舍則移建他處耳

차공(此公 이 분)이 와서 몇 달 동안 소식이 뜸한 나머지에 손수 쓰신 서찰을 전해 주기에 바삐 펼쳐 보니, 기쁘고 후련함이 마치 직접 뵌 듯 하였습니다. 겸하여 그간 기거하시는 근황을 알게 되니, 더욱 위안되고 위안되었습니다. 다만 낙상으로 인한 손상이 작지 않다고 들으니, 놀랍고 염려됨을 가눌 수 있겠습니까. 인편이 돌아간 뒤로 달이 두 번 바뀌었는데, 아마도 손상은 이미 차도를 보셨을 듯한데 소식을 들을 길이 없으니, 이 때문에 우울하고 염려되는 심정이 그치지 않습니다.

제(弟)는 전에 없는 장마와 더위를 겪고 나서 가지가지 질병과 근심이 연달으니, 괴롭고 근심되지만 어쩌겠습니까. 농사가 여물지 않은 것은 팔도가 동일합니다. 그러나 이곳의 형세를 돌아보면 거의 홀로 당한 듯한데, 앞으로 생계를 꾸려갈 계책이 없습니다. 이 모두가 하늘이 시킨 일이므로 내버려둘 뿐입니다. 장마가 지난 뒤로 그곳의 농사 형편은 과연 어떠합니까. 남쪽 고장은 모두가 이앙(移秧 모내기)를 하니 아마도 피해를 당한 것이 더욱 심할 듯합니다. 그 때문에 염려가 되니, 제가 당한 것과 무엇이 다르겠습니까.

인현(仁峴)의 누님께서 이번 달 14일에 시어머니상을 당했습니다. 그러므로 이번 인편에 편지를 보내지 못하였습니다만, 소농(小籠)과 대나무통에 관한 일을 이미 고해 올렸습니다. 관산(冠山)의 노배(奴輩)에 관한 일은 몹시 분통스럽습니다. 신야(申也)의 일은 근래 인심이 흔히 이러하니, 비록 한탄한들 어찌하겠습니까. 노배들이 있는 곳에서 작년에 거둬들인 것을 올해 가을에는 교하(交河)의 농장에서 대신 받아내고 싶은데, 이른바 태영(太英)이란 놈은 온 식구가 도망을 갔고, 민댁(閔宅)이 바야흐로 묘사(墓舍)에 들어왔다고 하는데, 누가 그 농사를 주관할지 아직 모르겠습니다. 하물며 또 이처럼 농사가 여물지 않아 수확도 반드시 실하지 못할 것이니, 이 또한 염려됩니다. 금년의 공선(貢膳)125)은 또한 전례에 의거하여 독촉하여 받아서 바꿔 쓰는 것이 좋습니다. 백곽산(白郭山)126)이 한 달 전에 내방하여 형님의 말을 전달해주었는데, 저는 힘이 없어 부릴 수가 없어서 형님의 뜻으로 송여유(宋汝儒)의 부인에게 편지를 써서 주선해 주기를 요구하였습니다. 비록 저들의 의향이 과연 어떨지 모르겠습니다만, 긴요한 길로는 이곳보다 나은 곳이 없습니다. 선달(先達)127) 또한 몇 차례 와서 만났는데, 사람됨이 사랑스럽고 또 백집사(百執事)의 임무에 합당한데도 얻기가 쉽지 않아서 객지에서 지내는 것이 또한 몹시 고생스럽다고 하니, 몹시 가련합니다.

나머지 많은 사연은 차공이 길을 떠나며 답장을 요구하기에 황급하게 겨우 씁니다. 다만 가을 더위에 조리하시는 생활이 줄곧 평안하시기를 빌며 편지의 격식을 갖추지 않습니다.

---

125) 공선(貢膳) : 중앙과 지방의 관아에서 왕실에 진상하는 물품을 말한다.

126) 백 곽산(白郭山) : 곽산 군수(郭山郡守)를 지낸 백오채(白五采, 1674~?)를 가리킨다. 본관은 수원(水原), 자는 용거(龍擧), 거주지는 전라도 장흥(長興)으로 1712년(숙종38)에 정시무과에 급제하여 곽산 군수를 역임하였다.

127) 선달(先達) : 무과(武科) 출신으로 관직에 서용되지 않는 자의 칭호이다.

계해년(1731, 영조7) 7월 25일. 종제(從弟) 일규(一揆)가 올립니다.[128]

장릉(長陵)[129]의 천장(遷葬 이장)은 자리를 교하(交河)의 객사(客舍) 뒤편으로 정했고, 날짜는 8월 그믐으로 정했으며, 관사(官舍)는 다른 곳으로 옮겨 세웠습니다.

---

128) 원일규(元一揆)가 1731년(영조7) 7월 25일에 양익주(梁益柱)에게 보낸 편지이다. 원일규는 본관이 원주(原州)로 영릉 참봉(英陵參奉), 청양 현감(靑陽縣監) 등을 지냈다.

129) 장릉(長陵) : 조선 제16대 인조와 왕비 인열왕후 한씨의 능이다. 처음에는 경기도 파주시 북운천리에 조성하였는데, 1731년(영조7) 뱀과 전갈 등이 무수히 침범하자 경기도 파주시 탄현면의 현위치로 이장하였다.

【상-46】-1

擎兄謝上　(手決)頓

換歲已多日　尙未奉晤　悵傃有倍常時　卽承委札　審得兄況有相　慰瀉沒量　弟
入城幾一望　而汩於憂患　卽今兒子少痘亦劇　一叩勢未速圖　兄必不諒　而卽
書責語　可謂心外　亦奈何　近日則兄欲在家耶　未久間一進　不宣矣　兄照　謝上
卽　遇弟頓

경보형께 답장 올림130)

해가 바뀐지 이미 많은 날이 지났는데, 아직도 만나 뵙지 못하여 섭섭함과 그리움이
평상시의 갑절이나 되던 차에, 보내주신 서찰을 막 받고서 형의 근황이 좋으심을 알게
되니 시원히 위로되기가 한량없습니다.
제(弟)는 도성에 들어온 지 거의 보름이 되었는데 우환에 골몰하고 있고 지금 아이들
의 소두(小痘)131) 또한 심하여 한번 방문하는 것도 속히 도모할 형세가 아닙니다. 형
께서 반드시 헤아려주지 않고 이번 편지에서 책망하신 말은 기대를 벗어나는 것이지
만 어쩌겠습니까. 근일에 형께서는 집에 계시고자 합니까. 오래지 않아 한번 찾아가기
로 하고 이만 줄입니다. 형께서 살피시기 바라며 답장 올림.
즉일. 우제(遇弟)가 올립니다.

---

130) 김우일(金遇一)이 양익주(梁益柱)에게 보낸 편지이다. 김우일의 자세한 행적은 미상이다.
131) 소두(小痘) : 수두(水痘)를 가리킨다. 민간에서는 물마마 또는 작은마마라고 불렀는데, 이는 마마 즉
　　천연두처럼 물집이 생기기는 하지만 증세가 가볍기 때문에 붙여진 이름이다.

【상-46】-2

擎甫兄上 (手決)頓

頃枉 出於不意 良幸 第以失穩爲悵 卽候兄況 弟大欲問鑣以出 與伯從爲兩
三日閑臥計矣 眼患日劇 不得已始針 針後決難作郊外行 竟使好期孤負 悵
悵咄咄 如何可言 書寄卽傳于伯從爲妙 餘希好在 不宣
卽 遇弟頓
昨送此簡 則奴迷而尋兄家而空還 日暮更未送 今始更呈 而或恐兄旆之已出
也 都監侍倍去否

경보형께 올림

얼마 전에 왕림하신 것은 뜻밖의 일이라서 참으로 다행스러웠습니다만 조용히 대화를
나누지 못하여 섭섭하였습니다. 지금 묻건대 형의 근황이 어떠한지요.
제(弟)는 본래 말방울 울리며 나가서 백종(伯從)과 더불어 2, 3일 한가로이 노닐 계획
이었습니다. 눈병이 날로 심하여 어쩔 수 없이 침을 맞아야 하는데, 침을 맞은 뒤로는
절대로 교외 행차를 하기 어려우므로 마침내 좋은 기회를 저버리게 되었으니, 섭섭하
고 한스러움을 어찌 말로 다 하겠습니까. 이 편지를 즉시 백종에게 전달하는 것이 좋
겠습니다. 나머지는 잘 지내시기 바라며 이만 줄입니다.
즉일. 우제(遇弟)가 올립니다.
어제 이 편지를 보냈더니 종놈이 길을 헤매서 형의 집을 찾다가 헛걸음하고 돌아왔습
니다. 해가 저물어 다시 보내지 못하고 지금 비로소 다시 올리는데, 혹시 형의 행차가
이미 출타했을까 두렵습니다. 도감(都監)을 모시고 갑니까.

【상-47】

梁先達 座前 [諱益標 字正甫 武府使 贈兵判 德隱弟]
崔參議謝狀　(手決)謹封

久不相聞 忽承委札 始審以意外之事橫遭逆境 至有圇獄桁楊之厄 驚駭憐愕
爲之屢歎不已 如使改心勅行 恭遜謹厚 一反前日之爲 則人雖善於陷人 夫
焉有今日之禍患耶 其在自反之道 恐不暇尤人也 如何 方伯許欲因書善及
而今旣啓聞請罪 則朋儕間私書 何可望其回聽耶 是慮 姑此奉復 他不備宣
乙七之十五 昌大

양선달 좌석 앞에132)----[휘 익표,133) 자 정보, 무과에 급제 부사를 지냄. 병조 판서에
추증. 덕은 양익주의 아우]

최참의가 답장함

오래도록 소식을 듣지 못하다가 갑자기 보내주신 서찰을 받고서 뜻밖의 일로 인하여
역경에 처하게 되었고, 심지어 감옥에 갇혀 고문을 받는 횡액까지 있었음을 알게 되었

---

132) 공조 참의로 재임 중이던 최창대(崔昌大, 1669~1720)가 1715년(숙종41) 7월 15일에 양익표(梁益
標, 1685~1722)에게 보낸 답장이다. 최창대는 본관이 전주(全州), 자는 효백(孝伯), 호는 곤륜(昆
侖)이다. 영의정 최석정(崔錫鼎)의 아들로 1694년(숙종20) 별시문과에 급제하여 홍문관 부제학을
역임하였다. 시문과 학문 및 글씨에도 능하였다.

133) 양익표(梁益標) : 1685~1722. 본관은 제주(濟州), 자는 정보(正甫)이다. 전라도 보성(寶城) 출신으
로 병사 양우급(梁禹及)의 손자이다. 1714년(숙종40)에 증광무과에 급제하였다. 기질이 영준하고
성격이 호탕하여 거치는 것이 없었으며, 효성이 지극하였다. 숙종 때 무과에 급제하였으나 중용되
지 못하여 술과 잡기로 울분을 달래다가 그 고을의 군수를 구타하는 등 행패를 부려 토호무단율(土
豪武斷律)에 의하여 관서 지방에 유배되었다. 1717년(숙종43) 영의정 김창집(金昌集)의 건의로 왕
명에 의하여 특사되었다. 이듬해 비변사 낭청에 임명되었고, 1720년(경종즉위년) 숙종의 국상 때는
고부사(告訃使) 이이명(李頤命)의 무관으로 청나라에 다녀왔다. 그 뒤 구성 부사(龜城府使)에 임명되
었으나, 이듬해 이몽인(李夢寅)과 함께 노론의 입장에서 왕세제(王世弟)의 대리청정을 상소하였다가
왕의 노여움을 사서 경상도 사천현에 유배되었다. 1722년(경종2) 석방되어 고향에 돌아왔으나 노
론 4대신이 처형될 때, 그 일당으로 지목되어 고문을 받고 죽었다. 1724년(영조즉위년) 노론 4대신
의 복작과 동시에 신원되고 병조 참판에 추증되었다. 양익표가 협객으로 활동한 내력은 성대중(成
大中)의 《청성잡기(靑城雜記)》 권4에 〈협객 양익표(梁益標)〉라는 제목으로 실려 있다.

습니다. 놀랍고 경악스러워 그 때문에 여러 차례 탄식을 그칠 수가 없었습니다. 만약에 마음을 고쳐먹고 행실을 단속하여 공손하고 근후함으로 전날의 행실을 고쳤더라면, 남들이 비록 사람을 죄에 빠뜨리기를 잘하더라도 어찌 오늘날의 우환이 생겼겠습니까. 스스로 반성하는 도리에 있어서는 남을 탓할 겨를이 없을 듯합니다. 어떻게 생각합니까. 관찰사에게는 편지를 보내 잘 말해 두려고 하는데, 지금 이미 조정에 계문하여 죄를 청했다면 친구 사이의 사사로운 편지로는 어찌 우리의 말을 들어주기를 기대할 수 있겠습니까. 이것이 염려됩니다. 우선 이렇게 써서 답장 올리고 다른 것은 갖추지 않습니다.

을미년(1715, 숙종41) 7월 15일. 창대(昌大).

【상-48】

梁秀才書帷 (諱禹績 字圭伯 號璞隱 兵使三從弟)
圭伯 上帖

別來不得一字相遺 何獨責君之無情也 歲晏窮陰 侍讀休勝否 一味懸傃 生
南來送盡今年 旅味生酸之外 重以家庭消息懸杳 憂悶如何 做工之全未 卽
此可想 君能安意着工 而科事定行於春間云耶 歲新後 卽欲回路 庶有相奉
之便 憑便略草 惟望迓新多祉 不宣狀
辛臘十六 和從

양수사 서재에---(휘 우적,134) 자 규백, 호 박은, 병사공의 삼종제)
규백께 편지 올림135)

이별한 뒤로 편지 한 글자도 서로 보내지 않았으니, 어찌 군(君)의 무정함만 책망할 수
있겠습니까. 저물어가는 연말에 부모 모시고 독서하는 생활이 좋으신지 몰라 한결같이
그립습니다.
생(生)은 남쪽으로 와서 올해를 다 보내게 되니, 객지생활이 쓰라림을 자아내는 이외에
더욱이 가정의 소식이 묘연하니, 근심 걱정이 어떻겠습니까. 공부를 완전히 놓아버린
것을 이로써 상상하실 수 있을 것입니다. 군은 편안한 마음으로 착실히 공부를 하며,
과거시험은 봄철에 거행된다 합니까. 해가 바뀐 뒤에 즉시 길을 돌리고자 하는데, 아
마도 서로 만날 기회가 있을 듯합니다. 인편을 통해 대략 적습니다. 오직 새해를 맞아
복 많이 받으시기 바라며 편지의 격식을 갖추지 않습니다.
신(辛)년 12월 16일. 화종(和從).

---

134) 양우적(梁禹績) : 자는 규백(圭伯), 호는 박은(璞隱). 병사공 양우급의 삼종제이다.
135) 이화종(李和從)이 양우적(梁禹績)에게 보낸 편지이다. 이화종은 본관이 경주(慶州)이고 익재(益齋)
이제현(李齊賢)의 후손으로 알려져 있을 뿐, 행적이 자세치 않다.

【상-49】

梁生員 案下 卽傳 (諱基爀 初諱可爀 字晦仲 通德郞 德隱子)
平洞金順興候狀 　(手決)謹封

頃逢殊慰 別後之思倍切 不知歸後啓居安勝耶 所托事 向者自上天旱有抱冤
者許訴之擧 而未必一一得力 禮當縮伏俟之地 如何如何 禮疑以顯叔父題主
爲可 而取庶姪立後 安定羅氏有之 不爲無據 博議處之 餘統希照亮
癸巳六月初六日 世記履信頓

양생원 책상 아래에 즉시 전함136)---(휘 기혁,137) 초휘 가혁, 자 회중, 통덕랑, 덕은
양익주의 아들)

평동(平洞) 김 순흥(金順興)138)의 안부 편지

얼마 전에 만나 본 것이 매우 위안이 되었는데, 이별한 뒤로 그리움이 갑절이나 되었
습니다. 귀가하신 뒤로 기거가 평안하신지 모르겠습니다. 부탁하신 일은 지난번에 임
금께서 날씨가 가물기 때문에 원망을 품은 자들에게 호소할 기회를 허락하는 조치가
있었으나, 반드시 하나하나 혜택을 보지는 못할 것이니, 예의상 마땅히 숨죽이고 기다
리는 것이 어떠합니까.

예의(禮疑)139)에 대해서는 '현숙부(顯叔父)'라고 신주에 쓰는 것이 좋겠습니다. 그런데
서질(庶姪)을 후사로 세운 것은 안정 나씨(安定羅氏)가 있었으니, 근거가 없지 않으니,
널리 논의하여 처리하십시오. 나머지는 두루 살펴주시기 바랍니다.

계사년(1773, 영조49) 6월 초6일. 세기(世記)140) 이신(履信)이 올림.

---

136) 순흥 부사를 역임한 김이신(金履信, 1723~?)이 1773년(영조49) 6월 초6일에 양기혁(梁基爀)에게
　　 보낸 편지이다. 김이신은 본관이 안동, 자는 공우(公祐)이다. 김수증(金壽增)의 현손이며 김준행(金
　　 峻行)의 아들이다. 김이신은 1770년(영조46) 11월 2일에 순흥 부사에 임명되어 1773년(영조49)
　　 4월까지 재임하였다.
137) 양기혁(梁基爀) : 초명은 가혁(可爀), 자는 회중(晦仲), 병사공의 증손이다. 현감(縣監)을 지낸 보성
　　 (寶城) 선태구(宣泰九)의 사위이다.
138) 평동(平洞) 김 순흥(金順興) : 평동은 서울 서대문 밖에 있던 지명이다. 김 순흥은 경상도 순흥 부사
　　 (順興府使)를 역임했다는 의미이다.
139) 예의(禮疑) : 예법에서 의심나는 구절을 잡아 견해를 제시하거나 질의하는 것을 말한다.

【상-50】

寶城朴谷 梁生員宅 回傳

判尹謝狀

京鄕涯角 會合未易 撫念夙昔之好 常控耿結之恨 獲承先施之辱 如得合席
而晤 況審起居珍相 天恩罔極 贈帖旣成 竊想祇告先靈 幽明之感 闔門之榮
河海莫量 惟以謹愼戒恐 毋犯罪戾 一以無負先聲 一以毋孤殊私 是今日相
勉處 未知如何 服人客狀 轉悶奈何 惠種情貺 太濫分外 還有不安者 無以爲
謝 餘在令胤輩口悉 不宣 下照 謝狀

甲辰至月廿五日 服人履素謝上

新曆五件汗呈耳

보성 박곡 양생원댁에 도로 전함141)

판윤의 답장

서울과 시골이 하늘가처럼 멀어 만나는 것이 쉽지 않으니, 지난날의 우호를 더듬어 보
며 늘 가슴 속에 한이 맺혀 있던 차에 먼저 보내주신 편지를 받자오니, 한 자리에 모
여 이야기하는 듯합니다. 하물며 기거가 좋으심을 알았음에랴. 성상의 은혜가 망극하
여 증첩(贈帖)142)이 이미 이루어지니, 가만히 생각건대 선조의 영령께 공손히 고하면,
저승과 이승의 감사함과 온 집안의 영광은 강하와 바다로도 헤아릴 수 없을 듯합니다.
오직 근신하고 두려워하여 죄를 범하지 말아서, 한편으로는 선조에 누를 끼치지 말고,

---

140) 세기(世記) : 대대로 교분을 나눈 집안 사이에서 기억해주는 사람이란 뜻이다.

141) 한성 판윤(漢城判尹)으로 재임 중이던 김이소(金履素, 1735~1798)가 1784년(정조8) 11월 25일에
    양기혁(梁基爀)에게 보낸 답장이다. 김이소는 본관이 안동(安東), 자는 백안(伯安), 호는 용암(庸庵)
    이다. 영의정 김창집(金昌集)의 증손이고 부사 김탄행(金坦行)의 아들이다. 1764년(영조40) 정시문
    과에 급제하여 내외직을 두루 역임하고 좌의정에까지 올랐다.

142) 증첩(贈帖) : 추증(追增)하는 문서를 말한다. 정조 8년 갑진년(1784) 8월 29일에 정조의 명으로 많
    은 사람에게 관직을 추증하였는데, 이때 부사 양익표(梁益標)에게 병조 참판을 추증하였다.

한편으로는 특별한 은혜를 저버리지 말아야 합니다. 이것이 오늘날 서로 권면하는 바이니, 어떻게 생각하십니까.

복인(服人)은 객지 형편이 갈수록 근심스러우니 어쩌면 좋습니까. 보내주신 정이 가득한 선물은 너무도 분수를 벗어나므로 도리어 불안한 심정도 있고 사례를 표할 길이 없습니다. 나머지는 영윤(令胤) 일행이 입으로 전달할 것이므로 이만 줄입니다. 살펴주시기 바라며 답장 올립니다.

갑진년(1784, 정조8) 11월 25일. 복인(服人) 이소(履素)가 답장 올림.

새해 달력 5건을 부끄럽지만 올립니다.

【상-51】

叔主前 上書 (諱基豊 字大有 惠康公五子參奉諱應德七世孫)

自胤從還鄉以後 音徽頓阻 居然歲屢換矣 尋常南望 不任馳仰 未意伏承下
札 謹審殘臘 體內動止萬安 胤從亦得穩過 如奉天外消息 私心仰慰 不覺欣
快 何異於面承良誨也 第衰謝比前益甚 此則勢也 奈何 戚姪昨年燕行 僅得
穩返 而還朝後 連帶秋啁 奔走勞碌 實難支吾 且自進士家豚至孫兒輩 俱經
疹憂 今又兩孫 一時患痘 姑未出場 憂惱難狀 那中則疹患姑不到 便若待榜
想益躁悶也 泰叔梁斯文 亦安重耶 忙未有書 只以一中曆送去 爲致區區之
意 而傳送如何 那中則以一粍一常呈似耳 餘方赴公 忙甚不備 伏惟下察 謹
拜謝候書

壬戌臘月初四日 戚姪曺允大拜

숙부님 전에 상서함[143]---(휘 기풍, 자 대유, 혜강공의 다섯째 아들인 참봉 휘 응덕의
7세손)

윤종(胤從)[144]께서 고향으로 돌아가신 이후로 소식이 갑자기 끊기더니 어느덧 여러 해
가 지났습니다. 늘 남쪽을 바라보며 그리움을 가눌 길 없던 차에 뜻밖에 보내주신 서
찰을 받자옵고, 스러져가는 섣달에 건강과 생활이 두루 평안하시고, 윤종 또한 평온히
지냄을 알게 되었습니다. 마치 하늘 밖의 소식을 들은 듯이 제 마음에 위안이 되어 저
도 모르게 기뻤으니, 직접 뵙고 좋은 가르침을 받은 것과 무엇이 다르겠습니까. 다만

---

143) 수원 유수(水原留守)로 재임 중이던 조윤대(曺允大, 1748~1813)가 1802년(순조2) 12월 초4일에
　　 양기풍(梁基豊)에게 보낸 편지이다. 조윤대는 본관이 창녕(昌寧), 자는 사원(士元), 호는 동포(東浦)
　　 이다. 대사간 조하정(曺夏挺)의 손자이고 조명준(曺命峻)의 아들이다. 1779년(정조3) 정시문과에 급
　　 제, 청요직을 두루 역임하고 벼슬이 이조 판서에까지 올랐다. 소론의 중심인물로 서예에 능하였다.
　　 조윤대는 1802년(순조2) 12월 13일에 수원 유수에 임명되어 1804년(순조4) 6월까지 재임하였다.
　　 양기풍(梁基豊)은 자가 대유(大有)로 양팽손의 다섯째 아들 응덕(應德)의 7세손이다.
144) 윤종(胤從) : 상대방의 아들이며 나와는 사촌인 사람을 가리키는 말이다.

쇠약함이 전에 비해 더욱 심해지셨다니, 이것은 형세가 그런 것이니 어쩌겠습니까. 척질(戚姪)은 작년에 연행(燕行)을 갔다가 겨우 무사히 돌아왔는데, 조정에 돌아온 뒤로 연달아 추함(秋啣)[145]을 띠어 분주하고 수고로우니 실로 지탱하기가 어렵습니다. 또 진사(進士) 댁의 아이들 및 손자들에 이르기까지 모두가 홍역을 겪었고, 지금 또 두 손자가 동시에 마마에 걸려 아직 결말이 나지 않았으니, 근심과 고뇌를 형용하기 어렵습니다. 그곳은 홍역의 근심이 아직 이르지 않았으니, 흡사 과거합격을 기다리는 것과 같이 아마도 더욱 초조하고 근심일 듯합니다. 태숙(泰叔) 양사문(梁斯文) 또한 평안하십니까. 바빠서 편지를 쓰지 못하고 다만 중력(中曆) 1건을 보내오니, 저의 간절한 뜻을 전하면서 전달해 주심이 어떠합니까. 그곳에는 장력(粧曆)과 상력(常曆)[146] 1건씩을 올립니다. 나머지는 막 공무에 나아가야 하므로 너무 바빠서 이만 줄입니다. 살펴주시기 바라며 삼가 절하고 답장 올립니다.

임술년(1802, 순조2) 12월 초4일. 척질(戚姪) 조윤대(曺允大)가 올립니다.

---

145) 추함(秋啣) : 추조(秋曹)의 직함이란 의미로, 조윤대가 형조 판서(刑曹判書)가 된 것을 가리킨다.

146) 장력(粧曆)과 상력(常曆) : 지질과 꾸민 모양에 따라 청장력(靑粧曆)·백장력(白粧曆)·중력(中曆)·상력(常曆)·월력(月曆)의 순으로 구분한다.

【상-52】

寶城 梁生員宅 回納　(諱胄廈 初諱鼎基 字士肯 基爀子)

御將謝狀　(手決)

皇穹降割 鶴馭上賓 日月流邁 葬禮奄過 臣民慟寃 愈久愈切 而世孫宮冊禮
隔在數日 慶忭之忱 曷有其極 卽承惠札 以審秋淸 靜履安勝 阻餘欣慰 非比
尋常 世末草土餘喘 優閒自在 向蒙摠使之除 未過四十日 又移御將 重負在
身 悚惕度日 而惟幸兒少無頉爲慰也 惠送二箇梳 何但爲物 依受多謝 餘擾
忙不宣式

庚寅九月十二日 世末東薳拜

보성 양생원댁에 회납[147]---(휘 주하, 초휘 정기, 자 사긍, 기혁의 아들)

어영대장이 답장함

하늘이 재앙을 내려 세자께서 하늘로 올라가셨는데, 세월이 물처럼 흘러 장례날짜가
문득 지나니,[148] 신민들의 애통과 원망이 오래될수록 더욱 간절합니다. 그런데 세손궁
(世孫宮)의 책봉례(冊封禮)가 며칠 앞으로 다가오니[149] 경사스럽고 기쁜 심정이 어찌
끝이 있겠습니까. 이제 막 서찰을 받고서 가을 맑은 때에 조용히 지내시는 생활이 평
안하심을 알게 되니, 격조하던 끝에 기쁘고 위안됨이 평소에 비할 바가 아닙니다.
세말(世末)[150]은 상중에 남은 숨을 쉬며 한가로이 지내던 중에 얼마 전에 총사(摠使)에

---

147) 어영대장(御營大將)을 재임 중인 백동원(白東薳, ?~1832)이 1830년(순조30) 9월 12일에 양주하
(梁胄廈)에게 보낸 편지이다. 백동원은 본관이 수원(水原), 자는 자중(子重)으로 1830년(순조30) 6
월 29일에 총용사에 임명되었고, 동년 8월 9일에 어영대장에 임명되었다. 1832년(순조32)에 사망
하였는데, 자식이 없어 동생인 백동규(白東逵)의 아들 백주진(白周鎭)을 양자로 들였다. 양주하(梁胄
廈)는 초명이 정기(鼎基), 자는 사긍(士肯)으로 양기혁(梁基爀)의 아들이다.

148) 세자께서……지나니 : 1830년(순조30) 5월 6일에 효명세자가 훙서하여 8월 4일에 장례를 치른 것
을 가리킨다.

149) 세손궁(世孫宮)의……다가오니 : 1830년(순조30) 9월 15일에 왕세손을 책봉하였는데, 훗날의 헌종
이다.

제수되는 은혜를 입었고, 40일이 지나기도 전에 또 어영대장으로 옮겨서 막중한 임무가 몸에 맡겨져 송구하고 부끄러움으로 날을 보내는데, 오직 아이들이 탈이 없는 것을 위안거리로 삼습니다. 보내주신 2개의 빗은 다만 물건 때문이 아니지만 잘 받고서 매우 감사합니다. 나머지는 소란하고 바빠서 격식을 갖추지 않습니다.

경인년(1830, 순조30) 9월 12일. 세말(世末) 동원(東薳) 올림.

---

150) 세말(世末) : 집안 대대로 교분이 있는 사람 중에 말석에 있는 사람이라고 자신을 겸손하게 이르는 말이다.

【상-53】

寶城亳谷 梁生員 靜座 回納
后洞謝狀

邦運不幸 鶴馭上賓 臣民慟寃 愈久愈切 年前奉敍 迨今依依 卽於謂外 承拜
惠狀 謹審秋涼 靜候起居神衛萬重 區區仰慰 亞於接席 世弟省奉粗保 而家
親重入戎垣 公務紛冗 有妨於攝養 悶私何喩 餘在有便續訊 不備謝式
庚寅菊月十二日 世弟白周鎭拜

보성 박곡 양생원 정좌에 회납[151]
후동(后洞)[152]의 답장

나라의 운수가 불행하여 세자께서 하늘로 올라가시니, 신민들의 애통과 원망이 오래될
수록 더욱 간절합니다. 지난해에 만나 뵌 것이 지금까지 아련한데, 지금 뜻밖에 보내
주신 편지를 받자옵고 가을 서늘한 날씨에 조용히 지내시는 기거가 신의 가호로 평안
하심을 알게 되니, 간절히 위안이 됨이 자리를 마주한 것에 버금갑니다.
세제(世弟)[153]는 부모 모시고 그럭저럭 지내는데, 가친께서 거듭 융원(戎垣 대장)에 들
어가시어 공무가 번다하여 조섭과 정양에 방해가 되니, 근심스러움을 어찌 말로 하겠
습니까. 나머지는 인편이 있으면 계속 편지하기로 하고 답장의 격식을 갖추지 않습니
다.
경인년(1830, 순조30) 9월 12일. 세제(世弟) 백주진(白周鎭) 올림.

---

151) 백주진(白周鎭, 1790~?)이 1830년(순조30) 9월 12일에 양주하(梁胄廈)에게 보낸 답장이다. 백주
    진은 본관이 수원(水原), 자는 문여(文汝)로 생부는 백동규(白東逵)로 어영대장 백동원(白東蓮)의 양
    자가 되었다. 1831년(순조31) 식년 진사시에 합격, 후릉 참봉(厚陵參奉), 오위장(五衛將), 돈녕부 도
    정(敦寧府都正) 등을 역임하였다.
152) 후동(后洞) : 금부후동(禁府後洞)을 가리킨다. 종로구 청진동·공평동·견지동에 걸쳐 있던 마을로서,
    의금부(義禁府)의 뒤에 있던 데서 마을 이름이 유래되었다. 금부뒷골·의금부뒷골·후동이라고도 불
    렀다.
153) 세제(世弟) : 대대로 집안의 교분이 있는 사이에서 자기를 겸손하게 일컫는 말이다.

【상-54】 원영린(元永麟)이 양주하(梁胄廈)에게 보낸 답장

【상-54】

謹謝狀上

阻餘卽承惠書 謹審和煦 侍候衛重 仰慰不任區區 戚末姑依 而歸期漸近 治
簿凡百 自多關心 勢也奈何 惟以京信之近安爲幸 來初枉臨之示 深企深企
餘留姑不備禮
癸巳二月十八日 戚末永麟拜

삼가 답장 올림154)

격조하던 끝에 보내주신 편지를 받고서 따스한 계절에 부모 모시는 체후가 좋으심을
알게 되니, 우러러 위안되는 심정 가눌 수 없습니다.
척말(戚末)155)은 예전처럼 지냅니다만, 돌아갈 날짜가 점차 가까워져 문서를 정리하는
등 제반 절차에 저절로 관심이 많아지지만, 형세가 그런 것을 어찌하겠습니까. 오직
서울 소식이 근래 평안한 것을 다행으로 삼습니다. 다음달 초에 왕림해주시겠다는 말
씀에 깊이 고대하고 있습니다. 나머지는 접어두고 이만 예식을 갖추지 않습니다.
계사년(1833, 순조33) 2월 18일. 척말(戚末) 영린(永麟)이 올립니다.

---

154) 원영린(元永麟, 1766~?)이 1833년(순조33) 2월 18일에 양주하(梁胄廈)에게 보낸 답장이다. 원영
린은 본관이 원주(原州), 자정(子定)으로 원최진(元最鎭)의 아들이다. 1790년(정조14) 증광 무과에
급제, 울진 현령(蔚珍縣令), 풍천 부사(豊川府使), 내금위장(內禁衛將) 등을 지내고 1831년(순조31)
7월에 전라 좌수사에 임명되어 1833년(순조33) 2월까지 재임하였다.
155) 척말(戚末) : 인척 중에 말석에 있는 사람이라고 스스로를 겸손하게 이르는 말이다.

【상-55】 이유상(李儒常)이 양주하(梁冑廈)에게 보낸 답장

【상-55】

亳谷 靜座 回納

梅梱謝狀　(手決)謹封

自莅此營　有時瞻詠　而一未奉候者　緣此病撓未果　卽拜先施之問　欣慰倍切
況審深秋　起居萬勝　尤何等慰荷　記末衰且病苦中　又經瘴夏　寧日恒少　當秋
公務亦多關惱　悶何可言　距此不遠　奉際無路　益切人遐之歎　二梳之惠　寔出
特念　僕僕言感　不直在物也　餘在從當因官便更候　姑不宣謝式

癸巳九月念五日　儒常頓

박곡 정좌에 회납함[156]
매곤(梅梱)[157]의 답장

이곳 좌수영에 재임하며 때때로 그리워하면서도 한번도 문후를 여쭙지 못한 것은 제가 질병으로 혼미하여 실행하지 못한 것인데, 지금 먼저 보내주신 편지를 받으니, 기쁨과 위안이 갑절이나 깊습니다. 하물며 깊은 가을에 기거가 두루 좋으심을 알게 되니, 더욱 얼마나 위안되고 감사했겠습니까.

기말(記末)[158]은 쇠약과 질병으로 괴로운 중에 또 무더운 여름을 겪어서 편안한 날이 늘 적은데, 가을을 맞아 공무 또한 신경을 많이 쓰게 하니, 근심을 이루 말로 할 수 없습니다. 이곳에서 거리가 멀지 않은데 뵈올 길이 없어서 더욱 '사람이 멀다'[159]는 탄

---

156) 이유상(李儒常, 1771~?)이 1833년(순조33) 9월 25일에 양주하(梁冑廈)에게 보낸 답장이다. 이유상은 본관이 함평(咸平), 자는 항지(恒之)로 1800년(정조24) 별시무과에 급제하여 내급위장(內禁衛將), 어영청 천총(千摠) 등을 지내고 1833년(순조33) 3월 6일에 전라 좌수사에 임명되어 1835년(순조35) 1월까지 재임하였다.

157) 매곤(梅梱) : 전라 좌수사의 별칭이다. 전라 좌수영(全羅左水營)의 별칭은 매영(梅營)이라 한다.

158) 기말(記末) : 기억해주는 사람 중의 말석에 앉은 사람이라고 스스로를 겸양한 말이다.

159) 사람이 멀다 : 사모하는 사람을 만나지 못해 안타까운 심정을 표현한 것으로 《시경》〈동문지선(東門之墠)〉에 "그 집은 가까우나 그 사람은 몹시 멀도다.[其室則邇, 其人甚遠.]"라고 한 데서 온 말이

식만 간절합니다. 2자루의 빗을 보내주시니, 참으로 특별히 염려해 주신데서 나온 것이라, 깊이 감사하는 심정이 다만 물건 때문만이 아닙니다. 나머지는 마땅히 감영의 인편으로 다시 문후를 올리겠습니다. 이만 답장의 격식을 갖추지 않습니다.

계사년(1833, 순조33) 9월 25일. 유상(儒常)이 올립니다.

___

다.

【상-56】

梁生員 制次 入納

光陽纍人候疏　省式謹封

省禮言 先夫人喪事 驚悼何已 居然練祥已過 心制將終 仰惟孝心思慕 隨變罔極 顧兩家數世以來 休戚焉與同 誼分焉以深 京鄉雖相夐絶 情志未嘗不流通 其所依恃 固自如何 而不幸家罹大僇 身竄窮海 聲息之莫傳 今已七八年矣 此來後 豈不知仙鄉不遠 書信易通 而罪釁深重 悰地危苦 片字尺紙 不敢以貽累於他人 每念平日相與之義 徒自傷心而發歎 忽此令胤來訪於夢不到地 傾倒之餘 慰豁亦豈淺尠 而流離蕩覆之悲 死喪哀戚之感 自不免相對一涕 人事之變 乃如是矣 尙復何言哉 然衆所擯弃 猶存舊誼 衆所畏約 獨忘新累 數夜來往 一心繾綣 能體乃祖乃父委遣之意 其義可尙 其情可謝 亦可謂一段奇事 豈今日所易得者哉 感戢二字 又不足以喩此懷也 僇廢之蹤 不敢具書儀 董以數字 道此區區 而那間起居之問 此中安否之事 都付其口 而歸可以一聽之也 餘萬萬 惟冀節哀順變 不備謹疏上

癸卯三月十日 僇人煩不名

양생원 상가에 입납[160]

광양류인(光陽纍人)[161] 후소(候疏)

예식을 생략하고 말씀드립니다.

돌아가신 모친의 상에 놀랍고 애달픔이 어찌 끝이 있겠습니까. 어느덧 소상(小祥)과 대상(大祥)이 이미 지나고 심제(心制)[162]도 장차 끝나 가는데, 효심으로 사모하는 마

---

[160] 김명순(金明淳, 1759~?)이 양주하(梁冑廈)에게 보낸 위문장이다. 김명순은 본관이 안동(安東), 김이경(金履慶)의 아들이며 몽와(夢窩) 김창집(金昌集)의 후손이다. 김명순이 광양에 유배를 간 시기는 미상이다.

[161] 광양류인(光陽纍人) : 전라도 광양에 유배온 죄인이란 의미이다.

음이 계절의 변화에 따라 망극하리라 생각합니다. 돌아보건대 두 집안이 여러 대를 이어오면서 휴척(休戚 좋고 나쁜 일)을 함께했고 의분(誼分 교분)도 깊어서, 서울과 지방으로 서로 멀리 떨어져 있음에도 심정과 뜻만큼은 일찍이 서로 통하지 않은 적이 없었습니다.

그런데 불행히 집안이 큰 화를 당하여 제 몸이 궁벽한 바닷가로 유배를 오니, 소식을 전할 수 없게 된 지가 지금 벌써 7, 8년이 되었습니다. 이곳에 온 이후로 선향(仙鄕 상대방의 고을)이 멀지 않아 서신이 쉽게 통하는 줄을 어찌 모르겠습니까마는 지은 죄가 무거워 저의 처지가 위태롭고 괴로우니, 짧은 편지로 말미암아 감히 남에게 누를 끼칠 수가 없으므로 매양 평소 서로 어울리던 의리를 생각하며 한갓 마음만 상한 채 탄식만 발하였습니다.

그런데 갑자기 이렇게 영윤(令胤)께서 꿈에서도 이르지 못한 곳으로 찾아오시니, 놀라 자빠진 끝에 시원히 위안됨이 어찌 작았겠습니까. 그러나 타향을 떠돌고 집안이 패망한 슬픔과 죽은 사람에 대해 애도하는 감정으로 인해 서로 마주하여 저절로 한 줄기 눈물을 흘리지 않을 수 없었습니다. 사람의 일이 변하는 것이 바로 이와 같으니, 오히려 무슨 말을 하겠습니까.

그러나 남들이 모두 배척하는 데도 오히려 옛날의 우의를 보존하고, 남들이 두려워 몸을 사리는 데도 홀로 새로운 재앙을 돌아보지 않고서, 몇 날 밤을 내왕하며 한 마음으로 정성껏 나를 대해주어, 할아버지와 부친께서 부탁하신 뜻을 능히 체득하였습니다. 그 의리가 가상하고 그 정이 감사하니 또한 한 가지 기이한 일이라 일컬을 만한데, 어찌 오늘날 쉽게 찾아볼 수 있는 일이겠습니까. '고맙기 그지없다[感戢]'라는 두 글자로는 또 저의 심정을 도저히 비유할 수가 없습니다.

죄를 지어 버려진 사람이라 감히 편지의 격식을 갖추지 못하여 겨우 몇 글자 적어서 저의 심정을 말씀드립니다. 그곳의 생활에 대한 물음과 이곳의 안부에 대한 일은 모두 그 사람의 입에 부쳐 두었으니, 돌아가면 한꺼번에 들으실 수 있을 것입니다. 나머지 많은 사연은 오직 슬픔을 억제하여 변화에 순응하시기 바라며 소(疏)의 격식을 갖추지 않고 올립니다.

계묘년(1783, 정조7) 3월 10일. 육인(僇人 죄인)이 번거로워 이름을 쓰지 않습니다.

---

162) 심제(心制) : 상주가 복은 벗었으나 슬픔이 가시지 않아서 대상(大祥)이 지난 뒤 담제(禫祭)까지 입는 복이다.

【상-57】

亳谷 服座下 回納

本倅慰書　省禮謹封

省禮 伏承下狀 謹審臘寒 調候有損 伏慮之外 又聞令第三子婦訃 驚愕夫復
何言 伏想慈愛隆深 哀慟悲酸 何可堪居 惟乞寬抑 無爲無益之悲 第窮家初
終 何以拮据 是用奉念 東野近以寒感委苦 苦悶何言 病勢如此 末由趨慰 只
切憂想 顧無賻助之道 以紙燭及三斗米奉呈耳 餘姑不備狀上

乙未臘月十五日 世下李東野狀上

박곡 복좌에 회납함163)
본관 사또의 위문편지. 생례근봉.164)

예식을 생략합니다. 내려주신 서찰을 받자옵고 섣달 추위에 조섭하시는 체후가 손상이
있으셨음을 알고서 삼가 염려되는 이외에 또 영감의 셋째 며느리의 상을 들었으니, 경
악스러움을 어찌 말로 하겠습니까. 삼가 생각건대 내리사랑이 높고 깊었으므로 애통하
고 쓰라린 심정을 어찌 견뎌나갈 수 있겠습니까. 애통함을 억제하시어 무익한 슬픔에
잠기지 않기를 바랍니다. 다만 곤궁한 집안의 초종(初終)165)을 어찌 꾸려나가시는지
이것이 우러러 염려가 됩니다.

동야(東野)는 근래 감기로 쓰러져 고생하고 있으니, 괴롭고 근심스러움을 어찌 말로 하
겠습니까. 병세가 이와 같아서 달려가 위문할 방도가 없으므로 다만 근심스런 생각만
간절합니다. 다만 부조할 방도가 없어서 종이와 초 및 3말의 쌀을 올립니다. 나머지는
이만 위문장의 격식을 갖추지 않습니다.

을미년(1835, 헌종1) 12월 15일. 세하(世下)166) 이동야(李東野)가 위문장을 올립니다.

---

163) 이동야(李東野)가 1835년(헌종1) 12월 15일에 양주하(梁冑廈)에게 보낸 편지이다. 이동야는 본관
　　이 전주(全州)로 이명휘(李明徽)의 아들이다. 행적이 자세하지 않다.
164) 생례근봉(省禮謹封) : 예를 생략하고 삼가 봉한다는 뜻으로 상대방이 상중에 있을 때 편지봉투에
　　쓰는 말이다. 생식근봉(省式謹封)과 같다.
165) 초종(初終) : 초상이 난 이후 졸곡(卒哭)까지의 모든 장례 절차를 말한다.

【상-58】 김달순(金達淳)이 양주하(梁胄廈)에게 보낸 답장

【상-58】

亳谷 梁生員宅 回納

巡使行中謝狀

路過仙庄 瞻想益至 卽承惠狀 謹審秋涼 靜候珍衛 仰慰仰慰 國哀冤號痛哭
愈久益甚 尙復何言尙復何言 記末扶病作行 實有顚頓之慮 悶憐悶憐 行旣
恩恩 無以握敍 荷此委問 感珮無已 姑不宣 謹謝例 伏惟崇照

庚申九月九日 金達淳拜

박곡 양생원댁 회납[167]

순찰사가 여행 중에 답장 올림

행로가 선장(仙庄 상대방의 집)을 지나가게 되어 그리움이 더욱 간절하던 차에 보내주신 편지를 막 받고서 가을의 서늘한 때에 조용히 거처하는 체후가 좋으심을 알게 되니, 매우 위안이 되었습니다. 국상(國喪)[168]이 나서 원망과 통곡이 오래될수록 더욱 심하니, 오히려 무슨 말을 하겠습니까. 오히려 무슨 말을 하겠습니까.

기말(記末)은 병든 몸을 부축하여 길을 떠나게 되어 실로 고꾸라지고 넘어질 염려가 있으니, 근심되고 가련하기 그지없습니다. 여정이 이미 바빠서 악수하며 대화를 나누지 못합니다. 이렇게 일부러 물어주시는 은혜를 받으니 감사하기 그지없습니다. 이만 줄이고 삼가 답장 올립니다. 살펴주시기 바랍니다.

경신년(1800, 순조즉위년) 9월 9일. 김달순(金達淳)이 올립니다.

---

166) 세하(世下) : 집안 대대로 교분이 있는 사이에 아랫사람이라고 스스로를 낮추는 말이다.

167) 전라도 관찰사로 재임 중이던 김달순(金達淳, 1760~1806)이 1800년(순조즉위년) 9월 9일에 양주하(梁胄廈)에게 보낸 답장이다. 김달순은 본관이 안동(安東[新]), 자는 도이(道而), 호는 일청(一靑)으로 김창흡의 후손이며 군수 김이현(金履鉉)의 아들이다. 1790년(정조14) 증광 문과에 급제하여 청요직을 두루 역임하고 우의정에까지 올랐다. 1800년(정조24) 윤4월 6일에 전라도 관찰사에 임명되어 1802년(순조2) 3월까지 재임하였다.

168) 국상(國喪) : 정조(正祖) 임금이 1800년(정조24) 6월 28일에 창경궁(昌慶宮)의 영춘헌(迎春軒)에서 승하한 것을 가리킨다.

【상-59】

梁秀士宅 回納

康梱謝狀

天崩之痛 臣民罔極 愈久愈深 積阻音信 瞻悵曷已 卽問靜履起居萬重 仰傃
區區不任 弟瘴濕成痼 委席居多 悶憐何喩 餘不備 伏惟下照 謹候狀上

辛酉四月卄五日 弟仁秀拜

扇五柄

양수사댁 회납169)

강곤(康梱)170)의 답장

하늘이 무너지는 애통함에 신민들의 망극한 심정이 오래될수록 더욱 심합니다. 소식이
오랫동안 막혀 그리움과 섭섭함이 어찌 끝이 있겠습니까. 지금 조용히 지내시는 기거
가 평안하신지 묻자오니, 우러러 그리운 심정을 가늘 수 없습니다.

제(弟)는 바닷가의 습기가 고질병이 되어 자리에 누운 날이 더 많으니, 근심과 가련함
을 어찌 말로 하겠습니까. 나머지는 이만 줄입니다. 살펴주시기 바라며 삼가 문후하는
편지를 올립니다.

신유년(1801, 순조1) 4월 25일. 제(弟) 인수(仁秀)가 올립니다.

부채 5자루.

---

169) 삼도수군통제사로 재임 중인 이인수(李仁秀, 1737~1813)가 1801년(순조1) 4월 25일에 양주하(梁
冑廈)에게 보낸 답장이다. 이인수는 본관이 덕수(德水), 자는 성빈(聖賓)으로 충무공 이순신의 후손
이며, 금위대장 이한응(李漢膺)의 아들이다. 무재(武才)를 인정받아 1784년(정조8) 총융사·좌우포
도대장·금위대장·훈련대장 등을 두루 지냈다. 1800년(정조24) 5월 12일에 삼도수군 통제사에
임명되어 1802년(순조2) 2월까지 재임하였다.

170) 강곤(康梱) : 전라도 병마절도사의 별칭이다. 전라 병영을 강영(康營)이라 한다.

【상-60】

德村 梁生員宅 回納

所纍謝書

夏盡秋半 懸想方深 匪意專价惠札忽墜 披審起居連勝 何等慰豁 纍人當換
節 交受諸證侵悶然 而家信亦阻 最是客裏第一苦也 奈何 斗米亦豆 爛熳田
家秋色 況爲旅廚補乏之資 情念之遠及 感謝無比 快生新涼 當圖一枉否 地
旣間隔 農家多事 恐難如意矣 餘不宣 統惟情照

辛酉八月七日 纍人金履度謝上

덕촌 양생원댁 회납[171]

유배객이 답장함

여름도 다 지나고 가을의 절반이 지나 그리운 생각이 한창 심하던 차에, 뜻밖에 일부러 사람을 보내 서찰을 문득 전해주시어, 서찰을 보고 기거가 연달아 좋으심을 알게되니, 얼마나 시원히 위안되었겠습니까.

류인(纍人)은 환절기를 맞아 여러 증세가 번갈아 침범하여 근심스러운데다 집안 소식도 뜸하니, 이것이 객지 생활의 제일가는 괴로움입니다. 어쩌면 좋습니까. 한 말의 쌀과 콩이 농촌의 가을풍경을 찬란하게 만들어 주고, 하물며 객지 부엌의 부족한 살림을 보조해주시니, 정과 염려가 멀리까지 미침에 감사하기 그지없습니다. 서늘함이 새로 생겨나거든 한 번 왕림해 주실 수 있겠습니까. 지역이 이미 서로 멀고 농촌에 일이 많으니, 아마도 뜻대로 하시기 어려울 듯합니다. 나머지는 이만 줄입니다. 정으로 살펴주십시오.

신유년(1801, 순조1) 8월 7일. 류인(纍人) 김이도(金履度)가 답장 올립니다.

---

171) 전라도 영암(靈巖)에 유배 중이던 김이도(金履度, 1750~1813)가 1801년(순조1) 8월 7일에 양주하(梁胄廈)에게 보낸 답장이다. 김이도는 본관이 안동(安東), 자는 계근(季謹)이다. 김창집의 증손으로 김탄행(金坦行)의 아들이다. 1800년(정조24) 별시문과에 급제하여 내외직을 두루 역임하고 벼슬이 판서에까지 올랐다. 김이도는 정조가 죽고 순조가 즉위한 뒤 정순왕후의 수렴청정이 시작되고 벽파(僻派)가 득세하자 시파(時派)로 몰려 신유년(1801, 순조1) 1월 2일에 전라도 영암군(靈巖郡)에 유배되었다가 같은 해 11월에 풀려났다.

【상-61】

寶城亳谷 梁碩士宅 入納(諱胄鉉 字玉汝 基豊子)
民洞申進士候書

本倅赴任之行 修付一書 兼爲伻存之地 想已入照 卽問侍做更如何 千里信息 無由卽聞 有書猶未能豁懷 近工果一向喫緊否 秋科似在八九月晦初 非但觀光之爲好 因此接面誠切企 弟近狀如前所告耳 梁臺之求於兄 盖爲兒子笠之變草爲漆 昨年書中 旣有貿置未付之敎 今當改着 而京肆絶無細梁 必欲持來兄件 而未有路矣 此際鄭世喆者 適來見 故托以推兄物上送 此書傳納之時 世喆者當有所告於兄 望須出付 以爲轉來之地 如何 餘不備式
壬戌七月初八 弟在陽頓

보성 박곡 양석사댁 입납172)---(휘 주현, 자 옥여, 기풍의 아들)
민동(民洞) 신진사(申進士)가 편지 올림

본관 사또가 부임하는 행차에 편지 한 통을 부치면서 겸하여 근황을 여쭙는 기회로 삼았는데, 아마 이미 보셨을 듯합니다. 지금 묻자옵건대 부모 모시며 공부하는 생활은 다시금 어떠하십니까. 천 리의 소식을 즉시 들을 수 없으므로 편지가 있어도 오히려 마음이 시원해지지 않습니다. 근래 공부는 과연 줄곧 긴밀하게 하십니까. 가을 과거가 아마도 8월 그믐이나 9월 초에 있을 듯한데, 서울을 구경하는 것이 좋을뿐더러 이 기회에 얼굴을 뵐 수 있기를 매우 고대합니다.

제(弟)의 근래 형편은 전에 말씀드린 것과 같습니다. 양대(梁臺 양태)를 형에게 구한 것은 아이가 쓰고 있는 초립(草笠)을 바꿔서 칠립(漆笠)을 만들기 위한 것인데, 작년의 편

---

172) 신재양(申在陽, 1758~?)이 1802년(순조2) 7월 8일에 양주현(梁胄鉉)에게 보낸 편지이다. 신재양은 본관이 평산(平山), 자는 내경(來卿)으로 신광보(申光輔)의 아들이다. 1786년(정조10) 식년진사시에 합격하였고, 1813년(순조13) 증광문과에 급제하여 봉상 판관(奉常判官), 사헌부 장령(掌令) 등을 역임하였다. 양주현(梁胄鉉)은 자가 옥여(玉汝)로 양팽손의 9세손이고 양기풍(梁基豊)의 아들이다.

지 중에 이미 '사다 놓고 아직 부치지 못하였다'는 말씀이 계셨습니다. 지금 바꿔 씌워 줘야 하는데 서울 점포에는 세량(細粱 정교한 양태)이 아예 없어서 형에게 있는 물건을 가지고 오고 싶지만 그럴 기회가 없었습니다. 이런 즈음에 정세철(鄭世喆)이 마침 왔기에 만나서 형의 물건을 찾아서 보내달라고 부탁을 하였습니다. 이 편지를 전달할 때에 세철이 응당 형에게 고할 것이니, 그에게 내어주시어 전달해 받을 수 있게 해주시기를 바라는데 어떻겠습니까. 이만 줄입니다.

임술년(1802, 순조2) 7월 초8일. 제(弟) 재양(在陽)이 올립니다.

【상-62】

阻拜許久 居常悵仰 匪意獲承惠狀 謹審肇夏 侍候動止珍勝萬衛 何等慰釋
第連年色憂 爲之奉慮 不啻尋常 意謂科行在邇 可即奉晤爲期 今承是教 還
切悵黯 世記侍事如昨 他無足奉聞 而科事雖曰初解 未結實於圍會 奉下累
屈 實難堪矣 奈何 惠送大蝦 遠嘗情味 益覺不忘厚誼 仰荷僕僕 便因難憑
京鄕一般 每無不欲到之時 而其如勢也 奈何 餘便人將發云 故略此奉謝 姑
不備狀儀 下在 謹謝
辛酉四月十一日 世記申淳拜拜

뵙지 못한 지가 오래되어 늘 섭섭하고 그리웠는데 뜻밖에 보내주신 편지를 받자옵고,
초여름에 부모 모시는 생활이 두루 좋으심을 알게 되니, 얼마나 시원히 위안되었겠습
니까. 다만 해를 연이어 색우(色憂)[173]가 있으심을 알게 되니, 그 때문에 염려됨이
평소에 비할 바가 아닙니다. 과거시험 행차가 가까울 것이라 생각하여 곧 만나볼 수
있으리라 기대하고 있던 차에 이런 말씀을 듣고 보니 도리어 섭섭하고 암담함이 간
절합니다.
세기(世記)는 부모 모시고 예전처럼 지내므로 따로 말씀드릴 것이 없습니다. 다만 과거
시험에서 비록 초해(初解 초시 합격)를 했다고 하더라도 회시(會試)에서 결실을 거두지
못하였으니, 부모가 계시면서 여러 차례 낙방하니 실로 난감하지만 어쩌겠습니까. 보
내주신 대하(大蝦)는 멀리서 정으로 보내주신 맛이라 더욱 잊지 않으신 후의를 느끼게
합니다. 감사하기 그지없습니다. 인편을 찾기 어려움은 서울이나 시골이나 매일반이라
매번 그곳에 편지를 올리고 싶지 않은 적이 없지만 형세가 그런 것을 어찌하겠습니까.
인편이 장차 출발한다고 하기에 대략 이렇게 답장을 쓰고 편지의 격식을 갖추지 않습
니다. 살펴주시기 바라며 답장 올립니다.
신유년(1801, 순조1) 4월 11일. 세기(世記) 신순(申淳)이 두 번 절합니다.[174]

---

173) 색우(色憂) : 부모님 병환을 의미하는데, 부모가 편찮으시면 자식이 근심스러운 얼굴빛을 한다는
말이다. 《예기(禮記)》〈문왕세자(文王世子)〉에 "혹시 거처가 편치 못한 일이 있을 때 내시가 문왕에
게 고하면 문왕은 걱정스러운 얼굴빛을 하고 걸음걸이가 흔들렸다.[其有不安節, 則內豎以告文王, 文
王色憂, 行不能正履.]"라고 하였다.

【상-63】

寶城 梁碩士 侍案 回納 (諱喆鎭 字保彦 蔭萬頃縣令 胄廈子)

金進士 謝狀 (手決)

曩者委訪 至今慰滿 但以別後阻信爲瞻懸 匪意承辱札 以審雪寒 侍履珍勝
披翫欣豁 殆難形言 而春府丈冒寒跋涉 得以拜面 倘非世誼之緊切 何能至
此 且慰且感 無以爲喩 第遘値憂劇之時 恨不能從頌耳 明淳老人宿患之外
猝添毒感 委頓凜綴 焦迫何狀 而荊憂又當産苦重 方此避寓棲屑中 上下奔
遑 曾立道上問事奈何 三十黃香 遠帶情味 良謝良謝 餘焦擾神昏艱草 不宣
謝儀

戊申臘月十日 世記金明淳拜

보성 양석사 시안에 회납175)---(휘 철진, 자 보언, 음 만경현감, 주하의 아들)

김진사가 답장함

접때 일부러 방문해 주시어 지금까지 흡족히 위안이 되었으나, 다만 이별한 뒤로 소식
이 뜸한 것이 그리움이 되고 있었는데, 뜻밖에 보내주신 서찰을 받고서 눈 내리는 추
위에 부모 모시는 생활이 좋으심을 알게 되니, 편지를 보면서 기쁘고 후련함이 거의
말로 형언키 어려웠습니다. 그런데 춘부장(春府丈 상대방의 부친)께서 추위를 무릅쓰고
길을 나서서 얼굴을 뵐 수가 있었으니, 끈끈한 세의(世誼)가 아니라면 어찌 이렇게까지
할 수가 있겠습니까. 위안이 되고 또 감사하여 무어라 드릴 말씀이 없습니다. 다만 갑

---

174) 신순(申淳, 1775)이 1801년(순조1) 4월 11일에 양주현(梁冑鉉)에게 보낸 편지이다. 신순은 본관이
고령(高靈), 자는 희서(羲瑞)로 신택빈(申宅彬)의 아들이다. 1804년(순조4) 식년생원시에 합격하여
형조 정랑, 정읍 현감(井邑縣監), 곡성 현감(谷城縣監) 등을 지냈따.

175) 김명순(金明淳, 1759~1810)이 1788년(정조12) 12월 10일에 양철진(梁喆鎭, 1753~1819)에게 보
낸 답장이다. 김명순은 본관이 안동(安東). 자는 대숙(大叔)으로 김이경(金履慶)의 아들이다. 1780년
(정조4) 식년 진사시에 합격하였고, 1801년(순조1) 증광 문과에 급제하여 벼슬이 이조 참판에 이르
렀다. 1810년 7월에 함경도 관찰사로 재임 중에 죽었다. 양철진(梁喆鎭)은 주하(冑廈)의 아들로 자
가 보언(保彦)이며 음직으로 만경 현감(萬頃縣監)을 지냈다.

자기 근심스럽고 화급한 때를 만나 조용히 대화를 나누지 못함이 한스러울 뿐이었습니다.

명순(明淳)은 노인께서 숙환이 있는 데다 갑자기 독감이 더하여 자리에 누워 위태로우시니, 애타는 심정을 어찌 형언하겠습니까. 그리고 병든 아내도 산고(産苦)가 심하여, 바야흐로 피접(避接)을 나가 이리저리 헤매는 중입니다. 위아래가 모두 분주히 겨를이 없어서 일찍이 길 위에서 서로의 안부를 묻기도 하였으니, 어쩌면 좋습니까. 30개의 황향(黃香 귤)은 멀리서 정으로 보내신 맛이므로 참으로 감사하기 그지없습니다. 나머지는 애타고 소란하여 정신이 혼미한 상태로 간신히 쓰느라 답장의 예식을 갖추지 못합니다.

무신년(1788, 정조12) 12월 10일. 세기(世記) 김명순(金明淳) 올림.

【상-64】

梁碩士 寓所 入納

固宰候狀　(手決)謹封

南來以後 無路得暇 一字相問 尙稽至此 恒用悵仰 卽惟秋高 寓中起居淸勝
仰慰溯交至 弟姑保昨狀 而生手初政 多有所失 只自惱心而已 兄之都事 可
賀可賀 而取才亦卽越之否 本第安信 種種憑聞耶 餘萬撓汨 不備狀例

辛亥一月卄八日 弟永龜拜

扇子一丙汗呈耳

양석사 우소에 입납176)

고재(固宰)177)의 안부 편지

남쪽으로 온 이후로 여가를 낼 수가 없어서 한 글자의 문후편지조차 지금까지 지체되고 말았으니, 늘 서글프게 생각하고 있습니다. 지금 가을 하늘이 드높은데 우소의 기거는 좋으시리라 생각하니, 우러러 위안이 되고 그리움이 교차합니다.

제(弟)는 예전의 형편을 그럭저럭 보존하고 있으나, 서툰 솜씨로 처음 고을의 행정을 맡으니 실수하는 경우가 많아서 그저 마음만 썩일 뿐입니다. 형이 도사(都事)가 된 일은 매우 축하하지만 취재(取才) 시험은 또한 건너뛰시렵니까. 본제(本第 본댁)의 소식은 이따금 들으십니까. 나머지 많은 사연은 소란스럽고 분주하므로 편지의 격식을 갖추지 않습니다.

신해년(1791, 정조15) 1월 28일. 제(弟) 영귀(永龜) 올림.

부채 1자루를 올립니다.

---

176) 원영귀(元永龜)가 1791년(정조15) 1월 28일에 양철진(梁喆鎭)에게 보낸 편지이다. 원영귀는 본관이 원주(原州)이고 원덕유(元德裕)의 후손이다. 무과에 급제하여 선전관, 고성 현령(固城縣令), 온성 부사(穩城府使) 등을 지냈다.

177) 고재(固宰) : 경상도 고성 현령(固城縣令)을 가리킨다. 원영귀는 1790년(정조14) 7월 4일에 고성 현령에 임명되어 이듬해 12월까지 재임하였다.

【상-65】

黃海 水營 梁生員 旅史 回納

寺洞謝疏

稽顙 阻戀方切 卽承手疏 以審新元 旅履增勝 主人厚待 所工亦勤 種種哀慰
待秋科上來主人之言 誠得當 以此處之似好耳 孤哀子 逢新之痛 去益難抑
而病又一向進退 苦悶何言 餘萬伏枕艱倩 姑不次疏式

乙卯元月念七日 孤哀子文淳稽顙

황해 수영 양생원 여사께 회납[178]

사동(寺洞)에서 답소를 올림

이마를 조아립니다.[179] 격조한 그리움이 한창 간절하던 차에 지금 손수 쓰신 소(疏)를 받자옵고 새해 초에 여행 중의 생활이 더욱 좋으시고, 주인이 넉넉히 대우하고 공부 또한 부지런히 하심을 알게 되니, 가지가지로 상중에 위안이 되었습니다. 가을 과거시험을 기다려 올라오실 때 저를 주인 삼겠다는 말씀은 참으로 마땅하시니, 그렇게 해주신다면 좋겠습니다.

고애자(孤哀子)는 새해를 맞는 고통이 갈수록 더욱 억제키 어려운데 질병이 또 줄곧 더했다 덜했다 하니, 괴로움과 근심을 어찌 말로 하겠습니까. 나머지 사연은 베개에 누워 간신이 남을 시켜 쓰느라 이만 소(疏)의 격식을 갖추지 않습니다.

을묘년(1795, 정조19) 1월 27일. 고애자(孤哀子) 문순(文淳)이 이마를 조아립니다.

---

178) 김문순(金文淳, 1744~1811)이 1795년(정조19) 1월 27일에 양철진(梁喆鎭)에게 보낸 답장이다. 김문순은 본관이 안동(安東), 자는 재인(在人)으로 김창집(金昌集)의 현손이고 김이신(金履信)의 아들이다. 1767년(영조43) 정시문과에 장원급제하여 내외직을 두루 거쳐 벼슬이 이조 판서에까지 이르렀다.

179) 이마를 조아립니다 : 원문은 계상(稽顙)으로 꿇어 엎드려 이마를 땅에 대고 드리는 절을 말하는데, 부모상을 당했을 때 드리는 절을 말하기도 한다.

【상-66】

寶城毫谷 梁生員 侍案 回納
兵營謝狀

頃奉草草 迨切耿悵 卽此料外承拜惠札 謹審寒沍 起居萬衛 仰慰仰慰 第湯
憂之示 爲之奉慮不已 弟弊局凡節 去益愁亂 離闈情事 歲暮益切 悶何可喩
乎 新曆各處分給之際 所餘甚艱 只以二件仰呈 還可恨也 餘適擾暫草 不備
謝禮
乙卯臘月望 弟基豐拜

보성 박곡 양생원 시안에 회납함[180]
병영(兵營)[181]의 답장

얼마 전에 얼핏 뵈어 지금까지 그립고 섭섭하기가 간절하던 차에 이제 뜻밖에 보내주신 서찰을 받자옵고 엄동의 추위에 기거가 두루 좋으심을 알게 되니, 우러러 위안되기 그지없습니다. 다만 탕우(湯憂 병환) 중에 계시다는 말씀에 우러러 염려가 그치지 않습니다.

제(弟)는 피폐한 병영의 제반 절차가 갈수록 수심스럽고 어지러우며 부모를 떠나온 심정이 세모에 더욱 간절하니, 근심을 어찌 말로 다하겠습니까. 새해 달력을 각처에 나눠주는 즈음에 남은 것이 매우 적어 2건만 바쳐 올리게 되니, 도리어 한스럽습니다. 나머지 사연은 마침 소란하여 잠시 쓰고 답장의 예식을 갖추지 않습니다.

을묘년(1795, 정조19) 12월 15일. 제(弟) 기풍(基豐)이 올립니다.

---

180) 전라도 병마절도사로 재임 중이던 박기풍(朴基豐)이 1795년(정조19) 12월 15일에 양철진(梁喆鎭)에게 보낸 답장이다. 박기풍(朴基豐, ?~?)은 본관이 밀양(密陽), 자는 여유(汝有)로 부사 박성(朴聖)의 아들이다. 1777년(정조1) 무과에 급제, 황해도, 평안도의 병마절도사, 좌우포도대장 등을 역임하였다.

181) 병영(兵營) : 병마절도사가 근무하는 감영을 말하는데, 박기풍(朴基豐)은 1794년(정조18) 8월 30일에 전라 병사에 임명되어 1796년(정조20) 10월까지 재임하였다.

【상-67】

寧陵 直中 執事
壯洞僚末 候狀 謹封

拜來甚悵 卽者春和 直候萬安 而路僐餘毒 靜處有致否 種種仰傃 僚末病軀
董董歸來 猶屬幸也 大病勢所必至 悶悶奈何 來人告歸 忙不備拜式
二月念五日 僚末金鳳淳拜

영릉(寧陵) 숙직소 집사께[182]
장동(壯洞) 요말(僚末)[183]의 안부 편지

뵙고 난 뒤로 매우 서운하였습니다. 요즘 따스한 봄철에 숙직하는 생활이 두루 평안하
시며, 여행길의 피로와 여독은 조용히 처하여 운치가 있게 되었습니까. 가지가지로 그
립습니다.

요말(僚末)은 병든 몸으로 겨우겨우 돌아왔으니, 오히려 다행이라 하겠습니다. 형세상
큰병이 반드시 이를 듯하니, 근심을 어찌하면 좋습니까. 이곳에 온 사람이 돌아간다
하기에 바빠서 편지의 격식을 갖추지 않습니다.

2월 25일. 요말(僚末) 김봉순(金鳳淳)이 올립니다.

---

182) 김봉순(金鳳淳, 1774~?)이 1802년(순조2) 경에 양철진(梁喆鎭)에게 올린 편지이다. 김봉순은 본관
이 안동(安東), 자는 유문(幼文)으로 김이안(金履安)의 아들이다. 1801년(순조1) 식년 진사시에 합격
하여 영릉 참봉(寧陵參奉), 공조 정랑, 과천 현감 등을 역임하였다. 김봉순은 1801년(순조1) 10월
1일에 영릉 참봉에 임명되어 이듬해까지 재임하였다.

183) 장동(壯洞) 요말(僚末) : 장동은 지금의 서울 종로구 통의동, 효자동, 청운동 일대를 말하는데, 안동
김씨 일파인 김상용, 김상헌 이후로 번창하여 장동김씨라고 따로 불리게 되었다. 요말은 같은 관청
에서 근무했거나 근무하고 있는 동료에 대하여 자신을 낮추어 부르는 말이다.

【상-68】

梁部將 仕案 入納

咸陽謝書

秋間惠書 至今仰慰 不審臘寒 仕履增重 區區實切慰泝 世末公私滾汨之中
病妻臨産 産事委頓 愁悶不可狀 歲除不遠 惟冀餞迓增祉 不備 伏惟下照
己未十二月十五日 世末命喆拜
廣魚一尾 簡伍拾幅 眞梳參箇

양부장 사안 입납[184]
함양(咸陽)[185]의 답장

가을철에 보내주신 편지가 지금까지 위안이 되는데, 섣달 추위에 벼슬생활이 더욱 좋
으신지 몰라, 제 심정에 실로 그리움이 간절합니다.
세말(世末)은 공적으로 사적으로 일에 골몰하는 중에 병든 아내가 산달이 임박하여 해
산하는 일로 자리에 누우니, 수심과 근심을 이루 형언할 수 없습니다. 연말이 멀지 않
았으니, 오직 새해를 맞아 복 많이 받으시기를 빌며 이만 줄입니다. 살펴주시기 바랍
니다.
기미년(1799, 정조23) 12월 15일. 세말(世末) 명철(命喆)이 올립니다.
광어(廣魚) 1마리, 편지지 50폭, 참빗 3개.

---

184) 함양 군수(咸陽郡守)로 재임 중이던 조명철(趙命喆, 1754~?)이 1799년(정조23) 12월 15일에 양철
  진(梁喆鎭)에게 보낸 답장이다. 조명철은 본관이 양주(楊州), 자는 유성(幼性)으로 조영석(趙榮晳)의
  아들이다. 음보로 관직에 진출하여 인천 부사(仁川府使), 거창 부사(居昌府使), 공조 참의 등을 지냈
  다. 양부장(梁部將)이란 양철진이 1799년(정조23) 4월 27일에 남행 부장(南行部將)이 되었기 때문
  에 지칭한 말인데, 남행 부장은 무과 시험을 거치지 않고 조상의 공덕으로 임명된 부장을 말한다.
185) 함양(咸陽) : 조명철은 1798년(정조22) 9월 15일에 경상도 함양 군수(咸陽郡守)에 임명되어 1801
  년(순조1) 5월까지 재임하였다.

【상-69】

寶城亳谷 梁監察宅 入納

兵營候狀　省式謹封

頃侍多荷 而別意還悵 卽惟日間寒嚴 侍履珍勝 區區傃仰 弟依昔粗安 無足
言者 主守歷訪而云云事 果能如料否 若干粮資饌需送似 可助於孝廚耶 餘
留早晚更穩 不宣 謹候狀式

乙丑至月晦日 弟近冑頓

錢二兩牛脇一隻仰呈

보성 박곡 양감찰댁 입납[186]
병영(兵營)[187]의 안부 편지. 생식근봉.

얼마 전에 뵐 수 있어서 매우 감사하였는데, 이별의 뜻이 도리어 섭섭하였습니다. 근
일의 엄동 추위에 부모 모시는 생활이 좋으시리라 생각하니, 간절히 그립습니다.
제(弟)는 예전처럼 그럭저럭 평안하니 말씀 드릴 것이 없습니다. 주수(主守 수령)가 일
부러 찾아와 말한 것은 과연 계획대로 되었습니까. 약간의 양식과 찬거리를 보내는데,
상중의 부엌에 도움이 될까요. 나머지 사연은 두었다가 조만간 다시 찾아 뵙고 말씀나
누기로 하고 이만 줄입니다. 삼가 문후하는 편지를 올립니다.
을축년(1805, 순조5) 11월 그믐. 제(弟) 근주(近冑)가 올립니다.
돈 2냥, 소갈비 1짝을 올립니다.

---

186) 충청 수사(忠淸水使) 이근주(李近冑)가 1805년(순조5) 11월 그믐에 양철진(梁喆鎭)에게 보낸 편지
　　이다. 이근주는 본관이 전주(全州)로 무과를 거쳐 충청 수사, 경기 수사, 정주 목사(定州牧使) 등을
　　지냈다. 양감찰(梁監察)이란 1801년(순조1) 6월 1일에 양철진이 제감 감찰(祭監監察)을 지낸 적이
　　있으므로 이른 말이다.
187) 병영(兵營) : 이근주는 1801년(순조1) 8월 7일에 충청 수사에 임명된 일이 있다.

【상-70】

亳谷 侍案 執事

頃奉尙今悵仰 卽承審庚炎 侍履起居萬相 仰慰區區不任 弟一直勞碌 自悶
自悶 京行旣以完定 則路需行具 能而關心耶 然而此行 則不可止 幸望千里
炎程 無撓入洛 如何如何 所謂色扇 貿紙不來 未得造出 營送亦無色柄 不得
仰施 歎歎何極 屠牛旣久 黃肉不得仰呈 石魚一束仰付耳 休紙則從當優數
送之 姑俟如何 餘萬姑不備狀例

丙寅五月十三日 弟漢鼎拜上

日昨送京時 扇子竝爲封 今無一柄見存 可歎可歎

박곡의 시안 집사께[188]

얼마 전에 뵌 것이 지금까지 섭섭한데, 이제 막 삼복더위에 부모 모시는 기거가 두루
좋으심을 알게 되니, 우러러 위안되는 심정 가눌 수 없습니다.

제(弟)는 한결같이 바쁘고 수고스러우니, 스스로 근심스럽습니다. 서울 행차가 이미 완
전히 결정되었다면 여행 경비와 여행 도구에도 능히 마음을 기울이십니까. 그런데 이
번 행차는 중지할 수 없으니, 바라건대 천 리 뙤약볕 길에 탈 없이 서울에 들어오시기
바랍니다. 어떻겠습니까. 이른바 색선(色扇 색부채)은 종이를 구입해 오지 않아 만들어
내지 못하여, 감영에 보내는 것도 색병(色柄)이 없었으므로 보내드릴 수가 없으니, 한
탄스러운 심정이 한량없습니다. 소를 잡은 지가 이미 오래되어 황육(黃肉 소고기)을 보
내드릴 수가 없어 석어(石魚 조기) 1속(束)을 보냅니다. 휴지(休紙)는 마땅히 넉넉한 수
량을 보낼 것이니 우선 기다려주심이 어떻겠습니까. 나머지 사연은 이만 쓰고 편지의
격식을 갖추지 않습니다.

병인년(1806, 순조6) 5월 23일. 제(弟) 한정(漢鼎)이 절하고 올립니다.

엊그제 서울에 보낼 때 선자(扇子)를 모두 싸서 보냈으므로 지금 한 자루도 남은 것이
없어 한탄스럽습니다.

---

188) 보성 군수로 재임 중이던 이한정(李漢鼎)이 1806년(순조6) 5월 23일에 양철진(梁喆鎭)에게 보낸 편
　　지이다. 이한정은 본관이 전주(全州), 이중규(李重揆)의 손자로 훈련원 첨정, 보성 군수(寶城郡守),
　　수문장 등을 지냈다.

【상-71】 조태석(趙台錫)이 양철진(梁喆鎭)에게 보낸 답장

【상-71】

萬頃 政軒 記室 回納
長興 倅謝狀

惠翰適到於瞻企之餘　繼慰前日路上暫面之懷　況審始寒　政候起居連衛萬重
者乎　意謂有歷敍之期矣　竟孤所望　何悵如之　弟三政惱神　轉覺苦悶而已　奈
何奈何　歲後奉敍之示　預切欣企　餘擾極不備　伏惟下照　謹謝狀
丙人陽月卄八日　弟台錫拜

만경(萬頃) 정헌(政軒) 기실(記室)에 회납[189]
장흥(長興) 수령[190]의 답장

보내주신 편지가 마침 그리워하던 차에 당도하여 전날 길 위에서 잠시 만났던 회포를
연이어 위안해주었고, 하물며 첫 추위에 정무 보시는 기거가 줄곧 두루 평안하심을 알
았음에랴. 제 생각으로는 일부러 들러주시어 회포를 풀 수 있으리라 기대했는데, 마침
내 제 소망을 저버리시니, 얼마나 섭섭했겠습니까.
제(弟)는 삼정(三政)[191]으로 인해 골머리를 앓으니, 갈수록 괴롭고 근심일 뿐입니다.
어쩌면 좋습니까. 해가 바뀐 뒤에 만나 대화하자는 말씀은 미리 기쁘게 고대합니다.
나머지는 너무 소란스러워 이만 줄입니다. 살펴주시기 바라며 삼가 답장 올립니다.
병인년(1806, 순조6) 10월 28일. 제(弟) 태석(台錫)이 올립니다.

---

189) 장흥 부사(長興府使)로 재임 중인 조태석(趙台錫)이 1806년(순조6) 10월 28일에 만경 현령(萬頃縣
令)으로 재임 중인 양철진(梁喆鎭)에게 보낸 답장이다. 조태석은 본관이 평양(平壤)으로 조견(趙狷)
의 후손이고 조엽(趙曄)의 아들이다. 무과로 진출하여 다경포 만호(多慶浦萬戶), 장흥 부사(長興府
使), 공충도 수군 절도사 등을 역임하였다. 양철진은 1806년(순조6) 8월 11일에 만경 현령(萬頃縣
令)에 임명되어 이듬해 6월까지 재임하였다. 정헌(政軒)은 수령이 정무보는 곳으로 동헌(東軒)과 같
은 뜻이다.
190) 장흥(長興) 수령 : 조태석은 1805년(순조5) 윤6월 25일에 장흥 부사(長興府使)에 임명되어 1807년
(순조7) 6월까지 재임하였다.
191) 삼정(三政) : 조선 시대에 지방관의 대표 업무인 전정(田政), 군정(軍政), 환곡(還穀)을 가리킨다.

【상-72】

萬頃 政軒 入納
羅牧候狀 　(手決)謹封

同省已有月 一面姑勿論 書尺往復 亦隨而阻 悵恨曷已 卽惟至沍 政履萬勝
老親行次 亦卽奉來耶 竝切奉溯不已 聞下京時 不見安洞承旨云 雖緣忙迫
此何事也 爲之可歎可歎 世記衰年弊局 日事勞碌 實無支遣 奈何奈何 營下
或有奉敍之便 而此亦不與之相約 則猝未可成 極可恨也 此進全州李生從兄
弟 卽贈參議李公之孫也 與吾輩家 雖非同禍 世誼則與四家無異矣 適來此
間 歸路欲相歷訪貴軒 故玆以書給通謁之資耳 餘姑不宣狀例
丙寅至月卄九日 世記龍淳頓

만경(萬頃) 정헌(政軒) 입납[192]
나주 목사의 안부 편지

같은 전라도에 근무한 지 벌써 몇 달이 넘었는데, 한번 만나는 것은 고사하고 편지의
왕복조차 그에 따라 뜸해지니, 섭섭하고 한스러움이 끝이 없습니다. 동짓달 추위에 정
무 보시는 생활이 두루 좋으시고, 노친의 행차도 즉시 모셔왔겠지요. 두루 궁금하기
짝이 없습니다. 듣자니 서울에 오셨을 때 안동(安洞)의 승지(承旨)를 뵙지 않았다고 하
던데, 비록 바빠서 그랬겠지만 이것이 무슨 일이랍니까. 그 때문에 매우 한탄스럽습
니다.

세기(世記)는 노쇠한 나이에 피폐한 고을을 맡아 날마다 분주히 고생하느라 실로 버텨
나갈 수가 없으니, 어쩌면 좋습니까. 감영 아래서 혹시 만나뵐 기회가 있을 듯한데, 이

---

192) 김용순(金龍淳, 1754~?)이 1806년(순조6) 11월 29일에 만경 현령(萬頃縣令)으로 재임 중인 양철
진(梁喆鎭)에게 보낸 편지이다. 본관이 안동(安東), 자는 시백(施伯)으로 김창집의 후손이고 김이기
(金履基)의 아들이다. 1777년(정조1) 식년 진사시에 합격하여 내섬 직장(內贍直長), 형조 좌랑, 강서
현령(江西縣令), 부평 부사(富平府使) 등을 역임하고 1806년(순조6) 6월 22일에 나주 목사(羅州牧
使)에 임명되어 1810년(순조10) 3월까지 재임하였다.

또한 서로 약속할 수 없으니, 갑자기는 만날 수 없을 듯하여 극히 한스럽습니다. 이번에 가는 전주 이생(全州李生) 종형제는 바로 참의에 추증된 이공(李公)의 손자입니다. 우리 집안과는 비록 재앙을 함께 당하지 않았으나, 대대로 나눈 교분만큼은 네 집안193)과 다름이 없습니다. 마침 이곳에 왔다가 돌아가는 길에 귀헌(貴軒)을 들러 방문하고 싶다고 하기에 이렇게 편지를 써서 문지기를 통과할 바탕으로 삼아 줍니다. 나머지는 이만 쓰고 편지의 격식을 갖추지 않습니다.

병인년(1806, 순조6) 11월 29일. 세기(世記) 용순(龍淳)이 올립니다.

---

193) 네 집안 : 경종 1년 신축년(1721)과 이듬해 임인년(1722)에 연잉군의 세제 책봉을 둘러싸고 벌어진 신임사화(辛壬士禍) 때에 죽은 노론 4대신 김창집(金昌集), 이이명(李頤命), 이건명(李健命), 조태채(趙泰采) 집안을 말한다.

【상-73】

萬頃 政閣 執事 回納
求禮倅謝書

瞻仰正切 意外褫中承拜惠書 謹審肇夏 政履萬重 何等仰慰 記末近當無祿
之任於谷城 間經獄事 而其他愁亂不一而足 苦悶奈何 艮田金生書受答以送
矣 餘民擾 姑此不備禮
丁卯四月念七日 記末鄭宅信拜謝

만경(萬頃) 정각(政閣) 집사 회납[194]
구례 현감(求禮縣監)의 답장

그리움이 참으로 간절하던 차에 뜻밖에 인편을 통해서 보내주신 서찰을 받자옵고, 초여름에 정무 보시는 생활이 두루 좋으심을 알게 되니, 얼마나 위안이 되었겠습니까. 기말(記末)은 근래 곡성(谷城)에서 무록관(無祿官)[195]의 임무를 맡았다가 그 사이에 옥사(獄事)도 경험했는데, 그 밖의 수심과 혼란이 한두 가지가 아니었으니, 괴로움과 근심이 어떠했겠습니까. 간전(艮田)의 김생(金生)에게 보낸 편지에 답장을 받아 보냅니다. 나머지는 백성이 소란을 피워 이만 쓰고 예식을 갖추지 않습니다.
정묘년(1807, 순조7) 4월 27일. 기말(記末) 정택신(鄭宅信)이 답장 올립니다.

---

194) 정택신(鄭宅信)이 1807년(순조7) 4월 27일에 만경 현령(萬頃縣令)으로 재임 중인 양철진(梁喆鎭)에게 보낸 답장이다. 정택신의 행적은 자세치 않다. 금위영 초관(哨官), 행호군(行護軍)을 거쳐 1805년(순조5) 12월 28일에 구례 현감(求禮縣監)에 임명되어 1807년(순조7) 12월까지 재임하였다.
195) 무록관(無祿官) : 조선 시대에 국가의 녹봉(祿俸)이 없던 벼슬아치. 의금부(義禁府)의 당하관 및 제거(提擧)·제검(提檢) 등이 이에 소속되었으며, 3백 60일의 재직 기간이 끝나면 품계가 오른다.

【상-74】

寶城 梁萬頃 孝廬 回納

校洞 答狀上 省禮謹封

省禮 禮書之外 夫復何喩 年齡雖高 曾聞筋力康旺 且以哀誠孝 意謂益享天年 豈料今者遽承凶音耶 喪禮凡百能無憾 而攀擗之餘 哀氣力何似 心制人罪逆深重 禍延先妣 攀呼哭擗 五內分崩 而頑命尙未滅絶 奄過祥禫 痛寃益復如新 惠送賻儀紙燭 哀感萬萬 餘只冀節哀自保 毋至以孝傷孝之地 千萬千萬 不備謹狀上

己巳七月初七日 心制人金鼎根狀上

보성 양만경 효려 회납[196]

교동에서 답장 올림. 생례근봉.

예식을 생략합니다. 예서(禮書)[197] 이외에 다시 무슨 말을 하겠습니까. 연령이 비록 높으셨으나 일찍이 근력이 강건하시다 들었고, 또 상주께서 효성으로 모시므로 더욱 천수를 누리시리라 생각했는데, 어찌 오늘 갑자기 부음을 들을 줄 예상했겠습니까. 상례(喪禮)의 제반 절차에 유감이 없으시며, 부여잡고 울부짖는 나머지에 상주의 기력은 어떠하십니까.

심제인(心制人)[198]은 지은 죄가 깊고 무거워 재앙이 선비(先妣)에까지 미치니, 부여잡고 곡을 함에 오장이 갈라지고 무너집니다. 그런데 모진 목숨이 아직 끊어지지 않아

---

196) 김정근(金鼎根, 1787~?)이 1809년(순조9) 7월 초7일에 만경 현령을 지낸 양철진(梁喆鎭)에게 보낸 답장이다. 김정근은 본관이 안동(安東), 자는 군보(君輔)로 김문순(金文淳)의 아들이다. 1804년(순조4) 식년 진사시에 합격하여 정릉 참봉(貞陵參奉), 오위장을 지냈다.

197) 예서(禮書) : 정해진 예에 따라 보내는 편지를 말한다.

198) 심제인(心制人) : 예법상 상복은 벗었으나 슬픔이 가시지 않아 대상(大祥)이 지난 뒤 담제(禫祭)까지 입는 복이 심제(心制)이며 그에 해당하는 사람이 심제인이다.

서 문득 대상(大祥)과 담제(禫祭)가 지나니, 슬픔과 원통함이 더욱 다시금 새록새록합니다.

보내주신 부의(賻儀)와 지촉(紙燭)은 감사하기 그지없습니다. 나머지는 슬픔을 억제하여 스스로 보전하여 효를 행하다 효를 손상시키는데 이르지 않기를 바라고 바랍니다. 갖추지 않고 삼가 위문장을 올립니다.

기사년(1809, 순조9) 7월 초7일. 심제인(心制人) 김정근(金鼎根)이 위문장을 올립니다.

【상-75】

寶城亳谷 梁碩士 服案 回納
貞谷謝疏

稽顙 別懷經年作惡 卽者未意獲承手疏 備審邇來 尊履萬勝 區區哀慰 而第
大宅喪事 出於千萬夢想之外 驚愕震悼 無以爲喩 而積年阻濶之餘 竟未一
展 遽作千古 撫念疇昔過從 怳若隔晨 南望長嘷 尤不勝愴涕無從也 襄禮果
已克完 而承重棘人 亦能支保耶 悲念不已 罪戚末 宜死不死 祥期漸近 拊時
崩廓 寧欲溘然而已 示意奉悉 雖欲爲之周旋 而第書發在於四月念間 閱朔
淹滯 今始來到 居然過時 已無可及 極歎奈何 恨不早早承聞也 惠投鰒魚 追
惟當日貿置擬遺之盛意 不勝哀感 而物來人亡 萬事遽非 愴惻愴惻 訃書三
度 雖書居住 不知名字 無以尋傳 奈何 餘便促荒迷 不次疏式
乙亥六月初一日 戚末鳳振稽顙

보성 박곡 양석사 복안 회납[199]
정곡(貞谷)에서 답소(答疏)를 올림

이마를 조아립니다. 이별의 회포가 해를 지나서까지 사납던 차에, 지금 뜻밖에 손수
쓰신 소(疏)를 받자옵고 그간 존형의 생활이 두루 좋으심을 알게 되어 간절히 위안이
되었습니다. 그런데 큰집의 상사(喪事)가 천만 꿈에도 생각지 못한 때에 나와서 경악하
고 애도하는 심정을 형용할 길이 없습니다. 여러 해 동안 격조하던 끝에 끝내 한 번도
만나 뵙지 못하고 갑자기 저승의 나그네가 되셨으니, 지난날 어울리던 때를 되짚어 회
상해보면 흡사 지난 새벽처럼 황홀하여 남쪽을 바라보며 길게 한숨을 쉬며 슬픈 눈물

---

199) 부호군(副護軍)으로 상중에 있던 조봉진(曺鳳振, 1777~1838)이 1815년(순조15) 6월 1일에 양철
진(梁喆鎭)에게 보낸 답장이다. 조봉진은 본관이 창녕(昌寧), 자는 의경(儀卿), 호는 신암(愼菴)으로
이조 판서 조윤대(曺允大) 의 아들이다. 1805년(순조5) 증광문과에 급제하여 내외직을 두루 역임하
고 벼슬이 이조 판서에까지 올랐다.

이 줄줄 흐름을 더욱 멈출 수가 없습니다. 장례는 과연 이미 잘 치르셨고 승중(承重 제사를 이어받음)하신 상주께서도 능히 잘 지탱하십니까. 슬프고 염려되는 심정 그치지 않습니다.

죄척말(罪戚末)[200]은 죽어야 마땅한데 죽지 못한 채 대상(大祥)이 점차 가까워지니, 계절의 변화에 따라 억장이 무너지는 슬픔에 차라리 탁 죽어버리고 싶을 뿐입니다. 말씀하신 뜻은 잘 알았습니다만, 비록 주선해 드리고 싶더라도 다만 편지가 4월 20일쯤에 발송되어서 한 달을 지체하다가 지금 비로소 도착하였기에 어느덧 때가 지나버려 이미 어쩔 수가 없으니, 몹시 한탄스럽지만 어쩌면 좋습니까. 일찌감치 소식을 듣지 못한 것이 한스럽습니다.

보내주신 복어(鰒魚 전복)은 당시에 '사다가 보내주겠다'고 하신 성의를 회상하자니 슬픔을 가눌 수가 없습니다. 물건은 왔는데 사람이 없어 만사가 갑자기 글러버렸으므로 슬프고 서러울 뿐입니다. 부음(訃音)이 세 차례인데, 비록 주소는 쓰더라도 성명을 알지 못하여 찾아 보낼 수가 없으니, 어쩌면 좋습니까. 나머지는 인편이 재촉하므로 경황이 없어 소(疏)의 격식을 갖추지 못합니다.

을해년(1815, 순조15) 6월 초1일. 척말(戚末) 봉진(鳳振)이 이마를 조아립니다.

---

200) 죄척말(罪戚末) : 상중에 있는 사람이 인척에게 스스로를 겸손하게 이르는 말이다.

【상-76】

寶城亳谷 梁萬頃宅 回納

冠山倅謝書 省式謹封

向者歷訪 尙今慰荷 非意得拜惠狀 仍審日來 靜餘起居候 連衛一安 尤何等
仰慰之至 少弟近添感症 叫苦之中 一味擾汨 少無調養之暇 勢也 自憐奈何
示笠子事 終當如戒仰副矣 餘撓甚略草 姑不備謝禮

丙子四月初三日 少弟李德謙拜

보성 박곡 양만경댁 회납[201]

관산(冠山)[202] 수령의 답서. 생식근봉.

지난 번에 일부러 찾아주신 것이 지금까지 위안되고 기뻤는데, 뜻밖에 보내주신 편지를 받고서 요즈음에 조용히 거처하시는 기거가 줄곧 평안하심을 알았으니, 더욱 얼마나 위안이 되었겠습니까.

소제(少弟)는 근래 감기증세가 더하여 고통을 부르짖는 중에 한결같이 소란스러워 조금도 조섭하고 정양할 여가가 없는데, 형세가 그런 것이므로 스스로 가련하지만 어쩌겠습니까. 말씀하신 입자(笠子 갓)에 관한 일은 마땅히 말씀대로 해서 올리겠습니다. 나머지는 혼미함이 심하여 대략 쓰고 이만 답장의 예를 갖추지 않습니다.

병자년(1816, 순조16) 4월 초3일. 소제(少弟) 이덕겸(李德謙)이 올립니다.

---

201) 장흥 부사(長興府使)로 재임 중인 이덕겸(李德謙, 1771~?)이 1816년(순조16) 4월 3일에 양철진(梁喆鎭)에게 보낸 답장이다. 이덕겸은 본관이 전주(全州), 자는 회룡(會龍)으로 이동헌(李東憲)의 아들이다. 1800년(정조24) 별시 무과에 급제하여 선전관, 훈련원 부정, 평안도 중군 등을 역임하고 1814년(순조14) 7월 20일에 장흥 부사에 임명되어 1816년(순조16) 4월까지 재임하였다.

202) 관산(冠山) : 전라도 장흥(長興)의 옛이름이다. 장흥에 천관산(天冠山)이라는 산이 있다.

【상-77】

寶城毫谷 梁萬頃宅 回納
康營滯客謝狀

瞻仰之際 卽伏承下狀 謹審春風 動止候萬重 仰慰愫區區 記下生近以感病
呻吟 悶何可喩 第須代之無 尤切可悶耳 出代未知幾時 甚鬱甚鬱矣 示意謹
悉 而朴長漢 未知何許兩班 而此營千把摠先生案 則士夫朝官 盡爲借啣 況
渠輩班名乎 各邑已行座首輪回差出 營門前例也 如此等說 幸勿信聽 若何
孔崔尹三漢過甚 待更示當發關嚴治爲計 卽卽回示 至望至望耳 餘不備謝禮
丁丑二月初吉 記下生徐鳳淳拜手

보성 박곡 양만경댁 회납203)
강영체객(康營滯客)204)의 답장

그립던 차에 내려주신 편지를 받자옵고 봄바람 부는 때에 생활이 두루 좋으심을 알게
되니, 우러러 간절히 위안이 되었습니다.

기하생(記下生)은 근래 감기로 신음하고 있으니, 근심을 어찌 말로 하겠습니까. 다만
대신할 사람이 없어 더욱 근심이 깊은데다 대신할 사람이 언제 나올지 알지 못하므로
몹시 울적합니다.

말씀하신 뜻을 잘 알았습니다만, 박장한(朴長漢)은 어떤 양반인지 모르겠고, 이 감영의
천파총선생안(千把摠先生案)에는 사대부와 조정관리들이 모두 차함(借啣)205)을 쓰므로

---

203) 서봉순(徐鳳淳)이 1817년(순조17) 2월 1일에 양철진(梁喆鎭)에게 보낸 답장이다. 서봉순은 본관이
    달성(達城)으로 서영보(徐英輔)의 아들이다. 무과로 진출하여 평산 부사(平山府使), 훈련도감 천총
    등을 역임하고 1815년(순조15) 8월 3일에 전라도 병마절도사에 임명되어 이듬해 12월까지 재임하
    였다.
204) 강영체객(康營滯客) : 강영은 전라도 병영을 가리키고, 체객은 임기를 마쳤으나 조정으로부터 후임
    자가 나오지 않아 매여 있는 처지를 말한다.
205) 차함(借啣) : 실직(實職)이 아니고 벼슬 이름만 빌리는 것을 말한다.

하물며 저들 양반이야 말할 나위가 있겠습니까. 각 읍에서는 이미 좌수(座首)에서 번갈아 차출하고 있으니, 영문(營門)의 전례입니다. 이와 같은 설은 바라건대 믿지 마시기 바랍니다. 어떻게 생각하십니까. 공·최·윤(孔崔尹) 세 놈은 괘씸합니다. 다시 말씀해주시기를 기다려 응당 문서를 내서 엄히 다스릴 계획이오니, 즉시 회답을 주시기를 바라고 바랍니다. 나머지는 답장의 예식을 갖추지 않습니다.

정축년(1817, 순조17) 2월 초1일. 기하생(記下生) 서봉순(徐鳳淳)이 절하고 올립니다.

【상-78】

毫谷 靜案 下執事
本倅上謝書

歲新春深 尙此阻拜 尋常悵慕 不可容喩 際玆伏承問札 謹審和暢 靜養體內
候 連護萬康 伏慰且賀 區區無任 記下生姑保宿狀 而弊務生梗 去益層疊 畢
竟僨誤 在所丁寧 日夕悚惶而已 間作海倉之行 而每緣倥傯 未克一進遂誠 自
訟不敏 下切悚仄等題 課付伏受耳 餘適擾甚 不備 伏惟下察 謹再拜上謝書
丁丑三月初八日 記下生李濟完再拜

박곡 정안 하집사께[206]
본관사또가 답장 올림

해가 바뀌고 봄이 깊었는데 아직도 만나 뵙지 못하여 늘 섭섭하게 사모하는 심정을 형
언할 수 없었는데, 이런 차에 보내주신 서찰을 받자옵고 화창한 날씨에 조용히 정양하
시는 건강이 연달아 만강하심을 알게 되니, 위안되고 또 경하드리는 심정 가눌 수 없
습니다.

기하생(記下生)은 예전의 상태를 그럭저럭 보존하고 있으나 피폐한 고을의 사무가 생
경하여 갈수록 중첩되니, 필경에 일이 그릇될 것이 분명할 것이므로 밤낮으로 두려워
할 뿐입니다. 그 사이에 해창(海倉)에 다녀왔는데, 매양 일이 바쁜 까닭으로 한번 찾아
뵙고 정성을 올리지 못하였으니, 스스로 불민함을 탓하면서 '매우 송구하기 짝이없다
[下切悚仄]' 등의 죄명을 받을 수밖에 없습니다. 나머지는 마침 소란함이 심하여 이만
줄입니다. 살펴주시기 바라며 삼가 두 번 절하고 답장 올립니다.

정축년(1817, 순조17) 3월 초8일. 기하생(記下生) 이제완(李濟完)이 두 번 절합니다.

---

206) 보성 군수로 재임 중이던 이제완(李濟完)이 1817년(순조17) 3월 8일에 양철진(梁喆鎭)에게 보낸 답
장이다. 이제완은 본관이 우봉(牛峯)으로 무과로 진출하여 비변사 낭청, 훈련원 판관 등을 역임하고
1817년(순조17) 5월 2일에 보성 군수에 임명되어 이듬해 8월까지 재임하였다.

【상-79】

寶城 梁萬頃宅 入納

兵使候狀

向枉不遑憂故 一未穩攄 迨此耿耿 卽問日來 靜候起居益衛 京行那間啓發
耶 幷切慰溯 不能已已 弟狀無足言 兒憂漸差 而蘇醒猝未易 矜悶難狀 餘憂
擾 姑留不宣狀儀

戊人午月旣望 弟和源拜

二箑伴呈 些略可歎

보성 양만경댁 입납207)
병사(兵使)의 안부 편지

지난 번 왕림하셨을 때 근심거리로 인해 잠시도 조용히 마음을 터놓을 겨를이 없었으
니, 지금까지 가슴에 아른거립니다. 지금 묻사옵건대 근일에 조용히 지내시는 기거가
더욱 좋으시며, 서울 행차는 언제쯤 출발하십니까. 두루 위안되고 그리움을 그칠 수
없습니다.
제(弟)의 형편은 족히 말씀드릴 것이 없습니다만, 아이의 병이 점차 차도가 있으나 소
생하기는 갑자기 어려우니 가련하고 근심스러움을 형언하기 어렵습니다. 나머지 사연
은 근심과 소란으로 우선 접어두고 편지의 격식을 갖추지 않습니다.
무인년(1818, 순조18) 5월 16일. 제(弟) 화원(和源)이 올립니다.
부채 2자루를 올리오나 소략하여 한탄스럽습니다.

---

207) 전라도 병마절도사로 재임 중인 유화원(柳和源, 1762~?)이 1818년(순조18) 5월 16일에 양철진(梁
喆鎭)에게 보낸 편지이다. 유화원은 본관이 진주(晉州), 자는 성지(聖之)로 함경도 병마절도사 유진
하(柳鎭夏)의 아들이다. 1785년(정조9) 정시무과에 급제하여 하동 부사(河東府使), 갑산 부사(甲山
府使), 황해도 수군절도사 등을 역임하고 1817년(순조17) 2월 19일에 전라도 병마절도사에 임명되
어 1819년(순조19) 2월까지 재임하였다.

【상-80】

梁碩士 孝廬 回納 毫谷 (諱正鎭 字養初 冑鉉子)
申正言謝疏

省式 先王考祥事已過 因哀疏始知在疚 千里事 有如是矣 吾亦承重之人 今
見哀疏 若己當之 大人不在 哀獨當家大小事彌綸 遭家不造 有退無進 且況
家此而庄彼 收拾想益爲難 奉慮切切 第所仰勉者 哀家本以文學行誼持門
雖百艱中無或放倒 常常勉飭 無墜家聲 以副此區區之期待也 此間年來衰白
轉甚 晚節不耐公故奈何 地主素與春府有契 相念必不歇後 啓行時 已有所
酬酢 若有可爲事 隨事提告 必不恝然矣 適擾不宣疏例
丙子七月卄六 在陽疏上

박곡 양석사 효려 회납208)---(휘 정진, 자 양초, 주현의 아들)
신정언(申正言)의 답장

예식을 생략합니다. 선왕고(先王考 돌아가신 조부)의 상사(祥事 대상)가 이미 지나셨다는
데, 상주의 소(疏)를 보고서 비로소 상중에 있음을 알았으니, 천 리 밖의 일이란 흔히
이와 같습니다. 저 또한 승중(承重)한 사람으로 지금 상주의 소를 보니 마치 제가 당한
것 같습니다. 대인(大人)께서 계시지 않으므로 상주께서 홀로 집안의 대소사를 맡아 처
리하실텐데, 집안이 불운을 만나서 후퇴만 있고 전진이 없으며, 또 하물며 집은 이곳
에 있고 농장은 저곳에 있으므로 수습하기가 아마도 더욱 어려울 듯하여 우러러 염려
됨이 간절합니다. 다만 우러러 권면하는 것은 상주의 가문이 본래 문학(文學)과 행의
(行誼)로 가문을 유지해오면서 비록 백 가지 어려움 중에도 혹시라도 엎어지거나 고꾸

---

208) 사간원 정언 신재양(申在陽, 1758~?)이 1816년(순조16) 7월 26일에 양정진(梁正鎭)에게 보낸 답
  장이다. 신재양은 본관이 평산(平山), 자는 내경(來卿)으로 신광보(申光輔)의 아들이다. 1813년(순조
  13) 증광 문과에 급제하여 승정원 가주서, 병조 좌랑 등을 역임하고 1815년(순조15) 1월 16일에
  사간원 정언에 임명되었다. 양정진(梁正鎭)은 자가 양초(養初)로 주현(冑鉉)의 아들이다.

라진 일이 없으니, 늘 면려하고 조심하여 집안의 명성을 실추시키지 말아서 저의 간절한 기대에 부응해주십시오.

이곳의 저는 근년 들어서 흰머리가 갈수록 심해지는데 만년에 공무를 감내하지 못하고 있으니, 어쩌면 좋습니까. 지주(地主 수령)는 평소 춘부장(春府丈)과 교분이 있으니, 서로 염려해줌이 반드시 소홀하지 않을 것입니다. 출발할 때 이미 수작한 바가 있으므로 만약 어떤 일이 생기면 일에 따라 고한다면 반드시 모른 척 하지는 않을 것입니다. 마침 소란하여 소(疏)의 예식을 갖추지 않습니다.

병자년(1816, 순조16) 7월 26일. 재양(在陽)이 소를 올립니다.

【상-81】

亳谷 梁碩士宅 入納 (諱栒 字子馨 可爀次玄孫)

昇平將候書

阻餘卽承惠書 仰荷仰荷 恪詢臘沍 棣履萬衛 仰傃區區勞禱 宗末近以邑務
多端 寒感叫楚 自悶自悶 第某處事 緣於公擾 尙未得開說之暇 則此是人間
大事 何可率爾圖成耶 以此恕諒如何 餘在續後 都留不備謝禮

壬戌臘月十二日 宗末柱華拜

박곡 양석사댁 입납[209]---(휘 순, 자는 자경, 가혁의 둘째 현손이다)

승평장(昇平將)의 안부 편지

격조하던 끝에 보내주신 서찰을 받자오니, 우러러 감사드립니다. 삼가 묻자옵건대 섣달의 추위에 형제분의 건강이 두루 좋으신지, 우러러 그리운 제 마음이 늘 축원합니다.

종말(宗末)은 근래 고을의 사무가 번다한데다 감기로 고통을 호소하자니 스스로 근심스럽기 그지없습니다. 다만 모처의 일은 공적인 사무로 인해 아직도 이야기를 꺼낼 여가가 없었으니, 이것은 인간의 대사인데 어찌 성취를 소홀히 도모하겠습니까. 이렇게 너그러이 양찰해 주심이 어떠합니까. 나머지 사연은 다음 편지로 미루며 모두 접어두고 답장의 예식을 갖추지 않습니다.

임술년(1862, 철종13) 12월 12일. 종말(宗末) 주화(柱華)가 올립니다.

---

209) 낙안 군수(樂安郡守)로 재임 중인 양주화(梁柱華, 1816~?)가 1862년(철종13) 12월 12일에 양순(梁栒)에게 보낸 답장이다. 양주화는 본관이 남원(南原)으로 내금위장 양건수(梁建洙)의 아들이다. 무과에 급제한 뒤에 형조 정랑, 도총부 경력 등을 역임하고 1861년(철종12) 9월 25일에 낙안 군수에 임명되었다. 양순(梁栒)은 본관이 제주(濟州), 자가 자경(子馨)으로 가혁(可爀)의 둘째 현손이다.

【상-82】

雙峰 侍座 回敬　 (諱在慶 字汝正 奉事公十一世孫)

永峽金生謹奉謝

匪意華宗遠枉 袖致珍翰 病枕伏讀 寄意隆摯 滿心慙惶 不知所以仰對也 平黙碌碌一腐儒 本不足記數於士類間 今年將八十 不出戶庭 尋常人事 七顚八倒 屋霤呼復 朝夕間事 面前萬事 悉付之先天久矣 春秋綱常 孔孟程朱 何敢開口上下也 惟天經民彝與人間 故承敎不覺愓然起感矣 抑老子已矣 惟執事年富力强 奮迅踊躍 拔出於六合昏墊之中 使人理不至盡絶於殷師之舊邦 千萬之望

辛卯七月朔朝 金平黙再拜

쌍봉(雙峰)210) 시좌 회경211)---(휘 재경, 자 여정, 봉사공의 11세손이다)

영평(永平) 골짜기 김생이 삼가 답장 올림

뜻밖에 화종(華宗)212)께서 멀리 왕림해주시어 소매에서 진귀한 서찰을 꺼내주시기에 병으로 베개에 누운 채 읽어보니, 말씀이 정성스러워 제 가슴 가득히 부끄러움이 일어 무어라 대꾸할 바를 모르겠습니다.

---

210) 쌍봉(雙峰) : 전남 화순군 이양면 쌍봉리이다.

211) 김평묵(金平黙, 1819~1891)이 작고하기 얼마 전인 1891년(고종28) 7월 1일에 양재경(梁在慶)에게 보낸 답장이다. 김평묵은 본관이 청풍(淸風), 자는 치장(穉章), 호는 중암(重菴)이다. 김성양(金聖養)의 아들로 홍직필(洪直弼)과 이항로(李恒老) 문하에서 수학한 구한말 위정척사 계열의 큰 학자이다. 인생의 대부분을 경기도 포천을 중심으로 학문에 전념하다가 68세 때인 고종 23(1886)에 경기도 영평(永平)의 운담(雲潭)으로 이사하여 활동하였다. 이항로는 1891년(고종28) 12월 20일에 운담정사에서 졸하다. 이 편지는《중암선생 별집(重菴先生別集)》권2에 〈양여정 재경에게 답함[答梁汝正在慶(辛卯)]〉라는 제목으로 실려 있다.
   양재경(梁在慶, 1859~1918)은 자가 여정(汝正), 호는 희암(希庵)으로 봉사공(奉事公) 양산욱(梁山旭)의 11세손이다. 전남 화순군 이양면 쌍봉리 출신으로 양후연(梁後然)의 아들이다. 1905년에 마을 뒤편에 한후정(寒後亭)을 세우고 후학을 양성하였다.

212) 화종(華宗) : 빛나는 종족이란 뜻으로 상대방의 친족을 가리킨다.

평묵(平黙)은 녹녹한 일개 썩은 선비로서 본래 선비 사이에 끼이기에도 부족한데, 올해 나이가 80에 가까워 문과 뜨락을 나서지도 못해 평범한 인사조차도 이리저리 구르고 넘어지니, 지붕 위에서 고복(皐復 초혼)하는 일은 조석에 달린 일이라 눈앞의 만사를 모두 선천(先天 운명)에 내맡긴 지가 오래입니다. 춘추(春秋)와 강상(綱常), 공맹(孔孟)과 정주(程朱)에 대해 어찌 감히 입을 벌려 논하겠습니까만, 오직 하늘의 떳떳한 법칙과 백성의 떳떳한 윤리만큼은 남들과 동일하기 때문에 가르침을 받고서 저도 모르게 두렵게 감회가 일었던 것입니다. 그러나 늙은 사람은 이제 그만입니다. 오직 집사께서는 나이가 젊고 힘도 강하므로 떨쳐 일어나 뛰어올라서 혼탁한 세상 속에서 몸을 솟구쳐 사람의 이치로 하여금 은사(殷師 기자(箕子))의 옛 나라에서 아주 끊어지지 않게 해주시기를 간절히 바랍니다.

신묘년(1891, 고종28) 7월 초하루 아침. 김평묵(金平黙)이 두 번 절합니다.

【상-83】

雙峰 靜座 回納

三溪 謝狀上

省式 隔歲阻顔 與日俱永 謂外安雅委訪講好 兼致崇械 拜慰多少 更惟靜候
萬重 第屢經偸驚 搬移棲遑 種種溯慮 世下私家不幸 春間遭室人 臨年失耦
自當先後相隨 是可理遣 而前崇遇暑添郤 悶憐 俯屬誌文 辭不獲已 冒沒搆
呈 斤正進退之爲仰 六化集謹領 而高韻以此病淹 未得便回奉副 諒恕如何
沙谷所去冊封 隨便謹致矣 餘神昏手戰 姑不備謝狀禮

乙巳七月五日 世下服人成大永謝狀上

쌍봉 정좌에 회납213)

삼계(三溪)에서 답장 올림

예식을 생략합니다. 해를 넘기도록 얼굴을 뵙지 못한 그리움이 날이 갈수록 긴데, 뜻 밖에 안(安) 선비가 일부러 찾아와 우호를 닦으며 겸하여 서찰을 전해주니, 매우 위안이 되었습니다. 다시 생각건대 조용히 지내시는 체후가 두루 평안하시리라 생각합니다. 다만 여러 차례 도둑을 맞아 이사를 하며 분주하시다니 가지가지로 궁금하고 염려가 됩니다.

세하(世下)는 집안이 불행하여 봄철에 아내의 상을 만났습니다. 만년에 배우자를 잃었다면 응당 앞뒤로 서로 따라가게 될 것은 이치상 이해할 수 있는데, 예전의 병이 더위를 맞아 덧난 것은 근심스럽고 가련합니다. 부탁하신 지문(誌文)은 끝내 사양치 못하여 부끄러움을 무릅쓰고 지어 올리오니, 바로잡아서 쓰시든 버리시든 하십시오.《육화집(六化集)》214)은 잘 받았사오나, 고매하신 시는 제가 병으로 고생하느라 즉시 회답을

---

213) 성대영(成大永, 1829~?)이 1905년 7월 5일에 양재경(梁在慶)에게 보낸 답장이다. 성대영은 본관이 창녕(昌寧). 자는 경로(景老), 호는 발산(鉢山)이다. 현감 성원호(成元鎬)의 아들이다. 1885년(고종 22) 증광 문과에 급제하여 벼슬이 궁내부특진관에 이르렀다.

드리지 못하오니, 너그러이 양찰하심이 어떠합니까. 사곡(沙谷)215)으로 가는 책꾸러미는 인편을 통해 잘 전달하였습니다. 나머지는 정신이 혼미하고 손이 떨려 이만 답장의 예를 갖추지 않습니다.

을사년(1905) 7월 5일. 세하(世下) 복인(服人) 성대영(成大永)이 답장 올립니다.

---

214) 육화집(六化集) : 조선후기 학자 양거안(梁居安, 1652~1731)의 시문을 엮어 목활자로 간행한 3권 1책의 시문집이다. 저자의 5대손 양상욱(梁相郁)이 유문(遺文)을 수집하여 편찬한 것을 방손 양재경(梁在慶)이 1903년에 간행하였다.

215) 사곡(沙谷) : 보성군 겸백면 사곡리(沙谷里)를 가리킨다.

【상-84】

雙峯 靜座 回納
遠溪謝狀

不遐陋劣 遠訪未幾 又惠德音 深庸感戢 俯托尊先文字 托名爲榮 忘僭謹構
而未成正本 故以竢後禠 靜菴集 間卽送傳 而書院洞立祠立碑 一則犯禁也
一則未爲不可 而愚意不如建一書塾講先生遺書之爲好 更加深諒 如何 餘不
備亮照
丁酉至月八日 服人秉璿拜

쌍봉 정좌에 회납216)
원계(遠溪)217)의 답장

누추하고 저열한 저를 멀리하지 않으시고 멀리까지 방문해 주신 지 얼마 지나지 않아
또 소식을 전해 주시니, 깊이 감사하기 그지없습니다. 부탁하신 존형 선친의 문자에
대해 이름을 올리는 것만도 영예이므로 분수를 잊고 지어 올립니다만, 정본이 완성되
지 않았으므로 다음 인편을 기다리고자 합니다. 《정암집(靜菴集)》218)은 그 사이에 보
내드렸는데, 서원동(書院洞)에 사당을 세우고 비석을 세우는 일은 한편으로는 금령을
범하는 것이고 한편으로는 불가할 것이 없습니다만, 제 생각으로는 하나의 서숙(書塾)
을 지어서 선생께서 남기신 글을 강론하는 것이 좋을 듯합니다. 다시 깊이 양찰하심이
어떠합니까. 나머지 사연은 접어두니 살펴주십시오.
정유년(1897, 고종34) 11월 8일. 복인(服人) 병선(秉璿)이 올립니다.

---

216) 송병선(宋秉璿, 1836~1905)이 1897년(고종34) 11월 8일에 양재경(梁在慶)에게 보낸 답장이다. 송
병선은 본관이 은진(恩津), 자는 화옥(華玉), 호는 동방일사(東方一士)·연재(淵齋)이다. 송시열(宋時
烈)의 9세손이며, 송면수(宋勉洙)의 아들이다. 학행(學行)으로 천거받아 좨주(祭酒)에 기용된 뒤 서
연관·경연관·대사헌을 지냈다. 1905년 을사조약이 체결되자 시정개혁과 일본에 대한 경계를 건
의하며 울분을 참지 못해 음독 자결하였다.

217) 원계(遠溪) : 충청도 옥천(沃川)의 원계이다. 충청도 회덕(懷德)에 세거하던 송병선(宋秉璿)은 50세
때인 고종 22년(1885)에 원계로 들어가 활동하다가 59세 때에 다시 회덕으로 돌아왔다.

218) 《정암집(靜菴集)》 : 조광조(趙光祖)의 문집이다. 송병선은 조광조·이황(李滉)·이이(李珥)·김장생
(金長生)·송시열 등의 문집에서 좋은 글귀를 뽑아 《근사속록(近思續錄)》을 편찬한 일이 있다.

【상-85】

梁碩士 孝座 回納 (綾州雙峰)

莇谷謹拜狀

省禮 光陰奔流 練祀奄過 竊惟孝子至感時傷物 尤當如何 玆承昨年九月曁
今二月兩度惠疏 拜審間來孝體支福 侍奠餘暇 講禮辨疑 愈篤愈勤 當此天
地茂貞倫綱頹敗之日 所以爲扶植名敎之一大根基者 尤不勝欽敬萬萬也 俯
敎兩世遺事 走避不得 塗乙奉副 非敢以文字自居 而必其入用 要以擇狂盛
意 切不可一向逋慢也 幸須到底刪潤 務歸平正 千萬千萬 玆風波餘喘 近益
漸頓 蟄伏念愆 厥負孔多 誠不知以何顔對人 只恨一死之尙遲也 餘祝因序
加護 不備謹狀

丙申六月四日 崔益鉉拜上

양석사 효좌 회납[219] (능주 쌍봉)

채곡(莇谷)[220]에서 답장 올림

예식을 생략합니다. 세월이 빨리 흘러 소상(小祥)이 문득 지나니, 효자의 계절에 느낌
이 일고 사물에 상심하는 지극한 심정이 더욱 어떠하신지 모르겠습니다. 이제 작년 9
월과 금년 2월에 주신 두 차례의 소(疏)를 받고서, 그간 상주의 체후가 잘 지탱하시고
시전(侍奠)[221]하는 여가에 예를 강론하고 의심을 분석함이 더욱 독실하고 더욱 부지런

---

219) 최익현(崔益鉉, 1833~1906)이 1896년(고종33) 6월 4일에 양재경(梁在慶)에게 보낸 답장이다. 최
   익현은 본관이 경주(慶州), 자는 찬겸(贊謙), 호는 면암(勉庵)이다. 경기도 포천 출신으로 최대(崔岱)
   의 아들이다. 1855년(철종6) 정시문과에 급제하여 크고 작은 벼슬을 역임하며 부조리한 조정의 처
   사에 자주 상소를 올려 개혁을 촉구하였다. 1905년 을사조약이 체결되자 의병을 일으켜 항거하다
   붙잡혀 대마도에서 옥사하였다.

220) 채곡(莇谷) : 최익현의 고향 경기도 포천현(抱川縣) 내북면(內北面) 가채리(嘉莇里)를 가리킨다.

221) 시전(侍奠) : 부모님 중에 한 분은 살아 계시고 한 분은 돌아가셨다는 뜻이다. 시(侍)는 살아 계신
   부모님을 모신다는 말이고 전(奠)은 돌아가신 부모님에게 상주로 제사를 드린다는 말이다.

함을 알게 되었습니다. 이렇게 천지가 무너지고 윤리가 쇠퇴한 날을 당하여 명교(名敎
윤리와 명분)의 큰 근본을 부축하시는 모습에서 더욱 공경하는 심정을 가눌 수 없습니
다. 말씀하신 두 대의 유사(遺事)는 모면할 수가 없어서 끄적거려 바쳐 올리는데, 문장
에 능하다 자부하여 반드시 쓰이게 되리라 생각하는 것이 아니라, 요컨대 미치광이의
말조차 구하시는 성의 때문에 줄곧 사양할 수만은 없었기 때문입니다. 바라건대 반드
시 상당한 산삭과 윤문을 가하시어 평정(平正)한 데로 귀결되기를 바라마지않습니다.
익(益)은 풍파를 겪은 남은 목숨이 근래에는 쇠약해 쓰러져,[222] 칩거하여 허물을 생각
함에 저버린 것이 매우 많으니, 참으로 무슨 얼굴로 사람을 대할지 알지 못하여 그저
죽음이 늦는 것이 한스러울 뿐입니다. 나머지는 계절에 따라 더욱 조심하시기 축원하
며 답장을 갖추지 않습니다.

병신년(1896, 고종33) 6월 4일. 최익현(崔益鉉)이 올립니다.

---

[222] 익(益)은……쓰러져 : 최익현은 1895년(고종32) 12월에 단발령을 따르지 않는다는 이유로 체포되
어 서울 전동(典洞)에 갇힌 일이 있는데, 이로 인해 이듬해 여름에 경기도 가평의 현등산(懸燈山)에
들어가 수개월 동안 휴양하였다.

【상-86】

雙峯 文几下回敬

活山謹復

此世何世 翻雲覆雨 溢目傷心 懷仰高風 際玆益有倍蓰 惠翰忽墜 慰浣之極
如獲英眄 況審靖候萬重者乎 尤不任欣頌 秉珣遭此板蕩時節 未能作巡遠之
鬼 尙寄在陽界上 而亦何能久乎 只竢冥符之到而耳 思齊篇弁文 雖有屢敎
而自顧昏耗 難可爛精於文字上 未得仰副 極可主臣 而其爲書也 旣出於高
明精力之蘊 則必無未盡者矣 弁文之有無 何足爲重輕耶 圃雲公墓文 索白
以呈 洞賜恕諒 餘不備謝上

辛亥三月旬二日 弟秉珣拜

쌍봉 문궤(文几) 아래에 회답[223]

활산(活山)에서 답장함

이 세상이 어떤 세상입니까. 구름이 뒤집히고 비가 퍼부음에 눈길 닿는 곳마다 상심
하게 되니, 고상한 풍모를 우러름이 이런 즈음에 더욱 몇 갑절이나 심합니다. 보내주
신 편지가 문득 떨어짐에 시원히 위안되는 심정 지극하여 마치 빛나는 모습을 뵌 듯
한데, 하물며 조용히 지내시는 체후가 두루 평안하심에야 더욱 기쁜 심정을 가눌 수
없습니다.

병순(秉珣)은 이렇게 나라가 어지러운 시절을 당하여 순원(巡遠)[224] 같은 귀신이 되지

---

223) 송병순(宋秉珣, 1839~1912)이 1911년(3월 12일에 양재경(梁在慶)에게 보낸 답장이다. 송병순은
본관이 은진(恩津), 자는 동옥(東玉), 호는 심석재(心石齋)이다. 충청도 회덕(懷德) 출신으로 송시열
(宋時烈)의 9세손이며 을사조약에 반대하여 순절한 송병선(宋秉璿)의 아우이다. 벼슬에 나아가지 않
고 회덕과 옥천을 왕래하며 학문에 매진하였고, 1883년(고종20) 충청도 영동군 학산면(鶴山面) 활
산(活山)으로 이주하여 후학을 양성하였다.

224) 순원(巡遠) : 당나라 장순(張巡)과 허원(許遠)을 가리키는데, 안녹산의 난이 일어나자 힘을 합쳐 저양
(雎陽)을 굳게 지켰으나, 몇 개월 후 지원군이 끊기고, 식량이 떨어져 성이 함락되면서 피살되었다.

못하여 아직도 이 세상에 살고 있는데, 또한 어찌 오래갈 수 있겠습니까. 그저 저승명부가 이르기를 기다릴 뿐입니다. 〈사제편(思齊篇)〉 서문은 비록 여러 차례 말씀이 있으셨으나, 저의 혼미함을 돌아보면 문장을 짓는데 정신을 기울이기가 어려워 요청에 부응할 수 없으니, 몹시 송구스럽습니다. 그러나 그 책이 이미 고명(高明)의 온축된 정력에서 나왔으니, 필시 미진한 곳이 없을 것입니다. 서문이 있고 없고가 어찌 책을 무겁고 가볍게 할 수 있겠습니까. 포운공(圃雲公)225)의 묘지문은 종이만 메꿔 올리오니, 너그러이 양찰해주시기 바랍니다. 나머지는 갖추지 않고 답장 올립니다.

신해년(1911) 3월 12일. 제(弟) 병순(秉珣)이 올립니다.

---

225) 포운공(圃雲公) : 최익현의 문인 양상엽(梁相曄, 1852~1903)을 가리킨다. 《포운유집(圃雲遺集)》이 있다.

【상-87】

雙峰 哀廬 回納
沙谷謝疏

省禮言 料襄貴宗專至 拜承禮書隔疏 謹審孝體支將 慰荷 胤君亦安侍增課
耶 記下覯茲萬古所無之變 跧伏窮滋 無由效死 尚何爲哉 晚羲集已刊布 何
其迅也 杏村集幷謹領披讀 其經權一論 儘是大文字 欽盛欽盛 六化集校勘
之囑 旣已承序文之托 何獨於校正而辭之 矧維髦峯公顯刻以昌之 獲交於足
下 於其旁親諸公 尚願以益相之 況於斯役乎 雖然一言以斷之曰 今非其時
也 文字亦須有一分意況 然後可爲 以今求死不得者 眞介之推所謂焉用文爲
六化集旣不能校勘 而如此變擾之時 未刊之單件文集 不宜久留 茲以還奉
誦諉之重 無以奉副 愧悚彌襟 不備謝疏
乙未九月念日 記下李建昌拜疏

쌍봉 애려에 회납[226]
사곡(沙谷)[227]의 답소

예식을 생략하고 말씀드립니다. 뜻밖에 귀종(貴宗)[228]께서 일부러 찾아오시어 예서
(禮書)와 격조하던 소를 받자옵고 상주의 건강이 잘 지탱함을 알았으니, 위안되고 감
사하였습니다. 윤군(胤君 상대방의 아들)께서도 평안히 부모 모시며 공부에 더욱 힘쓰

---

226) 은거 중인 이건창(李建昌, 1852~1898)이 1895년 9월 20일에 양재경(梁在慶)에게 보낸 답장이다.
　　 이건창은 본관이 전주(全州), 자는 봉조(鳳朝, 鳳藻) , 호는 영재(寧齋)이다. 1866년(고종3) 15세의
　　 나이로 별시문과 급제했으나 너무 일찍 등과했기 때문에 19세에 이르러서야 벼슬을 시작하여 이조
　　 참판에까지 올랐다. 1892년(고종29) 승지로 있으면서 상소사건으로 보성에 유배되었다가 풀려났
　　 다. 갑오경장 이후로는 새로운 관제에 의한 각부의 협판(協辦)·특진관(特進官) 등에 임명되었으나
　　 모두 거절하였다.
227) 사곡(沙谷) : 이건창의 출생지인 강화도 사곡(沙谷)을 가리킨다.
228) 귀종(貴宗) : 상대방의 일가친척을 높여 부르는 말이다.

십니까.

기하(記下)가 이와 같은 만고에 없던 변고229)를 만나 궁벽한 물가에 엎어져 있으나, 목숨을 바칠 길이 없으니 오히려 무엇을 하겠습니까. 《만희집(晩羲集)》230)이 이미 간행 배포되었으니, 어찌 이렇게 빠릅니까. 《행촌집(杏村集)》231)도 함께 잘 받아서 읽어 보니, 그 경권(經權 상도와 권도)을 논한 글은 모두 훌륭한 문장이어서 매우 공경스럽습니다. 《육화집(六化集)》232)을 교감해 달라는 말씀은, 이미 서문의 부탁을 받은 터에 어찌 교정이라고 사양하겠습니까. 하물며 체봉공(髢峯公)233)을 드러내어 새겨서 현창함으로써 족하와 교분을 맺었으니, 그 다른 친족 제공들도 오히려 더욱 도와드리기를 원하는데, 하물며 이런 일쯤이야 못하겠습니까. 비록 그렇지만 한 마디로 잘라 말한다면 '지금은 그 때가 아닙니다. 문장이라는 것도 약간의 의황(意況 의욕과 분위기)이 있은 연후에 할 수 있는데, 지금 죽기를 구하면서 죽지 못한 자로서는 참으로 개지추(介之推)가 이른바 '문장을 어디에 쓰리오'라는 심정입니다.234) 《육화집》을 이미 교감해드릴 수가 없는데, 이와 같이 변화하고 어지러운 시절에 간행되지 못한 유일한 문집을 오래 붙들고 있어서는 안 되겠기에 이번에 도로 바쳐 올리는데, 일부러 부탁하신 말씀에 부응해 드리지 못하여 부끄럽고 송구함이 가슴에 가득합니다. 갖추지 않고 답소를 올립니다.

을미년(1895) 9월 20일. 기하(記下) 이건창(李建昌)이 절하고 답소를 올립니다.

---

229) 만고에 없던 변고 : 갑오개혁(甲午改革)에 의해 1894년(고종31) 7월부터 1896년 2월까지 정치, 경제, 행정, 군사 등 여러 방면에서 근대적 체제로 변환된 것을 가리킨다.

230) 만희집(晩羲集) : 조선후기 학자 양진영(梁進永, 1788~1860)의 시문을 엮어 1895년에 후손 양재경(梁在慶)이 간행한 책으로 14권 6책의 목활자본이다. 권두에 기우만(奇宇萬)과 이건창(李建昌)의 서문이 있고, 권말에 성대영(成大永)·안철환(安澈煥)·양재경 등의 발문이 있다.

231) 행촌집(杏村集) : 양우규(梁禹圭, 1689~1774)의 시문집이다. 양재경(梁在慶)이 1895년(고종32)에 《만희집(晩羲集)》과 함께 간행하였다.

232) 육화집(六化集) : 조선후기 학자 양거안(梁居安)의 시문을 엮어 목활자로 간행한 3권 1책의 시문집이다. 5대손 양상욱(梁相旭)이 편찬한 것을 방손 양재경(梁在慶)이 1903년에 간행하였다.

233) 체봉공(髢峯公) : 양주남(梁砥南)을 가리킨다. 자는 자진(子鎭)으로 학포(學圃) 양팽손(梁彭孫)의 현손(玄孫)이며 우산(牛山) 안방준(安邦俊)의 문인이다. 효행이 있었고 병자호란에 의병을 일으켰다.

234) 개지추(介之推)가……심정입니다 : 진(晉)나라 개지추(介之推)가 뒤죽박죽된 정치 현실을 한탄하며 은거하려 할 때에 그 어머니가 말하기를 "임금에게 알게 하는 것이 어떻겠는가?" 하니, 답하기를 "말은 몸을 꾸미는 것입니다. 장차 몸을 숨기려 하면서 무엇 하러 문장을 꾸미겠습니까. 꾸민다면 이는 드러나기를 추구하는 것입니다.【言 身之文也 身將隱焉 焉用文之 是求顯也】"라고 하였다.《春秋左氏傳 僖公24年》

【상-88】

梁雅士 回敬 (諱在德 字德一)

雲潭病生謝書

獲書知南州有梁淸一斯文 生於靜菴先生賦鵩之邦 夙聞大賢之風 兼挺卓犖
之姿 志意高遠 獨立於羽毛鱗介要盟之衝而不懼 仍知講明義理 扶持綱常
必本於聖賢之道 決意發軔 有此諄諄 抑親勝己資警益 晦翁雖云爾 三人行
必有我師 亦孔聖之言也 誠願一日惠然 共尋己卯之餘緖 以達乎洛建 圖所
以致一身之中和 爲安泰天地萬物之本否 伏惟察納

庚寅至月十四日 金平黙拜謝

양아사께 회답235) ---(휘 재덕, 자 덕일)

운담병생(雲潭病生)의 답장

편지를 받고서 남쪽 고장에 양청일(梁淸一) 사문(斯文)이 있음을 알게 되었습니다. 사
문은 정암(靜菴) 선생께서 복조(鵩鳥)를 읊던 고장에서 태어나 일찍부터 대현의 풍도를
들었고 겸하여 탁월한 자질이 빼어났으며, 뜻이 고원하여 깃털과 터럭이 있는 짐승들
이 맹약을 강요하러 몰려드는 곳에서도 홀로 서서 두려워하지 않았다 합니다. 이에 의
리를 강론하여 밝히고 강상(綱常)을 부축하여 유지하는 것이 반드시 성현의 도에 근본
을 둠을 알게 되었습니다. 뜻으로 결단하여 수레를 보내서 이렇게 정성스럽게 문안해

---

235) 김평묵(金平黙, 1819~1891)이 1890년(고종27) 12월 14일 양재덕(梁在德)에게 보낸 답장인데, 원
편지를 축약하여 실은 것이다. 김평묵은 본관이 청풍(淸風), 자는 치장(穉章), 호는 중암(重菴)이다.
김성양(金聖養)의 아들로 홍직필(洪直弼)과 이항로(李恒老) 문하에서 수학한 구한말 위정척사 계열
의 큰 학자이다. 인생의 대부분을 경기도 포천을 중심으로 학문에 전념하다가 68세 때인 고종
23(1886)에 경기도 영평(永平)의 운담(雲潭)으로 이사하여 활동하였다. 김평묵은 1891년(고종28)
12월 20일에 운담정사에서 졸하였다. 이 편지는 《중암선생 별집(重菴先生別集)》 권4에 〈양청일 재
덕에게 답함[答梁淸一在德(庚寅)]〉이라는 제목으로 실려 있는데, 앞뒤로 생략되기 전의 글이 더 실
려 있다. 양재덕(梁在德)은 호가 현재(弦齋)로 전라남도 화순군 이양면 초방리 출신이다.

주셨는데, "나보다 나은 이를 가까이 하여 가르침을 받는다.[親勝己資警益]"는 회옹(晦翁 주자)께서 비록 말씀하셨지만, "세 사람이 함께 길을 가면 반드시 나의 스승이 있다.[三人行 必有我師]"는 또한 공성(孔聖 공자)의 말씀이십니다. 참으로 원하기로는 어느 날 흔쾌히 찾아오시어 함께 기묘년의 남은 가르침을 찾아보고, 그럼으로써 낙건(洛建)236)에까지 도달하여 일신(一身)의 중화(中和)를 이루는 것이 천지만물을 편안하게 만드는 근본이 됨을 시도해 보지 않으시렵니까. 살펴 받으시기 바랍니다.

경인년(1890, 고종27) 12월 14일. 김평묵(金平黙)이 답장 올립니다.

---

236) 낙건(洛建) : 정주학(程朱學)을 말한다. 정자(程子)는 낙양(洛陽)에서 살고 주자(朱子)는 복건(福建)에서 살며 강학하였으므로 이렇게 말한 것이다.

【상-89】

艸坊 侍案 回納

遠溪謝狀

縷縷見喩 無非務實求助之意 其義則盛矣 但施之愚陋 此何異借聽於聾也
愧無以喩 四勿箴 言心言性 指義各有攸當 而詳在近思釋疑中 考可知矣
丁亥臘月旬一日 服人秉璿頓

초방(艸坊) 시안에 회납237)

원계(遠溪)238)의 답장

누누이 말씀해 주신 것이 실제에 힘써서 조력을 구하는 뜻이 아님이 없으니, 그 의미는 성대합니다. 다만 그것을 어리석고 누추한 사람에게 베푸시니, 이것이 귀머거리에게 들어보라고 하는 것과 무엇이 다르겠습니까. 부끄러움을 형언할 수 없습니다. 사물잠(四勿箴)에서 심(心)을 말하고 성(性)을 말한 것이 가리킨 의미가 각기 마땅함이 있는데, 상세한 것은 《근사석의(近思釋疑)》239) 가운데 실려 있으니, 고찰하면 알 수 있습니다.

정해년(1887, 고종24) 12월 11일. 복인(服人) 병선(秉璿)이 올립니다.

---

237) 송병선(宋秉璿, 1836~1905)이 1887년(고종24) 12월 11일에 양재덕(梁在德)에게 보낸 답장이다. 송병선에 대해서는 위에 실린 편지 주석 참조. 초방(艸坊)은 전라남도 화순군 이양면 초방리를 가리킨다.

238) 원계(遠溪) : 충청도 옥천(沃川)의 원계이다.

239) 근사석의(近思釋疑) : 《근사록(近思錄)》에 대한 주해서인 《근사록석의(近思祿釋疑)》를 가리킨다. 조선 중기의 학자 정엽(鄭曄, 1563~1625)이 편찬한 것과 김장생(金長生, 1548~1631)이 편찬한 것이 있다.

【상-90】 면암(勉庵) 최익현(崔益鉉)이 양재덕(梁在德)에게 보낸 답장

【상-90】

梁大雅 經座 回納
靑城謹謝狀

竊惟尊門 道學淵源 忠孝世閥 望于湖南 無計致身 親近懿文 以牖蒙陋 一片
德音 踰越山河 闖入樵牧之社 濯手莊玩 辭旨鄭重 決不着題於麋鹿魚鳥之
羣 而以古人之道 望於不直一丈之身 厚貺何敢忘也 噫 此日此時 何等厄運
升天入地 判在瞬息 亦願左右明心立脚 不墜聖賢之敎 父師之業 是一等義
諦也
庚寅二月廿一日 崔益鉉拜拜

양대아 경좌에 회납[240]
청성(靑城)[241]에서 답장 올림

가만히 생각건대, 존형의 가문은 도학에 연원을 두고 충효를 대대로 전한 문벌로 호남
에서 명망이 있습니다. 제 몸을 그곳으로 옮겨서 친히 아름다운 문장을 가까이함으로
써 저의 몽매함을 열 계책이 없던 차에, 한 조각 덕스런 말씀이 산과 강을 넘어서 나
무꾼과 목동의 마을에 도착하였습니다. 손을 씻고 공손히 읽어보니, 말씀이 정중하여
결단코 사슴이나 물고기와 새같은 저희들과는 어울리지 않았습니다. 그리고 고인의 도
(道)로써 한갓 1길도 되지 않는 저같은 몸에게 희망을 두시니, 두터이 베풀어 주신 은
혜를 어찌 감히 잊겠습니까. 아, 이날이 어떤 때이고 어떠한 액운입니까. 하늘로 솟고
땅으로 들어가는 것이 순식간에 판결이 나니, 또한 좌우께서도 마음을 밝혀서 행동하
여 성현의 가르침과 부친과 스승의 사업을 실추시키지 않기를 바랍니다. 이것이 제일
가는 의제(義諦)입니다.
경인년(1890, 고종27) 2월 21일. 최익현(崔益鉉)이 절하고 절합니다.

---

240) 최익현(崔益鉉, 1833~1906)이 1890년(고종27) 2월 21일에 양재덕(梁在德)에게 보낸 답장이다. 최
　　익현에 대해서는 위에 실린 편지 참조. 이 편지글은 최익현의 《면암선생문집(勉菴先生文集)》 권11
　　에 〈양청일 재덕에게 답함[答梁淸一在德(庚寅二月二十一日)]〉이란 제목으로 실려 있다.
241) 청성(靑城) : 경기도 포천(抱川)의 별호이다.

【상-91】 송병순(宋秉珣)이 양재덕(梁在德)에게 보낸 답장

【상-91】

艸坊 省座 回敬

活山謝狀 （手決）

國憂罔極 舍伯抱胡邦衡十痛哭之書 竭蹶赴召 竟未蒙處分 則似當從近還山
而言念時事 繞壁隕涕 罔知措躬 只欲溘然而已 萬念都灰 不能長語
乙巳臘念七 秉珣拜

초방(艸坊) 성좌(省座)에 회답[242]
활산(活山)[243]의 답장

나라의 걱정이 망극합니다. 사백(舍伯)께서 호방형(胡邦衡)이 열 가지로 통곡한 글을 안고서 힘을 다해 임금의 부름에 나아갔으나,[244] 마침내 처분을 받지 못하였으니, 아마도 근간 산으로 돌아오실 듯합니다. 그런데 시국의 일을 생각함에 벽을 돌면서 눈물을 떨구며 몸을 둘 곳을 알지 못하니, 그저 탁 죽어 버리고만 싶습니다. 만 가지 사념이 온통 재가 되어 길게 말을 할 수 없습니다.
을사년(1905) 12월 27일. 병순(秉珣)이 올립니다.

---

242) 송병순(宋秉珣, 1839~1912)이 1905년 12월 27일에 양재덕(梁在德)에게 보낸 답장이다. 송병순에 대해서는 앞에 실린 편지 참조.

243) 활산(活山) : 송병순이 1883년(고종20) 충청도 영동군 학산면(鶴山面) 활산(活山)으로 이주한 뒤에 후학을 양성하던 곳이다.

244) 호방형(胡邦衡)이……나아갔으나 : 호방형(胡邦衡)이 통곡한 글이란 나라의 간신을 처단하라는 상소문을 가리킨다. 호방형은 송나라 호전(胡銓, 1102~1180)으로 방형은 그의 자(字)이고, 호는 담암(澹庵)·담재노인(澹齋老人), 시호는 충간(忠簡)이다. 상주문을 짓는 데 아주 뛰어나 당시에 주화론자(主和論者)였던 왕륜(王倫)과 진회(秦檜) 등의 목을 벨 것을 청하는 상소문을 올렸다가 그는 이로 인해 바다 밖으로 귀양을 갔다.

【상-92】

草芳 謹謝

暑令得書 儘覺淸風入懷 因審經過近寧爲幸 若其過去 十羊腸而百瞿塘 無
處不然 無人不當 追提則如大病後說病 便是無事中生事何益 吾家十世食貧
自京不甚 先人遺後之安在此耶 大抵在他人者 任他人驅去之如何 而在我者
雖十倒九顚 自有處此者 此如磨之心車之軸 外閙事萬轉萬運 而此不可以不
固 經歷去年事 益覺其然 敢以仰布來場計策 只得妻織身農 以糊其口 但恐
方寸一片地 蕪沒太過 如何如何 見弟病腫 神精不收 所言頗似睡中之囈言
惟千萬照亮 不宣謝
乙未七月十六日 奇宇萬

초방(草坊)에 답장 올림245)

더운 계절에 편지를 받으니, 참으로 맑은 바람이 품속으로 들어오는 듯합니다. 편지를
통해 지내시는 생활이 근래 평안하심을 알게 되니 다행입니다. 지나온 것으로 말하자
면 열 굽이 양장(羊腸)에 백 굽이 구당(瞿塘)246)과 같아, 그렇지 않은 곳이 없고 당하
지 않은 사람이 없습니다. 뒤늦게 거론하자면 마치 큰 병을 앓은 뒤에 병이야기를 하
는 것과 같으니, 이는 일이 없는 데서 일을 만드는 격이므로 무슨 보탬이 되겠습니까.
저희 집안은 10세 동안 가난하여 서울로부터 별로 침탈을 받지 않았으니, 선조께서

---

245) 기우만(奇宇萬, 1846~1916)이 1895년(고종32) 7월 16일 양재덕(梁在德)에게 보낸 답장이다. 기우
만은 본관이 행주(幸州), 자는 회일(會一), 호는 송사(松沙)이다. 호남의 거유 기정진(奇正鎭)의 손자
로서 전라남도 화순 출신이다. 1895년 명성황후가 시해되고 이어 단발령이 내려지자 머리를 깎고
사느니 차라리 머리를 안 깎고 죽는 편이 낫다는 통분의 상소를 하였고, 이듬해 2월 제천의 창의대
장 유인석(柳麟錫)의 격문에 호응하여 호남에서 의병을 일으켰다. 이 편지글은 기우만의 《송사선생
문집(松沙先生文集)》 권7에 〈양청일에게 답함[答梁淸一(乙未)]〉란 제목으로 실려 있는데, 내용이 다
소 차이가 있다.

246) 열……구당(瞿唐) : 갖은 고생을 겪었다는 말이다. 양장(羊腸)은 중국 산서성(山西省)에 있는 양장판
(羊腸坂)으로 꾸불꾸불한 험로로 유명하다. 구당은 사천성(四川省) 봉절현(奉節縣)의 동쪽에 있는 험
한 골짜기 이름이다.

후손에게 남긴 편안함이 여기에 있지 않겠습니까. 대저 남에게 달린 일은 다른 사람이 몰아가도록 내버려 두는 것이 어떠합니까. 그런데 나에게 달린 것이라면 열 번 넘어지고 아홉 번 고꾸라져도 저절로 이곳에 대처할 도리가 있습니다. 이것은 흡사 맷돌의 중심과 수레의 굴대와 같아서 외간의 일이 만 번을 돌고 옮기더라도 이것은 견고하지 않아서는 안 되는 것과 같습니다. 지난 시절에 겪어온 일로 보면 더욱 그렇다는 것을 깨닫게 되어 감히 앞날의 계책으로 우러러 고합니다.

그저 아내가 베를 짜고 몸소 농사를 지어 입에 풀칠을 하면 되지만, 다만 작은 마음속에 너무 잡초가 무성해지니 어찌하면 좋습니까. 제가 종기를 앓아 정신을 수습하지 못하여 말하는 것이 흡사 잠꼬대를 하는 것처럼 보일 텐데, 두루 헤아려주시기 바라며 답장을 갖추지 않습니다.

을미년(1895, 고종32) 7월 16일. 기우만(奇宇萬).

【상-93】

梁參軍宅 回納　（諱斗煥 字應七 武參軍 喆鎭曾孫）
校洞謝書

臣民無祿 仙馭賓天 聖嗣議定 宗社泰安 哀慶交切 中外惟均 阻懷際勤 卽拜
審比沍 侍候萬重 仰慰 而第湯候之彌留 未知緣何症祟 而旋用拱慮萬萬 記
下一是憒劣 別無奉道者耳 敎意詳悉 當此罔極之時 果無傍稟之暇 從當另
稟矣 惠送茵席 謹荷情注 銘感且謝 新蓂二件送呈 受領如何 餘擾不備禮
癸亥臘月初十日 記下金璕拜

양 참군댁 회납247)---（휘 두환, 자 응칠, 무과 참군, 철진의 증손）
교동(校洞)의 답장

신민들이 복이 없어 신선의 수레가 하늘로 올라가고,248) 후사를 의논하여 정하여 종
묘사직이 태평하고 평안해지니, 슬픔과 경사가 교차함이 서울이나 지방이나 마찬가지
입니다. 소식이 뜸하여 그리움이 간절하던 차에 요즈음의 추위에 부모 모시는 체후가
두루 평안하심을 알게 되니 위안이 되었습니다. 그런데 존형의 병환이 계속되니, 어떤
질병의 빌미로 인한 것인지 알지 못해 도리어 염려가 됨이 매우 깊습니다.

기하(記下)는 줄곧 심란하고 졸렬하여 따로 말씀드릴 것이 없습니다. 말씀하신 뜻은 잘
알겠습니다. 이렇게 망극한 시절에 과연 곁에서 부친께 품의할 겨를이 없지만 마땅히
따로 품의를 하겠습니다. 보내주신 깔개는 정이 담긴 것을 받은 것이라 가슴 가득 감
사드립니다. 새해 달력 2건을 부쳐 올리니 받아주심이 어떠합니까. 나머지는 소란하여
예식을 갖추지 않습니다.

계해년(1863, 철종14) 12월 초10일. 기하(記下) 김진(金璕)이 올립니다.

---

247) 김진(金璕)이 1863년(철종14) 12월 초10일에 양두환(梁斗煥, 1836~1879)에게 보낸 답장이다. 김
　　진은 본관이 안동(安東)으로 문곡(文谷) 김수항(金壽恒)의 후손으로 알려졌을 뿐 행적이 자세치 않
　　다. 양두환은 자가 응칠(應七)로 양철진(梁喆鎭)의 증손이고 양식(梁植)의 아들이다. 무과로 진출하
　　여 북부 참군(北部參軍)을 역임하였다.
248) 신선의……올라가고 : 1863년(철종14) 12월 8일에 철종이 창덕궁의 대조전(大造殿)에서 승하한 것
　　을 가리킨다.

【상-94】

謹次茶岑族叔回昏年生辰宴韻幷序(諱德煥 字致文 官參奉 斗煥弟)

族叔茶岑翁 惟丙午以降 行年七十七 而康莊如少年 見者謂神仙中人 今年壬戌 卽其回昏周期也 子舍會水氏 以三月甲寅爲庚降初度 置酒張樂 飾喜獻壽 雕飯綺饌 不以爲槃 當日之宴 參席而觀盛擧者 盖千餘人 莫不嘖嘖歎賞曰 翁之初載 不可謂富樂 而子舍孝養志體 以致其樂 故翁無憂而難老 餉今日福慶 世或有如翁之壽而有翁之康者誰也 或有如翁之康而有子如翁之無憂者復誰也 翁旣兼有 而專美矣 爲人父者 安得以餉翁之壽康 爲人子者何修而致子舍之孝養乎 於是歌咏其事 極口陳賀 風聲施及隣壤 吁盛矣 會甲聞最後 不能趨參下列 殊可恨 然至情欽慕 自住不得 追步其韻 以效頌禱之誠 琳琅叢裏 頑石尤可厭也 詩曰 天外群仙月珮連 紫琳何日下翩然 暫駕風霆離上界 試嘗烟火飽塵緣 春深寶樹成家業 籌握恒沙鋪酒筵 有餘不盡留遐祿 永使兒孫百世傳

詩成更收餘意 以備一言 所謂卒章之亂也 第聞子舍族兄 朝夕柔婉 飲食忠養 是日日獻壽也 每値生朝 速諸父舅 極力營辦 以悅親志 是年年獻壽也 今年以回巹周期 頗張大其事 又別於平時 在子舍之誠 宜其有是 翁有子有孫 至可頷之 而皆得如子舍之盡誠 則天之生祥下端 將無時期 而翁之壽且無量矣 然則其所以壽親者 在於孝養 而不在獻壽而已 爲翁後承者 益勉乎哉

壬戌三月下澣 族侄會甲敬書

다잠(茶岑) 족숙의 회혼년 생신 잔치운에 차운하다. 병서249)---(휘 덕환, 자 치문, 관 참봉, 두환의 아우)

족숙 다잠옹(茶岑翁)은 병오년(1846, 헌종12)에 태어나 수명이 77세인데 강건하기가 소년시절과 같아서 보는 자들이 신선 중에 하나라고 말들을 하였다. 금년 임술년(1922)은 바로 회혼(回婚)이 돌아온 해이다. 아들 회수(會水)씨가 3월 갑인일을 태어나신 날이라 하여 술자리를 벌이고 음악을 베풀어 기쁨을 돕고 축수의 잔을 올림에 진수성찬이 한량이 없었다.

당시의 잔치에 참석하여 성대한 자리를 구경한 자가 대체로 1천여 명에 달했는데, 누구나 입을 모아 감탄하면서 "옹의 처음 시절은 부유하고 즐겁다 말할 수 없었으나, 자식이 효성으로 뜻을 받들고 몸을 봉양하여 그 즐거움을 이루었으므로 옹께서 근심이 없이 늙음을 늦추어 금일의 복과 경사를 누리시니, 세상에 옹처럼 장수하고 옹처럼 건강한 분이 그 누구이랴, 또 옹처럼 건강하면서 자식을 두어 옹처럼 근심이 없는 분이 다시 누가 있으랴."라고 하였다.

옹이 이미 둘 다 소유하여 아름다움을 독차지하였으니, 사람의 아비된 자가 어찌하면 옹처럼 장수와 건강을 누리고, 자식된 자가 어찌해야 자식으로서의 효도와 봉양을 이룰 수 있겠는가. 이에 그 일을 노래로 읊어 입이 닳도록 하례를 올리자, 그 소문이 이웃 고을에까지 퍼졌으니, 아! 성대하도다.

회갑(會甲)이 가장 늦게 그 소식을 들었기에 달려가 아래 자리에나마 참석할 수 없었으니, 몹시 한스럽다. 그러나 지극한 심정으로 부러워하기를 스스로 억제할 수 없기에 그 시에 뒤늦게 차운하여 송축하는 정성을 바치는데, 옥돌이 떨기를 이룬 곳에 미련한 돌멩이가 끼이려니 더욱 짜증이 날 것이다. 시는 다음과 같다.

天外群仙月珮連　하늘 밖의 신선들이 달을 차고 모여서
紫琳何日下翩然　자색 궁실에 어느 날 너울너울 내려왔나

---

249) 양회갑(梁會甲)이 1922년 3월 하순에 다잠(茶岑) 양덕환(梁德煥, 1846~1925)의 회혼연(回婚宴)에 참석하지 못하자 뒤늦게 회혼시에 차운하여 준 것이다. 양덕환은 자가 치문(致文), 호는 다잠(茶岑)으로 전라남도 보성군 득량면 송곡리 다전부락 출신이다. 다전(茶田) 양식(梁植, 1815~1873)의 넷째 아들이고 양두환(梁斗煥)의 아우로 참봉(參奉)을 지냈다. 모두 차생활을 즐겨 호에 '茶'자가 들어가는 것이 특징이다. 양회갑(1884~1961)은 초명이 회을(會乙), 자는 원숙(元淑), 호는 정재(正齋)로 전라남도 화순군 이양면 초방리 출신이다. 양팽손의 후손으로 양재덕(梁在德)의 아들이다.

暫駕風霆離上界　잠시 바람과 천둥을 타고 하늘을 떠나
試嘗烟火飽塵緣　인간의 음식을 맛보며 속세의 인연에 배부르네
春深寶樹成家業　늦봄의 보배로운 나무가 가업을 이루니
籌握恒沙鋪酒筵　항사처럼 장수하시라[250] 술잔치를 베풀었도다
有餘不盡留遐祿　남은 경사 다하지 않아 멀리 복록을 물려주어
永使兒孫百世傳　아들 손자로 하여금 영원토록 전하게 하네

시를 지은 뒤에 남은 뜻을 수습하여 한 마디를 남기니, 이른바 '문장의 끝마침'이란 것이다.

들건대 자사(子舍) 족형께서 아침부터 저녁까지 유순한 태도로 음식을 가지고 충심으로 봉양하니, 이는 날마다 축수를 올린 것이다. 매번 생신을 만나면 여러 숙부와 외삼촌을 초대하여 극력으로 음식을 마련하여 어버이의 뜻을 기쁘게 해드렸으니, 이는 해마다 축수를 올린 것이다. 금년에 회혼의 해가 돌아왔다 하여 자못 그 일을 크게 벌여서 또 평시와 구별되게 하였는데, 자사(子舍)의 정성으로서는 마땅히 이렇게 해야겠지만, 옹의 자식과 손자들까지 모두 수긍을 하여 누구나 자사(子舍)처럼 정성을 다하였으니, 하늘이 상서를 아래로 내려줌이 장차 끝날 날이 없을 것이고 옹의 장수 또한 한량이 없을 것이다. 그렇다면 그 어버이를 장수케 하는 방도는 효성으로 봉양하는데 있는 것이지 축수를 올리는데 있지 않다. 옹의 후손된 자들은 더욱 힘쓸지어다.

임술년(1922) 3월 하순. 족질(族侄) 회갑(會甲)이 공경히 쓰다.

---

250) 항사(恒沙)처럼 장수하시라 : 항사는 항하사(恒河沙), 즉 인도의 갠지스 강에 있는 모래라는 뜻으로, 모래알 숫자만큼 장수하시라는 의미이다.

【상-95】

德巖 靜座下 入納 (諱箕煥 號德岩 斗煥三從弟)

竹谷謹拜謝狀

山中苦無便 新元書越月逋謝 悚息不可言 伏惟燕養起居持服保重 大都俱穩
溯祝靡弛 圭容老母旬日呻吟 始得僅寧 身亦喀喀久之 猶不惺健耳 支峰長
逝 誠爲吾黨益孤之嘆 然世間一切觸目傷心者 都忘了如蟬蛻穢濁之中 豈不
快豁哉 況其言語文章 猶足傳後耶 未暇爲悲 而還切仰羡 不翅如壤虫之於
鴻鵠也 來月間似有刊事落成 此亦不可遂已者 豫圖賁然 使窮山生采 如何
如何 春寒尙峭乖候也 伏祝若是自愛 不備

甲子二月十四日 生安圭容再拜

덕암(德巖) 정좌 아래에 입납[251]---(휘 기환, 호 덕암, 두환의 삼종제)

죽곡(竹谷)에서 답장 올림

산중에 좀처럼 인편이 없어서 새해 초의 편지에 달을 넘기도록 답장이 늦어지니, 송구하기 이를 데 없습니다. 한가로이 정양하시는 기거가 상중에 좋으시고, 여러분들이 모두 평안하신지, 궁금하고 축원하는 심정 누그러지지 않습니다.

규용(圭容)은 노모께서 열흘이나 병으로 신음하다가 비로소 겨우 편안해지셨는데, 몸이 오래도록 구토하다보니 아직도 온전해지지 못했습니다. 지봉(支峰)[252]이 세상을 떠나니, 참으로 우리 당이 더욱 외로워지는 한탄이 됩니다. 그러나 눈앞에 상심을 자아내는 세상의 모든 일들을 마치 더러운 곳에서 허물을 벗듯이 온통 잊게 되었으니, 어찌 쾌활한 일이 아니겠습니까. 하물며 그의 언어와 문장이 오히려 족히 후세에 전해짐

---

251) 안규용(安圭容,1873~1959)이 양기환(梁箕煥)에게 보낸 편지이다. 안규용은 본관이 죽산(竹山), 호는 회봉(晦峰)으로 보성군 복내면 진봉리에 죽곡정사(竹谷精舍)를 건립하여 후학을 양성하였다. 양기환(梁箕煥)은 호가 덕암(德岩)으로 두환(斗煥)의 삼종제이다.

252) 지봉(支峰) : 안종학(安鍾鶴, 1863~1923)을 가리킨다. 보성(寶城)의 택촌(澤村) 사람으로 자는 운경(雲卿), 호는 춘정(春艇)·지봉(支峯)이다.

에랴 말할 나위 있습니까. 슬퍼할 겨를도 없이 도리어 부러워지기가 마치 땅강아지가 기러기를 올려다보는데 비할 바가 아닙니다. 다음 달 사이에 아마도 문집253)을 간행하는 일이 끝날 듯한데, 이 또한 가만히 있을 수 없는 일이니, 미리 영광스럽게 왕림하시기를 도모해주시어 궁벽한 산에 광채를 내주심이 어떠합니까.

봄 추위가 매서워 이상기후입니다. 스스로를 아끼시기를 축원하며 이만 줄입니다.

갑자년(1924) 2월 14일. 생(生) 안규용(安圭容)이 두 번 절합니다.

---

253) 문집 : 안종학(安鍾鶴)의 《지봉집(支峯集)》을 가리킨다. 5권 2책의 석판본으로 1923년에 전라남도 보성에서 간행되었다.

【상-96】

月前宴爾之日 宜有伻賀 而卒卒未暇 常切自愧 今此倒承惠問 副以厚饋 未
見人送汝作郡 怕逢鬼笑揶揄 雖顔厚如甲 將何以堪之 伏承審夜回 靖體候
萬晏 新客賢如伯鸞云 遙爲之賀喜萬萬 弟何足道哉 歲云暮矣 乘龍之卜 便
作晨虎上勢 譬如旬日飢腸之人 不分蔬糲水醬 有予之者 便是恩人 何暇問
精粗美惡耶 且愧且笑 綾城之駕 或以今八日轉啓于鄙所耶 右日卽賤家所謂
迎賓之日也 固不敢請勞御者 而歷路暫賜光寵 何靳焉耶 弟則去念間 有私
門事 與牛峰族丈明瑞禹瑞兩氏 往梅亭宗中 只慰艸坊淸一孝兄 而若雙峰與
墨居 忙未果焉 此番聯笻 亦似難矣 餘在明日拜晤 謹不備謝上
拜書翌日 弟安鍾鶴二拜謝

한 달여 전에 잔치가 있을 때 의당 사람을 보내 축하를 해야 했으나, 바빠서 겨를이
없었으니, 늘 스스로 부끄럽게 생각하고 있습니다. 지금 이렇게 거꾸로 편지를 받자옵
고 게다가 두터운 음식물도 곁들였으니, "'남이 그대의 고을수령을 전송함을 보지 못
했다'라고 하며 귀신의 야유를 받았다."[254]라고 핑계를 대지만, 비록 갑옷처럼 얼굴이
두꺼워도 장차 어찌 견디겠습니까. 밤 사이에 조용히 지내시는 체후가 두루 평안하신
지 모르겠습니다. 새 신랑이 백란(伯鸞)[255]처럼 훌륭하다고 하니, 멀리서 축하하고 기

---

254) 남이……받았다 : 다른 일로 인해 송별연에 참석할 수 없었다는 말이다. 동진(東晉)의 나우(羅友)는
환온(桓溫)의 막하였는데 재주가 뛰어났으나 성격이 지나치게 자유로워 환온이 그를 발탁하지 않았
다. 뒤에 어떤 사람이 고을 수령으로 나가는 환송연에 나우가 늦게 당도하자 환온이 그 까닭을 물
었다. 이에 나우가 "제가 급히 달려오던 중 귀신이 나타나 '나는 그대가 남의 고을살이 나가는 환송
연에 참여하는 것만 보았으니, 어이하여 남이 그대의 고을살이 나가는 환송연에 참여하는 것은 보
지 못하는가.[我只見汝送人作郡, 何以不見人送汝作郡?]'라고 야유하기에 부끄러워 골똘히 생각하느
라 길이 늦어지는 줄도 몰랐습니다."라고 대답하였다. 이에 환온이 속으로 부끄러워하였고, 얼마
뒤에 나우는 양양 태수(襄陽太守)가 되었다고 한다.《世說新語 任誕》
255) 백란(伯鸞) : 후한(後漢) 고사 양홍(梁鴻)의 자이다. 양홍은 집이 가난하였지만 절의를 숭상하고 모든
책을 널리 통달하였다. 같은 고을 맹광(孟光)과 혼인하여 오(吳)로 가서 고백통(皐伯通)의 행랑에서
삯방아를 찧으며 살았는데, 아내가 밥상을 들고 올 때 눈썹 높이와 가지런하게 들었다 하여 '거안제
미(擧案齊眉)'의 고사를 남겼다.《後漢書 卷83 梁鴻列傳》

쁜 마음 그지없습니다.

제(弟)는 말씀드릴 것이 무엇이 있겠습니까. 한 해도 저물어 가는데, 훌륭한 사윗감256)을 정하였는데, 곧 새벽에 호랑이가 하늘에 오르는 형세이니, 비유하자면 열흘 굶은 사람이 거친 밥이든 간장이든 가릴 것 없이 주는 사람만 있다면 바로 은인이므로 어느 겨를에 좋고 나쁨을 가리겠습니까. 부끄럽고도 우습습니다.

능성(綾城)으로 행차하시는데, 혹시 이번 달 8일에 저의 집으로 길을 돌리실 수 있겠습니까. 이 날이 바로 저의 집의 이른바 사위를 맞는 날입니다. 감히 와주시도록 청할 수는 없으나, 지나는 길에 잠시 들러 빛나는 광채를 하사함을 어찌 아끼시겠습니까.

저는 지난 달 10일 사이에 저희 가문의 일로 인해 우봉(牛峰)의 족장(族丈)이신 명서(明瑞)와 우서(禹瑞) 두 분과 함께 매정(梅亭)의 종중(宗中)에 가서 다만 초방(艸坊)의 청일(淸一) 상주형님을 위로하였는데, 쌍봉(雙峰)과 먹실(墨谷)에는 바빠서 들르지 못했습니다. 이번에도 고삐를 나란히 하기는 또한 어려울 듯합니다. 나머지는 내일 만나서 대화하기로 하고 갖추지 않고 답장 올립니다.

편지 받은 다음 날. 제(弟) 안종학(安鍾鶴)이 두 번 절하고 답합니다.257)

---

256) 훌륭한 사윗감 : 원문은 '승룡(乘龍)'이다. 훌륭한 사위를 얻음을 이른다. 후한(後漢)의 손준(孫雋)과 이응(李膺)이 함께 태위(太尉) 환현(桓玄)의 딸을 아내로 맞으니, 당시 사람들이 "환현의 두 따님이 모두 용을 탔다."라고 하였다. 《楚國先賢傳》

257) 보성(寶城)의 택촌(澤村) 사람 안종학(安鍾鶴, 1863~1923)이 양기환(梁箕煥)에게 보낸 편지이다. 안종학은 본관이 죽산(竹山), 자는 운경(雲卿), 호는 춘정(春艇)·지봉(支峯)으로 문강공(文康公) 안방준(安邦俊)의 후손이다.

【상-97】

令胤委來問存沒 慰釋之餘 感慨非一 日來兄候益勝 弟向來之病 可以死矣
扶持區區 將有差安之漸 應是苦業未盡 可憂非可幸 次兒多內當令各炊 拙
手有何方略 只是溝壑臨前 欲其各自爲計 或有一人天幸濟得出耳 言之深者
非紙墨可陳 其困者 又不必言 且得已之 惟兄諒
是日 成煥拜

영윤(令胤)께서 일부러 찾아와 저의 생사를 물어주시니, 시원히 위안이 되는 끝에 감개
함이 한두 가지가 아닙니다. 근일에 형의 체후가 더욱 좋으십니까.
제(弟)는 오래 전부터 앓던 병으로 죽을 수 있었지만, 구차하게 부지하다 보니 장차 차
도가 생길 조짐이 있는데, 이것은 괴로운 인생이 끝나지 않는다는 것이므로 근심할 일
이지 다행스런 일이 아닙니다. 둘째 아이가 겨울 안에 마땅히 살림을 따로 차려야 하
는데, 졸렬한 제 수단으로 어떤 계획이 있겠습니까. 그저 구렁텅이가 눈앞에 놓여 있
는 격이라 각자 살아갈 계책을 도모할 뿐입니다. 혹시라도 어떤 사람이 천행으로 건져
내 줄 수 있을까요. 깊은 이야기는 종이와 먹으로 할 수 없고, 곤란한 점은 또 말로 할
필요가 없으니, 우선 그치겠습니다. 형께서 양찰해 주십시오.
이날. 성환(成煥)이 올립니다.258)

---

258) 안성환(安成煥 1858~1911)이 양기환(梁箕煥)에게 보낸 편지이다. 안성환은 본관이 죽산(竹山), 자
는 치장(穉章), 호는 소산(蘇山)으로 문강공(文康公) 안방준(安邦俊)의 후손이다.

양씨세장첩 하
梁氏世藏帖 下

양씨세장첩 하
梁氏世藏帖 下

《〈양씨세장첩 하 수록 인명록〉》

양팽손(梁彭孫) : 1488~1545. 자는 대춘(大春), 호는 학포(學圃). 생원·문과에 급제, 교리
　　　　　　　　(校理)를 지냄. 이조 판서에 추증. 시호는 혜강(惠康). 승지(承旨)에 추증된
　　　　　　　　이하(以河)의 아들. 본관은 제주(濟州).
양응정(梁應鼎) : 1519~1581. 자는 공섭(公燮), 호는 송천(松川). 학포의 셋째 아들. 생원·
　　　　　　　　문과에 급제, 대사성을 지냄. 예조 참판에 추증.
양지둔(梁知遯) : 학포의 일곱째 아들. 참봉(參奉)을 지냄.
양산욱(梁山旭) : 1551~1606. 자는 명우(明宇). 학포의 넷째 아들 참봉 응필(應畢)의 아들.
　　　　　　　　봉사(奉事)를 지냄.
양산숙(梁山璹) : 1561~1593. 자는 회원(會元), 호는 반계(蟠溪). 송천(松川)의 아들. 좌랑
　　　　　　　　(佐郎)을 지냄. 이조 판서에 추증. 시호는 충민(忠愍).
양만용(梁曼容) : 1598~1651. 자는 장경(長卿), 호는 거오재(據梧齋). 송천(松川)의 손자. 생
　　　　　　　　원진사과·문과에 급제, 응교(應教)를 지냄.
양주남(梁柱南) : 1610~1656. 자는 자경(子敬), 호는 사송당(四松堂)·매계(梅溪). 봉사(奉
　　　　　　　　事)의 손자.
양세남(梁世南) : 1627~1682. 자는 영숙(永叔), 호는 용강(龍江). 거오재(據梧齋)의 둘째 아
　　　　　　　　들, 참봉을 지냄.
양우전(梁禹甸) : 자는 전지(甸之), 호는 오봉(鰲峯). 용강(龍江)의 4종질.
양우석(梁禹錫) : 자는 서백(瑞伯). 오봉(鰲峯)의 재종제.
양극가(梁克家) : 자는 여정(汝定), 호는 청파(菁坡). 용강(龍江)의 아들.
양우급(梁禹及) : 1630~1683. 자는 찬경(纘卿), 학포(學圃)의 다섯째 아들로 참봉을 지낸 응
　　　　　　　　덕(應德)의 현손. 무과에 급제, 병사(兵使)를 지냄.
양우철(梁禹轍) : 자는 사유(士由). 매계(梅溪)의 아들. 생원(生員).
양거안(梁居安) : 1652~1731. 자는 천백(遷伯), 호는 육화옹(六化翁). 봉사(奉事)의 현손. 생원.

양징(梁澂) : 1659~1702. 자는 여숙(汝叔). 병사(兵使)의 아들. - 감찰(監察)을 지낸 전주(全州) 이구성(李九成)의 사위.

양득중(梁得中) : 1665~1742. 자는 택부(擇夫), 호는 덕촌(德村). 우석(禹錫)의 3종질. 은일(隱逸)로 승지를 지냄.

양흡(梁潝) : 1667~1721. 자는 여화(汝和), 호는 신재(信齋). 통덕랑(通德郞) 참봉(參奉) 우성(禹成)의 아들.

양익주(梁益柱) : 1680~1733. 자는 경보(擎甫), 호는 덕은(德隱). 징(澂)의 아들. - 현감(縣監) 용인(龍仁) 이의린(李宜麟)의 사위.

양익표(梁益標) : 1685~1722. 자는 정보(正甫). 병사(兵使)의 손자. 무과에 급제, 부사(府使)를 지냄. 병조 판서에 추증.

양우적(梁禹績) : 초명 우적(禹迹), 자는 규백(圭伯), 호는 박은(璞隱) 절도공(節度公) 양우급의 삼종제.

양재속(梁載涑) : 자는 희온(希溫). 청파(菁坡)의 손자.

양기혁(梁基爀) : 1705~1785. 초명 가혁(可爀), 자는 회중(晦仲). 병사(兵使)의 증손. - 현감(縣監) 보성(寶城) 선태구(宣泰九)의 사위.

양석관(梁奭觀) : 1746~?. 자는 자명(子明), 문과에 급제, 지평(持平)을 지냄. 오봉(鰲峯)의 종현손(從玄孫).

양철진(梁喆鎭) : 1753~1819. 자는 보언(保彦), 음직으로 현령(縣令)을 지냄. 가혁(可爀)의 손자.

양섭(梁涉) : 초명 득관(得觀), 자는 이보(利甫). 호는 금재(琴齋). 박은(璞隱)의 아들.

양순(梁栒) : 1822~1886. 자는 자경(子罄), 호는 다암(茶庵). 가혁(可爀)의 차현손(次玄孫).

양두환(梁斗煥) : 1836~1879. 자는 응칠(應七). 무과에 급제, 북부 참군(北部參軍)을 지냄. 철진(喆鎭)의 증손.

양태영(梁泰永) : 자는 여수(汝修), 호는 매석헌(梅石軒). 금재(琴齋)의 아들.

양덕환(梁德煥) : 1846~1925. 자는 치문(致文), 호는 다잠(茶岑). 참군(參軍) 두환(斗煥)의 아우.

양회남(梁會南) : 1884~1959. 자는 사진(士珍), 호는 만취헌(晚翠軒). 주하(冑廈)의 둘째 아들 통덕랑(通德郞) 국진(國鎭)의 현손.

양씨세장첩 하
梁氏世藏帖 下

【하-1】 양팽손(梁彭孫) 시고 2건

【하-1】-1

사명을 받들고 영남으로 가는 윤내한을 작별하며[1]---[양팽손][2]
別尹內翰奉使嶺南[梁彭孫]

六載春秋筆似杠　여섯 해 동안 사관을 맡아 필력이 굳세더니
如今啣命向南邦　지금 어명을 받고서 남쪽 고을로 향하네
開暄舊史應縝密　임금의 은택을 빛내던 옛날처럼 응당 치밀해야 하고
詢採遺風要駿厖　풍속을 헤아리던 오랜 전통처럼 빼어난 관리가 필요하네
傳播藝林嘉歎洽　문단에 전파하면 칭찬과 찬탄이 넘칠 것이고
敷陳楓陛德音降　궁궐의 섬돌에서 상주하면 덕음이 내려오리
行裝到此關輕重　행장 꾸려 이곳에 이름은 국가의 존망에 관계되니
莫擬尋常擁使幢　평범하게 어사의 깃발을 지녔다고 생각지 마소
楊柳長程十里低　버드나무 우거진 긴 길이 십 리를 뻗어

---

1) 양팽손(梁彭孫)이 경상도 어사로 떠나는 윤풍형(尹豊亨)에게 지어준 3편의 시인데, 지은 시기는 미상이다. 윤풍형은 본관이 칠원(漆原), 자는 구중(衢仲), 호는 송월당(松月堂)이다. 1519년(중종14) 별시 문과에 급제하여 내직의 청요직을 두루 역임하고 벼슬이 대사간에 이르렀다. 원시는 양팽손의 《학포 선생문집(學圃先生文集)》 권1에 〈별윤내한풍형 봉사영남 3수(別尹內翰豊亨奉使嶺南 三首)라는 제목으로 실려 있다.
2) 양팽손(梁彭孫) : 1488~1545. 본관은 제주(濟州), 자는 대춘(大春), 호는 학포(學圃)이다. 승지(承旨)에 추증된 이하(以河)의 아들로 생원·문과에 급제하여 교리(校理)를 지냈다. 이조 판서에 추증되었고 시호는 혜강(惠康)이다.

雙雙鼓角響山谿　쌍쌍이 부는 뿔피리가 산골짜기에 울리네
爭看學士風流末　학사의 풍류를 말석에서라도 보기를 다투고
簾箔家家翠黛齊　주렴 친 집집마다 눈썹 푸른 미인들 즐비하리

聞說齊安女　들자니 황해도 제안의 여인들은
猶知點馬涼　말을 점검할 줄 안다고 하네
南州佳麗地　남쪽 고을 아름다운 곳에서
應薦豹皮牀　응당 표범 가죽과 책상을 바치리
大春　　　대춘

【하-1】-2

興來 方壺乘白鹿 旋到函 聊可消愁 惟有玉浮心逸
〔大春〕〔學叟〕 出蓮芝圖

흥이 오르면 방호(方壺)에서 흰 사슴을 타고 곧장 함곡관(函谷關)에 이르러 그런대로 수심을 달래노라면, 옥이 눈앞에 떠오르고 마음이 편안해진다.3)

---

3) 이 글씨는 양팽손(梁彭孫)이 지은 시로 보이는데, 중간에 글씨가 누락되어 문맥이 자연스럽지 않다. 방호(方壺)는 동해에 있다는 신선이 사는 산이름이다. 함곡관(函谷關)은 진(秦)나라 관문 이름인데, 노자(老子)가 푸른 소를 타고 함곡관을 나설 때 자색(紫色) 기운이 높이 솟았다고 한다.

【하-2】 양응정(梁應鼎) 시고 3건

【하-2】-1

수성관에서 짓다4)---[양응정]
題輸城館[梁應鼎]

揚旗落日到輸城　해가 저물녘에 깃발 날리며 수성에 당도하니
擬試長刀北海鯨　긴 칼을 북해의 고래에 시험하고자 하네
縱飮一宵俱壯士　장사들과 함께 하룻밤 실컷 술을 마시니
數通雷鼓白山傾　북소리 몇 번 지나자 백두산도 기우는구나
[縱本集作痛]　　[縱은 본집에는 痛으로 되어 있다]

【하-2】-2

신온성에게 주다5)
贈辛穩城

龍虎雄姿八尺强　용과 범처럼 웅장한 자태는 팔 척이 넘는데
掃淸沙塞劍凝霜　사막 변방을 일소하는 검에는 서릿발 맺혔네
書生膽氣猶堪笑　서생의 담과 기백이야 오히려 가소로우니
曾上尼摩俯戰場　일찍이 마니산에 올라 전장을 굽어보았도다

---

4) 양응정(梁應鼎, 1519~1581)이 함경도 경성도호부(鏡城都護府)의 북평사(北評事)로 부임하여 수성관(輸城館)에서 지은 시이다. 원시는 양응정의 《송천선생유집(松川先生遺集)》 권1에 〈도수성 여막료연음(到輸城 與幕僚宴飮)〉이란 제목으로 실려 있는데, "갑인년에 봉교(奉敎)로 있으면서 남의 심기를 건드려 북평사로 나오게 되었다.[甲寅, 以奉敎爲人所忤, 出爲北評事.]"라는 주석이 달려 있다.
5) 원시는 양응정의 《송천선생유집(松川先生遺集)》 권1에 〈신온성에게 주다[贈辛穩城]〉라는 제목으로 실려 있는데, "이름은 전하지 않는다.[名逸不傳]"라는 주석이 붙어 있다.

【하-2】-3

관동으로 가는 장경순을 전송하며
送張景純之關東

往日窮南北　지난날 남북을 끝까지 다니고
東遊又發程　동쪽 유람을 또 떠나네
海昇金柱動　동해엔 금빛 햇살이 용솟음치고
山聳玉蓮明　금강산엔 옥연꽃이 밝게 빛나리
迭宕吟邊興　시를 읊는 흥취가 질탕할 것이고
冥茫象外情　세상을 초월한 심정은 아득할 테지
塵窠空歲晩　속세에선 그저 해가 저물어가니
倍悵喝驪聲　나귀 채찍질 소리에 갑절 서글퍼지네

【하-3】

서석산6)---[양지둔, 참봉]
瑞石山[梁知遯 參奉]

億萬連峯峻　억만의 연달은 봉우리 높아
躋天覲紫皇　하늘에 올라 옥황상제께 조회하네
騎龍群帝會　용을 타고 사방의 상제님들 모이더니
分瑞此遺亡　패옥을 나누다 이 산을 잊었도다

---

6) 서석산(瑞石山) : 전라도 광주에 있는 무등산(無等山)의 별칭이다.

【하-4】

花落郵亭日欲西　꽃 지는 역참 정자에 해는 서쪽으로 기우는데
故園回首意悽悽　고향땅 돌아보자니 뜻이 처량해지네
林禽不解人間事　숲의 새는 인간사를 이해하지 못하고
無限靑山自在啼　한량 없는 청산에서 마음껏 지저귀는구나[7]

揔攝腰間寶劍寒　총섭의 허리춤에 보검이 차가운데
斬懸平秀吉非難　평수길[8]을 베어 매다는 것 어렵지 않네
功成當刻磨崖石　공을 이루면 응당 절벽에 새기리니
風雨千年字不漫　비바람에도 천년토록 글자가 닳지 않으리[9]

---

7) 이 시는 이안눌(李安訥)의 《동악선생집(東岳先生集)》 권10에 〈진안의 소림역에서 입으로 읊다[鎭安召林驛口占]〉라는 제목으로 실려 있는데, "이때 석주 권필의 부음을 처음 들었다.[時新聞石洲訃]"라는 주석이 붙어 있다. 전래 도중에 작자를 양산욱으로 잘못 이해한 듯하다.

8) 평수길(平秀吉) : 임진왜란을 일으킨 도요토미 히데요시(豊臣秀吉, 1536~1598)를 가리키는데, 조선에서 흔히 평수길이라 불렸다.

9) 이 시는 양산욱(梁山旭, 1551~1606)이 임진왜란 때에 나주 고을의 업무를 총섭(總攝)하면서 의병을 일으켜 의병장 김천일(金千鎰)과 최경회(崔慶會)를 후원하면서 지은 시라고 한다. 원시는 최익현(崔益鉉)의 《면암선생문집(勉菴先生文集)》 권31에 〈예빈시봉사 양공묘표(禮賓寺奉事梁公墓表)〉에 인용되어 있다.

【하-5】

白生員 侍史

秋抄奉別 尙切懷悵 所示朴平 今爲慶尙左兵使所挽 歸期杳然 歲後亦難必
奈何 相去隔遠 良覿無便 歲暮之懷 無以自裁 婚嫁之意 不以爲喜 而反成悲
感也 伏惟照亮
山璹

백생원(白生員)을 모시는 분께 올림.

가을 초입에 작별한 것이 아직까지 섭섭한 심정입니다. 말씀하신 박평(朴平)은 지금 경상좌병사(慶尙左兵使)가 만류하는 탓에 돌아올 기약이 묘연하게 되었고, 해가 지나도 반드시 기약할 수 없으니, 어쩌면 좋습니까. 서로 떨어진 거리가 매우 멀어서 만나볼 길이 없으니, 세모의 회포를 스스로 가눌 수가 없습니다. 혼인을 맺으려던 뜻이 기쁨이 되지 못하고 도리어 슬픈 심정만 자아냅니다. 살펴주시기 바랍니다.
산숙(山璹).

【하-6】

이상은을 모방하여 눈물을 읊다10)---[양만용]

效商隱咏淚[梁曼容]

銀燭燒殘有所思	은촛대의 촛불이 스러져가니 그리운 사람이 있지만
寒衣擣盡寄將誰	겨울옷 모두 다듬이질 마쳤어도 누구에게 부칠까
音消銅雀西陵暮	음악 사라진 동작대에 서릉은 저물어 가고11)
弦斷琵琶塞草衰	줄 끊어진 비파소리에 변방의 풀들은 시드누나
華表柱頭留語日	화표주 머리에서 말을 남기던 날이고
永安宮裏受遺時	영안궁 안에서 유언을 받들던 때로다12)
可憐屬國歸何晚	가련해라, 전속국은 어찌 이리 늦게 돌아와
承露金莖半欲欹	승로반의 쇠기둥이 반이나 기울려 하는가13)

---

10) 이상은(李商隱)을……읊다 : 이상은은 당나라의 시인으로 자는 의산(義山), 호는 옥계생(玉谿生)이다. 두목(杜牧)과 함께 만당(晚唐)을 대표하는 시인으로 풍부한 상상력을 바탕으로 낭만적이고 환상적인 서정시에 뛰어났다. 여기에 인용된 고사들은 옛날에 슬픔을 자아내던 유명한 사건을 적극 인용한 것이다.

11) 음악……가고 : 동작대(銅雀臺)는 위(魏)나라 무제(武帝) 조조(曹操)가 지은 누각이고, 서릉(西陵)은 조조의 무덤이다. 조조가 죽으면서 유언하기를 "내가 죽은 뒤에 업(鄴)땅의 서쪽 산기슭에 장사지내고 기첩(妓妾)들은 때때로 동작대에 올라가 나의 서릉(西陵)을 바라보도록 하라."라고 명하자, 기녀들이 그 명에 따라 가무를 연주하며 하염없이 늙어갔다는 고사가 있다.《三國志》

12) 화표주(華表柱)……때로다 : 화표주는 요동(遼東) 성문의 기둥이다. 요동 사람 정영위(丁令威)가 신선이 되고 나서 1천 년 만에 학으로 변해 고향땅 화표주 위에 내려앉아 옛날에 알던 사람들이 모두 무덤으로 변한 것을 탄식하면서 떠나갔다는 전설이 전한다.《搜神後記 卷1》영안궁(永安宮)은 촉한(蜀漢)의 유비(劉備)가 백제성(白帝城)에 세웠던 궁전 이름이다. 유비가 영안궁에서 임종할 때, 제갈량(諸葛亮)이 이곳에서 그의 유언를 들었다고 한다.《通鑑節要 漢紀 昭烈皇帝》

13) 전속국(典屬國)은……하는가 : 한 무제(漢武帝) 때 소무(蘇武)가 흉노에 사신으로 갔다가 억류되어 갖은 고초를 겪은 뒤, 19년 만에 풀려 돌아와서 전속국에 임명되었다는 고사가 있다.《漢書 卷54 蘇武傳》승로반(承露盤)은 이슬을 받는 쟁반인데, 쇠기둥으로 떠받치는 구조였다. 한 무제가 신선이 되고자 갈망하여 감로(甘露)를 받아 마시기 위해 20개의 기둥 위에 승로반을 놓았다는 고사가 있다.《史記 卷12 孝武本紀》

【하-7】

來示有云　古之爲仁也難　今之爲仁也易　仁豈有古今　亦豈有難易　愚則以爲
今之仁猶古之仁也　尊丈仁益仁　侍生道益通　不亦大哉　不亦樂哉　愚請以始
終無間四字爲尊丈勉之

보내주신 편지에서 말씀하시기를 "옛날에 인(仁)을 행하기는 어려웠고, 지금에 인을
행하기는 쉽다."라고 하셨는데, 인이 어찌 고금의 차이가 있으며 또한 어찌 쉽고 어려
움이 있겠습니까. 제 생각으로는 지금의 인은 옛날의 인과 같습니다. 존장의 인이 더
욱 인하고 시생의 도가 더욱 통한다면, 또한 훌륭하지 않겠습니까. 또한 즐겁지 않겠
습니까. 저는 '처음부터 끝까지 차이가 없다[始終無間]'는 네 글자를 존장을 위해 권하
고 싶습니다.

---

14) 양주남(梁柱南) : 1610~1656. 본관은 제주(濟州), 자는 자경(子擎), 호는 사송(四松)·매계(梅溪)이다.
전라도 화순군(和順郡) 이양면(梨陽面) 쌍봉리(雙峰里)에서 태어났다. 조부는 봉사(奉事) 양산욱(梁山
旭)이고, 부친은 남주고사(南州高士) 양효용(梁孝容)이다. 효성이 지극하였고, 안방준의 문하에서 수
학하였다. 병자호란 때 안방준을 따라 의병을 일으켰으나 화의(和議)가 성립되었다는 소식을 듣고
통곡하고 귀향하였다. 저서로 《사송선생유집(四松先生遺集)》 2권이 있다.

【하-8】

京行 去時將迫 不得入拜 歸路則值兄駕出 亦未得相敍 此亦有承存爲耶 卽
惟靜攝如何 弟遭此罔極家變 奔遑累月 終未斷決 又有任縣杳問之擧 這間
憂憤氣像 當復如何 在京時與令胤 源源相見 爾來杳無消息 一倍戀鬱 伏惟
元照
丁六廿三日曉 弟世南

서울 나들이는 떠날 날짜가 촉박하기에 들어가 인사를 드리지 못하였고, 돌아가는 길에 형이 출타할 일이 생겨서 또한 만나 뵐 수가 없었으니, 이 또한 헤아려주시겠습니까. 지금 조용히 조섭하시는 정황은 어떠하십니까.

저는 이런 망극한 집안의 변고를 만나 여러 달을 분주히 내달렸으나 끝내 결판이 나지 않았고, 또 현임 현감으로부터 사건을 조사하는 일도 있었으니, 이 사이의 근심과 울분에 찬 기상은 응당 어떠하였겠습니까. 서울에 있을 때 아드님을 자주 만났는데, 이후로는 아득히 소식이 없어서 갑절이나 그립고 답답합니다. 두루 살펴주시기 바랍니다.

정(丁)년 6월 23일 새벽. 제(弟) 세남(世南).15)

---

15) 양세남(梁世南) : 1627~1682. 본관은 제주(濟州), 자는 영숙(永叔), 호는 용강(龍江)이다. 《창계집》
   권2에 〈참봉 양세남에 대한 만사[梁參奉世南挽]〉가 실려 있는데, 뜻이 높고 지조가 굳셌던 그가 재덕
   을 감추고 초야에 은거하며 지내다 세상에 크게 쓰이지 못하고 세상을 떠난 것을 안타까워하는 내용
   이 보인다.

【하-9】 양우전(梁禹甸)의 시고 2건

【하-9】-1

소야정을 읊다---[양우전][16]
小野亭韻[梁禹甸]

風塵松林似九秋	바람부는 솔밭이 늦가을과 닮았는데
登臨便作謝公遊	높이 올라 굽어보니 사공의 유람이로다[17]
往來人客亭前過	왕래하는 길손들 정자 앞을 지나가고
遠近峯巒舍後抽	멀고 가까운 봉우리는 건물 뒤에 솟았네
水綠花明多勝賞	물은 푸르고 꽃은 밝아 경치가 훌륭하고
酒酣鹽淡足珍羞	담박한 안주로도 술에 취하니 훌륭한 진수성찬이네
如今莫道無絲竹	지금 음악소리가 없다고 투정하지 말지어다
漁篴樵歌玉韻流	어부의 피리와 나무꾼의 노래가 구성지게 들려오니

右先人作(諱渭南 號九峯 進士 孝參奉)
作詩記之 以俟後之知牛山先生道德者

이상은 선친의 작품이다. -휘는 위남(渭南), 호는 구봉(九峯), 진사(進士)에 합격하고 효성으로 참봉(參奉)에 올랐다- 시를 지어 기록하여 후세에 우산선생(牛山先生 안방준)의 도덕을 아는 자를 기다린다.

大道從來識者稀	큰 도는 예로부터 아는 자가 드물었고
古今雅器俗人譏	고금의 훌륭한 인물은 속인들의 기롱을 받았네

---

16) 양우전(梁禹甸) : 양위남(梁渭南)의 맏아들로 부친의 시를 앞에 수록하고 뒤에 자신이 시를 지어 부친의 학덕을 기렸다.
17) 사공(謝公)의 유람이로다 : 남조(南朝) 송(宋)나라의 시인 사영운(謝靈運)이 벼슬하는 동안에도 늘 밀랍을 칠한 나막신을 신고 산에 오르기를 좋아하였다고 한다.

太淸雖有蟾蜍薄　하늘에는 비록 달을 갉아먹는 두꺼비¹⁸⁾가 있어도
明月還添萬古輝　밝은 달은 도리어 만고의 밝은 빛을 더한다네
從古儒賢與世建　예로부터 유림의 현자는 세상을 유지하는 존재라
不揆時係叫天扉　시대의 운수를 헤아리지 않고 하늘문에 호소하네
字曾一蔽休相恨　모든 것이 가려졌다고 한탄하지 말지어다
千載寧無定是非　천년 뒤에 어찌 시시비비가 판정나지 않겠는가

【하-9】-2

매계 숙부님의 송석정관등시---[휘 주남]
梅溪叔主松石亭觀燈韻[諱柱南]

松陰倒水魚沈碧　솔 그늘 물에 되비치고 물고기 깊이 잠기는데
燭影彌空月讓輝　촛불 그림자 허공에 가득하니 달빛도 광채를 양보하네
謹借龍眠摸此景　용면¹⁹⁾의 솜씨 빌려 이 풍경 묘사하며
夜闌江上不知歸　밤 깊은 강가에서 돌아갈 줄을 모르네

---

18) 달을 갉아먹는 두꺼비 : 본디 달 속에 토끼와 두꺼비가 있다는 전설이 있는바, 특히 두꺼비는 또 달을 갉아먹는다는 전설이 있기 때문에 한 말이다. 이백(李白)의 〈고풍(古風)〉 시에 의하면 "두꺼비는 하늘을 침범하여, 이 천궁의 밝은 달을 갉아먹는다.[蟾蜍薄太淸, 蝕此瑤臺月.]"라고 하였다. 《李太白集 卷1》
19) 용면(龍眠) : 송(宋)나라 때 시와 그림에 모두 뛰어났던 이공린(李公麟)의 호이다. 그가 용면산(龍眠山)에 살았으므로 용면거사(龍眠居士)라 자호했다.

【하-10】

叔主前拜上候狀[諱柱南]

前聞病患 遠未修候 何嘗頃刻忘于懷也 頃聞行斾自金陵來永新 意謂奉盡阻
懷 此計未遂 人間一會合有數 誠可恫也 遠問侍奉若何 仰戀日至 一番奉晤
渺然難期 寧不自憐 餘萬夏來侍奉甘旨平善 伏祝伏祝 伏惟尊照
癸四十一日 姪禹錫頓

숙부님 전에 삼가 편지 올림----[휘 주남]

전에 병환이 있다고 들었으면서 거리가 멀어서 편지를 올리지 못하였으나, 언제나 마음 속에서 잊은 적이 있었겠습니까. 며칠 전에 들으니 행차가 금릉(金陵)에서 영신(永新)으로 돌아오셨다고 하기에 만나 뵙고 격조했던 회포를 모두 풀고자 생각했습니다만 이 계획도 이루지 못하였습니다. 인간 세상의 만남이란 운수가 있으니 참으로 서글픕니다. 멀리서 묻사옵건대 어버이를 모시는 근황은 어떠하신지 그리움이 날마다 지극합니다. 한번 만나뵙는 것도 아득히 기약하기 어려우니, 어찌 스스로 가련하지 않겠습니까. 나머지 많은 사연은 접어두고, 여름이 되어 음식을 시봉하시는 생활이 두루 평안하시기를 엎드려 축원합니다. 살펴주시기 바랍니다.
계(癸)년 4월 21일. 조카 우석(禹錫)[20]이 조아립니다.

---

20) 양우석(梁禹錫) : 자는 서백(瑞伯)으로 오봉(鰲峯) 양우전(梁禹甸)의 재종제이다.

【하-11】 양극가(梁克家)가 양지항(梁之沆)에게 보낸 편지

【하-11】

灝卿 拜上狀[諱之沆]

朝者家親書 想已入照矣 靈光主人 卽今來言 推官入來 卽推兩隻 則無一留
在 故一邊發送移文 一邊使主人招來 玆急來 與之如是急走 卽以馳來 明日
內得達于靈光 如何
戊七初四夕時 克家(手決)

호경(灝卿)께 절하고 편지 올림 ---[휘 지항]

아침에 가친께서 부친 편지는 아마도 보셨을 듯합니다. 영광(靈光)의 주인(主人)이 지금 와서 말하기를 추관(推官 죄인을 심문하는 관원)이 들어와서 즉시 양척(兩隻 원고와 피고)을 추심하여 하나도 남은 자가 없으므로 한편으로는 이문(移文)을 발송하고 한편으로는 주인으로 하여금 불러오게 하였답니다. 이에 급히 와서 그와 더불어 이처럼 사람을 보내 달려오도록 하오니, 내일 중으로 영광으로 당도하시는 것이 어떻겠습니까. 무(戊)년 7월 초4일 저녁때. 극가(克家) 올림.

【하-12】 양우급(梁禹及)이 친형 양우성(梁禹成)에게 보낸 답장

【하-12】

兄主前 答上書[諱禹成 字度卿 參奉]

伏承下書 因諗氣體萬吉 伏喜 舍弟今旬無事到營 私幸 伏惟下察
辛酉元月十三日 舍弟禹及拜

형님 전에 답장 올림---[휘 우성, 자 도경, 참봉]

보내주신 편지를 받자옵고, 기체후가 두루 평안하심을 알게 되어 매우 기뻤습니다. 사제(舍弟)는 이번 달 10일에 무사히 감영에 당도하였으니, 사적으로 다행입니다. 굽어 살펴주시기 바랍니다.
신유년(1681, 숙종7) 1월 13일. 사제(舍弟) 우급(禹及)이 올립니다.

【하-13】

朝鮮國全羅道綾州中條山雙峰寺

東麓佛墓文尙改成淸日□請□

五月十五日□固不足道前覽全圖

無用待誌爲亦不能無少審

遂補 崇禎五十二年五月

日梁禹轍誌

조선 전라도 능주 중조산 쌍봉사 동쪽 기슭 …

… 중략 … 5월 15일 … 족히 말할 것도 없다. 전에 전도(全圖)를 열람해보니 기록을 필요치 않을 정도이다. 또한 약간의 검토가 없을 수 없으므로 이에 보충한다.

숭정 52년(1679) 5월 모일. 양우철(梁禹轍)이 기록하다.[21]

---

21) 이 글은 중간 부분의 판각 상태가 모호하여 전체 맥락을 파악하기 어렵다.

【하-14】

寄柱兒[字擎甫] （手決）

日前尹公之來見書 知好過 可喜 未知數宵廻 一向安過而勤讀耶 此間大都
姑安 疏事已下該曹 姑未回啓 以復昨旣南還耳 昨見孝伯書 則朝夕之饌 自
衙中分饋云 其然否 伯溫許 忙且撓甚 不能各書 㿾卽其能長久留之耶 詳示
之幸甚 主倅近無入京之事云耶 人馬則當於十與一日間出送計耳 餘不一一
至月初六 父書[諱澂]

주아(柱兒)에게 부치다---[자 경보]

일전에 윤공(尹公)이 오는 편에 부친 편지를 보고서 잘 지낸다는 소식을 알게 되어 기
뻤다. 며칠 밤이 지났는데 줄곧 평안하게 지내면서 독서를 열심히 하는지 모르겠구나.
이곳은 대체로 그럭저럭 평안하고, 상소를 올린 일도 이미 해당 부서에 내려졌으나,
아직 회계(回啓)가 나오지 않았지만 다시 어제 남쪽으로 돌아왔다. 어제 효백(孝伯)의
편지를 보니, 조석의 반찬거리를 관아에서 나눠받는다고 하는데, 과연 그러하냐. 백온
(伯溫)에게는 바쁘고 소란함이 심하여 각각 편지를 쓰지 못한다. 현(㿾)은 능히 오래도
록 머물수야 있겠느냐. 자세히 알려준다면 매우 다행이겠다. 고을 사또는 근간 서울에
들어올 일이 없다고 하느냐. 하인과 말은 마땅히 10일에서 1일 사이에 보낼 계획이다.
나머지는 자세히 쓰지 않는다.
동짓달 초6일. 아비가 쓴다.---[휘 징]

【하-15】-1

학사 박태보를 애도하며[22]---[양거안]

哀朴學士泰輔[梁居安]

知君屬耳徒知面　그대를 안 처음에는 그저 얼굴만 알았더니
見疏今朝始見心　상소를 본 오늘 아침에 비로소 마음을 보았네
萬福大原申剖析　만복의 큰 근원을 자세히 갈라 분석하니
百年公議豈淪沈　백년의 공적인 여론이 어찌 쇠퇴할 리 있으랴
形殘不害全歸孝　형체가 사라진들 효성을 지키다 돌아감에 해롭지 않고
名壽終敎衆共欽　명성이 오래 전해지면 많은 이들이 함께 공경하리
迹忝國庠空飽飯　자취를 성균관에 두고 그저 밥만 축내는 신세라
長慙英魄牢監臨　영웅의 혼백이 내려다 보심에 길이 부끄럽네

【하-15】-2

숙종의 대보단어제시에 뒤미처 차운하다
追和先肅廟大報壇御製詩

玉趾臨壇元祀親　임금께서 대보단[23]에 납시어 친히 제향 올리시니

---

22) 학사 박태보를 애도하며 : 박태보(朴泰輔, 1654~1689)는 본관이 반남(潘南), 자는 사원(士元), 호는 정재(定齋)이다. 1689년 기사환국 때 인현왕후(仁顯王后)의 폐위를 강력히 반대하는 소를 올리는 데 주동적인 구실을 하다가 심한 국문을 받았고, 진도(珍島)로 유배 도중 고문의 후유증으로 노량진에서 죽었다. 저서에 《정재집》 14권 등이 있다.

23) 대보단(大報壇) : 임진왜란 때 원군을 보내 준 명나라 신종(神宗)의 은혜를 추모하기 위하여 쌓은 제단이다. 1704년(숙종30)에 창덕궁(昌德宮) 안에 설치하고 명나라의 태조, 신종, 의종(毅宗)을 향사하였다.

宸心式壹奉王春　성상의 심정 한결같이 공경하며 천자의 봄을 받드네
皇恩百代寧忘報　백대의 황제 은혜 어찌 보답하기를 잊으랴
殷薦三薰肅自陳　세 가지 제물 성대히 차려 공경스레 베푸네
盛烈終看東海表　성대한 공적을 끝내 동해 밖에서 보게 되니
至誠能聳侍臣巾　지극한 정성이 능히 시종하는 신하를 감동케 하네
執籩今日知何祝　제기를 잡은 오늘 어떤 말로 축원을 드려야 할까
從此徽章永世遵　이로부터 아름다운 문채를 영원토록 준행하시리24)

【하-15】-3

중국이 멸망함에 감회가 일어
有懷中原陸沈

聞說江南古帝州　듣자니 강남은 옛날 황제의 고을로
繁華文物擅寰區　문물의 번화함은 세계에서 으뜸이었네
晉家火業憑龍讖　진나라는 불로 일으키니 용의 참언에 의지했고
吳國金精鎭虎丘　오나라는 금의 정수라 호구산25)이 진산일세
五季迭興風燭散　오대 시대는 번갈아 일어났다 촛불처럼 꺼졌고
六朝交旺蟪蠓遊　육조 시대는 흥망성쇠가 하루살이의 나들이 같네
山河形勝今猶在　산하의 형승은 지금도 그대로 남았으니
誰仗王靈復舊周　누가 제왕의 위엄 빌려 옛 주나라를 회복할까26)

---

24) 양거안(梁居安)의 《육화집(六化集)》 권2에 〈봉견선숙묘…(奉見先肅廟親祭皇明神宗皇帝大報壇御製詩及銀臺玉堂諸臣和進詩韻追和二首)〉라는 제목으로 실려 있는데, 한 수가 더 있다.

25) 호구산(虎丘山) : 지금의 강소성(江蘇省) 소주시(蘇州市) 서북쪽에 있는 산으로, 오왕(吳王) 합려(闔閭)의 무덤이 있다고 전해진다. 전설에 따르면 합려를 무덤에 안장한 후 사흘째 되던 날 하얀 호랑이가 그 위에 쪼그려 앉아 있어서 호구라는 이름이 생겼다고 한다. 이곳은 역대로 '오중제일명승(吳中第一名勝)'으로 꼽힐 정도로 아름다운 곳이다.

26) 양거안(梁居安)의 《육화집(六化集)》 권2에 〈한중유회 중원육침사…(閒中有懷中原陸沉事詠近軆一首以見志)〉라는 제목으로 실려 있다.

【하-15】-4

왕자가 태어났다는 소식에 기뻐서 읊다

聞王子生喜吟

王家胤胄早昇仙　　왕가의 맏아들이 일찍 신선되어 올라
擧國臣民若崩天　　온 나라 신민들이 하늘이 무너진 듯하였네
南海忽聞殷蘖秀　　남해에서 문득 후손이 태어났다는 소식 들으니
東方庶覩周瓜綿　　동방의 백성들 주나라 오이덩굴 자라남을 보네
倘來妖變能勝德　　우연히 생긴 요망한 변고를 덕행으로 이겨 나간다면
應敎聖賢業紹前　　응당 성현들께서 가업이 다시 이어지도록 도우시리
莫怪此翁窮不死　　이 늙은이가 곤궁으로 죽지 않음을 괴이하게 보지 말라
會當乘化太平年　　세상을 떠나는 날이 태평시절이어야 마땅하니

【하-15】-5

종제 중직과 군택에게 주다27)---(휘 경지, 호 방암, 진사; 휘 채지, 호 죽은)

贈宗弟仲直君擇[諱敬之　號方菴　進士　諱采之　號竹隱]

鳴陽宗族固多人　　태평시절 양씨 종족에 인물도 많은데
惟爾弟兄最所親　　오직 너희 형제만이 가장 친하다네
憐君擇善從吾好　　그대가 선을 가려 자유롭게 사는 것이 사랑스럽고
羨仲直躬保性眞　　둘째가 몸을 곧게 지녀 참된 성품 보존함이 부럽네
園光淸修傳不墜　　맑은 집안 전통을 전하여 실추시키지 않으면

---

27) 중직(仲直)은 양산보(梁山甫)의 5대손인 방암(方菴) 양경지(梁敬之, 1662~1734)의 자(字)이다. 1696년(숙종22)에 진사시에 합격하였다. 양채지(梁采之)는 호가 죽은(竹隱)으로 자세한 행적은 미상이나, 1725년(영조1) 2월 8일에 송시열(宋時烈)을 배향한 서원의 철거된 사액(賜額)을 회복해 줄 것 등을 청하는 상소, 동년 10월 12일에 이광좌(李光佐) 등을 처벌할 것을 청하는 상소에 전라도 유생으로 이름이 나온다.

圃翁名節繼無因　학포옹의 명성과 절개가 계승할 곳이 없으랴
各爲暮景宜加勉　각자 늘그막이 되도록 더욱 권면하여
毋忝良規莫厭頻　좋은 충고가 너무 자주라 싫어하지 말게나

【하-15】-6

소야정 시에 차운하다
次小野亭韻

湖海風流四十秋　호수와 바다를 다닌 풍류가 사십 년인데
一亭烟月寄淸游　이 정자의 안개와 달에 맑은 유람을 의탁하네
碧天雲影隨江去　푸른 하늘 구름 그림자는 강물 따라 흐르고
靑嶂春容帶雨抽　푸른 봉우리 봄 모습은 비를 맞아 빼어나네
山鳥野花眞好友　산새와 들꽃이 참으로 좋은 벗이고
吳鹽盧橘是佳羞　오염과 노귤28)은 아름다운 안주가 되네
人間萬事都無管　인간의 온갖 일에 모두 관여하지 않고서
回首鷗波浩蕩流　고개 돌려 해오라기 노는 호탕한 물결 바라보네

此一首曾王考韻[諱孝容 字汝順]
이 한 수는 증조부의 시에 차운한 것이다.---[휘 효용, 자 여순]

---

28) 오염과 노귤 : 소금과 귤을 가리킨다. 오염(吳鹽)은 오(吳) 땅에서 생산되는 소금이 가장 희고 깨끗하
　　였으므로 최상품의 소금을 오염이라고 일컫는다. 노귤(盧橘)은 귤의 별칭으로《본초강목(本草綱目)》
　　〈금귤(金橘)〉에 "이 귤은 자랄 때는 청노색이었다가 노랗게 익으면 금과 같다. 그러므로 금귤, 노귤이
　　란 명칭이 생겼다.[此橘, 生時靑盧色, 黃熟則如金, 故有金橘盧橘之名.]"라고 하였다.

【하-16】

兄主前 謹拜狀上[諱居安]

去冬 因宗弟棘人歷訪 兼承手書之問 驚倒感豁 而第審遭重憾 怛然驚痛 何
能已已 兄主屢遭膝下之慘 曾已聞知矣 又因宗弟 細聞兄主嫈嫈景色 此是
弟年來抱經者 爲之相憐 不勝區區 惟是彼此侍奉之節 具得安穩 此爲萬幸
以先祖墓道文字事 以書仰白於叔主前 而說猶未盡 盖以己卯錄諸書觀之 則
先祖在己卯 似應在削奪官爵之例 而墓碣云 己卯罷歸 戊戌又罷 似是只罷
官而免削奪 且碣文云 丁亥拜某官 而不言不就職 而家藏舊篋 有先祖狀草
一段文字(此乃進士宗叔士由氏所述云) 乃云 丁亥朝廷收叙黨人 始復先生職
拜典籍刑禮正郎 皆辭不就 此則似是前日之罷爲削奪 新授之職 又並不應命
矣 此等曲折 皆未瑩然 伏望於趨庭之際 一一稟質 明以示之 幸甚 餘非片牘
可盡 伏惟諒照 拜上狀
辛卯九月二十四日 宗弟得中拜 (手決)

형님 전에 삼가 편지 올림[29]---[휘 거안]

지난 겨울에 종제(宗弟)를 극인(棘人 상주)께서 찾아주셨을 때에 겸하여 보내주신 편지
를 받아 놀랍고 감사하였습니다. 편지를 보고 거듭 참척(慘慽)을 만났음을 알게 되니,
애달프고 놀라운 애통함이 어찌 그침이 있겠습니까. 형님께서 여러 차례 슬하의 참척
을 당하신 것은 일찍이 소식을 들었습니다만, 또 종제 편에 형님께서 쓸쓸히 지내시는
풍경을 전해 들으니, 이것은 제가 몇 년 사이에 겪은 일이라 그 때문에 애처로운 심정
을 가늠할 수가 없습니다. 오직 피차간에 시봉하는 절도가 모두 안온하니, 이것으로 다
행함을 삼습니다. 선조의 묘도문자(墓道文字)에 관한 일로 편지를 써서 숙부님 앞에 아

---

29) 이 편지는 양거안의 《육화집(六化集)》 부록(附錄) 권1 사우서독(師友書牘)에 〈양덕촌서(梁德村書[梁得
中])〉라는 제목으로 실려 있다.

뢰었습니다만, 말이 미진함이 있습니다. 대체로 기묘록(己卯錄) 등 여러 책으로 살펴본다면 선조께서 기묘년(1519, 중종14)에는 아마도 응당 삭탈관작의 예에 해당할 것인데, 묘갈에서는 '기묘년에 파직되어 돌아왔고, 무술년에 또 파직되었다.'라고 한 것은 아마도 단지 관직만 파직되고 삭탈을 모면한 것으로 보입니다. 또 묘갈에서 '정해년에 아무 관직에 제수되었다.'라고 하면서 직책에 나아가지 않았다는 말을 하지 않았는데, 집안에 소장된 옛 상자에는 선조께서 올린 장계 초본의 문자(이것은 바로 진사 종숙(宗叔) 사유씨(士由氏)가 서술한 것이라고 합니다.)가 있어, 여기에서 '정해년에 조정에서 당인을 거둬 서용하자, 비로소 선생의 관직이 회복되어 전적(典籍)과 형조 정랑에 제수되었으나 모두 사양하고 나아가지 않았다.'라고 하였는데, 이것은 아마도 전날의 직책에서 파직되어 삭탈되었고, 새로 제수된 관직은 또 모두 명에 응하지 않은 듯합니다. 이러한 여러 가지 곡절이 모두 분명하지 않으니, 바라건대 부친을 뵈러가셨을 때에 하나하나 질의하신 뒤에 분명히 알려주신 다면 매우 다행이겠습니다. 나머지는 짧은 편지에 다 쓰지 못하오니 살펴주시기 바랍니다. 절하고 편지 올립니다.

신묘년(1711, 숙종37) 9월 24일. 종제(宗弟) 득중(得中)이 올립니다.

【하-17】

答猶子書[字正甫]　(手決)完

龍奴還 得見汝書 始知侍奉安穩 遠喜萬萬 信後歲換 侍奉一向平吉耶 大禮
安過 君所得過望云 此慶難旣 猶父病狀似變 完合平易 行期姑未完定 切悶
切悶 縷縷腫臂艱艸 不一
丁元初九 猶父[諱潝]

조카에게 답한 편지---[자 정보]

용노(龍奴)가 돌아오는 편에 네 편지를 보고서 시봉하는 생활이 안온함을 비로소 알았
으니, 멀리서 기쁨이 더 없이 크다. 소식을 받은 뒤에 해가 바뀌었는데, 시봉하는 것이
줄곧 평안한지 모르겠구나. 대례(大禮)는 편안히 치렀고, 네가 얻은 소득이 소망보다
낫다고 하니, 이런 경사를 말로 표현하기 어렵구나.
유부(猶父 부친의 형제)의 질병은 약간 변하여 완전히 평이한 상태가 되었으나, 행차할
날짜를 아직 결정하지 못해 몹시 근심이 되는구나. 구구절절한 소식은 팔뚝의 종기 때
문에 간신히 쓰느라 다하지 않는다.
정(丁)년 1월 초9일. 유부(猶父)가.---[휘 흡]

【하-18】

舍弟奉狀[字正甫]

別來心緒之惡 至今未泯 近來暑熱甚酷 未委諸況何似 懸念不少已 吾發程
十五 菫菫抵洛 而中間阻水瀕死之狀 筆舌難盡 危怖之心 尙令人驚 入城之
後 住着無所 菫留十許日 卽往交河 數日前 復入筆洞 而客中凡百 難堪不已
奈何 南歸似在晦初 而祠宇奉行 勢有所不逮 今方經紀 尙此遲滯 一日難耐
殆欲頭白 此人馬來 卽欲還送 而不但事力有不及 且爲因便率虎兒去 今始
還下 想令訝鬱多矣 洛奇金濟謙 纔已脫出以極邊 移配于富寧 而收奴子之
啓方張 畢竟無事 萬無可望 尹慤方繫囚 而姑未受刑 李弘述金民澤金省行
李光之趙松柳厚章 皆不服杖死 李光之依喜之例收奴子之啓 亦方張 而姑未
允許 持平金弘錫疏斥領台之緩獄 而語甚緊 故領台過國祥後卽出江外 自上
出送 偕來承旨 已近旬而尙未入來 校理權益寬 數日前上箚 論以四箚之罪
不宜有異 洪啓迪不當拿鞫 趙聖復當更窮問得情云云 而批答姑未下 掌令李
基聖發啓請 李晩成柳就章 自鞫拿來覈問其中軍時事蒙允 禁都已發去 李廷
熽則請以遠竄累啓未允矣 數日前持平李巨源停啓 仍發沈檀罷職之啓矣 鄭
判書 竄于理山 尹陽來兪拓基 以赴燕時事 並圍置 尹則甲山 兪則東萊耳 金
始東脫出還發配矣 李宜顯遠竄之啓 昨已蒙允 而配所則姑未定云耳 前會寧
柳貞章自刎事 北兵使金洙啓聞 (缺) 大諫權詹正言李匡輔獻納李眞淳廣尹朴
弼夢 同義 (缺) 辭遞 金重器代之 (缺) 前月被彈遞 兪 (缺)
沈柳兩處事 煩不及於此書中 詳言于虎兒以去 問之則可知矣 油衫 吾去時
欲爲持去 而虎兒行中無之 不得還之耳 吾行 似在來初 到寶後 當卽送伻計
柳貞章自刎之故 諸議皆致疑於其兄 尤有所害云耳 (缺)
削黜 李賓興鞫問得情之啓 發已兩日 姑未允 趙尙絅竄安州 他餘心(缺)不盡
記 都在虎兒口白耳 圭伯子存許 忙未有書 欸意傳之 (缺)

氏以在統營時船運謫客 因章論數日前拿囚矣

壬寅六月卄四日 舍伯[諱益柱]

사제에게 편지 올림---[자 정보]

이별한 뒤로 심정의 사나움이 지금껏 사라지지 않는구나. 근래 더위가 혹심한데, 여러 정황이 어떠한지 몰라서 염려되는 심정을 그만둘 수 없구나. 나는 15일에 길을 떠나서 간신히 서울에 도착하였는데, 중간에 물에 막혀 거의 죽을 뻔한 정황은 필설로 다 형언하기 어렵고 위태롭고 두려운 심정은 아직도 나를 놀랍게 만든다. 도성에 들어온 뒤로 머물 곳이 없어서 겨우 10여일 머문 뒤에 즉시 교하(交河)로 갔다가 며칠 전에 다시 필동(筆洞)으로 들어왔으나, 객지의 모든 일이란 감내하기 어려움이 한량없지만 어쩌겠는가.

남쪽으로 돌아가기는 아마 그믐이나 초하루 사이일 듯하다. 그런데 사우(祠宇)의 제향을 봉행하는데 미치지 못할 형세가 있는데 지금 일처리 하느라 이렇게 지체되니, 하루도 견뎌내기 어려워 거의 머리가 하얗게 셀 지경이다. 이곳에 온 하인과 말을 즉시 돌려보내고 싶지만 일과 역량에 미치지 못함이 있고, 또 인편을 통해 호아(虎兒)를 데리고 떠났다가 지금 비로소 돌려보내면, 아마도 의아하고 궁금함이 많을 듯하다.

김제겸(金濟謙)은 극변(極邊)에 안치되는 것으로 죽음을 모면하였다가 부령(富寧)으로 옮겨 유배되었는데, 수노(收孥 처자까지 노비로 만듦)해야 한다는 요청이 한창 벌어졌으니, 필경에 무사하기는 조금도 가망이 없다. 윤각(尹慤)은 지금 구금되어 있지만 아직 형(刑 고문)을 받지는 않았다. 이홍술(李弘述), 김민택(金民澤), 김성행(金省行), 이광지(李光之), 조송(趙松), 유후장柳厚章)은 모두 자백하지 않아 매를 맞고 죽었다. 이광지는 이희지(李喜之)의 예에 따라 수노해야 한다는 요청이 한창 벌어지고 있으나 아직 윤허를 받지 못하고 있다. 지평(持平) 김홍석(金弘錫)이 영의정이 옥사를 느슨하게 한다고 상소를 올려 논척하였는데, 말이 매우 엄정하므로 영의정이 국상(國祥)을 지낸 뒤에 즉시 한강가로 나가니, 임금께서 해래승지(偕來承旨 모시러 가는 승지)를 보낸 지가 벌써 열흘이 넘었으나 아직도 들어오지 않고 있다.

교리(校理) 권익관(權益寬)이 며칠 전에 차자(箚子)를 올려 '네 차례 차자를 올린 죄에 차등을 두어선 안 되고, 홍계적(洪啓迪)은 붙잡아다 국문해선 안 되고, 조성복(趙聖復)은 마땅히 끝까지 심문하여 사실을 캐내야 한다'라고 쟁론하였는데, 비답(批答)이 아직 내려오지 않았다.

장령(掌令) 이기성(李基聖)이 계청(啓請)하여 '이만성(李晩成)과 유취장(柳就章)을 국청에 잡아다가 그들이 중군(中軍)으로 있을 때의 일을 상세히 캐물어야 한다'고 청하여 윤허를 받아 금부도사가 이미 출발을 하였다.

이정소(李廷熽)는 멀리 유배를 보내달라고 여러 차례 청하였으나 윤허를 받지 못하였다. 며칠 전에 지평(持平) 이거원(李巨源)이 정계(停啓)하였다가 이내 심단(沈檀)을 파직해야 한다는 계청을 올렸다. 정 판서(鄭判書 정호(鄭澔))는 *이산(理山)*에 유배되었고, 윤양래(尹陽來)와 유척기(俞拓基)는 연경(燕京)에 갔을 때의 일로 모두 죄수가 되었다가 윤양래는 갑산(甲山)으로 유척기는 동래(東萊)로 유배되었다.

김시동(金始東)은 모면하였다가 도로 유배지로 떠났다. 이의현(李宜顯)을 멀리 유배 보내라는 요청이 어제 이미 윤허를 받았는데 유배 장소는 아직 결정되지 않았다.

전 회령(前會寧) 유정장(柳貞章)이 자살한 일을 북병사(北兵使) 김수(金洙)가 계문(啓聞)하였다. …(缺)… 대간(大諫) 권첨(權詹), 정언(正言) 이광보(李匡輔), 헌납(獻納) 이진순(李眞淳), 광윤(廣尹) 박필몽(朴弼夢), 동의(同義 …(缺)… 사직하여 체직되어 김중기(金重器)로 대신하였다. …(缺)… 지난달에 탄핵을 받아 체직되었다. …(缺)…

심(沈), 류(柳) 두 곳의 일은 번거로워 이 편지에 언급하지 않고, 호아(虎兒)에게 자세히 말해주어 보내니, 그에게 물으면 알 수 있을 것이다.

유삼(油衫)은 내가 떠날 때 가지고 가고 싶었으나, 호아(虎兒)가 여행 중에 없기 때문에 돌려 보내지 못하였다. 나의 행차는 아마 다음 달 초순에 있을 것인데, 보성에 당도한 뒤에 응당 즉시 심부름꾼을 보낼 계획이다. 유정장이 자살한 까닭으로 여러 논의가 그 형에게 의심이 쏠리니, 더욱 해로운 바가 있을 것이다. …(缺)… 삭출되었다. 이빈흥(李賓興)을 국문하여 사실을 알아야 한다는 요청이 이미 이틀 전에 나왔으나 아직 윤허를 받지 못하였다. 조상경(趙尙絅)은 안주(安州)에 유배되었다. 다른 사연은 마음이 심란하여 다 쓰지 못한다. 모두 호아(虎兒)가 입으로 아뢸 것이다. 규백(圭伯)과 자존(子存)에게는 바빠서 편지하지 못하니, 한탄스런 뜻을 전해라. …(缺)… 씨(氏)는 통영(統營)에 있을 때에 유배객을 문안했다는 이유로 사간원의 탄핵을 받아 며칠 전에 붙잡혀 죄수가 되었다.

임인년(1722, 경종2) 6월 24일. 사백(舍伯)이. ---[휘 익주]

【하-19】 양익표(梁益標)가 계부 양흡(梁潝)에게 보낸 편지

【하-19】

季父主前 上白是[諱潝 字汝和 號信齋]

意外伏審氣體不平 驚慮萬萬 猶子今將發行 而於京於鄉 萬里作行 不覺心
摧也
庚子七月二十五 猶子益標白是

계부님 전에 상사리30)---[휘 흡, 자는 여화, 호는 신재]

뜻밖에 기체후가 평안하지 않음을 알고서 놀랍고 염려되는 심정이 깊습니다. 유자(猶
子 조카)는 지금 장차 길을 떠나려고 하는데 서울로 지방으로 만 리를 여행하려니 저도
모르게 마음이 위축됩니다.
경자년(1720, 숙종46) 7월 25일. 유자(猶子) 익표(益標)31)가 사룁니다.

---

30) 계부님 전에 상사리 : 양익표(梁益標)가 계부 양흡(梁潝)에게 올린 편지이다. 양흡은 자가 여화(汝和),
   호는 신재(信齋)이다. 상사리[上白是]는 위로 아뢴다는 뜻으로 부친이나 손위 어른께 편지를 쓸 때
   사용하는 고유한 용어이다.
31) 양익표(梁益標) : 1685~1722. 양우급(梁禹及)의 손자이고, 양징(梁澂)의 아들로 숙종 때 무과에 급제
   하였으나 중용되지 못하다가 1717년(숙종43) 영의정 김창집(金昌集)의 건의로 등용되었다. 노론측
   입장에서 연잉군의 대리청정을 상소하였다가 노론 사대신이 처형될 때 함께 해를 입었다. 1724년(영
   조 즉위년) 노론 4대신의 복작과 동시에 신원되고 병조 참판에 추증되었다.

【하-20】 양익표(梁益標)가 친형 양익주(梁益柱)에게 보낸 편지 8건

【하-20】-1

兄主前 上書[諱益柱] （手決）

坡州拜別 心事之觖惡 迨不能形忍也 厥後多日 歲又倏換 無由得聞消息 萬
疊山中 所對者形影 念言鄕山 有若隔世 若狂若癡 實無以爲心也 不審氣體
若何 而南行何以爲之也 閔叔亦得好過云耶 弟去月二十八日 董董得到於此
地 而主倅姑無顧恤之道 中路所過之邑羅卒 致憾於刷馬事 不爲盡誠傳簡
故所望歸虛 其間狼狽之狀 何可形喩 卽今粮道實無變通之路 方在束手無策
之境 此亦命也 奈何奈何 或伏望專往於諸處 近處倅宰邊 圖得書以爲救窮
之地 今此邑京主人家使□□尋問 雖知往來之便 京中消息 屬屬下通 伏望伏
望 餘萬萬此羅將卽時回還 故初來客地 心神未定 不備 伏惟下察 上書
丙申正月初一日 舍弟益標上書

형님 전에 상서합니다---[휘 익주]

파주(坡州)에서 절하고 작별하니, 허전하고 사나운 마음속 심정이 지금까지도 차마 잊
을 수가 없습니다. 그 후로 많은 날이 흘렀고 해가 또 문득 바뀌었는데, 소식을 들을
방도가 없습니다. 첩첩 산중에서 마주한 것은 나의 그림자이고 고향을 생각하면 마치
다른 세상과도 같아서, 흡사 미치광이에 바보천치와 같아서 실로 마음을 가눌 수가 없
습니다. 기체후는 어떠하시며, 남쪽 행차는 어떻게 하실지 모르겠습니다. 민숙(閔叔)은
또한 잘 지내신다고 합니까.

저는 지난 달 28일에 겨우 겨우 이곳에 당도하였는데, 고을 사또께서 아직 돌아보시
는 조치가 없으시고, 중도에 지나온 고장의 나졸들이 쇄마(刷馬 말을 빌림)하는 일로 인
해 유감을 품었으므로 정성을 다해 편지를 전해주지 않았습니다. 그러므로 바라던 바
가 허사로 돌아가니, 그 사이의 낭패했던 정경을 어찌 말로 형언하겠습니까. 지금 실
제로 양식을 변통할 길이 없어서 바야흐로 속수무책의 지경으로 있으니, 이 또한 운명
이므로 어찌하겠습니까.

혹시라도 모든 곳이나 근처의 고을수령에게 일부러 사람을 보내서 편지를 얻어서 곤궁함을 구제해 주시기를 엎드려 바랍니다. 지금 이 고을의 경주인(京主人) 집에서 ……비록 알더라도, 왕래하는 인편에 서울 소식을 속속 통지해 주시기를 바라고 바랍니다. 나머지 많은 사연은 이 나장(羅將)이 즉시 돌아가야 하고 처음 온 객지에 심신이 안정되지 않아 이만 줄입니다. 살펴주시기 바라며 상서합니다.

병신년(1716, 숙종42) 1월 초1일. 사제(舍弟) 익표(益標)가 상서합니다.

【하-20】-2

既望來 以駕珍島 不得下書 伏悵伏悵 不可言不可言 厥後月蹤 其已反旆 而
當此極寒 氣體萬安耶 舍弟在月初 自鎬放還 而京鄕景色 及生弊孔慘 實無
欲生之意耳 若干辭緣 以忙急不能盡達 故季父主前白是中 撮要伏白耳 還
洛之奇 似在何間 不勝伏鬱伏鬱 餘萬萬忙不備 伏惟下鑑 上書
丁酉臘十六日 舍弟益標上書

16일에 내려왔으나 진도(珍島)에 행차하시느라 내려주신 편지를 받지 못하였으니, 섭섭하기가 이루 말할 수가 없습니다. 그 사이에 행차가 돌아가셨으며, 이런 극한의 추위에 기체후가 두루 평안하십니까.

사제(舍弟)는 이번 달 초에 호(鎬 평양)로부터 풀려나 돌아왔는데,[32] 서울과 지방의 풍경 및 생기는 폐단이 매우 참혹하여 실로 살아가고 싶은 생각이 없습니다. 약간의 사연은 너무 바빠서 다 말씀드릴 수 없으므로 계부님 전에 아뢰는 중에 가장 요점만 추려 말씀드렸습니다. 서울로 돌아오신다는 기별이 있었는데, 언제 쯤이 되겠습니까. 울적한 심정을 가늘 수가 없습니다. 나머지 많은 사연은 바빠서 줄입니다. 굽어 살펴주시기 바라며 상서합니다.

정유년(1717, 숙종43) 12월 16일. 사제(舍弟) 익표(益標)가 상서합니다.

---

32) 풀려나 돌아왔는데 : 양익표가 숙종 때 무과에 급제하고도 벼슬에 나아가지 못하여 술로 울분을 달래던 중, 그 고을의 군수를 구타하는 등 행패를 부려 토호무단율(土豪武斷律)에 의하여 관서지방에 유배되었다가 1717년(숙종43) 영의정 김창집(金昌集)의 건의로 왕명에 의하여 특사된 것을 가리킨다.

【하-20】-3

叔父主行次時 伏上書矣 其已登照矣 近來漠無消息 伏不審霜秋 調候其已
得勿藥之慶耶 伏不勝鬱慮之至 弟僅支昨狀 而昨日都政不得參望 憤歎之外
調度孔慘 悶迫之狀 不可形達 上洛之期 定在何間耶 伏斯速快發以爲伸至
情無人言之地 千萬幸甚 本官太守 頗有人言矣 今乃無事下去 誠甚怪訝矣
餘萬萬非書可盡達 不備 伏惟下鑑 上書
戊戌閏月二十四日 舍弟益標上書

숙부님께서 행차하실 때에 상서(上書)하였는데 이미 보셨겠지요. 근래 들어 막연히 소
식이 없는데, 서리 내리는 가을에 조섭하시는 체후는 이미 약이 필요 없는 경사가 있
는지 모르겠습니다. 울적하고 염려되는 심정을 가눌 수 없습니다.

저는 겨우 예전과 같은 모습을 지탱하고 있습니다만, 어제 도정(都政)에서 참망(參望)
33)되지 못하여 분하고 한탄하는 것 이외에 식량 사정도 매우 참혹하니, 근심스럽고 절
박한 정황을 이루 말씀드릴 수가 없습니다. 서울에 올라오실 시기는 언제쯤으로 정하
셨습니까. 바라건대 속히 출발하시어 아무에게도 이야기할 수 없는 지극한 심정의 제
처지를 풀어주신다면 천번만번 다행이겠습니다. 본관 태수에 대해서 사람들의 말이 자
못 많았는데, 지금 무사히 부임하러 내려갔으니, 참으로 몹시 괴상하고 의아합니다.
나머지 많은 사연은 편지로 모두 전달할 수 없어서 이만 줄입니다. 굽어 살펴주시기
바라며 상서(上書)합니다.

무술년(1718, 숙종44) 윤월 24일. 사제(舍弟) 익표(益標)가 상서합니다.

【하-20】-4

歲初奴來 以駕珍島 不得承下書 至今伏悵 不審爾來 自珍島 其已還駕耶 伏
不勝慮念之至 弟去月十六日 得差備郎 謹謹供職 而素患濕瘡 遍身滿發 凡
百諸具 罔然難辦 此間悶迫 何可形喩 餘萬萬非但便甚虛疎 今年則事理人

---

33) 참망(參望) : 관원을 임명하려고 할 때 전형(銓衡)을 맡은 이조나 병조에서 적당한 후보자 세 사람을
추천하는데 이것을 삼망(三望)이라 하며 이 삼망에 참여된 것을 곧 참망이라 한다.

情 必爲還洛 姑此不備 伏惟下鑑 上書

己亥二月十三 舍弟益標上書

새해 초에 종이 왔는데, 진도(珍島)에 행차하시는 바람에 내려주신 편지를 받지 못하여 지금까지 섭섭합니다. 그 뒤로 진도로부터 이미 행차를 돌리셨습니까. 염려되는 지극한 제 심정을 가눌 수 없습니다. 저는 지난달 26일에 차비랑(差備郞)[34] 자리를 얻어 부지런히 직무를 수행하고 있습니다만, 평소 앓던 습창(濕瘡)이 온 몸에 가득 돋았는데도 필요한 제반 도구를 마련할 길이 전혀 없으니, 이 사이의 근심과 절박함을 어찌 말로 다 형언하겠습니까. 나머지 많은 사연은 인편이 매우 허술할 뿐만 아니라, 올해는 사리와 인정으로 보아 반드시 서울로 돌아오실 것이므로 이만 쓰고 줄입니다. 굽어 살펴주시기 바라며 상서합니다.

기해년(1719, 숙종45) 2월 13일. 사제(舍弟) 익표(益標)가 상서합니다.

【하-20】-5

兄主前 答上書 （手決）

今秋來 伏承下書 因審所患腫 略似有緩機 是則伏幸 而輪感又發 侍率具無 不在路 上京之各人 看來不勝慮且觖然 弟復入軍門僅遣 當此隆冬 難釋之道 不一而足 此間切迫 何可形喩 交鄕僅免亡滅之患 而同妹數日前 來住弟家 其在形勢 不待煩陳而可以下諒矣 五箇黃香 三箇石榴伏受 而新曆則求得極甚非便 欲爲貿得 則價本甚無 不得如敎送呈 伏不勝愧悚之至 餘萬萬心亂便忙 不備 伏惟下鑑 答上書

戊戌至月卄四 舍弟益標上書

형님 전에 답장 올립니다.

이번 가을 들어서 내려주신 편지를 받자옵고, 앓으시던 종기가 대략 완만해질 기미가

---

34) 차비랑(差備郞) : 정식 관원의 일을 보조하거나 갑자기 궐원이 생겼을 때에 임시 차출한 관원을 말한다.

있으심을 알게 되었으니, 이것은 매우 다행입니다. 그런데 윤감(輪感 유행성 감기)이 또 생겨서 부모나 처자가 모두 길거리에 있지 않는 이가 없으니, 상경하는 사람들을 볼 때마다 염려되고 또 허전함을 가눌 수 없습니다.

저는 다시 군문(軍門)에 들어와 그럭저럭 지냅니다만, 이번 한겨울을 맞아 풀려나지 못할 사유는 한두 가지가 아니므로 이 사이의 절박한 심정을 어찌 말로 다 형언하겠습니까. 교하(交河) 고을은 겨우 멸망의 환난을 모면했습니다만, 동매(同妹)가 며칠 전부터 저의 집에 와 머물고 있으니, 그 형세는 번거롭게 진술하지 않아도 아실 수 있을 것입니다.

황향(黃香) 5개와 석류(石榴) 3개를 잘 받았습니다. 그런데 새 달력은 구하기가 매우 편리하지 않을뿐더러, 구입하려고 해도 값이 매우 부족하여 말씀하신 만큼 보내 올리지 못하오니, 부끄럽고 송구한 심정을 가눌 수 없습니다. 나머지 많은 사연은 마음이 어지럽고 인편이 바빠서 이만 줄입니다. 굽어 살펴주시기 바라며 답장을 올립니다.

무술년(1718, 숙종44) 11월 24일. 사제(舍弟) 익표(益標)가 상서합니다.

【하-20】-6

交奴來 伏承下書 因伏審珍郡往還 無事爲之 伏慰萬萬 而宿病之未瘳 疥瘡
之遍生 有極獻慮 携奴之少差旋臥 實是愁哉愁哉之事也 舍弟僅得無事供職
外何可達 餘萬不備 伏惟下鑑 答上書 中曆一件伏呈耳
己亥臘月十六 舍弟益標上書

교하(交河)에서 종이 가지고 온 편지를 받고서 진도군(珍島郡)에 왕복하시는 일을 무사히 마치셨음을 알게 되니, 위안되는 심정이 깊습니다만 오래 앓던 병이 치료되지 않아서 개창(疥瘡)이 온통 생겼다니 몹시 염려가 됩니다. 거느리고 계신 종이 약간 차도가 있다가 이내 자리에 누운 것은 참으로 근심스럽고 근심스런 일입니다.

사제(舍弟)는 그럭저럭 무사히 직무를 수행하고 있으니, 이밖에 무슨 말씀을 올리겠습니까. 나머지 사연은 이만 줄입니다. 굽어 살펴주시기 바라며 답장 올립니다.

중력(中曆) 1건을 올립니다.

기해년(1719, 숙종45) 12월 16일. 사제(舍弟) 익표(益標)가 상서합니다.

【하-20】-7

意外伏承下書 以審氣體萬安 伏慰伏慰 弟姑依昨狀 而念交河事 則實是人
世間 千古所之事 而兄主之心 安可太平 而能念及於如此不相干之人 及洛
奇欲聞之中 恐非事情之外也 餘萬萬把筆扞塞 姑此不備式
下鑑 答上書
辛丑至月十六 舍弟益標上書
新曆已呈於同奴便矣 黃香依數伏受耳

뜻밖에 내려주신 편지를 받고서 기체후가 두루 평안하심을 알게 되니, 매우 위안이 되
었습니다. 저는 예전처럼 그럭저럭 지냅니다만, 교하(交河)의 일을 생각하면 이는 실로
인간세상에서 천 년 동안 없던 일인데 형님의 마음이 어찌 태평하여 능히 저와 같이
상관없는 사람에게까지 생각이 미칠 수 있겠습니까. 서울에 당도하여 듣고 싶은 소식
중에 아마도 사리와 인정을 벗어나는 일은 아닐 듯합니다. 나머지 많은 사연은 붓을
잡고 종이를 메울 뿐이므로 이만 편지의 격식을 갖추지 않습니다. 살펴주시기 바라며
답장을 올립니다.
신축년(1721, 경종1) 11월 26일. 사제(舍弟) 익표(益標)가 상서합니다.
새 달력은 이미 동노(同奴) 편으로 올렸습니다. 황향(黃香)은 숫자대로 잘 받았습니다.

【하-20】-8

奴輩來 伏承氣體萬安 喜悅難量 舍弟昨到光寺 今日切欲進去 而叔父主旣
已駕焉往三衙 奴姑未回還 則不爲等待而入去 似甚不便 故今日留於此 而
明當發向興寺 以爲姑待數日內消息 伏未知兄主意向如何也 餘萬萬忙撓姑
此不備 伏惟下鑑 上書
叔氏前所控一樣 同照如何 所騎自此已還 兄主鬟者命送 伏望耳
三月十八日 舍弟益標上書

종들이 와서 기체후가 두루 평안하신 소식을 들으니, 기쁨을 이루 헤아리기 어렵습니다.

사제(舍弟)는 어제 광사(光寺)에 도착하였고 오늘은 출발하여 떠나고 싶은 심정이 간절했습니다. 그런데 숙부님께서 이미 삼아(三衙)에 행차하시었고, 노(奴)가 아직 돌아오지 않았으니, 기다리지 않고서 들어가는 것이 아마도 매우 불편할 듯하므로 오늘은 여기에 머물렀다가 내일 출발하여 흥사(興寺)로 향하여 우선 수일 내의 소식을 기다리고자 하는데, 형님의 뜻이 어떠하신지 모르겠습니다. 나머지 많은 사연은 바쁘고 심난하여 이만 적고 줄입니다. 굽어 살펴주시기 바라며 상서합니다.

숙씨(叔氏) 전에 드릴 말씀도 똑같으니 함께 보심이 어떻습니까. 타고 온 말은 이곳으로부터 이미 돌려보냈으니, 형님의 말을 보내주시기를 간절히 바랍니다.

3월 18일. 사제(舍弟) 익표(益標)가 상서합니다.

【하-21】

附關文

義禁府爲相考事

今十月初二日 藥房受針入侍時 都提調金昌集所啓 孟山定配罪人梁益標 今
將移配于長興矣 益標當初與寶城守起鬧之事 初因戲謔 輾轉至此 其罪不免
遠配 而到配之後 作弊多端 本邑民人等 不能支堪 以移配他邑之意 呈訴於
試官之行云 今若移配長興 則其地之人 亦必難堪 到處如此 誠爲難處 臣意
則益標當初所坐 不甚重大 遠配三年 足懲其罪 毋寧直放之爲愈 故敢達

上曰 此人被配 今已三年耶 提調閔鎭厚曰 此是臣忝叨金吾時事也 益標雖
是湖南之人 移居京中已久 與寶城守城化之分 因與邑民有間 而同是武人
故與之戲謔 至於執手 而亦無拳打刺傷之事 其罪似不大端 而僚議甚峻 終
用土豪武斷之律 所當徙邊 而仕士夫減等之例流三千里矣 然今此移配 只因
本道凶荒 非如赦令量移之比 以其作弊之故 遽爾全釋 則其在事體 似有未
安 湖南配所 如或難便 則姑爲嶺南改定 恐宜矣

上曰以當初原情中 張翼德之說見之 可知其多氣武人矣 大臣之言似好 直各
放送可也 直爲放送可也事 傳敎敎是置 押去羅將所到處 上項梁益標身乙
分付放送後 轉報監營以放送之意 申飭施行向事 合行移關 請照驗施行 須
至關者

右營

各邑

康熙五十六年十月初五日

知事

同知事(手決)

知事

【關】【義禁府印】

부 관문 [附關文]

의금부에서 상고할 일.

금년 10월 초2일에 약방(藥房)에서 침을 놓고자 입시했을 때, 도제조 김창집(金昌集)이
계문하기를 "평안도 맹산(孟山)에 정배된 죄인 양익표(梁益標)를 이번에 장흥(長興)으로
이배하고자 합니다. 양익표가 당초에 보성 군수와 싸움을 벌였던 일은 처음에는 장난
으로 시작하여 점점 이 지경에 이른 것으로 그 죄가 멀리 유배됨을 면치 못하였습니
다. 그런데 유배지에 도착한 뒤로도 가지가지로 문제를 일으켜 맹산읍의 백성들이 견
뎌낼 수 없으므로 다른 고을로 이배시켜 달라는 뜻으로 시관(試官)의 행차에 소지를
올렸다고 합니다. 지금 만약 장흥으로 이배한다면 그 고장 사람들 또한 반드시 견디기
어려울 것인데, 가는 곳마다 이렇다면 참으로 난처한 일입니다. 신의 뜻으로는 양익표
가 처음 범법한 것이 별로 중대한 것이 아니고, 멀리 3년간 유배되어 그 죄를 족히 뉘
우쳤으므로 차라리 곧장 방면하는 것이 나을 듯하므로 감히 진달합니다"라고 하였다.
임금이 "이 사람이 유배된 것이 지금 3년이나 지났는가."라고 하자, 제조 민진후(閔鎭
厚)가 아뢰기를 "이것은 신이 의금부에 있을 때의 일입니다. 양익표가 비록 호남사람
이지만 서울에 옮겨 거주한 지가 이미 오래되었으므로 보성 군수와는 수령과 백성으
로서의 분수가 고을의 백성과는 저절로 차이가 있습니다. 그리고 똑같이 무인이므로
그와 더불어 장난을 치다가 손을 잡는데 이르게 되었지만 또한 때리거나 상처를 입히
는 일은 없었으므로 그 죄는 대단치 않은 듯합니다. 그런데 동료들의 논의가 너무 준
엄하여 끝내 토호무단율(土豪武斷律)을 적용하여 변방에 유배시켰으나 벼슬하는 사대
부를 감등하는 예에 따라 3천 리 유배를 시켰던 것입니다. 그러나 지금 이배하려는 것
은 평안도의 흉년으로 인한 것이므로 사면령이나 죄를 참작하여 옮겨주는 것과는 비
할 수 없습니다. 그가 문제를 일으켰다는 이유로 갑자기 완전히 풀어준다면 일의 체모
에 있어서 미안한 점이 있을 듯하니, 호남의 유배지가 혹시 편치 못함이 있다면 우선
영남으로 유배지를 바꿔 정하는 것이 마땅한 줄 아룁니다."라고 하였다.
임금이 "당초의 원정(原情 조사보고서) 중에 실린 장익덕(張益德 장비)의 설로 보건대 그
가 기개가 많은 무인임을 알 수 있다. 대신의 말이 옳은 듯하니, 곧장 방송함이 옳겠
다."라는 일로써 전교하시었다.
압송해 가는 나장이 이르는 곳에서 위 양익표의 몸을 분부대로 방송한 뒤에 감영에 전
보(轉報)하되 방송(放送)하라는 뜻으로 신칙하여 시행하라. 마땅히 관문을 보내니 잘

살펴서 시행하되 관문대로 시행하라.

우영(右營)

각읍(各邑)

강희 56년(1717, 숙종43) 10월 초5일.

지사(知事)

동지사(同知事) (手決)

지사(知事)

【관】【의금부인】

【하-22】

소선당 김공 중뢰연에 차운하다35)---[휘 원최, 자 선백, 자헌]
次笑仙堂金公重牢宴韻[諱元㝡 字善伯 資憲]

委禽之歲又今回	혼례를 올린 해가 또 오늘 돌아와
六禮廣張勝宴開	육례36)를 널리 베풀어 좋은 잔치 열었네
紅燭再迎雙鶴髮	붉은 촛불 다시 맞으니 둘 다 흰 머리이고
赤繩重結兩瓠杯	붉은 끈 다시 맺으니 두 표주박 술잔일세
碧桃緩唱姝盈席	벽도화 느린 가락에 기생들 좌석에 가득하고
華祝爭傳客滿臺	장수를 다투어 비는 손님들 누대에 그득하네
綵舞筵前于永夕	자손들 채색 옷에 재롱떨며 밤 내내 즐기니
東床少一可休哀	사위가 하나 부족하다고 슬퍼하지 말아야 하네
[梁禹績]	[양우적]

---

35) 양우적(梁禹績)이 소선당(笑仙堂) 김원최(金元㝡)가 중뢰연(重牢宴)을 베푸는데 지어준 시이다. 중뢰연은 회혼연(回婚宴)을 가리키며, 결혼한 지 61년이 되는 해에 베푸는 잔치이다.

36) 육례(六禮) : 혼례의 여섯 가지 절차로 납채(納采), 문명(問名), 납길(納吉), 납징(納徵), 청기(請期), 친영(親迎)을 말한다.

【하-23】 양재속(梁載涑)이 종친에게 보낸 답장

【하-23】

意外得拜惠札 謹審初冬 令動止安福 何等慰荷 學圃先祖請諡事 朝家命旨
旣如是丁寧 則爲其子孫之心 豈不盛偉哉 當以是日躬進面議計耳 餘姑不備
伏惟 謹謝狀上
丙寅陽月晦日 宗末載涑拜

뜻밖에 보내주신 편지를 받자옵고, 초겨울에 영감의 생활이 평안하고 복되심을 알게
되니, 이 얼마나 위안되고 감사하겠습니까. 학포(學圃) 선조의 시호를 청하는 일에 조
정에서 명한 뜻이 이미 이처럼 정중하니, 그 자손 된 자들의 마음에 어찌 성대하고 훌
륭하지 않겠습니까. 마땅히 이날 몸소 나아가서 뵙고 의논드릴 계획입니다. 나머지는
이만 줄입니다. 살펴주시기 바라며 삼가 답장 올립니다.
병인년 10월 그믐날. 종말(宗末) 재속(載涑)37)이 올립니다.

---

37) 양재속(梁載涑) : 자는 희온(希溫)으로 청파(菁坡) 양극가(梁克家)의 손자이다.

【하-24】

謹拜謝上狀

魏生員 下執事 （手決）

卽承惠狀 何等欣慰 親事至於涓吉 不勝感荷 餘不備 伏惟尊照 謹拜謝上狀

己亥臘月初九日 梁可爀頓

삼가 답장 올림

위생원 하집사께

보내주신 편지를 막 받으니, 이 얼마나 기쁘고 위안이 되겠습니까. 친사(親事 혼례)가 연길(涓吉 택일)에 이르렀으니, 감사함을 가눌 수 없습니다. 나머지는 이만 줄입니다. 존장께서 살펴주시기 바라며 삼가 답장 올립니다.

기해년(1755, 영조31) 12월 초9일. 양가혁(梁可爀)[38]이 조아립니다.

---

38) 양가혁(梁可爀) : 양기혁(梁基爀, 1705~1785)을 가리킨다. (可爀), 자는 회중(晦仲)으로 양우급(梁禹及)의 증손이다.

【하-25】

凉亭僉從服次

家兒歸後 音信漠然無聞 瞻望南雲 只自悵然而已 不審初夏 僉服況如何 種種溸仰不已 從連以公故 奔遑度日 自悶奈何 第先祖請諡上言事 入啓已久 而自吏曹尙不回啓 未知其早晚 尤悶悶 不具狀式
丙寅四月初十日 從子明煩欠頓

양정(凉亭)의 여러 사촌 상주들께

집아이가 돌아온 뒤로 소식이 아득히 들리지 않아서 남쪽 구름만 바라보며 그저 서글픈 심정만 가득할 뿐입니다. 여러 상주님들의 근황은 어떠하신지, 가지가지로 그리움이 그치지 않습니다.

종(從 사촌)은 연달아 공적인 사무로 인해 여러 날을 분주히 내달리고 있으니, 스스로 가련하지만 어쩌겠습니까. 말씀드릴 일은 선조의 시호를 청하며 상소를 올린 것이 이미 입계(入啓 보고)한지 오래인데, 이조(吏曹)로부터 회답이 아직 없으며, 그것이 이를지 늦을지 알지 못하여 더욱 근심스럽고 근심스럽습니다. 편지의 격식을 갖추지 않습니다.

병인년(1806, 순조6) 4월 초10일. 종(從) 자명(子明)39)이 이름을 생략하고 아룁니다.

---

39) 자명(子明) : 양석관(梁奭觀, 1746~?)의 자(字)이다. 오봉(鰲峯) 양우전(梁禹甸)의 종현손(從玄孫)으로 문과에 급제하여 지평(持平)을 지냈다.

【하-26】

民洞留梁生上候書

全羅右水營鉞下執事入納

客多乍拜 撓未終頌 歸來伏悵 其間仍兵營便修上一書矣 果卽登覽否 歲色
倏改 伏惟新春制梱體候 茂膺神休 而所愼患候 近得夬健耶 種種伏溯 不任
下誠 侍生行具凡百 茫然無計 幸蒙另念顧護之力 果爾無撓上京 而離親情
事 轉覺益切 私悶何喩 何當更拜 不勝瞻鬱 餘不備 伏惟下察 上候書

丙辰正月十七日 侍生梁喆鎭拜手

令胤兄入京後 卽奉相敍 客中慰豁 不可盡喩 做工方與聯袂爲之之是計耳

민동에 머무는 양생이 편지 올림[40]

전라 우수영 절도사 집사께 올림

지난 겨울에 잠깐 뵙고서 소란스러움으로 인해 충분히 대화를 나누지 못하였으므로 돌아오고 나서 섭섭하였습니다. 그 사이에 병영(兵營)의 인편으로 편지 한 통을 써서 올렸는데, 과연 보셨습니까. 해가 문득 바뀌었는데, 신춘에 병마절도사의 체후가 신의 가호를 흠뻑 받았고, 앓으시던 환후는 근래 쾌차하여 건강해지셨습니까. 가지가지로 궁금하여 저의 심정을 가늠할 수가 없습니다.

시생(侍生)은 여행에 필요한 모든 도구를 마련할 길이 전혀 없으니, 바라건대 특별히 돌보아주시는 힘을 얻을 수 있다면, 탈 없이 상경할 수 있을 것입니다. 그러나 어버이를 떠나는 심정이 갈수록 더욱 심해지니, 저의 근심을 어찌 말로 하겠습니까. 언제나 다시 뵈올 수 있을지 그리움과 울적함을 가늠할 수 없습니다. 나머지는 이만 줄입니다.

---

40) 민동(民洞)에……올림 : 양철진(梁喆鎭)이 전라 우수사(全羅右水使)로 있는 이명규(李明奎)에게 보낸 편지이다. 민동은 한성부 남부 필동교(筆洞橋) 부근의 생민동(生民洞)을 가리키는 듯한데, 지금의 충무로(忠武路) 4가에 해당한다. 양철진은 양가혁(梁可爀)의 손자로 자가 보언(保彦)이다. 무과로 진출하여 순조 6년(1806) 8월 11일에 만경 현령(萬頃縣令)에 임명된 기록이 있다.

살펴주시기 바라며 편지 올립니다.

병진년(1796, 정조20) 1월 17일. 시생(侍生) 양철진(梁喆鎭)이 손 모아 절합니다.

영윤형(令胤兄)께서 서울에 들어오신 후 즉시 만나 화포를 풀었으니, 객지에서 시원스레 위안되는 심정을 이루 형용할 수 없습니다. 공부는 바야흐로 가까이 지내면서 함께할 계획입니다.

【하-27】

完鎭營 戎軒下執事

萬頃倅上候書

正初拜晤 歸猶餘悵 春寒乖常 伏惟辰下 戎候起居 連向保重 區區伏慰且溸
下官歸寧後宿病添加 尙此呻吟中 又値郊吏之作挐事 方在屢次報營紛紜之
境 而旣是空官 時事則不是關念處 反不如此事之初無也 聚點一依營門關勅
奉行計料 而適於其日 使道到縣 雖暫時中火 斗小至殘之邑 迎送之節 無非
艱辛 使駕祗送後擧行 則慮或有犯昏窘速之患 又從先公後私之義 十二日曉
頭聚軍於將臺鍊習計料 而恐或有營門不善擧行之責 茲以仰稟 未知意向如
何 餘在從近進拜 不備 伏惟下察 上候書

丁卯二月十六日 下官梁喆鎭拜手

전라 진영 절도사 하집사께[41]

만경 현령이 편지 올림

정초에 만나 뵌 것이 돌아와서도 섭섭함이 남았습니다. 봄추위가 괴상한데 요즈음 절도사의 기거가 줄곧 평안하신지, 간절히 위안되고 그립습니다. 하관(下官)[42]은 귀녕(歸寧 부모를 뵘)한 뒤로 묵은 병이 더욱 심해져 지금까지 신음하고 있는 중에 또 교리(郊吏)가 소란을 피운 일을 만나 바야흐로 누차 감영에 보고하느라 소란스런 지경에 있습니다. 그런데 이미 관아를 비운 터라 시절의 사무는 신경을 쓸 겨를이 없으니, 도리어 이런 일이 애초부터 없느니만 못합니다. 취점(聚點 사열하고 조련함)은 한결같이 영문(營門)의 명에 따라 봉행할 계획입니다만, 마침 그날이 사또(使道)[43]가 현에 이르는 날

---

41) 만경 현령(萬頃縣令) 양철진(梁喆鎭, 1753~1819)이 전라 우수사(全羅右水使) 윤예규(尹芮圭)에게 보낸 편지이다.

42) 하관(下官) : 수하라는 의미로 절도사 이하가 관찰사에게 자칭할 때 쓰는 말이다.

43) 사또(使道) : 절도사 이하가 관찰사를 부르는 용어이다. 나중에는 지방관을 사또라고 넓게 불렀다.

이므로 비록 잠시 중화(中火 점심)를 하더라도 손바닥만한 잔약한 고을에서 맞고 보내는 절차에 어려움이 없지 않습니다. 사또의 행차를 보낸 후에 거행하면 혹시라도 밤중까지 서둘러 조련해야 하는 염려가 있습니다. 또 공무를 먼저하고 사적인 것을 나중해야 하는 의리에 따라 22일 새벽 첫머리부터 군사를 장대(將臺)에다 모을 계획입니다만 혹시라도 영문에서 '잘 거행하지 못하였다'는 책망이 있을까 두렵습니다. 이 때문에 우러러 품의드리오니, 의향이 어떠하신지 모르겠습니다. 나머지는 근간 나아가 뵙기로 하고 이만 줄입니다. 살펴주시기 바라오며 편지 올립니다.

정묘년(1807, 순조7) 2월 16일. 하관(下官) 양철진(梁喆鎭)이 손 모아 절합니다.

【하-28】

삼가 자헌 김공의 회혼연 시에 차운하다---[휘 원최, 호 소선당]
謹次資憲金公回婚宴賀韻[諱元㝡 號笑仙堂]

遐壽必於積善人	긴 수명은 반드시 선행을 쌓은 사람이 누리니
楚南靈樹是長春	초나라 남쪽의 명령나무44)는 늘 봄이라네
八旬偕老重牢宴	팔순을 해로하여 중뢰연을 여니
五福俱全豈蝥辛	오복이 구비되니 어찌 괴로움 있으랴
霖雨故晴天不偶	장마비도 그치니 하늘도 우연이 아니라
花籌交錯客相親	축수의 잔이 교차하니 손님들 서로 친근하네
三男亦自芝蘭秀	세 아들이 저절로 지초난초처럼 수려하게 자라니
可驗平生總固純	평생의 확고하고 순수한 덕을 징험할 수 있네

辛酉二月日 梁涉　신유년 2월 모일. 양섭.45)

---

44) 초나라 남쪽의 명령나무 : 장수를 상징하는 고사이다. 《장자》〈소요유(逍遙遊)〉에 "초나라 남쪽에 명
령(冥靈)이라는 나무가 있는데, 5백 년이 봄이고 5백 년이 가을이며, 상고(上古) 시대에 대춘(大椿)이
라는 나무는 8천 년이 봄이고 8천 년이 가을이었다." 하였다.

45) 양섭(梁涉) : 초명은 득관(得觀), 자는 이보(利甫), 호는 금재(琴齋)이다. 박은(璞隱) 양우적(梁禹績)의
아들이다.

【하-29】 양순(梁栒)이 낙안 군수 김종순(金宗珣)에게 보낸 편지

【하-29】

浮槎大衙 執事[金宗珣]

五馬南下 聲光密邇 欣瞻曷極 未審莅赴餘政候 不瑕有損 洛第勻安 種種承
聞否 伏溯區區 記下病與齒深 惟事憒劣而已 當秋穡事 未免歉荒 愁悶何達
間欲一進候 而適未如忱 想必負之以無情 而幸□□氏聞□不遠矣 何以坐屈
爲嫌 一訪蓬戶 以爲僻地生光 如何如何 伏企伏企 餘不備書例
卽日梁栒拜上

부사(浮槎) 관아 집사께46)---[김종순]

오마(五馬, 지방관의 수레)가 남쪽으로 내려와서 명성과 광채가 가까워지니, 기쁘게 우러르는 심정이 어찌 끝이 있겠습니까. 부임하신 뒤에 정무보시는 근황이 큰 손상이 없으시며, 서울의 집도 두루 평안하시며 이따금 소식을 들으시는지 모르겠으므로 궁금하기 그지 없습니다.

기하(記下)47)는 질병과 나이가 더해져 오직 졸렬한 모습만 유지하고 있을 뿐입니다. 가을이 되어 농사일이 흉년을 면치 못하게 되었으니, 근심걱정을 어찌 다 아뢰겠습니까. 그간 한 번 나아가 문후하고 싶었는데 마침 마음처럼 되지 않았으니, 아마도 반드시 무정한 사람이라 생각하실 듯합니다. …… 멀지 않다고 들었습니다. 앉아서 부른다고 혐의하지 마시고 한 차례 초가집을 방문하시어 궁벽한 곳에 빛이 나게 해주심이 어떠합니까. 바라고 바랍니다. 나머지는 편지의 격식을 갖추지 않습니다.

즉일. 양순(梁栒)48)이 절하고 올립니다.

---

46) 부사(浮槎) 관아 집사께 : 부사는 전라도 낙안(樂安)의 별칭이므로 낙안 군수에게 보낸 편지로 보인다. 순조 3년(1803) 1월 9일에 김종순(金宗淳)이 낙안 군수에 임명되었는데, 김종순(金宗珣)과 같은 인물로 보인다.
47) 기하(記下) : 기억해주는 사람 중의 끄트머리란 의미로 스스로를 낮추는 말이다.
48) 양순(梁栒) : 1822~1886. 자는 자경(子磬)으로 양가혁(梁可爀)의 차현손(次玄孫)이다.

【하-30】

季父主前 上候書

積月阻候 下懷伏慕 伏未審寒沍 氣體候一向萬安 渾節均迪否 遠伏溸區區
不任下忱 從子職狀姑保 而今初二日政 參判公加贈事 幸蒙天恩 感祝無比
而到處生光 倘復何達 當向今初九日伏計 而凡節未備 抖擻不振 勢也 伏歎
奈何奈何 德谷慶宴 以十七日爲定 墓所焚黃 十九日酌定 伏計已 此日設宴
于墓下之意 發論于門中各宅 而十七日前期 亳谷一齊騎率 中路背行之意
輪論若何若何 此慶吾門之莫大之慶事也 雖家家戶戶收合酒肴 凡百設陳 而
十九日焚黃祭 伏望伏望 分付禮吏處 樂工中路出送之地 更伏望伏望耳 餘
萬都留不備盡達 下察 上候書
癸亥十月初六日 從子斗煥上書

계부님 전에 편지 올림

여러 달 뵙지 못하여 저의 심정이 그립습니다. 엄동 추위에 기체후가 줄곧 만안하시고, 모든 식구들도 두루 평안하신지 알지 못하여, 멀리서 궁금한 심정을 가눌 길이 없습니다.

종자(從子)는 직무를 살피는 생활을 그럭저럭 해나가고 있습니다만, 이번 초2일의 도정(都政)에서 참판공(參判公)을 가증(加贈)하는 일[49]로 다행히 임금의 은혜를 입었으니, 감축하기가 비할 바가 없고 이르는 곳마다 빛이 남을 어찌 말로 다 하겠습니까. 마땅히 이번 달 초9일에 나아가고자 하는데, 모든 것이 미비하여 정신을 차리지 못하니, 형세가 그러하므로 탄식할 뿐 어찌하겠습니까. 덕곡(德谷)의 경연(慶宴)을 17일로 정했고, 묘소의 분황(焚黃)[50]은 19일로 정할 계획입니다. 이날 묘소 아래에서 잔치를 베풀

---

49) 참판공(參判公)을 가증(加贈)하는 일 : 철종 14년(1863) 10월 2일에 증 병조 참판 양익표(梁益標)가 충절이 탁월하여 증 병조 판서로 가증한 것을 가리킨다.《承政院日記》
50) 분황(焚黃) : 선조에게 증직(贈職)이 내려졌을 때 그 임명장을 누런 종이에 써서 무덤에 고한 뒤에

고자 하는 뜻을 문중의 각 집안에 논의를 통지하고, 17일이 되기 전에 박곡(亳谷)에서 일제히 우마를 끌고 와서 중도에서 실어가는 뜻을 차례로 논의해 보는 것이 어떻겠습니까. 이 경사는 우리 가문의 더 없이 큰 경사입니다. 비록 가가호호에서 술과 안주를 거두어서 모든 것을 갖춰 진설하더라도 19일에 분황제(焚黃祭)를 올리기를 바라고 바랍니다. 예조의 아전에게 분부하여 악공(樂工)을 중도에 보내줄 수 있기를 다시금 바라고 바랍니다. 나머지는 모두 접어두고 다 말씀드리지 못합니다. 살펴주시기 바라며 편지 올립니다.

계해년(1863, 철종2) 10월 초6일. 종자(從子) 두환(斗煥)[51]이 상서(上書)합니다.

불태우는 것을 말한다.

51) 양두환(梁斗煥) : 1836~1879. 자는 응칠(應七)로 무과로 진출하여 북부 참군(北部參軍)을 지냈다. 양철진(梁喆鎭)의 증손이다.

【하-31】

삼가 화산 김연년 춘당의 중뢰연 시에 차운하다---[휘 원최]
謹次華山金延年春堂重牢宴賀韻[諱元㝡]

嗈鴈佳期今復回	기러기 울던 아름다운 시절 지금 다시 돌아와
同牢盛筵旭朝開	성대한 동뢰연을 아침 해 떠오를 때 열었네
四座爭覩重牢筵	사방 좌석에서 다투어 중뢰연을 구경하고
三蘭慶奉萬年杯	세 아들이 만수무강의 술잔을 경사스럽게 바치네
北園春色明華席	북쪽 동산의 봄 풍경에 화려한 자리가 밝고
南極星光耀曲臺	남극성의 별빛이 굽은 누대를 비춰주는구나
遮莫東床無好客	사위로 좋은 손님 없다고 한탄하지 말라
杵臼頎秀可休長	옥저구[52]가 준수하니 아름다움을 길이 이으리
梁泰永	양태영[53]

---

52) 옥저구(玉杵臼) : 옥으로 된 절구를 말하는데, 사위를 가리킨다. 당(唐)나라 때 배항(裵航)이 어떤 노구(老嫗)의 집에 들러 물을 청하자, 노구가 처녀 운영(雲英)을 시켜 물을 갖다 주었다. 배항이 그 물을 마시고는 운영에게 장가들기를 청하자, 노구가 "옥저구(玉杵臼)를 얻어 오면 들어 주겠다." 하므로, 뒤에 배항이 옥저구를 얻어서 마침내 운영에게 장가들어 신선이 되었다는 전설이 있다. 《古今事文類聚前集 卷34 仙佛部》

53) 양태영(梁泰永) : 자는 여수(汝修), 호는 매석헌(梅石軒)으로 금재(琴齋) 양섭(梁涉)의 아들이다.

【하-32】 양덕환(梁德煥)의 시고 2건

【하-32】-1

다잠의 시
茶岑韻

七旬何幸築斯樓	칠순의 나이에 다행히 이 누대를 지으니
占得淸閑永日遊	맑고 한가한 곳 차지하고 날마다 노니네
池僻爲嫌開洞口	연못이 외짐을 싫어하여 골짜기를 열었고
月明尤喜上欄頭	달이 밝음이 더욱 기뻐 난간 머리에 오르네
茅茨未完難經夏	띠풀집이 완성되지 못하니 여름 나기 어렵고
土木纔成已屬秋	토목공사 겨우 마치자 벌써 가을이 되었네
戒爾持心同此柱	너에게 경계하노니, 이 기둥처럼 마음을 가져서
家聲世世好風流	집안 명성 대대로 이어야 좋은 풍류를 누리리
梁德煥	양덕환[54]

【하-32】-2

자명종을 읊다
咏自鳴鐘

自鳴自去一如初	스스로 울고 스스로 돌기가 처음과 같으니
最宜聾老所居廬	귀먹은 늙은이가 사는 오두막에 가장 적합하네
迎月調琴琴韻雜	달을 맞아 거문고 조율하면 거문고 소리에 섞이고

---

54) 양덕환(梁德煥) : 1846~1925. 자는 치문(致文), 호는 다잠(茶岑)으로 참군(參軍) 양두환(梁斗煥)의 아우이다.

臨風聽竹竹聲疎　바람결에 댓잎 소리 들으면 댓잎 소리가 드물어지네
夜深不待零壺漏　밤이 깊어져도 물시계 소리를 기다릴 필요 없고
時至何須用木魚　시간이 되어도 어찌 목어를 두드릴 필요 있으랴
逝者光陰從此記　하염없이 가는 세월을 이제부터 기록하며
靑春多讀古人書　청춘시절에 고인들의 책을 많이 읽어보세
茶岑　　　　　　다잠.

【하-33】

婚書抄本

伏以婚姻正而命全 聖人制禮 夫婦別而倫敍 君子造端 百祿是遒 二姓之合 竊惟尊門之第三娘子 實是右族之無雙閨媛 婦工天才 不勞能於組紃 女誡家範 兼嫺熟於蘋蘩 氏族著於荊 三朝廷噴噴 家聲幷於李 四閨門軒軒 顧茲三兒子世承 生此十室里冷閥 姿才鈍薄 但畫鴉於窓紙 庭訓空疎 未免牛於襟裾 年已長成 父母欲猶有室 力且纖細 媒妁掉以過門 幸茲德家之過聽人言 特垂連楣之脫略俗態 歆儒素之爾雅 珍重書辭 排術者之多端 不拘月日 柳魂返於臘雪 何必桃夭 鴈鳴嚶於旭暾 迨未氷泮 於戱 鳳凰和於琤琤 順成天慶 螽羽詵於戢戢 可卜世昌 謹遵承筐 伏惟下鑑 㐲親濟州后人梁會南再拜上狀

尊親張生員下執事 (手決)

혼서 초본(婚書抄本)

생각건대, 혼인이 바르게 되어야 생명이 온전해지므로 성인께서 예를 제정하였고, 부부의 구별이 있어야 윤리가 펴지므로 군자의 도는 여기에서 시작하며, 온갖 복록이 이에 모이는 것은 두 성씨가 화합하는데 있습니다. 가만히 생각건대, 존장 문하의 셋째 낭자는 실로 존장 가문의 더 없이 귀한 규수로서 부녀자의 일과 타고난 재주를 갖춰 힘들이지 않고도 길쌈과 바느질에 능하고, 여자의 도리와 집안의 법도를 배워 평소부터 음식과 제수를 마련함에 익숙합니다. 씨족은 남쪽에서 드러나 세 조정에서 성대하였고, 집안명성은 이씨와 나란하여 네 곳의 규문이 드높습니다.

그런데 저의 셋째 아들 세승(世承)은 십여 집 되는 마을의 한미한 가문에서 태어나, 용모와 재주는 둔하여 다만 종이창에 낙서만 할 줄 알고, 집안의 가르침은 허술하여 사람 옷 입은 소를 면치 못하였습니다. 나이가 이미 장성하여 부모가 살림을 차려주려 해도, 역량이 미미하여 중매장이들도 고개를 저으며 지나갑니다. 다행히 이에 덕망 있는 집안에서 남들의 말을 좋게 듣고서, 특별히 집안의 인연이 이어짐에 세속의 투식을 벗어버리는 은혜를 내리셨습니다. 한미한 유가의 고상함을 부러워하여 말씀이 진중하였고, 점쟁이들의 각종 구설을 배척하여 달과 날에 구애받지 않으셨습니다. 버드나무의 혼은 섣달의 눈에 깨어나니 굳이 복사꽃이 필요 없고, 기러기 울음은 아침햇살에 화락하니 얼음이 녹기 전에도 좋습니다.

아, 봉황이 쟁글쟁글 화락하니 하늘의 경사가 순조로이 이루어지고, 메뚜기처럼 자손이 빼곡하게 많으니 대대로 창성함을 점칠 수 있습니다. 삼가 광주리의 폐백을 받드는 예를 따르오니, 굽어 살펴주시기 바랍니다.

첨친(忝親) 제주후인(濟州后人) 양회남(梁會南)[55]이 재배하고 편지 올립니다.

존친(尊親) 장생원(張生員) 하집사(下執事)께

---

55) 양회남(梁會南) : 1884~1959. 자는 사진(士珍), 호는 만취헌(晩翠軒)이다. 양주하(梁冑廈)의 둘째 아들 통덕랑 국진(國鎭)의 현손이다.

【하-34】

梁氏寶藏舊題

在昔中廟盛時 學圃梁公 以文章節行 傾倒一世 焜耀於靑史 百歲之下 仰之若日星 望之如山斗矣 得此二本 出自公手 燁燁之芝 亭亭之蓮 十分逼眞 擎而置諸硯右 爇香寓眼 可敬也已

辛巳仲秋上浣

鵝洲後學李彝章謹題

【李彝章印】

양씨보장 구제(梁氏寶藏舊題)

지난날 중종의 태평시절에 학포(學圃) 양공(梁公)께서 문장(文章)과 절행(節行)으로 한 세상을 경도케 한 것은 역사서에 밝게 드러나 있으므로 백년의 뒤에도 해와 별처럼 우러르고 태산북두처럼 바라본다. 이 두 본(本)이 공의 손에서 나와서 빛나는 영지요 꼿꼿한 연꽃처럼 진적에 매우 흡사하므로, 두 손으로 받들어 벼루 곁에 두고 향을 사르고 눈길을 주며 공경할 만하다.

신사년(1761, 영조37) 중추 상완. 아주 후학(鵝洲後學) 이이장(李彝章)56)이 삼가 기록하다.

---

56) 아주 후학(鵝洲後學) 이이장(李彝章) : 이이장(李彝章, 1708~1764)은 본관이 한산(韓山), 자는 군칙(君則), 호는 수남(水南)이다. 1735년(영조11) 증광문과에 급제, 내외직을 두루 역임하였다. 1762년(영조38) 도승지가 되었는데, 그해 5월 영조가 세자를 뒤주에 가두어 죽이려 하자, 이를 막으려 하였으나 뜻을 이루지 못하였다. 이조판서에 추증되었고, 시호는 충정(忠正)이다. 아주는 한산의 옛이름이다.

【하-35】

梁氏世藏帖跋

梁丈會京氏 惠康公學圃先生之肖裔也 一日訪余于稽山寓舍 袖示一帖而曰 吾家先世諸公 與幷世諸賢 遊從講磨 故有往復書札 嘗爲之作帖珍藏矣 迨至近日 世代漸遠 子姓益蕃 則欲其分藏于各家 而其數有限 不可以均矣 於是吾族仁承與千承東候兩君相爲謀 移摹印出 子須以一語置諸尾也 余之蔑裂 其何敢焉 遜謝不獲命 謹爲之奉覽 一帖之中 諸賢之心畫 燦然照耀 誠稀世之寶也 自他人視之 猶敬玩無斁 況以梁氏後承 知其爲世傳之寶 而因此可以念先德 因此可以講先誼耶 況人家之禍變難測 與其藏于一處 寧分于各處也 仁承之印而廣之者 其意誠且切矣 余於此 因竊有覩得乎梁氏先範之懿 家規之嚴 非他族之所可望者夫 陳荀之家聲 天下之所稱 而未及數世 不能嗣守 爲朱夫子之所歎矣 梁氏則自學圃先生 傳之十餘世 而世有令德 以光先懿 此可見先生之貽謨燕翼 大有過於大丘朗陵之益邁乃猷 而八龍之蔚興 二難之對起 終有不及於先生後承之諸公者矣 古所謂 篠簜之筍 其莖自直 鸑鷟之雛 其羽五彩者 眞梁氏之謂矣 雖然詩亦不云乎 風雨如晦 鷄鳴不已 願梁氏後人 益加惕念於此 使其家風世德 久益不替也 若其是帖傳守之方 梁氏旣知之明 故不欲縷論也 第於帖中 或不無名位事功之不顯 始終大致之可議者 而以當時論之 皆交契之厚也 故今以後人 不可有所存拔於其間 梁氏後人 當有以斟商乎此 而至於覽之者 亦宜有諒存而勿咎也夫

龍集乙巳小春之哉生魄 德殷宋在直謹識幷書

양씨세장첩 발문[梁氏世藏帖跋]

양장 회경씨(梁丈會京氏)는 혜강공(惠康公) 학포선생(學圃先生)의 후예이다. 하루는 계산(稽山)의 우사(寓舍 잠시 거주하는 곳)로 나를 찾아와서 소매에서 첩 하나를 꺼내고 말하기를 "우리 집안 선조 여러분과 동시대의 여러 현인들이 서로 어울리며 공부를 하였기 때문에 왕복한 서찰이 있어서 일찍이 첩으로 만들어 소중하게 보관하고 있었습니다. 근일에 이르러 세대가 점차 멀어지고 자손들이 더욱 번성하게 되니, 각자 집안에 나눠 소장하고 싶어 하는데 그 숫자가 한정이 있어서 고르게 나눠줄 수가 없습니다. 이에 우리 종족의 인승(仁承)과 천승(千承)이 동쪽으로 두 사람을 찾아가 서로 도모하여 옮겨 모사하여 인쇄하기로 하였으니, 그대가 반드시 한 마디 말을 말미에 두어야 하겠습니다."라고 하였다.

나는 지리멸렬한 사람으로 감히 감당할 수 없어서 사양을 거듭했으나 허락을 받지 못하였다. 삼가 그 때문에 열람해보니, 한 첩의 안에 제현(諸賢)들의 글씨가 찬란히 빛나고 있으니, 참으로 세상에 드문 보배였다. 다른 사람의 처지에서 보더라도 오히려 공경히 완상하며 싫어하지 않는데, 하물며 양씨의 후손으로서 그것이 세상에 전하는 보배임을 알게 되어, 이로 인해 선세의 덕을 생각할 수 있으며, 이로 인해 선대의 우의를 따져볼 수 있음에랴. 하물며 인간세상의 재앙과 변고를 헤아릴 수 없으니, 한 곳에 보관하는 것보다는 차라리 각처에 나누는 것이 낫지 않으랴. 인승이 인쇄하여 널리 배포하고자 하니, 그 뜻이 정성되고 간절하다 하겠다.

나는 이 첩을 보고서, 양씨 선조의 훌륭했던 범절과 엄정했던 집안 법도가 다른 종족이 미칠 수 있는 바가 아님을 엿볼 수 있었다. 진순(陳荀)의 집안 명성은 천하에서 일컬었는데,[57] 몇 세가 지나기도 전에 능히 전통을 계승하지 못하여 주부자(朱夫子 주희)의 한탄을 자아냈다. 양씨는 학포선생으로부터 10여 세를 전하도록 대대로 훌륭한 덕이 있어서 선조의 아름다움을 더욱 빛냈으니, 이로써 학포선생께서 후손에게 교훈을 남겨 편암함을 끼쳐주신 것이 진대구(陳大邱)와 순낭릉(荀朗陵)[58]보다 그 계책이 훨씬 뛰어남을 알 수 있다. 그리고 팔룡(八龍)이 한꺼번에 일어나고 이난(二難)이 마주 일어난 것[59]이 끝내 학포선생의 후손 제공(諸公)들에는 미치지 못한다고 하겠다.

---

57) 진순(陳荀)의⋯⋯일컬었는데 : 진순은 후한(後漢)의 진식(陳寔)과 후한의 순숙(荀淑)을 합칭한 것이다.

58) 진대구(陳大邱)와 순낭릉(荀朗陵) : 후한의 진식(陳寔)과 순숙(荀淑)을 가리킨다. 진식은 태구 장(太丘長)을 역임하였고 순숙은 낭릉후 상(朗陵侯相)에 올랐다.

59) 팔룡(八龍)이⋯⋯것 : 순숙(荀淑)의 여덟 아들 검(儉), 곤(緄), 정(靖), 도(燾), 왕(汪), 상(爽), 숙(肅), 부

옛말에 이른바 '대나무의 순은 그 줄기가 저절로 곧고, 봉황새의 새끼는 그 깃털이 오색이로다.[篠簜之筍, 其莖自直, 鸑鷟之雛, 其羽五彩.]'라는 것이 참으로 양씨를 두고 이른 것이다. 비록 그렇지만 《시경(詩經)》에서 말하지 않았는가. "비바람 몰아쳐 어둑한 때에, 닭 울음소리 그치지 않는도다.[風雨如晦, 雞鳴不已.]"[60]라고 하였으니, 바라건대 양씨의 후손들은 더욱 이에서 두려워하여 집안의 가풍과 덕망이 오래되어도 쇠퇴하지 않도록 만들어야 한다.

이 첩을 후세에 전하고 지키는 방도에 대해서는 양씨가 이미 밝게 알고 있으므로 더 거론하지 않고자 한다. 다만 이 첩 가운데에 혹 이름과 지위와 업적이 드러나지 않아 자세한 논의가 필요한 분이 없지 않은데, 당시로써 논해본다면 모두 교유가 두터웠기 때문에 그렇게 된 것이다. 그러므로 지금 후세 사람들이 그 사이에서 빼느냐 넣느냐를 따져서는 안 될 것이다. 양씨의 후손들은 응당 여기서 짐작하여 헤아리면 될 것이고, 이것을 열람하는 자라 하더라도 또한 마땅히 널리 헤아려 허물치 말아야 할 것이다. 용집(龍集) 을사년(1965) 소춘(小春 음력 10월) 재생백(哉生魄 16일) 덕은(德殷) 송재직(宋在直)이 삼가 짓고 쓰다.

(敷)이 모두 명망이 뛰어나 순씨팔룡(荀氏八龍)으로 일컬어졌다. 진식(陳寔)의 두 아들 진기(陳紀)와 진심(陳諶)이 모두 문장에 뛰어나 사람들이 난형난제(難兄難弟)라고 칭하였는데, 이난(二難)은 이것을 가리킨다.

60) 비바람……않는도다 : 난세에 군자를 기다린다는 의미이다. 《시경》〈정풍(鄭風)〉에 "비바람 몰아쳐 어둑한 때에, 닭 울음소리 그치지 않는도다. 이미 군자를 만났으니, 어찌 기쁘지 않으리오.[風雨如晦, 雞鳴不已. 旣見君子, 云胡不喜.]"라는 말이 나온다.

찾아보기 (가나다순)

(ㄱ)

(ㅅ)

諭全羅道兵馬節度使梁震及
卿受委一方體任非輕凡
發兵應機安民制敵一
應常事自有舊章應
或有予與卿獨斷處置
事非家此於其可否為且

意外奸謀不可不預防
如有非常之命合符無
疑然後當就命故賜押
第三十二符卿其受之故
諭
康熙十九年十二月二十五日

梁氏世藏帖

上

〈3〉　양씨세장첩 상(梁氏世藏帖 上)

徐宗泰　字魯望號晚靜達城人谷·議文册子文左贊成四佳亭正后文頤相諡文孝

金昌協　第二子文衡禮判諡文簡

趙相愚　守字直卿號東岡豐壤人忠簡公禮州判第三子豐壞

南九萬　星子左相號藥泉宜寧人縣令一

魚震翼　咸從人判官漢明子左相世謙后文大司諫○李陶娅婦

趙泰壽　東岡子逸命正○子駿命收使

李世載　龍仁人牧使河岳第五子進文壯大諫士慶曾孫文監司

金鎮圭　二子沙溪光生玄孫文○兵使公長墳

元德裕　字公潤原州人統使相子判書壽然后贈寺正元○孫慶恩府院君

金柱臣　字厦卿號壽谷慶州人○慶州孝寶興女墳命元龍翼子忠景公顧相

南正重　宜寧人文翼公史判龍翼子忠景公顧相在后文王監司○孫女墳

吳遂一　海州人徐奉道玄子忠烈公秋潭達海孫○西城道一再從趨。趙東錘墳

二

目錄

李瑋 慶州人文安山郡守 壬寅五月日罷服後仲 景宗

李澤 韓山人編谷兄文王吏議

李匡世 全州人監察龍成孫牧使長興曾孫文戶谷

李宜顯 字德我号陶谷龍仁人左相世白子典文衡領相謚文簡 〇世戴三從姪

李宜祿 龍仁人左尹世晟子陶谷堂兄文牧使

趙鼎彬 楊州人忠翼公二疊堂泰采子郡守稶錫孫大鼇泰東從姪文郡守〇俞命雄女婿

李性孝 全州人匡世子文校理

李匡德 全州人判書真望子德川君后典文衡杰列

金遇一 礼曹佐郎 安人文

元一揆 原州人公澗子武縣監

崔昌大 字孝伯号崑崙全州人領相錫鼎子文忠公延川鳴言曾孫文副提學

李和從 慶州人文忠公益齋春賢后

金覆信 字順興安東人教官波行子工桼谷雲壽增后文牧使

梁氏世藏帖　目錄

三

申淳　高炎人進士 宅彬子 醒齋

金文淳　五世孫進士 富寧縣監　安東人 履信 子文吏判

元永龜　原州人寺正慇 裕后武府使

朴基豐　使武兵

金鳳淳　安東人茶酒三山喬優　安子農岩 后進士牧使

趙命喆　楊州人滎陽子二 履堂臀孫武府使

李近胄　全州人 武兵使

李漢鼎　全州人益寧君 徘后文郡守　王五子 太宗大

趙台錫　平壤人府使賺子 牛簡公　松山狷（初名愿）后武府使

金龍淳　安東人牧使履基子 夢窩后進士牧使 子

鄭宅信　疣禮縣監

金鼎根　安東人文淳 子文判書

四

梁氏世蹟帖上

奇宇萬 字會一号松沙幸州人參率○撰
懿康公墓誌銘及誌狀錄序文

金瑨 安東人 支谷后

安圭容 字敬三号晦峯竹山人 文康公隱峯邦俊后

安鍾鶴 字雲卿号支 峯文康公后

安成煥 字禪章号蘇 山文康公后

梁會甲 字元叔号兵橋 濟州人學圃后

李琫章 字君則号水南韓山 文大司憲謚忠正

宋在直 字津人号尤庵后 恩津人尤庵后 誠之齋后

梁氏世藏帖上

謝狀上

吳生員 完 諱桂南字子擎 號四松又梅溪

曠普之抒不暇流頭於此絡不忘即

玄兹存遠翰更相展慰慇懃佳

若不當以出續先生碎後技枚當乘謝

〈11〉 양씨세장첩 상(梁氏世藏帖 上)

農雲遠三舍里專使務致穀區優

厚欽次居筆海左文之義無以

蕣陽召當傳逸于溪川力叶權濟河

邇尔壽世之念四己乃承寬形歸山地

長慟兒色寬豹單于言語禧氣相距

綿遠想未及聞知耳禮書存朱

子筆終一沫印封色六蘇謹附上載

呻痛年徐 ～ 喜迎手戰尊上嫁及～仕

惟尊臨淫扵謝此上海永深祈春

覲 㑗 ～ 㑗 巳 此 冬 巳 四 目 二 尹 曰 集 坐

藥 自 家 運 不 幸 正 字 姪 奄 忽 㐫 喪 ～ 痛

毒 之 懐 不 自 勝 潜 亨 欲 澘 然 而 無 閱 知 也

即者伏奉 惠怡 㑗 審 子 尊 候 佳 迪 歴 歳 交 至

無以為慰 表 ～ 鉑 裏 ～ 特 到 宇 一 日 再 ～ 為

既 遠 乎 出 城 州 ～ 妍 到 家 如 平 晚 庀 ～ 弓 煙 頌

言聯遺墨

之便欽否 下書發雜海味深荷養念何

闕之饋石室伏惟省可寒篁奉還拜納錐上 庚正月

辛九日服人金集堂

久仰參拜當久多疆墨孫

漢族廣人也及惶喜和篤起

左達練何汁拜嗚討逝平生悼

之曾卯洪珠張弓等易弟件儔等

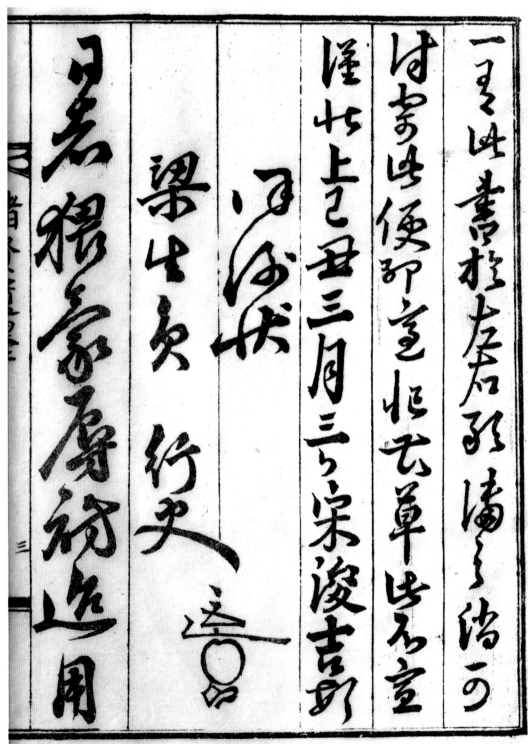

〈15〉 양씨세장첩 상(梁氏世藏帖 上)

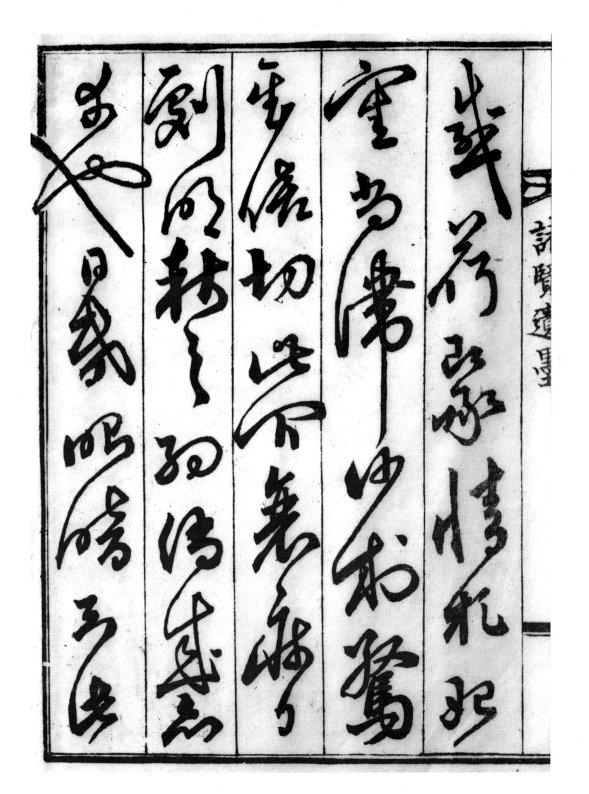

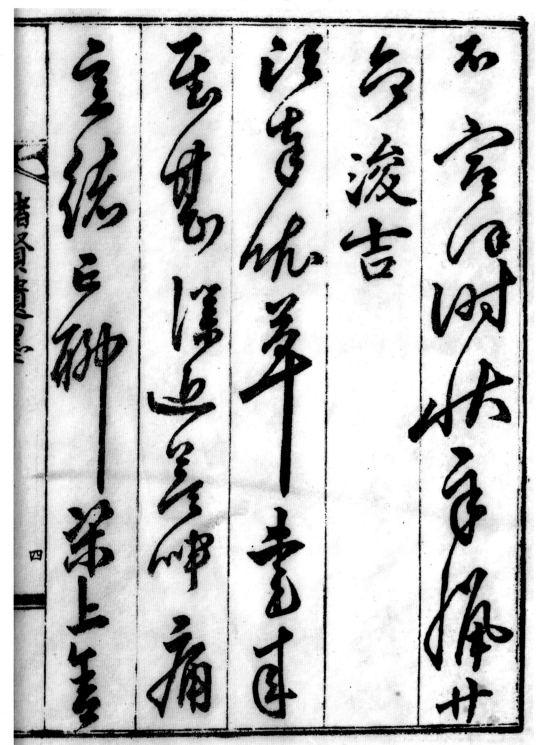

〈17〉 양씨세장첩 상(梁氏世藏帖 上)

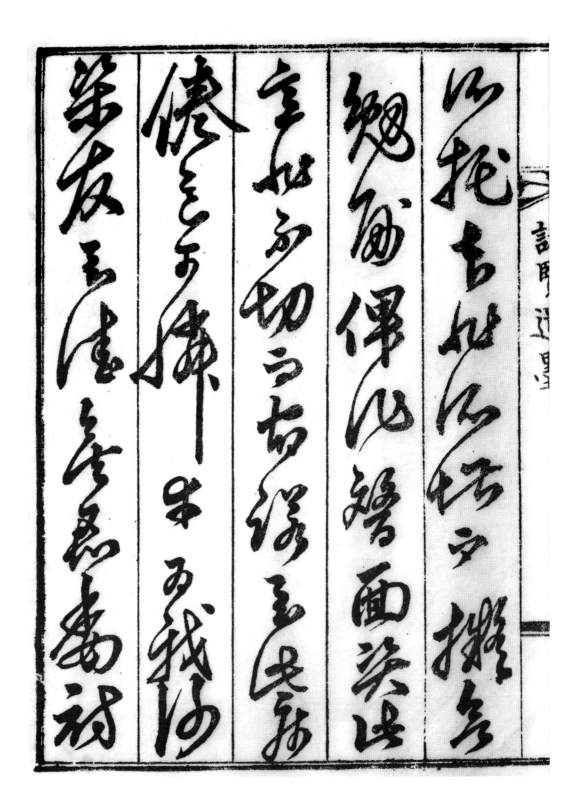

生誼言搖出為友同當

而處丹冬升姓陽橋

自修持言年平等屋

如沒状九月宗後去好

三陽田泰伏范四松安至平昨晨

逄清宗室浮水四批剎據人之時

省後連堂

五

〈19〉　양씨세장첩 상(梁氏世藏帖 上)

詩賢遺墨

祗式闐向川 亥作發展恨自
申诰查為以業亭殘段西心
室右軍清喜頃室左若左隐
承事做串日茱話如日之細語面
義不室此悝清凹乜元廿六
串時烈
室生之歸不浮沙辰青野才幼郵
親三方陸少弓又和菜室老昇亭意沒

左水營節下

辭禹及字續
卿官兵使

六

以此凜凜之時石什利毫

福福吉隆　　所有那

行詔爲義無盡祝也申

事何待言之知也姓保首

領去　地　聖上之寬囿日

在威祝而里千萬而敢多

談樂乙卯七月十六夜累

人時熱

全羅六使　節下

令前　謝狀

漢水

令尚礼　拯穏⋯泣

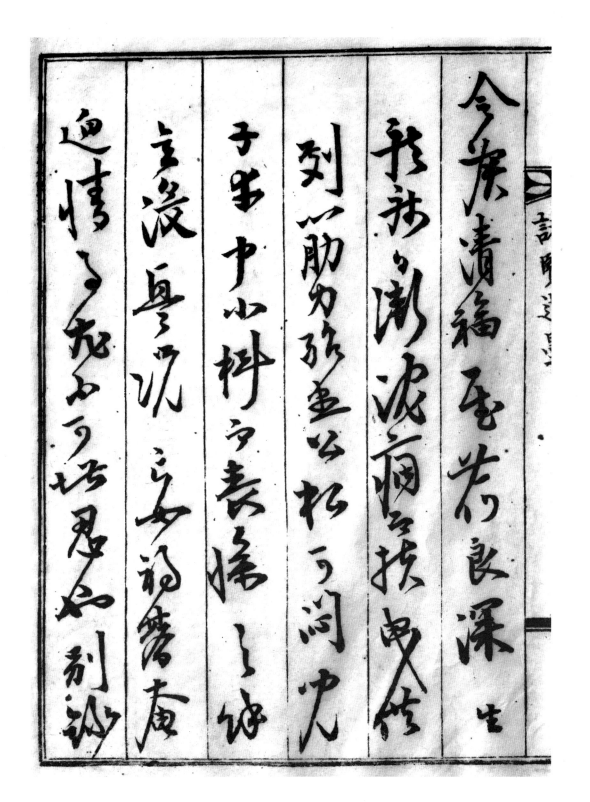

今廣淸福屋岕良深

我許潝波痛互挼曲能

烈一肋肳殁盡必松丁洞巾

子生中小枓戸表婦亠峼

亠渡長兇亠女託蕃庵

追情之兎而丂諎君如剡沁

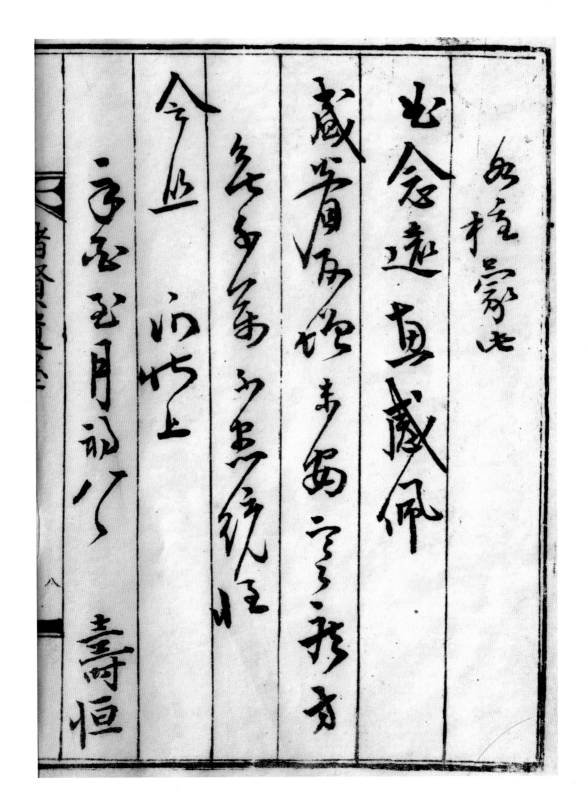

〈25〉 양씨세장첩 상(梁氏世藏帖 上)

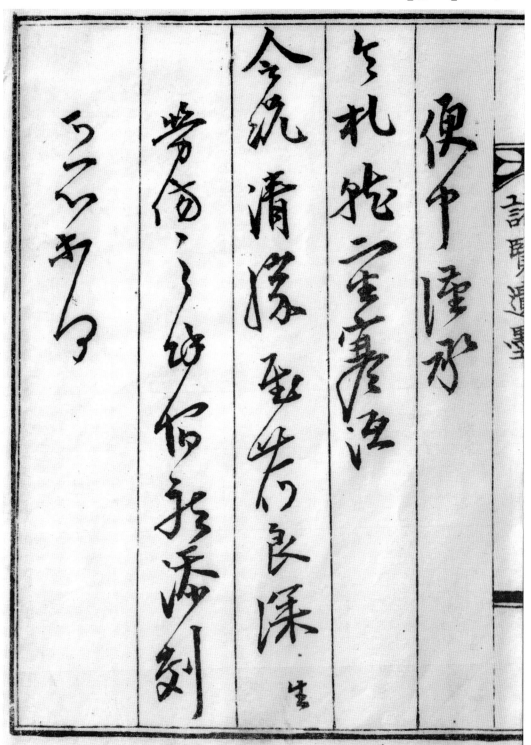

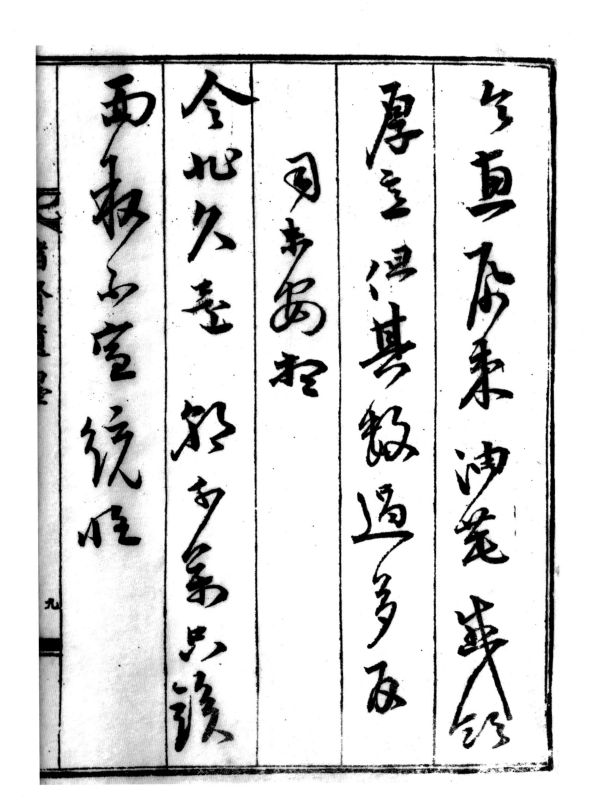

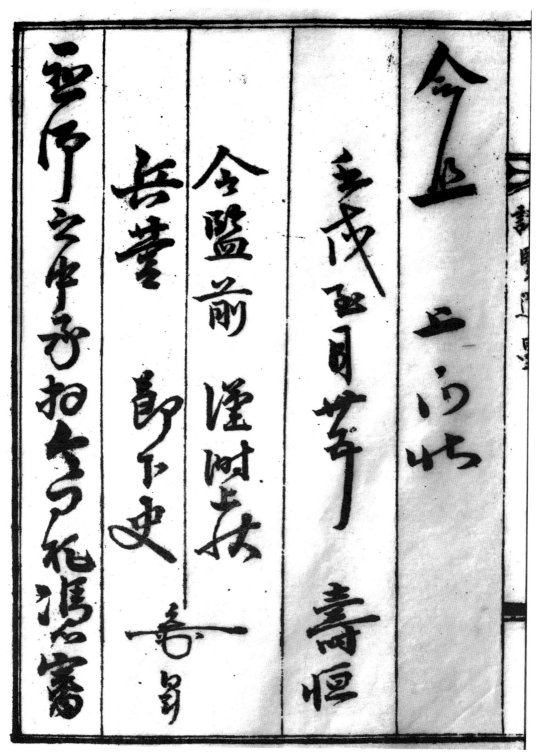

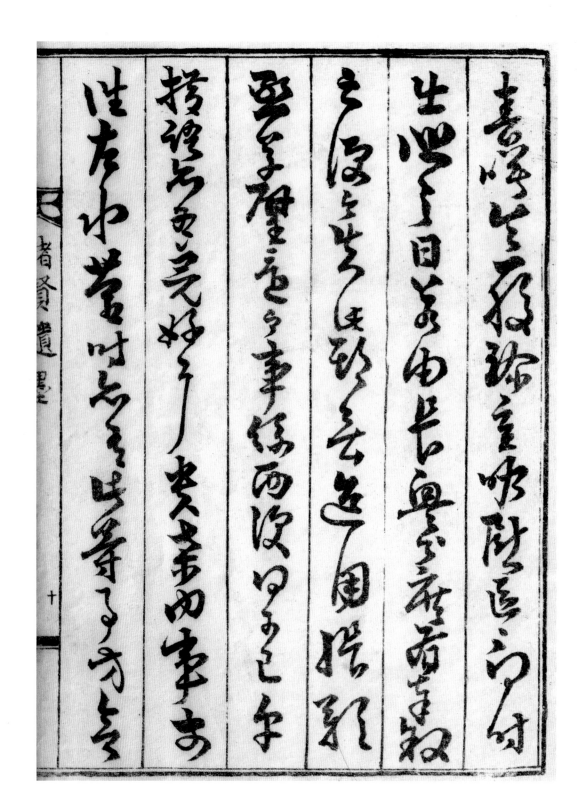

〈29〉 양씨세장첩 상(梁氏世藏帖 上)

【상-8】◁

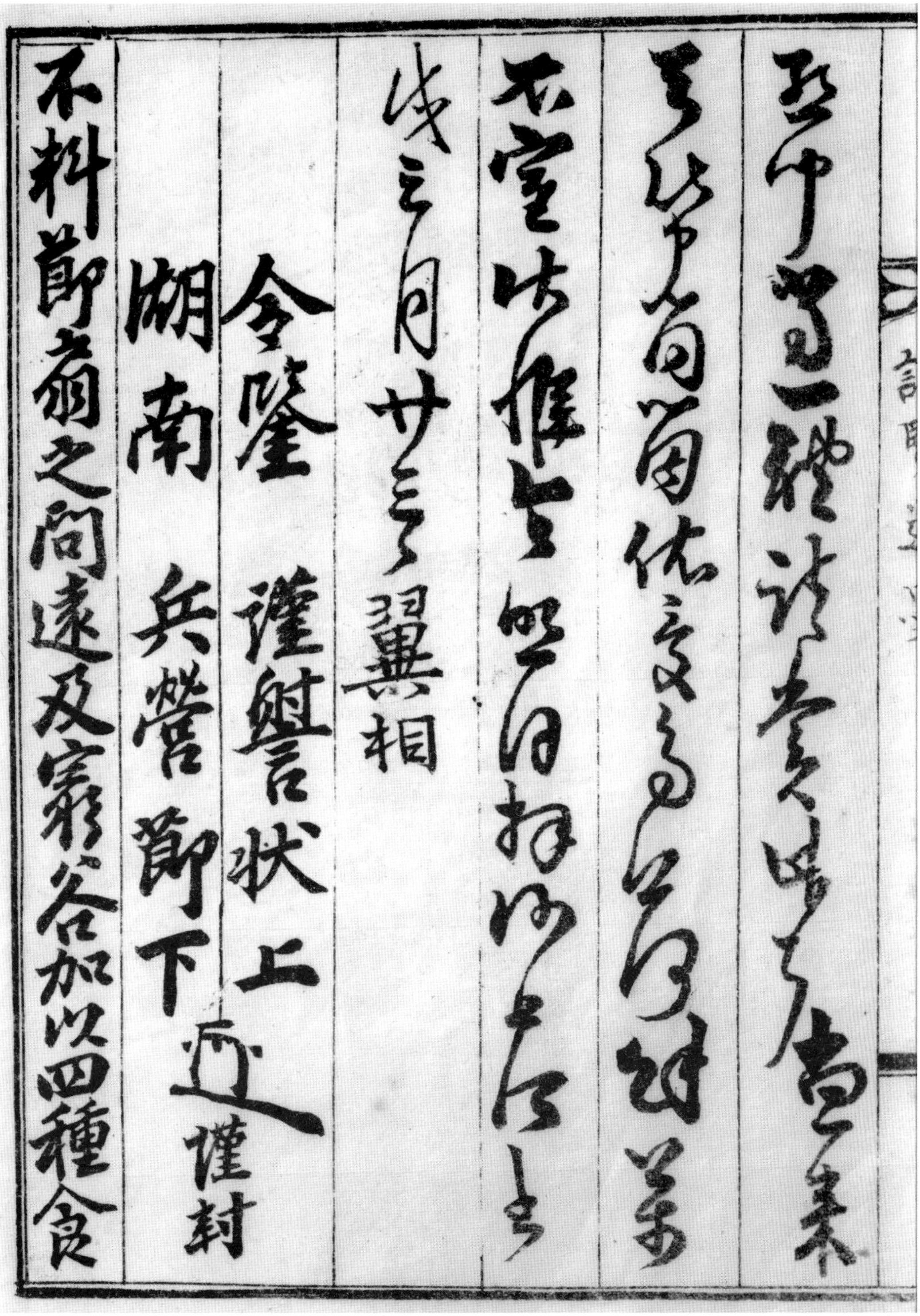
戊之月廿三日 翼相
令鑒 謹封狀上
湖南 兵營 節下 謹封
不料節翁之間遠及家彩各加以四種合食

物五十簡幅並呈轉愧戰之餘還

深悚久不知所以帀喻也仍審早炎令體

萬重尤增瞻慰彦住區區拯一味路熱區

病為伴無足言者胜為前臺拯西圻

發達東使今始因便追謝伏惟令悠

堂謹拜謝壬戌五月苑日尹拯

頋香

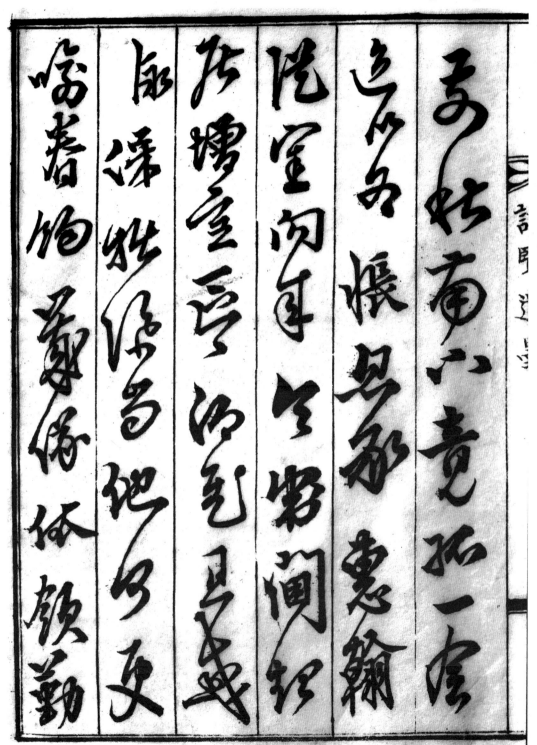

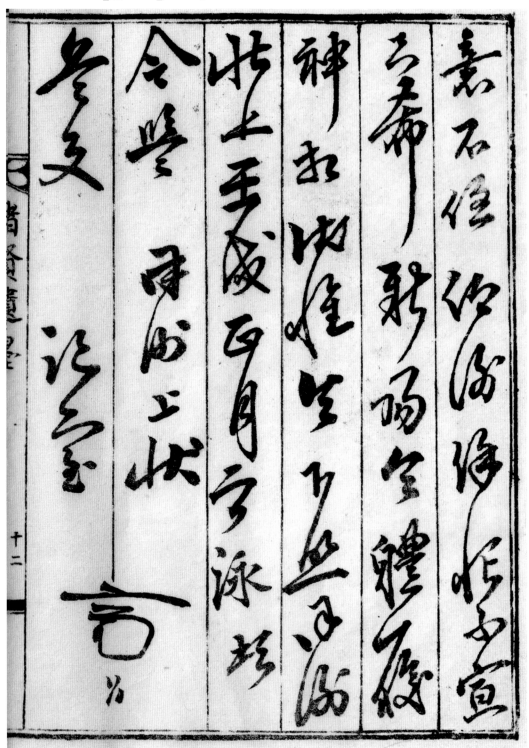

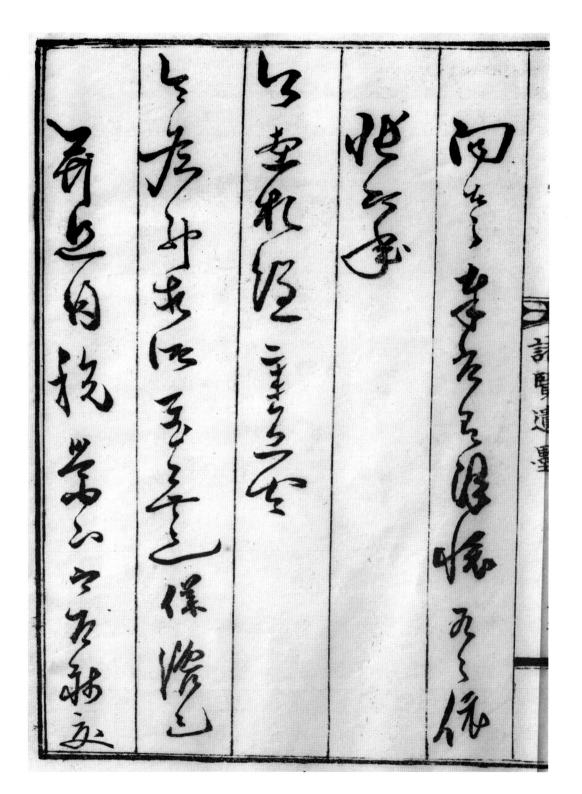

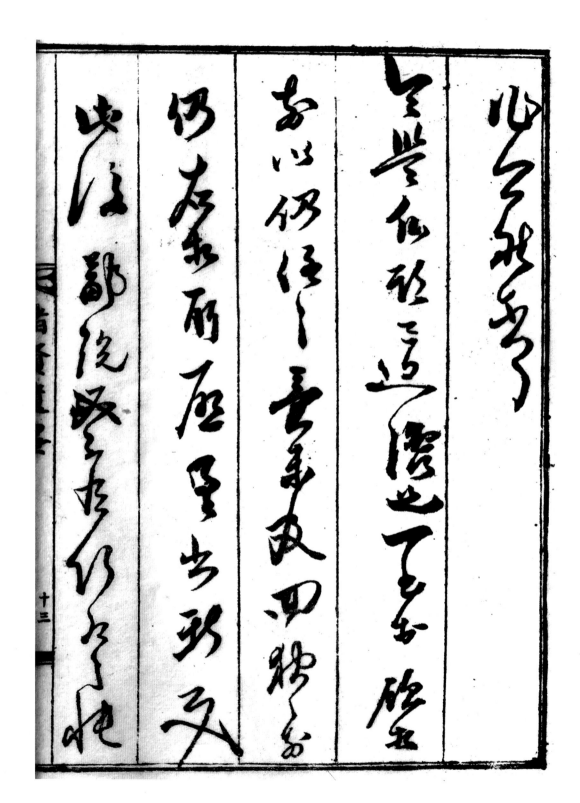

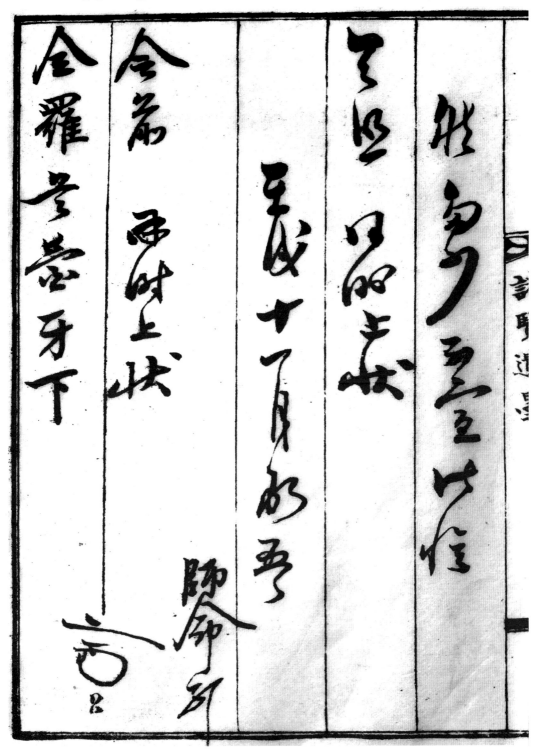

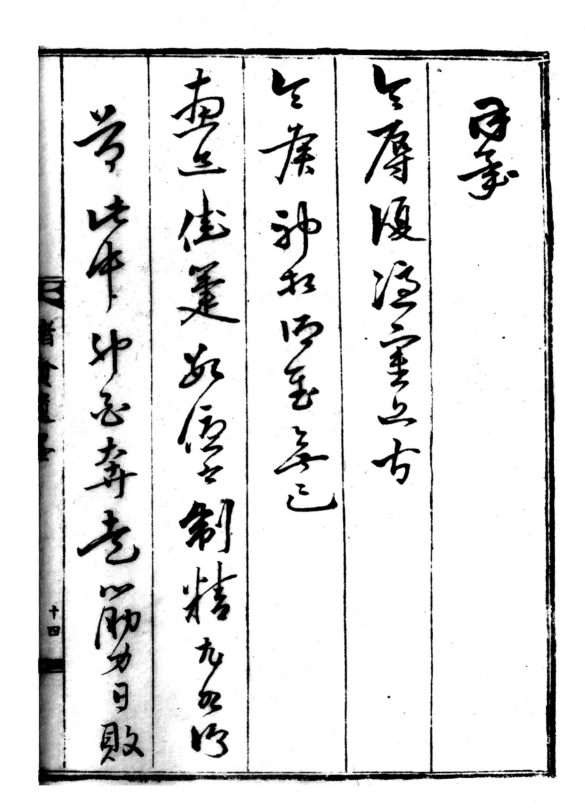

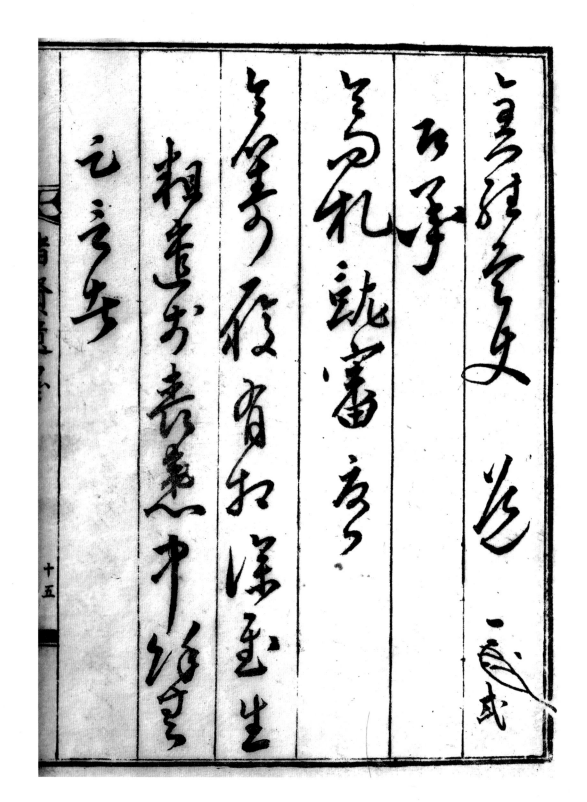

〈39〉 양씨세장첩 상(梁氏世藏帖 上)

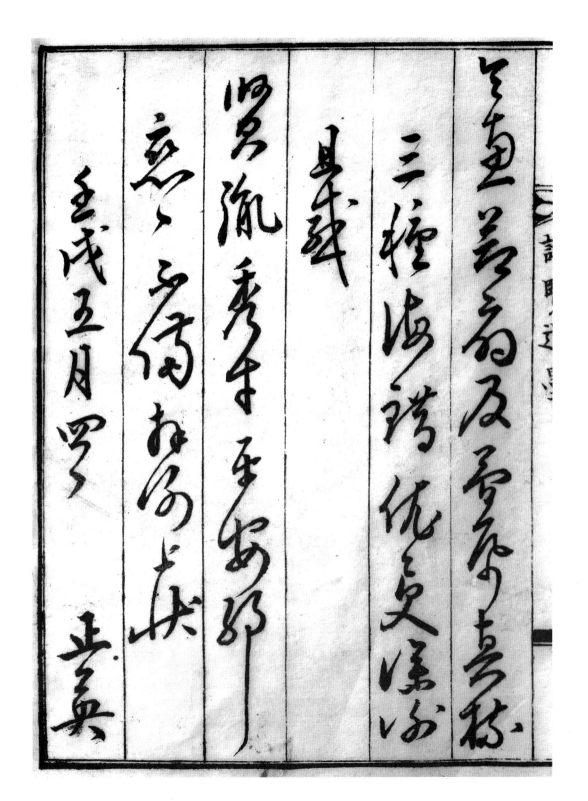

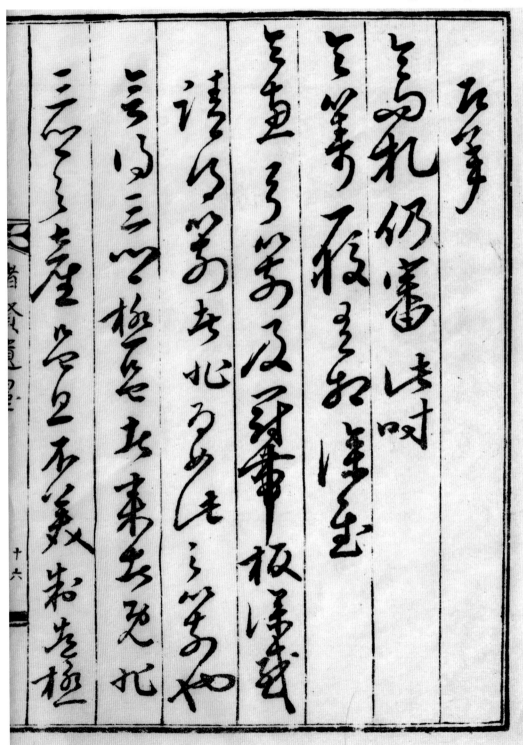

〈41〉 양씨세장첩 상(梁氏世藏帖 上)

麗大小輕重而殊不平則九

如此者四詩三四為五而今且勿

乙生云云為意重為五詩二三云云

蓮木不老不經沙空云云雲溪曾

久而醫之無助乙去二千道一

三多路老以重更好書云竹四四中

但重萬省三與為多以為箇

草書遺墨

戊戌七月 십오일

宗人 正英

十七

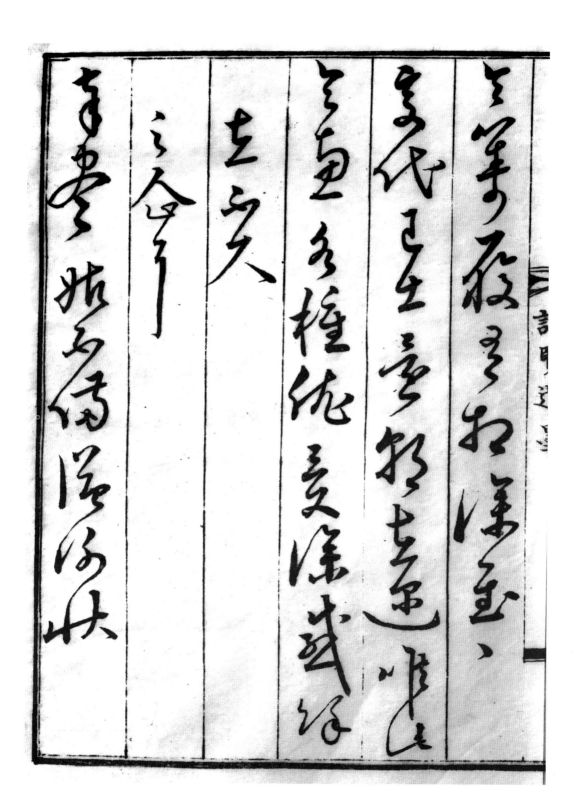

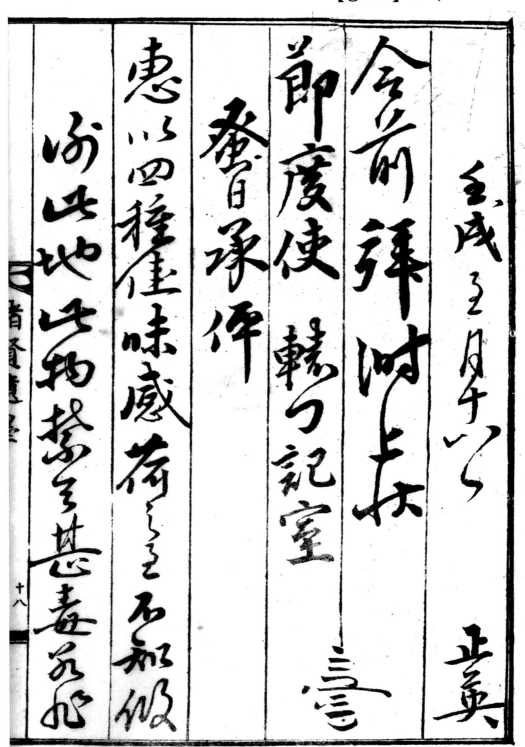

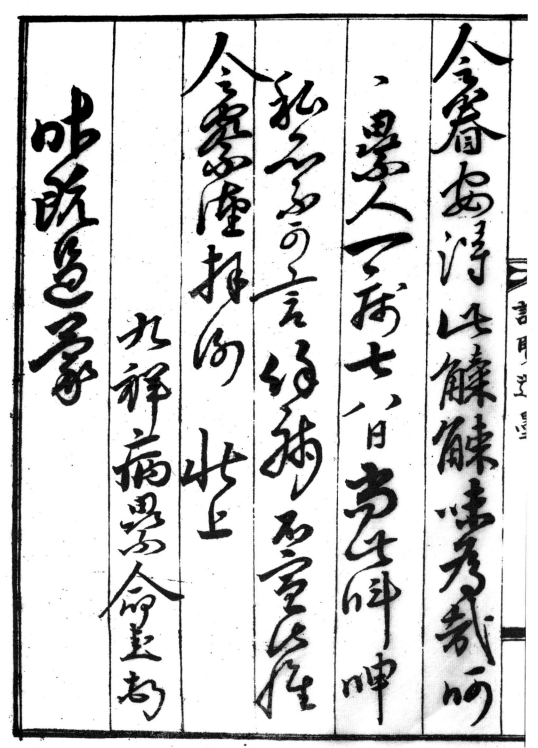

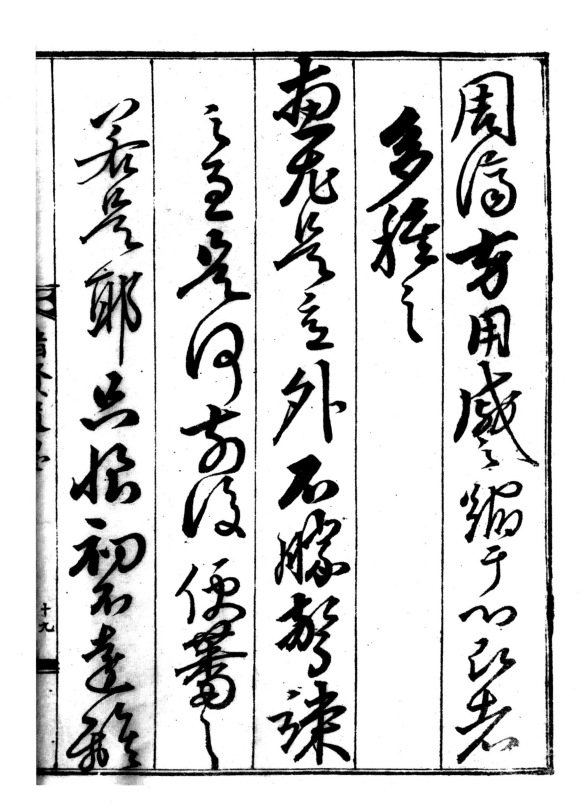

于 ...

室月朝 已 思依諫泼

便仰更迭細室

切處至報于良操 ...

連荷便書

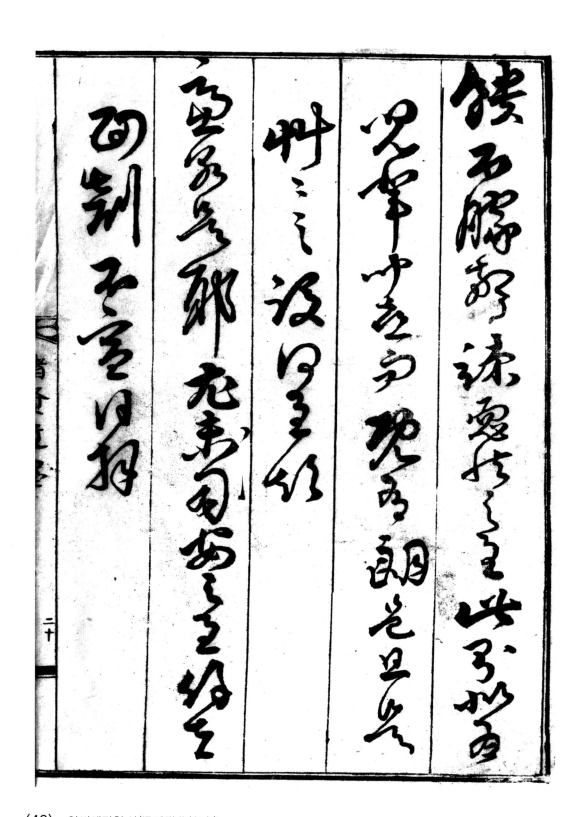

〈49〉　양씨세장첩 상(梁氏世藏帖 上)

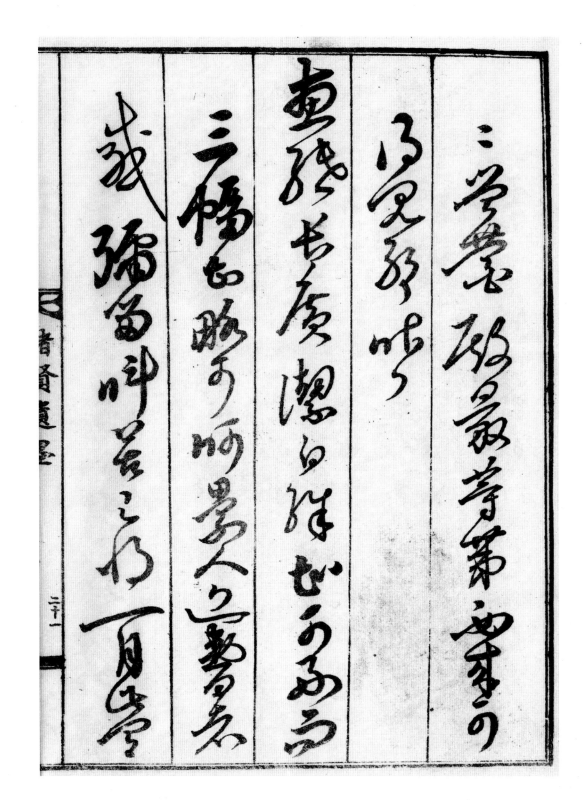

〈51〉 양씨세장첩 상(梁氏世藏帖 上)

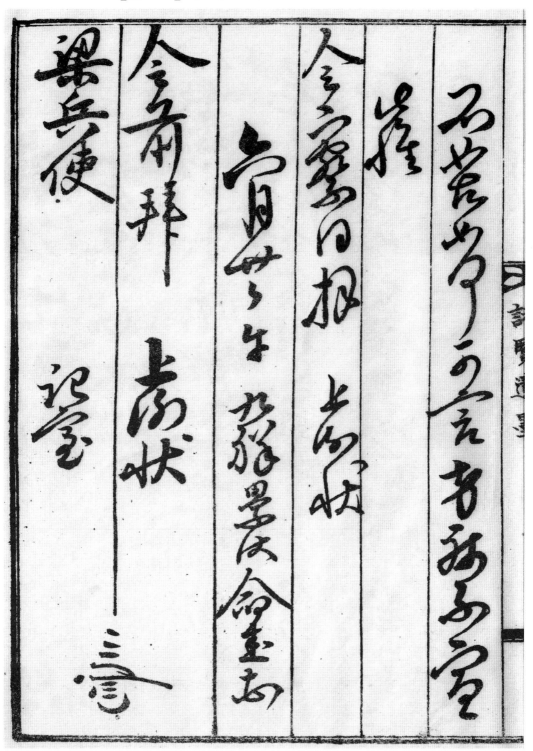

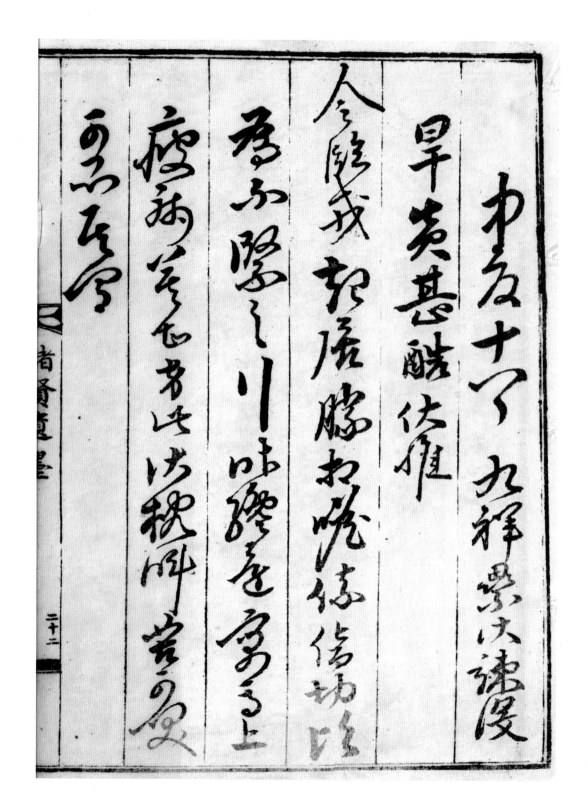

〈53〉 양씨세장첩 상(梁氏世藏帖 上)

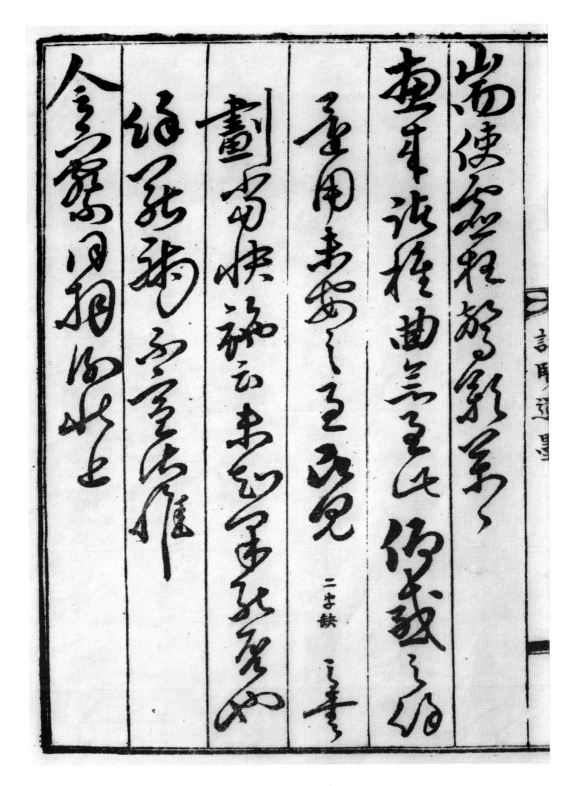

癸亥元正十二 昊人命金向

一家歡月　　政　新

元

人　　

　　　川中

　　　

普賢遺墨

二十三

<55> 양씨세장첩 상(梁氏世藏帖 上)

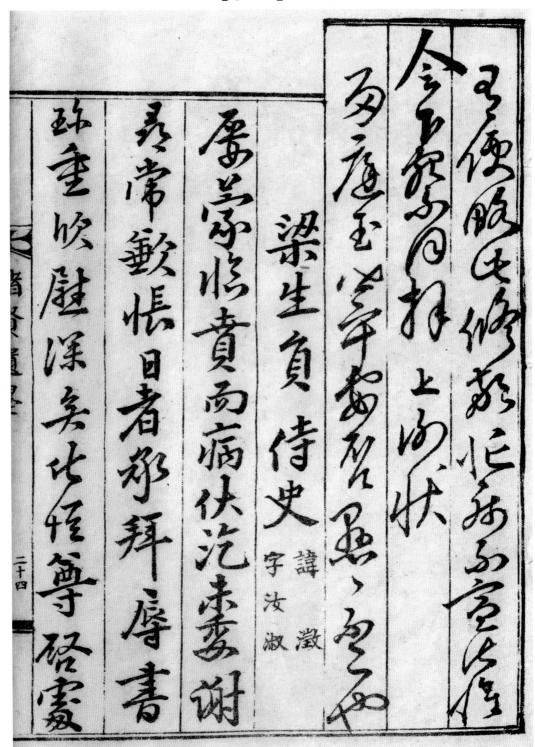

梁生負 侍史
諱 澂
字 汝淑

子便服氏修於恂而宮居
今… 上海狀
多… 上海狀

屬此歎臨賣而病伏汽來憂謝
無常歎帳日者那拜辱書
均重吹壁深矣此惟尊啓覆

啓覆道經

二十四

〈57〉 양씨세장첩 상(梁氏世藏帖 上)

珍〃佳安瞻倒匹〃半目夏初茂
困篔甚日陡獐中酷暑氏昏塞
不能語此際見来札遠而不克
作氣修謝殊以為愧反や来教
奉重向以弟批筆決難污院新
冊攻溫付来文矣韋謠察毋惟
也尙匕廲公委卧卓屸追謝余

茲附上徐宗奉頓首　　宣暢　上百不探惶及祭父草莽　　之任而久稀短拙不能備述德美　　行錄謹此奉還宗泰忝當代撰　　六月二十～職人宗泰拜　　掉而宣此終照密陸謝此上至

二十五

唯靈顯闕令裔名儒宅相資器勁特

志畧恢朗耻守一韠起勿弁鵷遂登

軔路其鬖則風塵踐名邊蔚爲時

晢出縮州付入科禁旅精勤率職

廠劳戈昔向奉次對邊務是奏其

語甚㫅于聽每涇湖閘節鈸海营樓

舳展减斷殷政辭預宣繕城嚴甲峙

粮陳率我圍充葷軍民灘罥屋污

之咨軺駕其績中更时茇趍操無諭韩

競弗趨退愍悔夫進肇方瀾象泂斯

盧干城之良執為魑夢之聴与頌懷亏

懷有惻隸賜禮酹庶翼教假

梁秀本臺右招後

石鼎如

二十六

〈61〉 양씨세장첩 상(梁氏世藏帖 上)

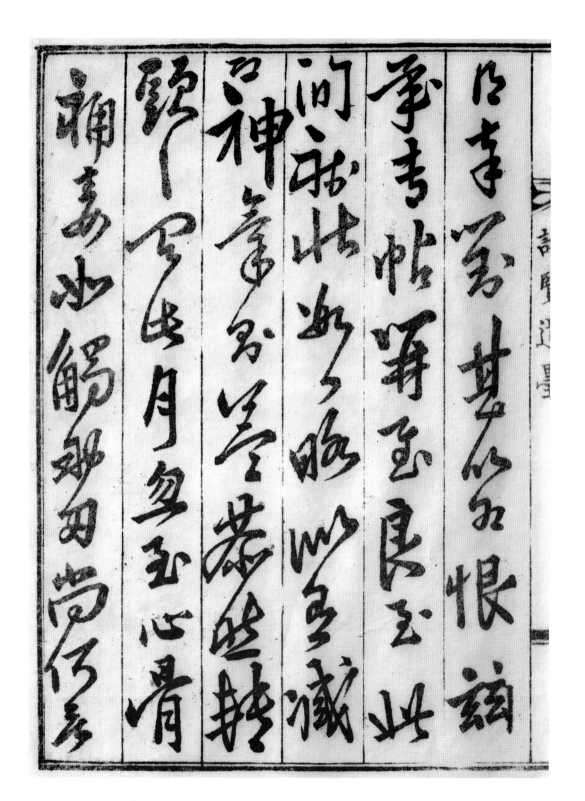

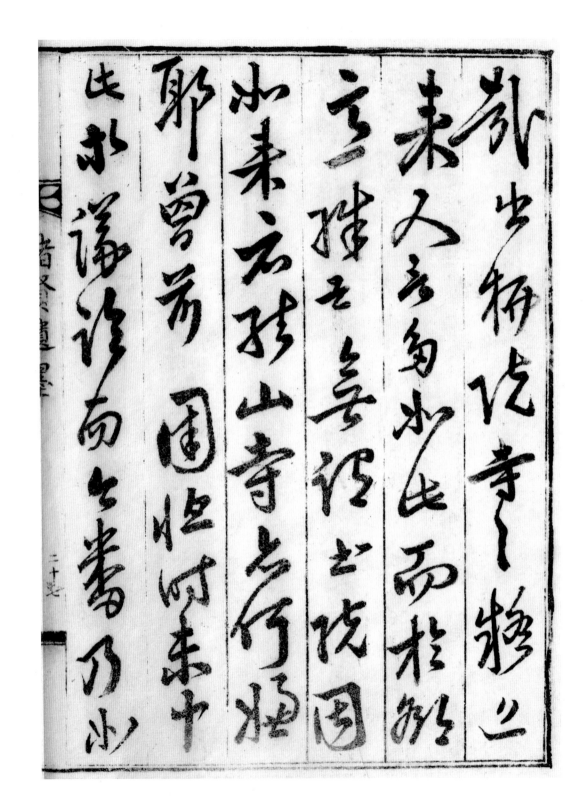

〈63〉 양씨세장첩 상(梁氏世藏帖 上)

古阜地
梁秀才 侍史

別後音信杳然萬里 …

承年此以論 會處俱 …

生涯産業何以道 …

見風憲溜折易腰秋科定 …

正藏府須勉力收業毋以老 …

〈65〉 양씨세장첩 상(梁氏世藏帖 上)

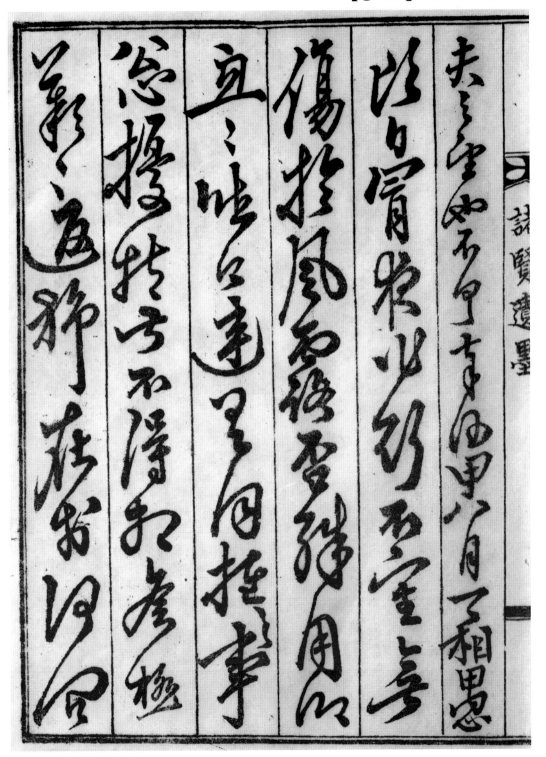

諸賢遺墨

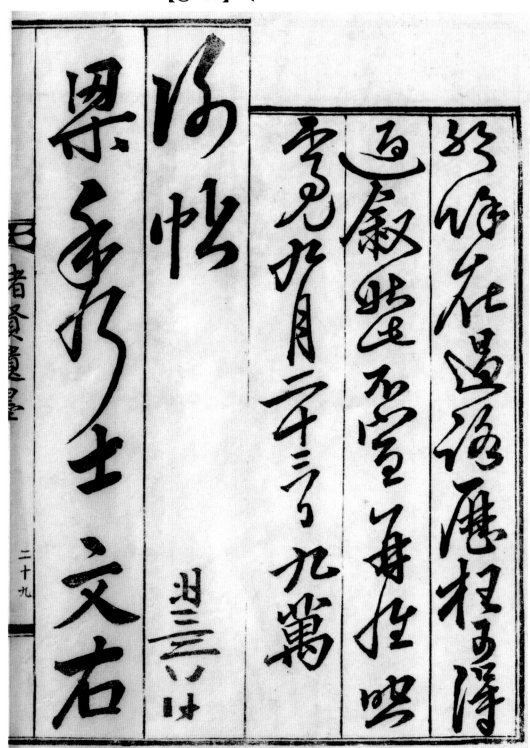

〈67〉 양씨세장첩 상(梁氏世藏帖 上)

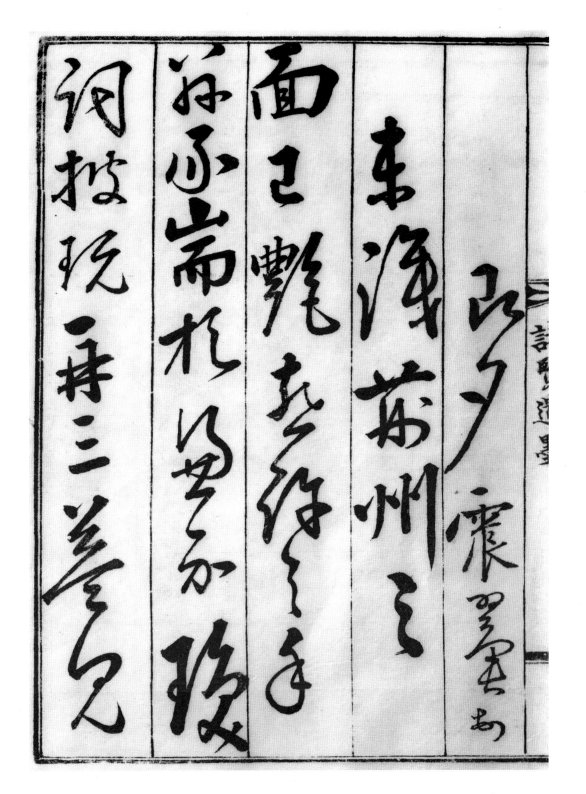

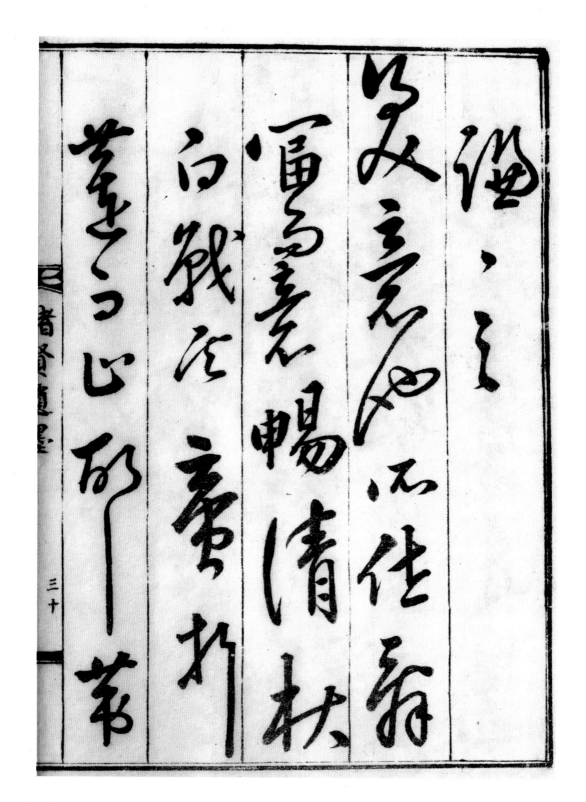

〈69〉　양씨세장첩 상(梁氏世藏帖 上)

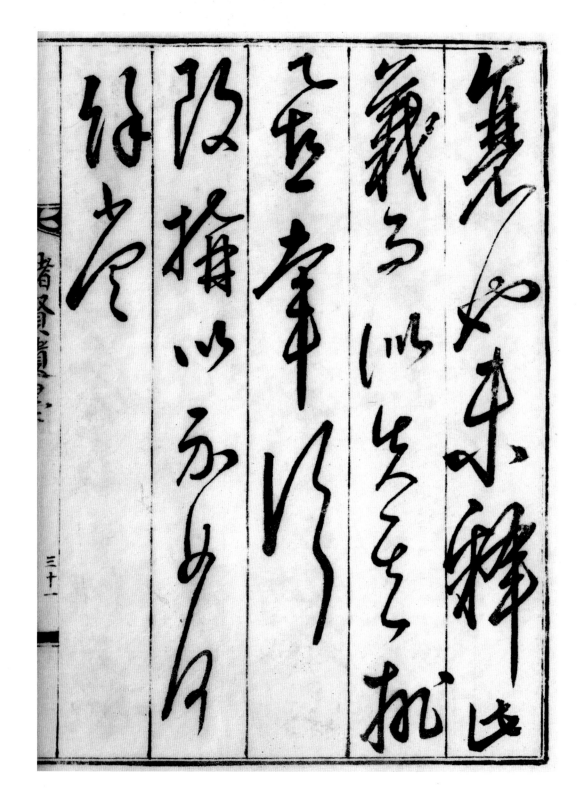

〈71〉 양씨세장첩 상(梁氏世藏帖 上)

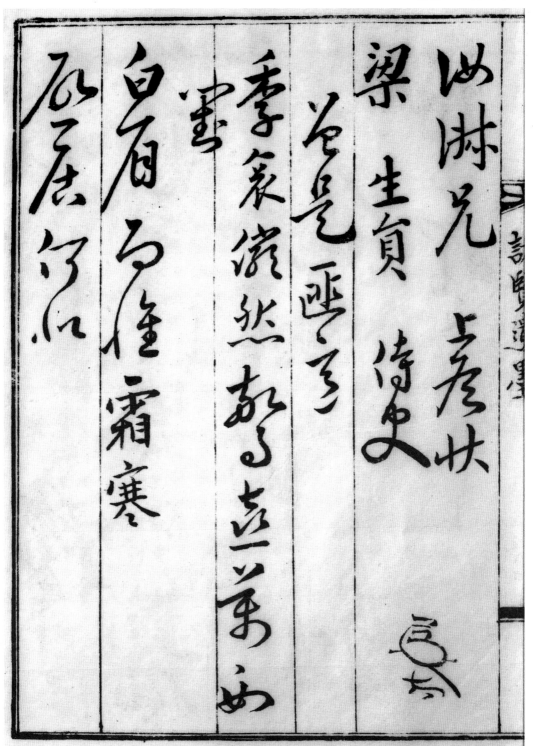

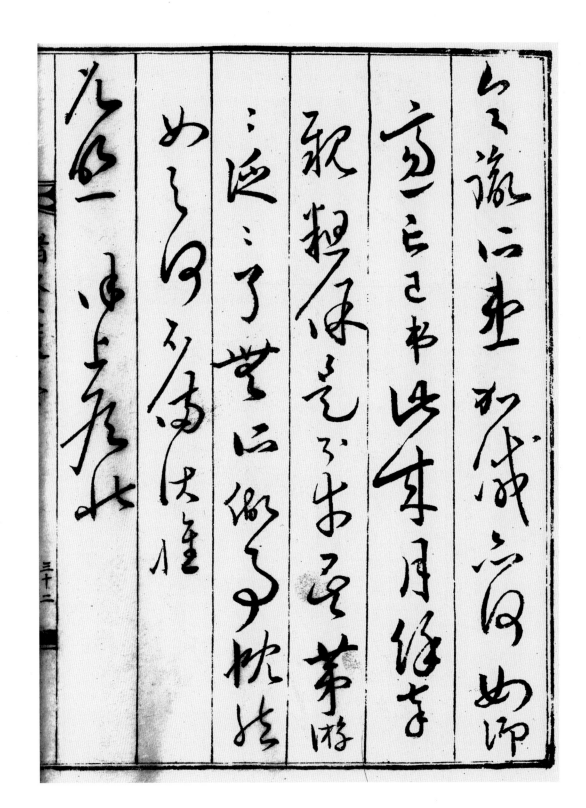

〈73〉 양씨세장첩 상(梁氏世藏帖 上)

詩賢遺墨

歲戊辰 初四日

書 泰壽

上㕦

梁撈大書幅 一幅

即問
起居如何來此之後彼此問訊
相阻均有所失雖歎奈何
僕久帶邊頭身病且苦悶
佩刀送去
領情統希 照上
丁丑九月廿五 世載

〈75〉 양씨세장첩 상(梁氏世藏帖 上)

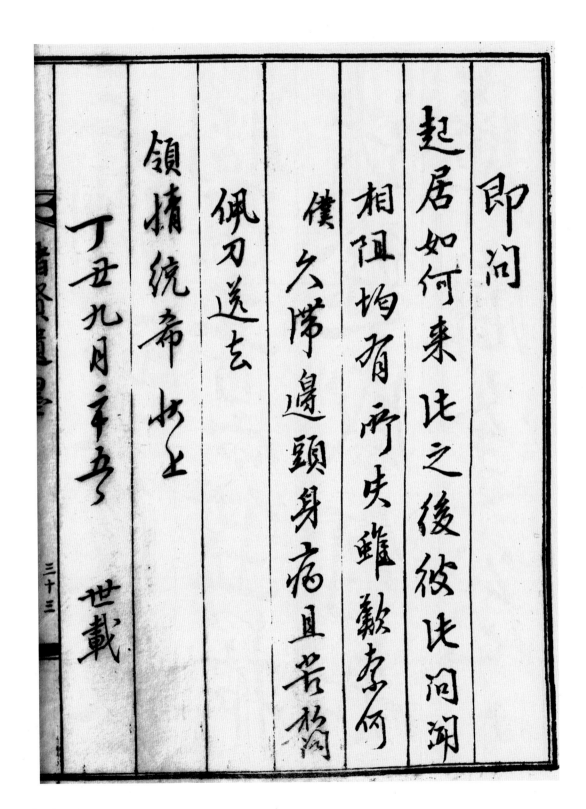

閱涉江湖音書理絕悶悶志清緒

于中甚雨支轄石審

辮篤起居何以才荒束作吏勞

拙難枕上憂患多端方詠賦

歸之隊竹甲子沙屛被罰載

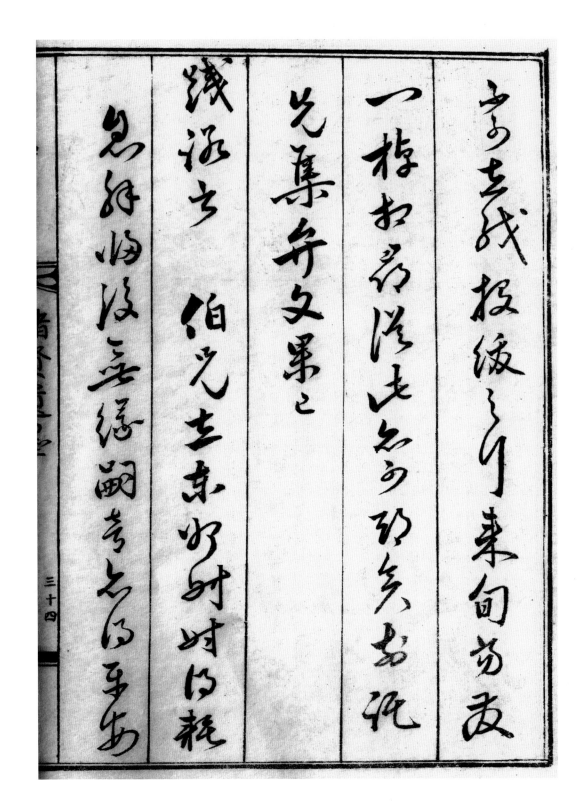

〈77〉 양씨세장첩 상(梁氏世藏帖 上)

言賢遺墨

立如第石宣侯雎

晃不以一塵相忤上

丁丑六月廿六尹鎮圭書

　海狂子三手卿助狄譚

三渓

辛時卅

梁士孫史

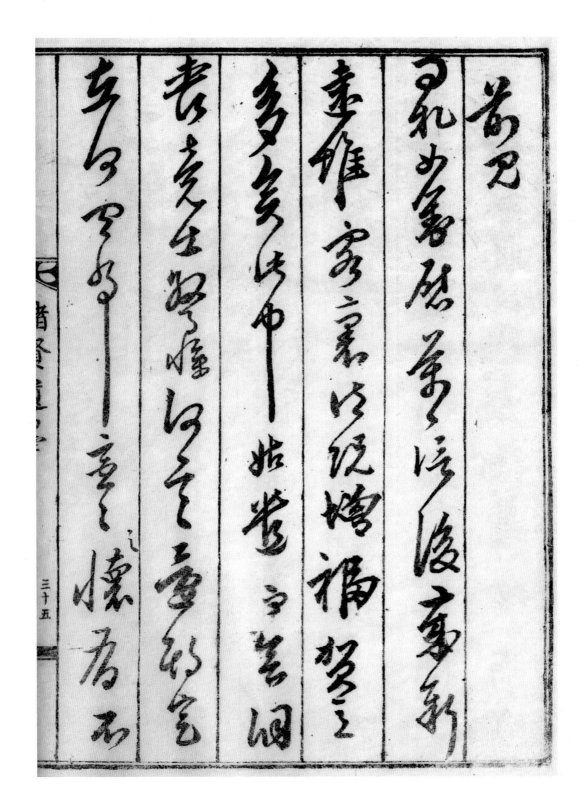

〈79〉 양씨세장첩 상(梁氏世藏帖 上)

可堪 紇李菶樓

云云止　戊元月日　公閤

梁　生員　宅　入納

順安侮衰間

伏惟初夏

光靜復佳獿　動身善況歲沉

淹私問何喩伺潮一念何嘗少

弛雨尋常、度日一書師　候闕

然委此但用形影自爲之馮侠輕氏

雲伏帷　簡紙罕暢汗室

兄堅坐上

主干留艸了　枊柱臣頓

委扎丘用至形弟緣

三十六

〈81〉　양씨세장첩 상(梁氏世藏帖 上)

三十七

正重

郭練玉書牒傳相御至之

茅項曰

書儀觀

敎意曰惡兩以物拵筆不敢御

霆疋年見完矣紙未乃以如覽

兩目請徒偹友哉

辭曰念也雞函筌沒於池人

而押

兄病友甲一人名語孤頁唐寅

書呈指點之　笑考子冤乎

此話不自董〻卷去結立一去妙

卯共此而匠式　即唐印遂一切

中連主鞫獄時終服還禮佈玉此九

用〻新〻

三十八

〈85〉　양씨세장첩 상(梁氏世藏帖 上)

雅契游山上

梁雅士文右

淵蹉乎

書意審泰矣

況役演而景壺僕恃詩

山木寧為江緣○詩此君

三十九

〈87〉 양씨세장첩 상(梁氏世藏帖 上)

諸賢遺墨

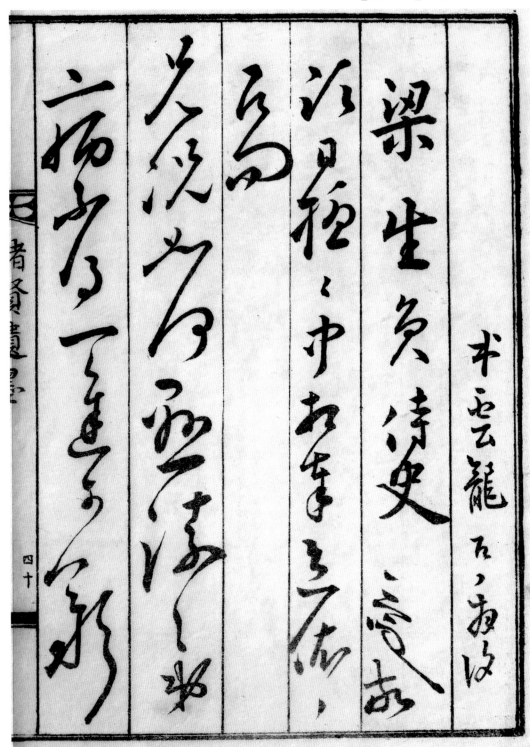

〈89〉 양씨세장첩 상(梁氏世藏帖 上)

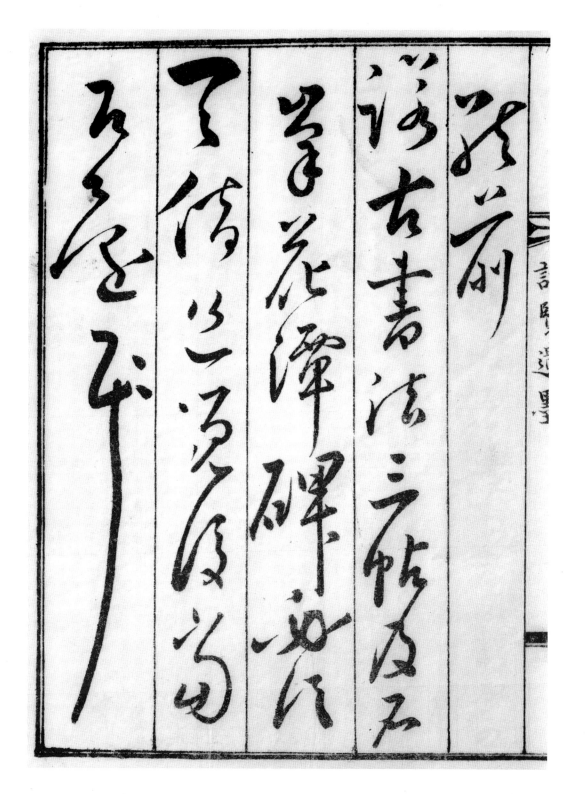

贈別　梁斯　諱益柱字擎

文敬擎南　南兢德隱

四十一

〈91〉　양씨세장첩 상(梁氏世藏帖 上)

三洲一哭夫後寒
潤躡草容丑艳
迷途感何知
瘴海逢兮忩

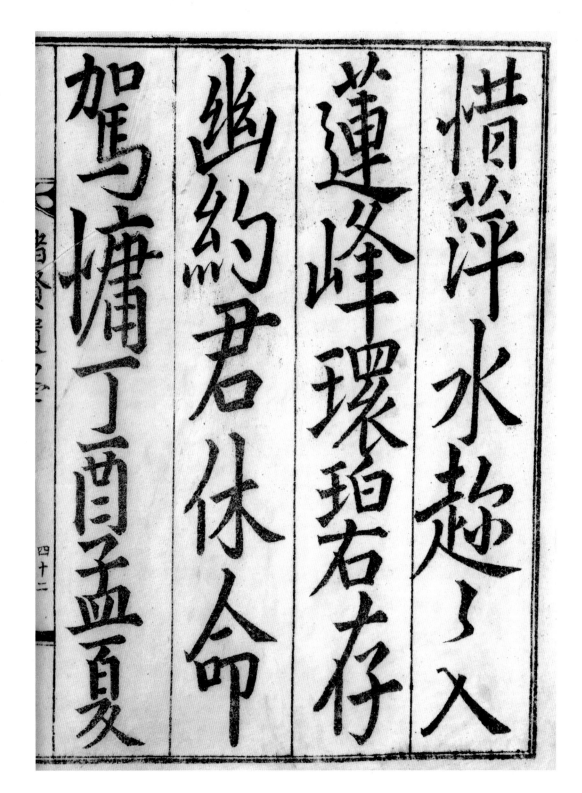

〈93〉 양씨세장첩 상(梁氏世藏帖 上)

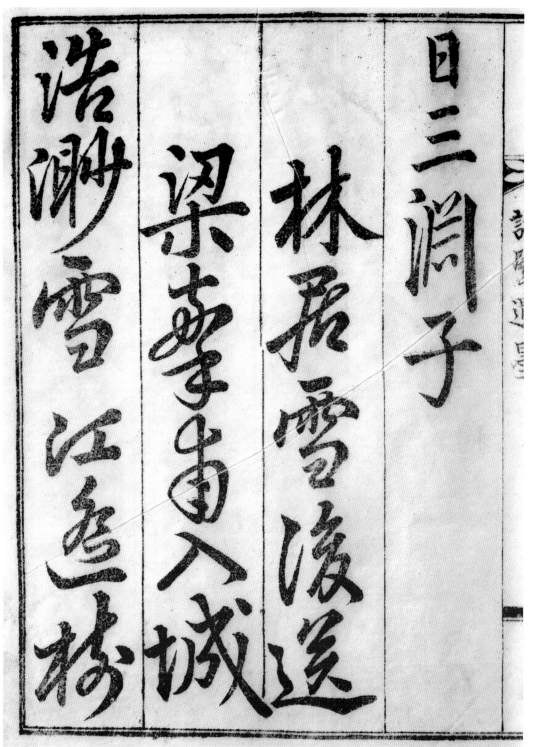

曰三澗子

林君雪後送

梁壺李申入城

浩渺雪江邊榜

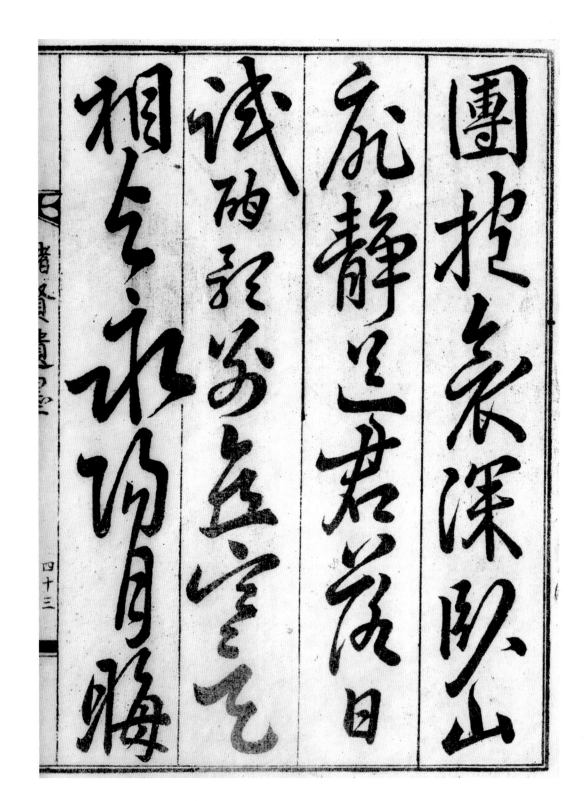

〈95〉　양씨세장첩 상(梁氏世藏帖 上)

目金君山將

梁大雅 收柬 謝上

籌翰至潯寀別後 侍引

違安殊甚 卧病更益甚不

敢出門 分乜以翰集訪病也

奈何 縣沽題延季來所作

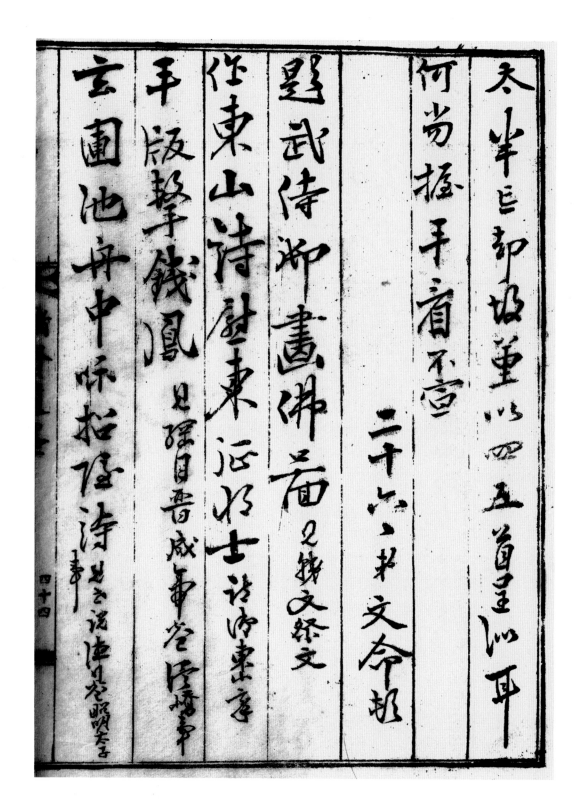

〈97〉 양씨세장첩 상(梁氏世藏帖 上)

焚券不索價

僉哀 咨次

李從五月初吉日書

氣力支保

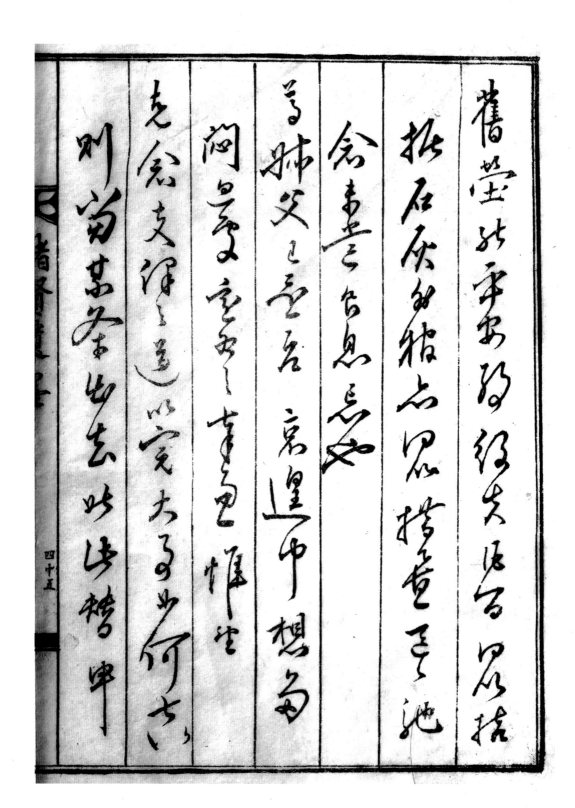

〈99〉 양씨세장첩 상(梁氏世藏帖 上)

夕偏诗轨　五月动一径然遠病

嫂生負昆季孝廬

省武即姆而臥

嫂主之手刀何似乎　念孝及之復支偉君為之

悲逆此言乃緣粬口葺事遠此廣為ㄱ山戰

入湖南卓宛夕宠以得乞抑今髀逵萬分若寓銥寨

堅朔廿多斂勢為失仰弢于揉狂夕撩夕

下四一時高考瘟大拘乏停君乃停留咲方

九言逸之邓後挶丁屋方痛乃存主玉麾花又专死

四十六

〈101〉 양씨세장첩 상(梁氏世藏帖 上)

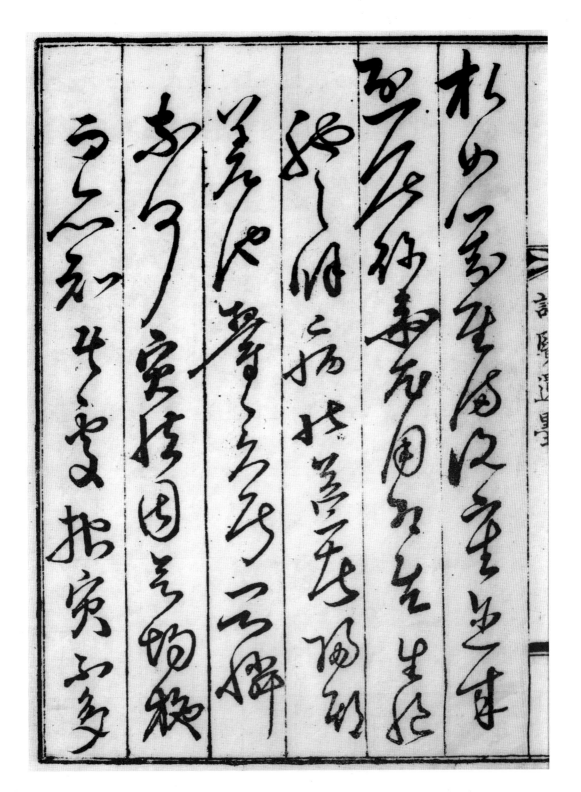

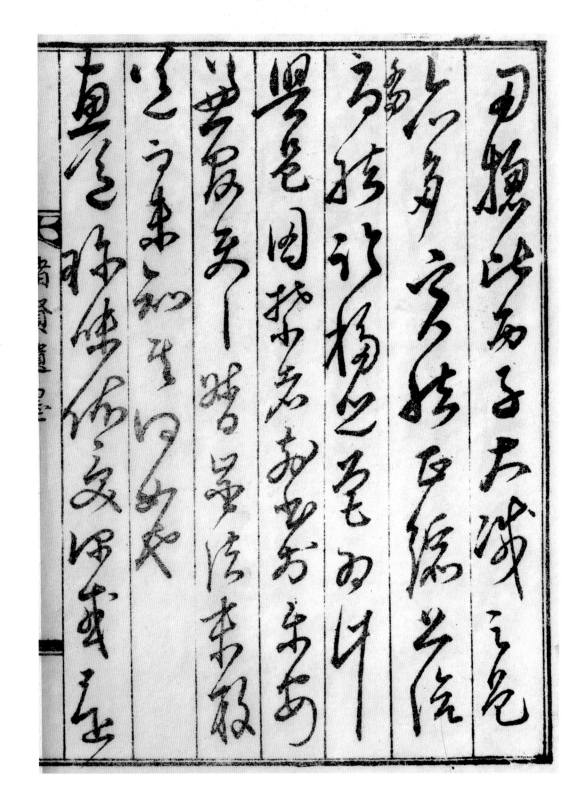

〈103〉 양씨세장첩 상(梁氏世藏帖 上)

諸賢遺筆

梁

生員　衰次

答疏上

敬中

首式須有

衰尙札之書出於之對来之邪見譯譬後

如得接審之那之幸子越之之川捗譬

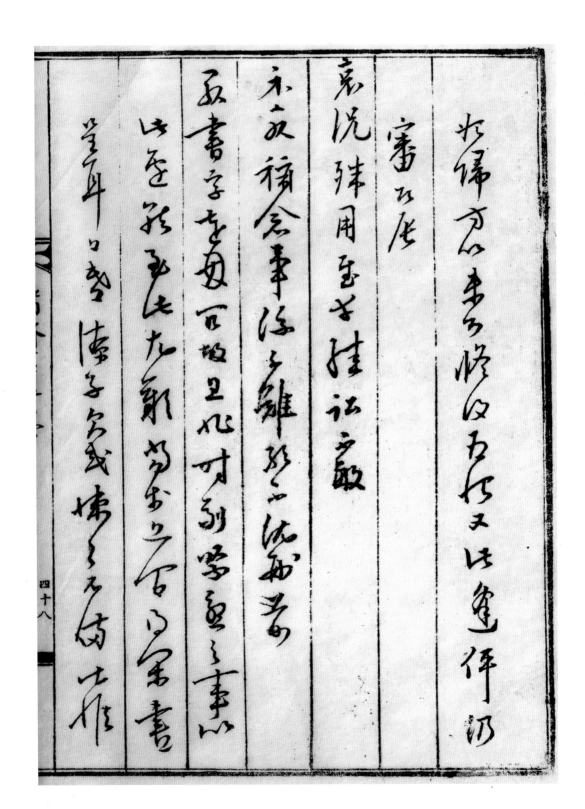

〈105〉 양씨세장첩 상(梁氏世藏帖 上)

諸賢遺墨

梁

性

秀士 友恭

覺月 流

祥事順

禮月又

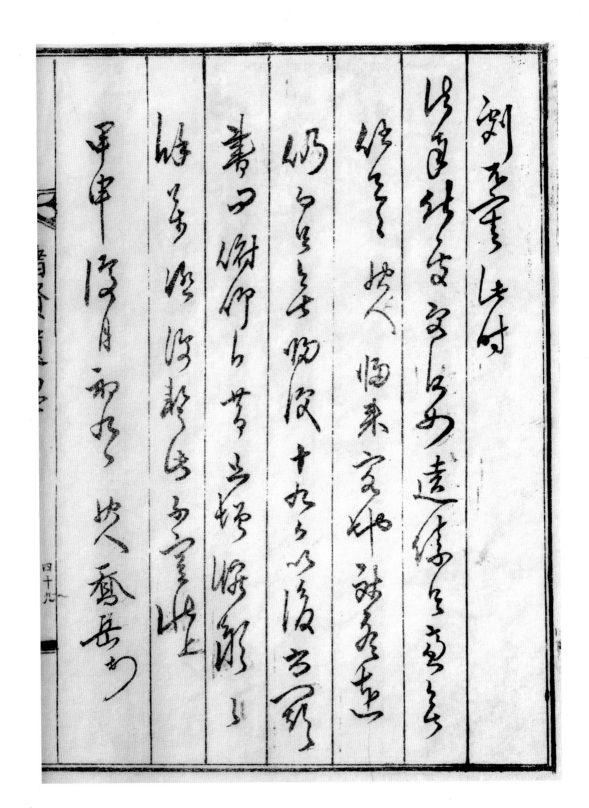

〈107〉 양씨세장첩 상(梁氏世藏帖 上)

梁生貟 兄弟 宅傳納　歛谷書堂　淸濤封

日月易得

祥禫奄迫伏杭

廓然之懷何以堪膝　仰慄〻

未知之尙

苗佳交泰遞佳安召戲三

年海色病情撗言問四字何給

右明文爲臥乎事段

壬辰年月廿五日

朋加魚名貳束乙

金老宋領臥乎事

明文

五十

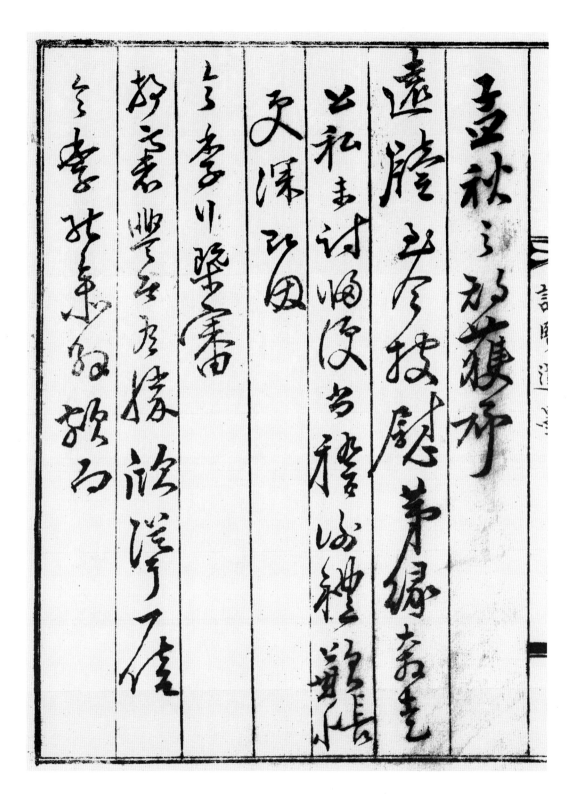

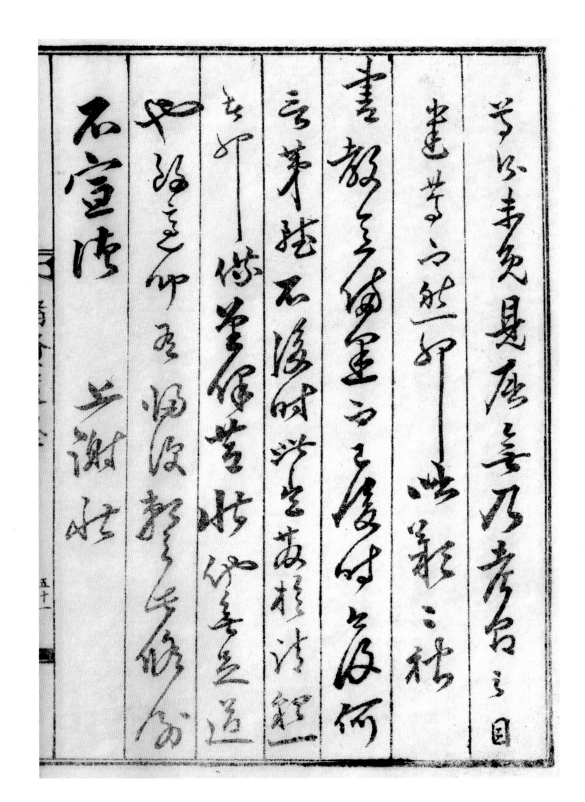

〈111〉 양씨세장첩 상(梁氏世藏帖 上)

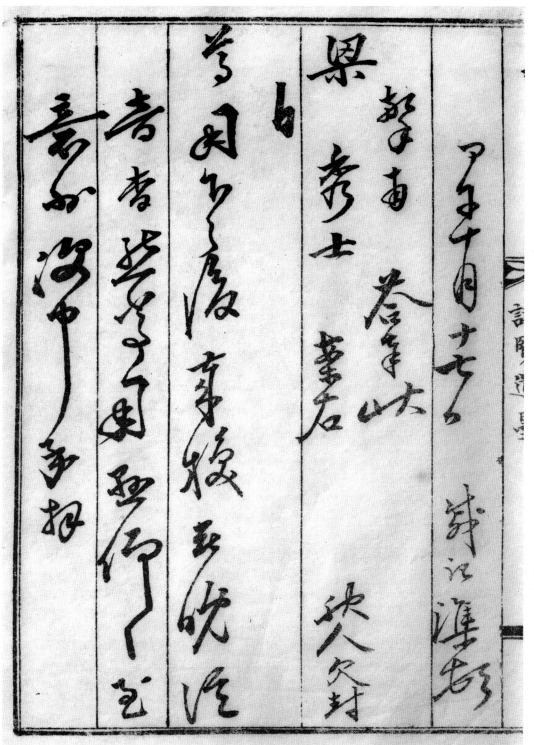

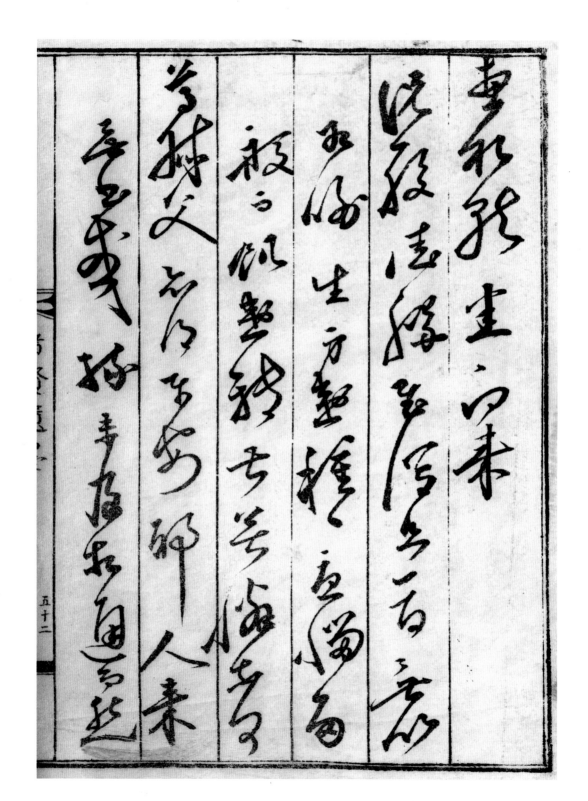

〈113〉 양씨세장첩 상(梁氏世藏帖 上)

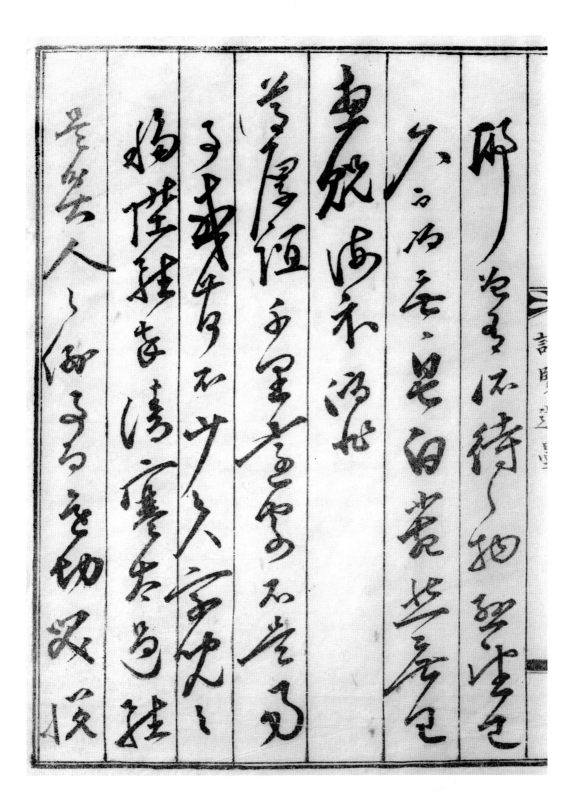

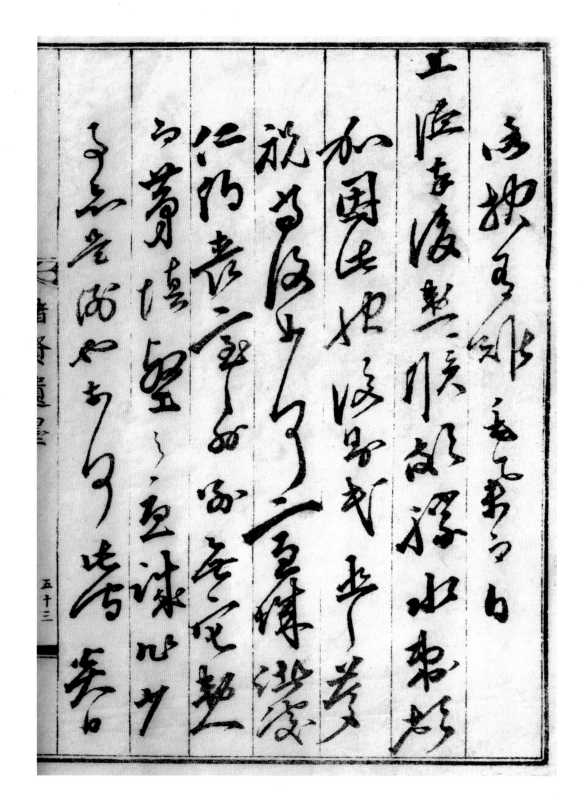

〈115〉 양씨세장첩 상(梁氏世藏帖 上)

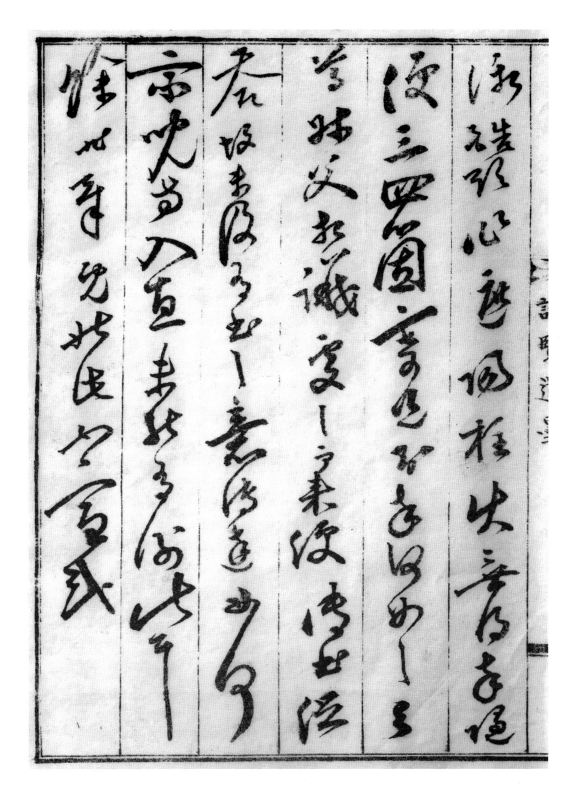

梁生員

五十四

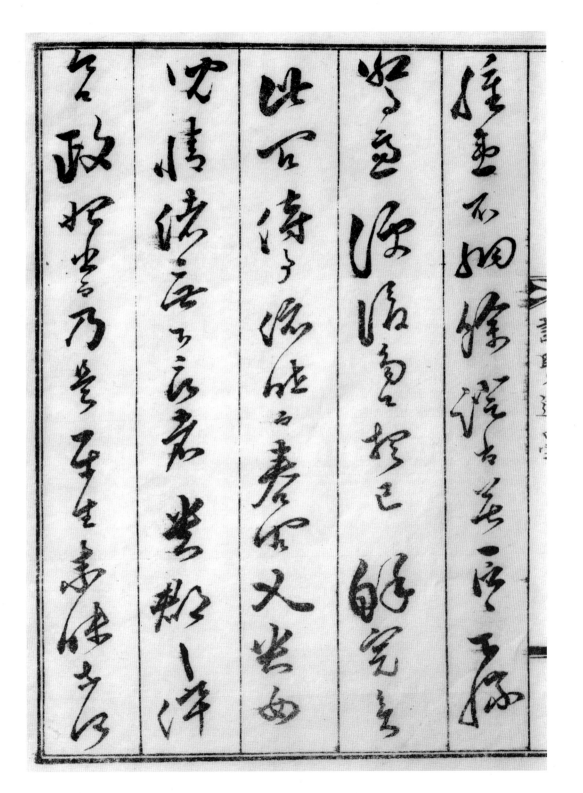

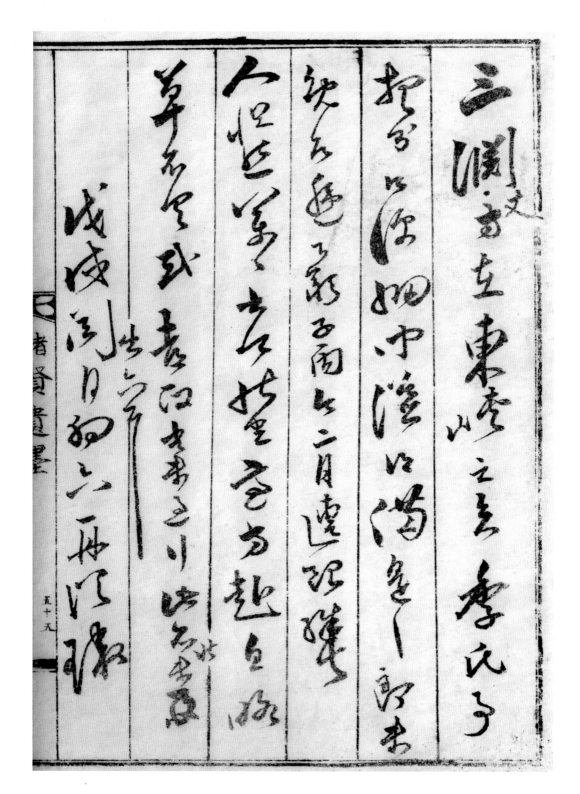

〈119〉 양씨세장첩 상(梁氏世藏帖 上)

戚侍 拜上

梁生員 宅

〈121〉　양씨세장첩 상(梁氏世藏帖 上)

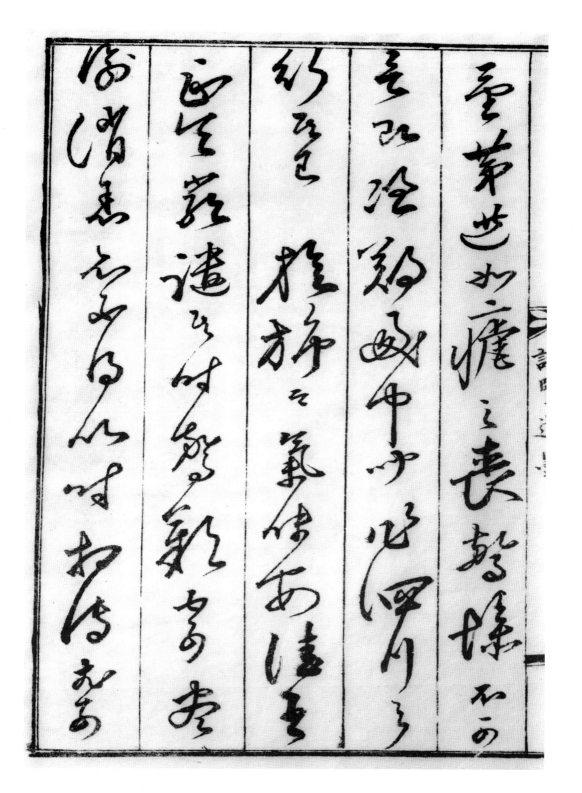

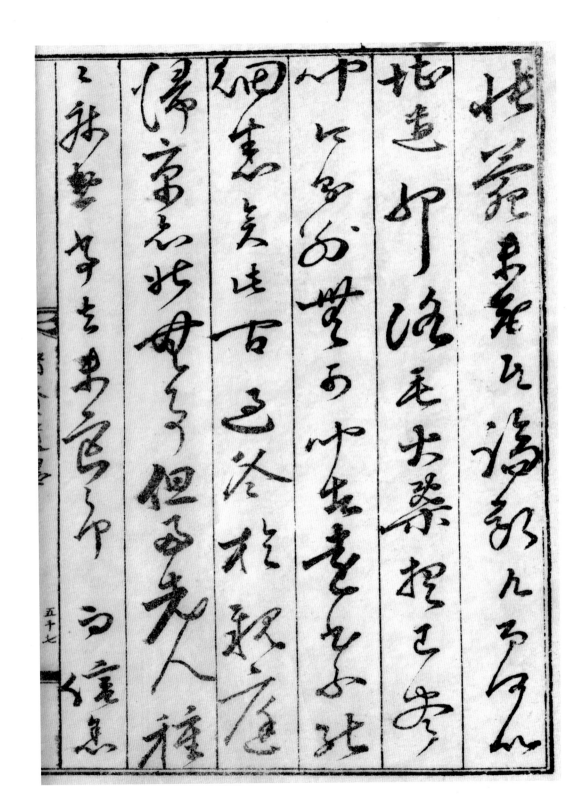

五十七

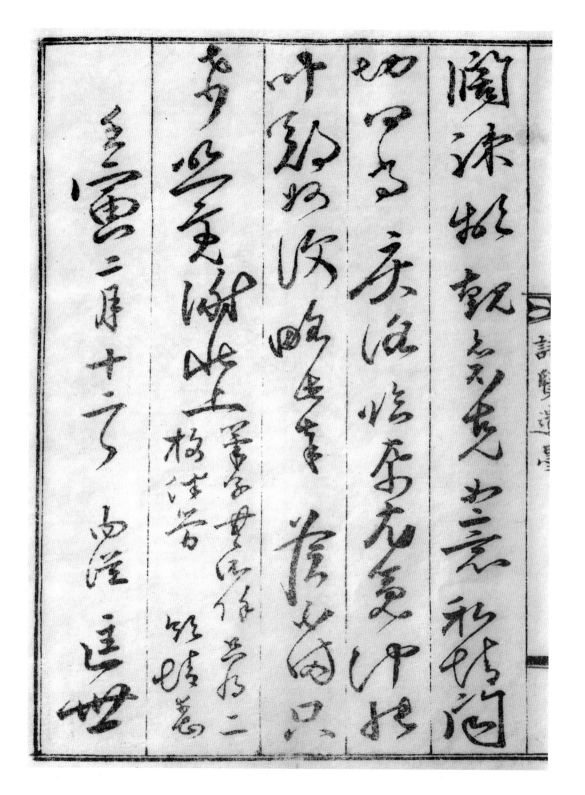

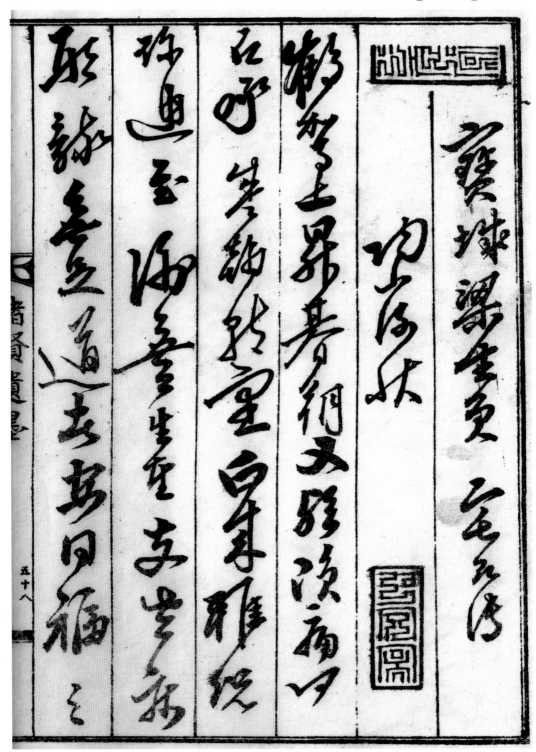

〈125〉 양씨세장첩 상(梁氏世藏帖 上)

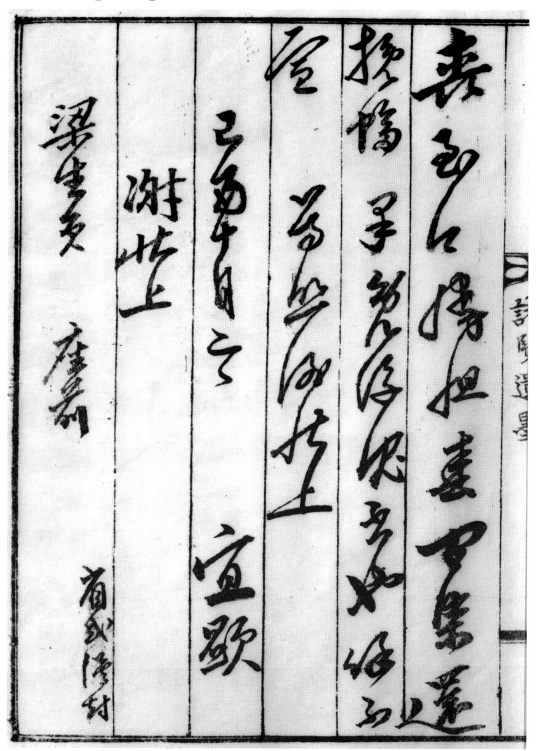

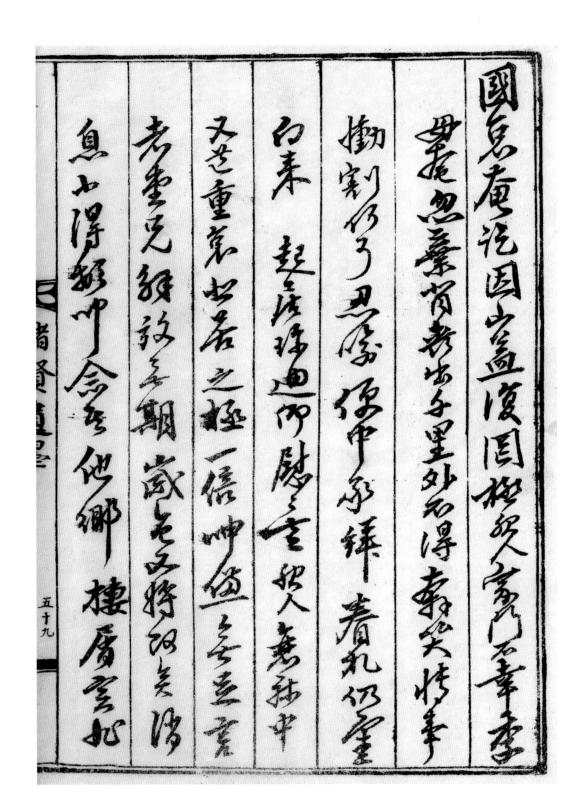

〈127〉 양씨세장첩 상(梁氏世藏帖 上)

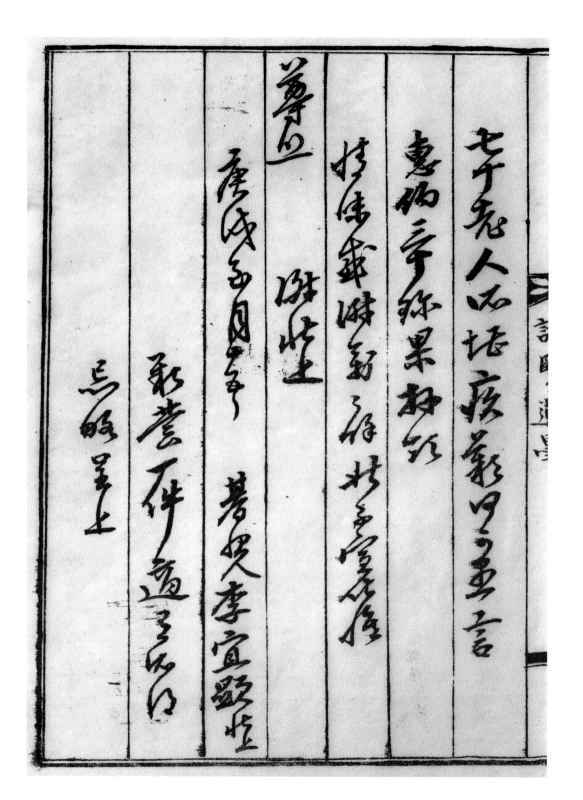

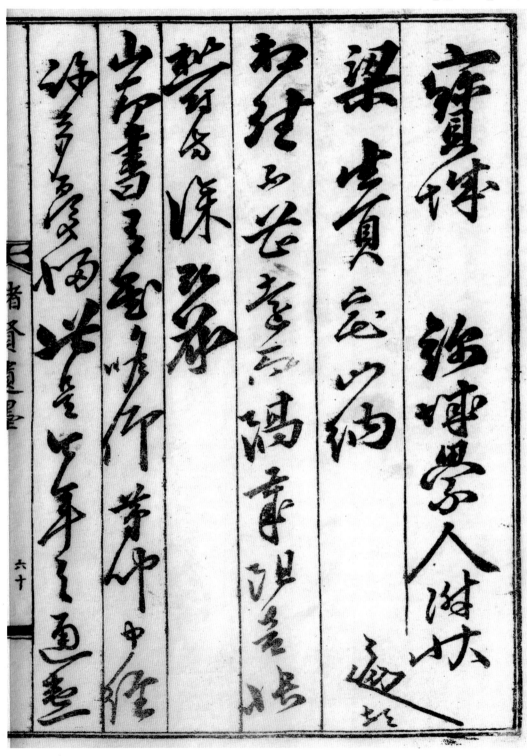

〈129〉 양씨세장첩 상(梁氏世藏帖 上)

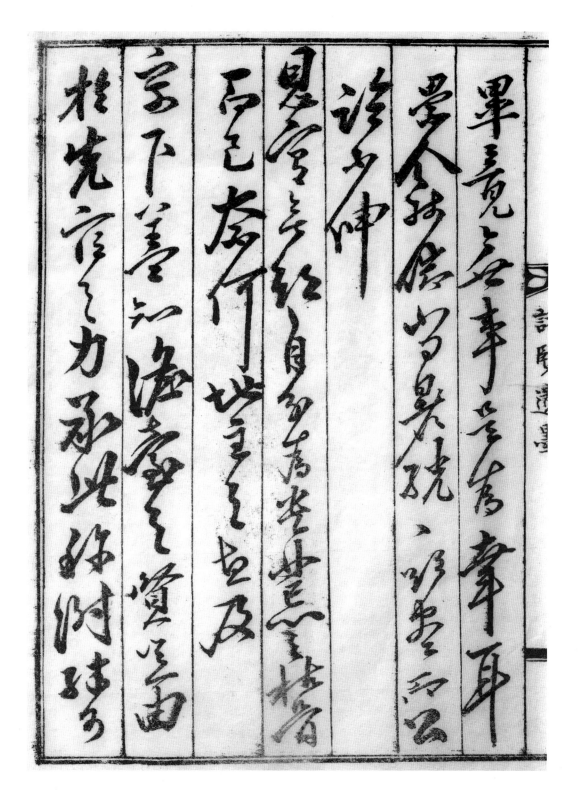

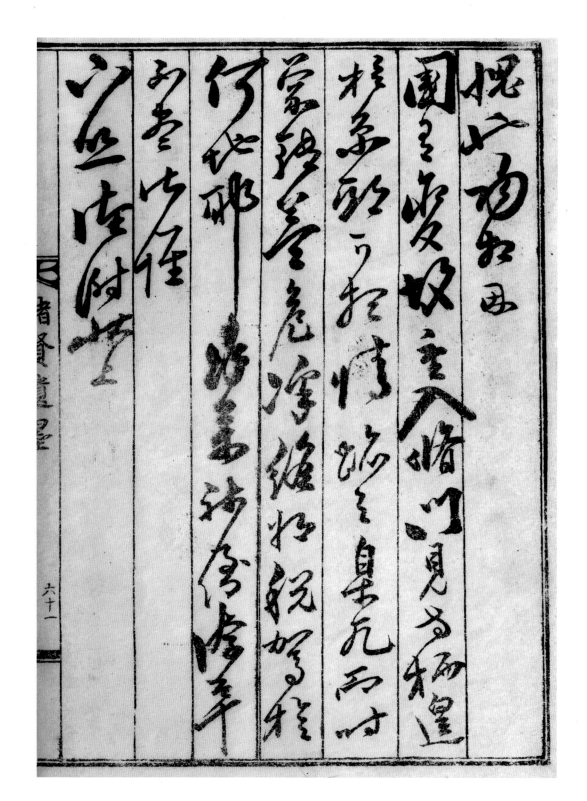

〈131〉　양씨세장첩 상(梁氏世藏帖 上)

梁生員宅 回納

太平洞李説書宅附状

寶城亳谷

知汝洙

惠喜先

庚申 廿三

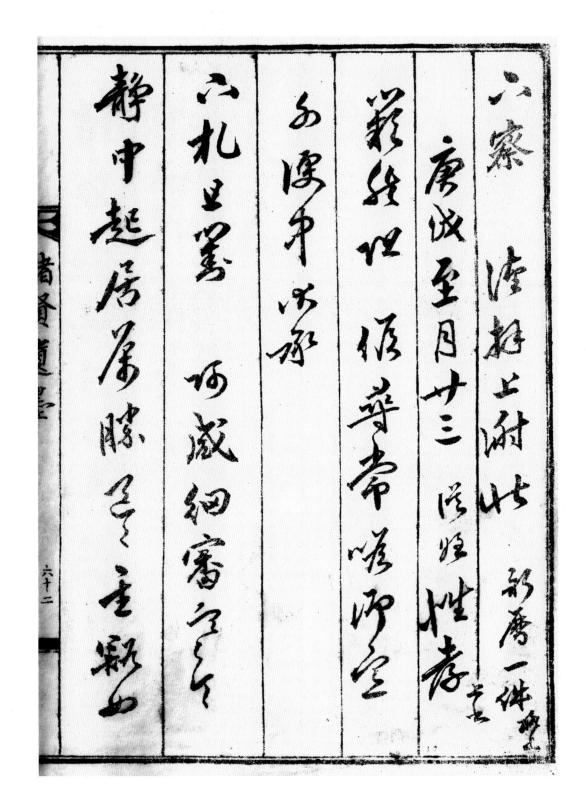

六察

〈133〉　양씨세장첩 상(梁氏世藏帖 上)

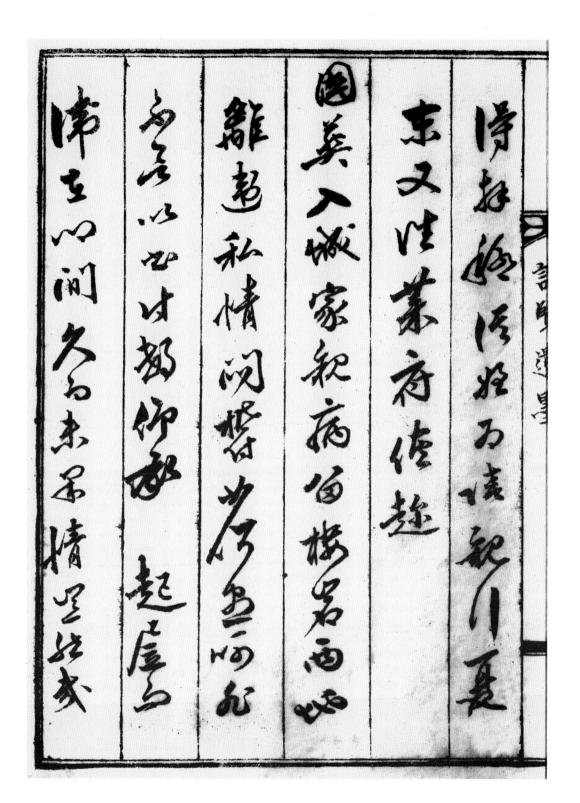

持招晦陰雉可懷釈川夏

東又佳業府傳趂

國美入城家釈病伯樓君兩山

雖起私情問磐若㕦二㕦范

而言以心廿郡仰那　起屋㕦

佛立心間各㕦未未情呈姑妓家

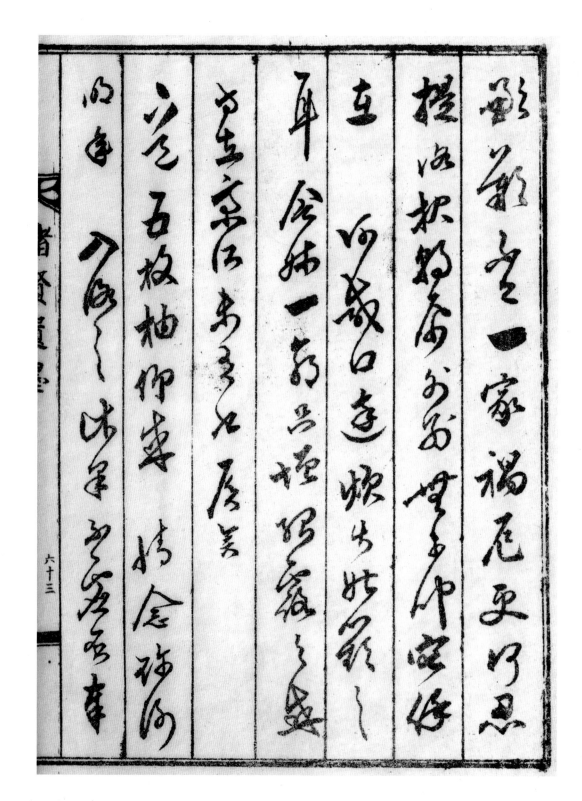

〈135〉　양씨세장첩 상(梁氏世藏帖 上)

回封告襄慟隕何喩阻闊

戚兄主前　拜謝上七

趙

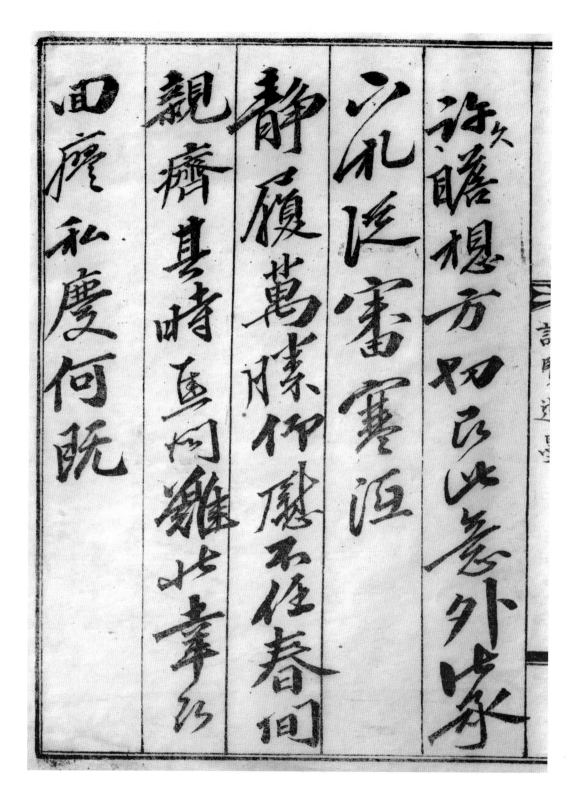

許瞻想方知己此意外家

久阻審賽沍

靜履萬膡仰慰不任春間

親癠其時重何離此幸巴

回慶私慶何旣

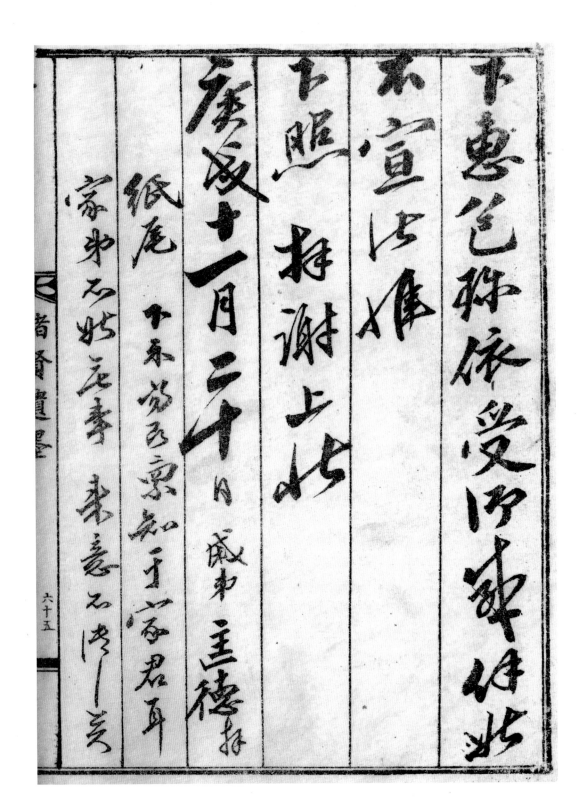

<139> 양씨세장첩 상(梁氏世藏帖 上)

〈141〉 양씨세장첩 상(梁氏世藏帖 上)

六十七

〈143〉　양씨세장첩 상(梁氏世藏帖 上)

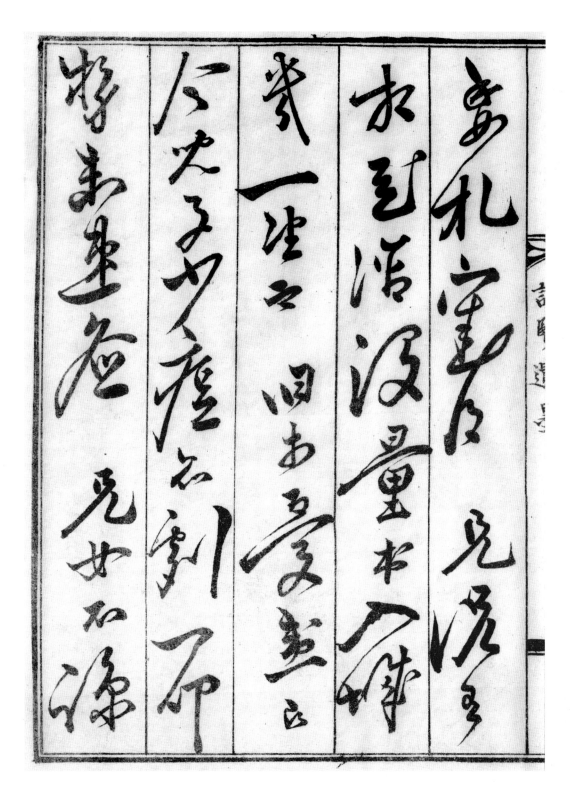

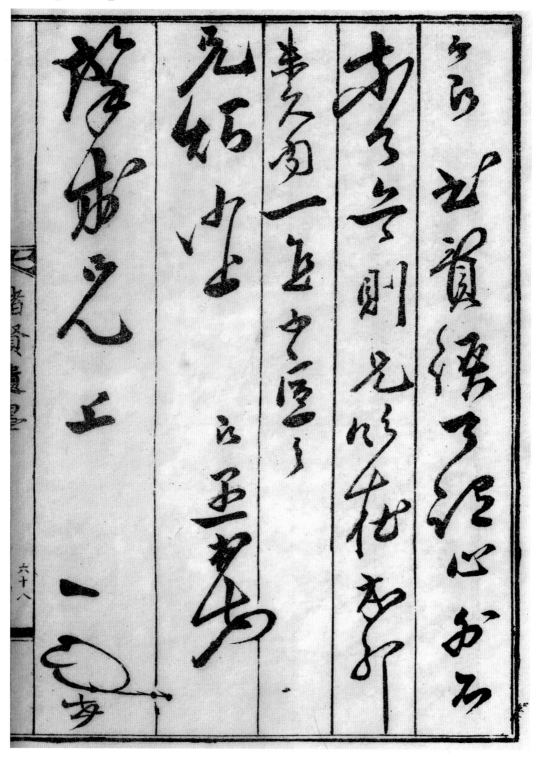

〈145〉 양씨세장첩 상(梁氏世藏帖 上)

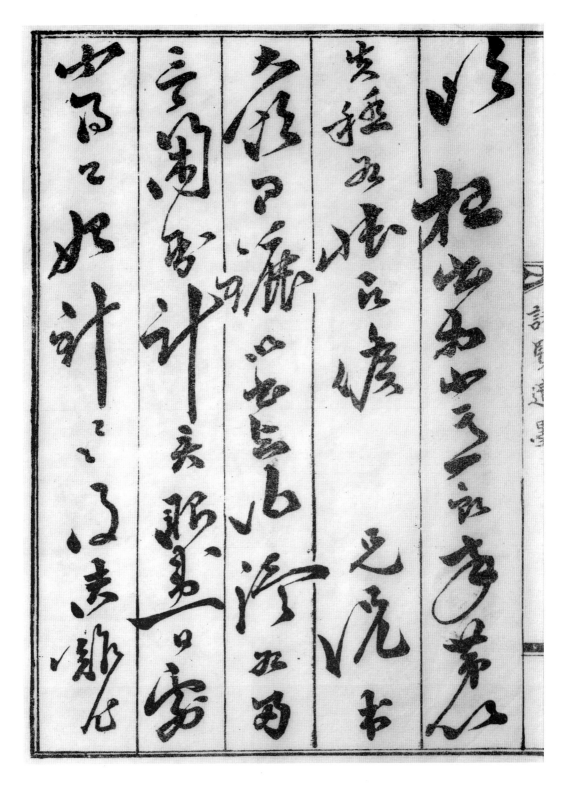

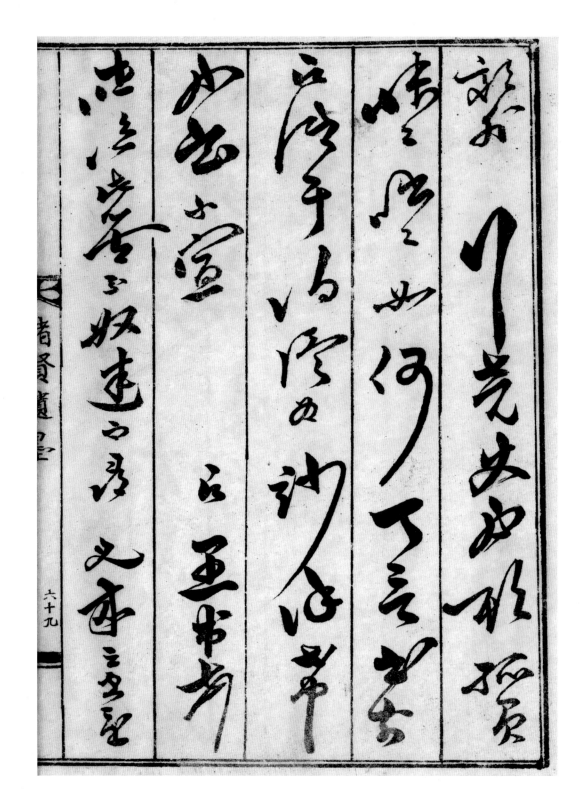

〈147〉 양씨세장첩 상(梁氏世藏帖 上)

梁先達 座前

諱益標 字正甫 武府使

贈兵判 德陰弟

崔氣議𣳔㘴

久是相中忽承

𣲾札始㝷𣴗㽵㞢事撰㦩

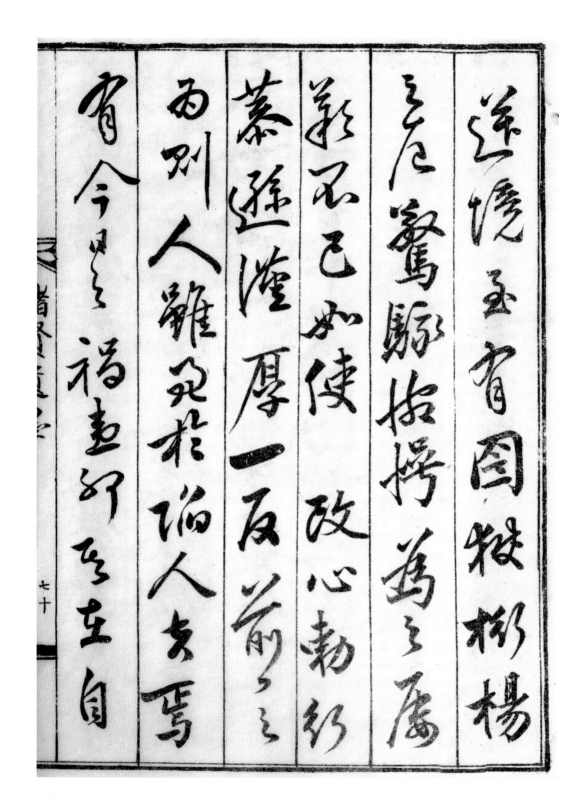

〈149〉　양씨세장첩 상(梁氏世藏帖 上)

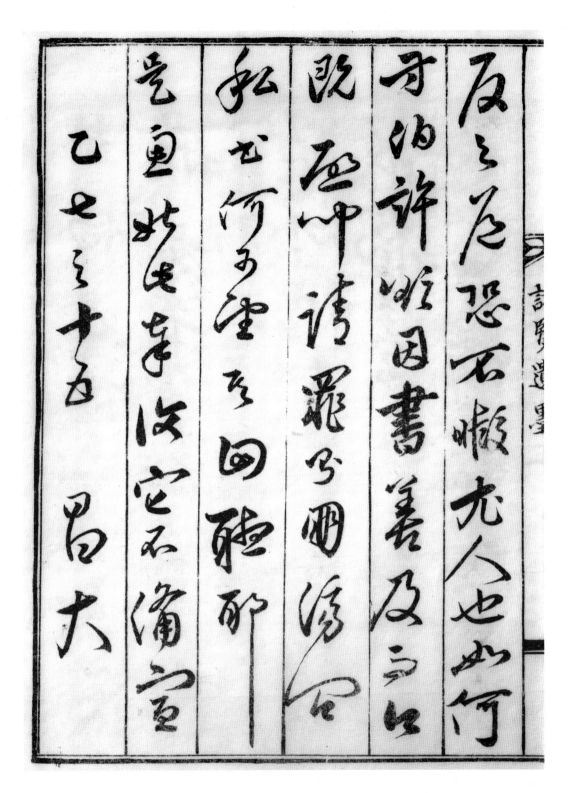

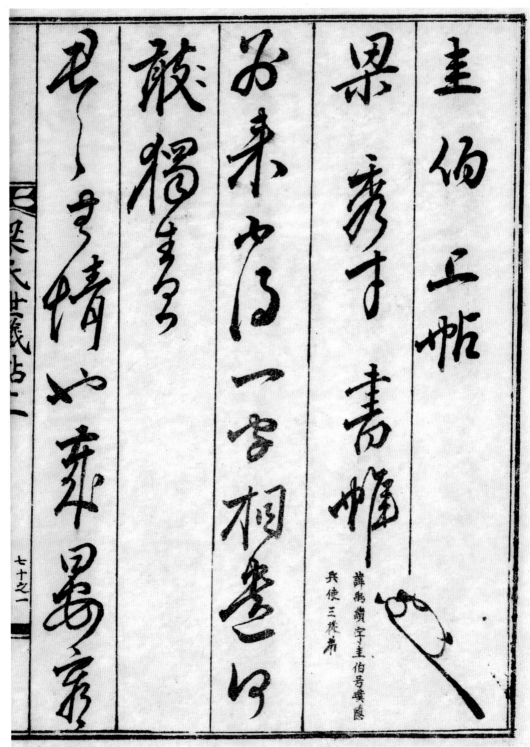

〈151〉 양씨세장첩 상(梁氏世藏帖 上)

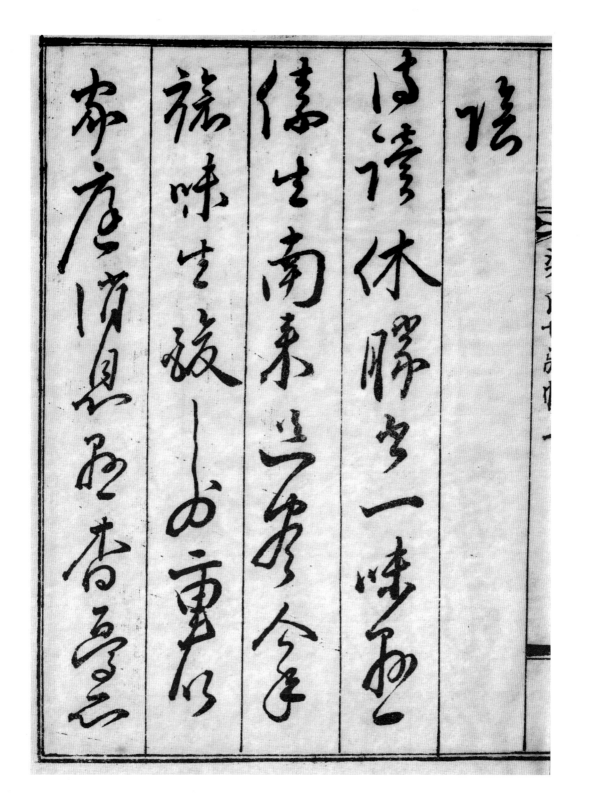

惟

清情休膠多一味而云

儒生南來些□今

蔬味生後一古重有

家店頃真□否弖□

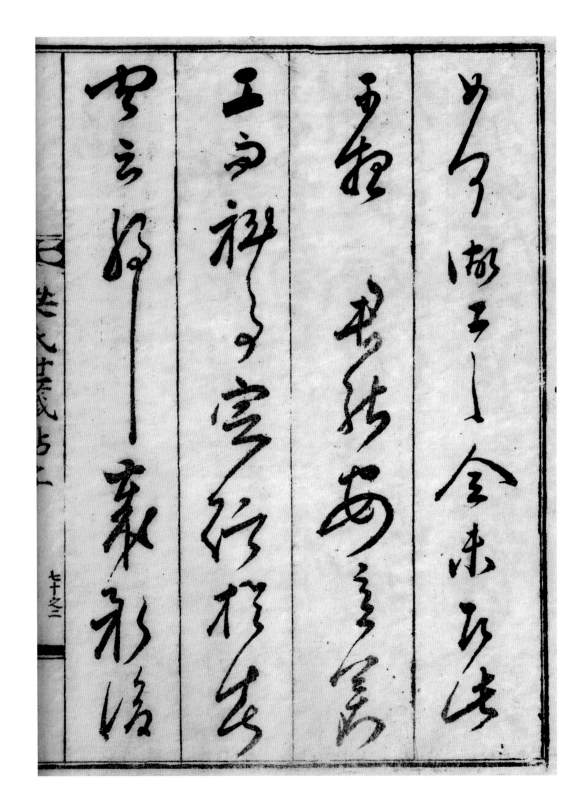

〈153〉 양씨세장첩 상(梁氏世藏帖 上)

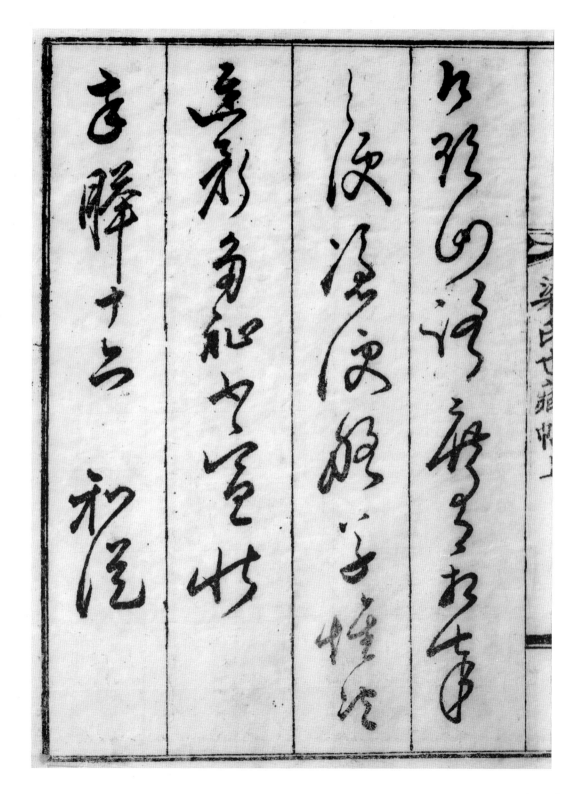

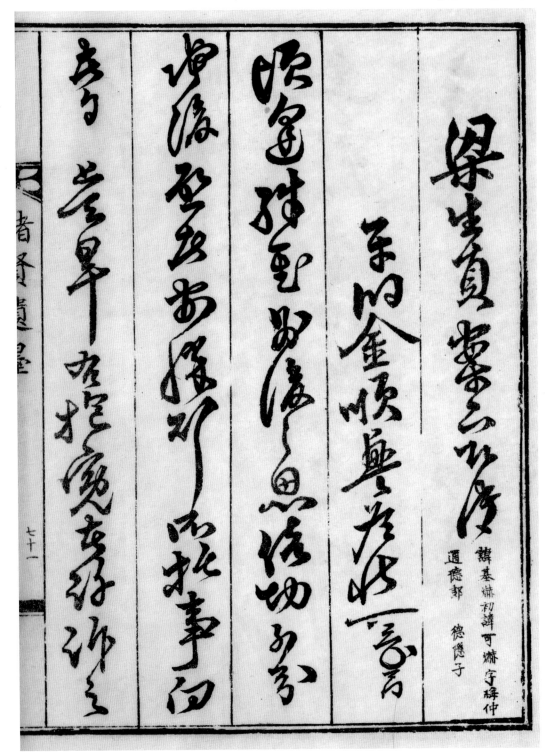

〈155〉 양씨세장첩 상(梁氏世藏帖 上)

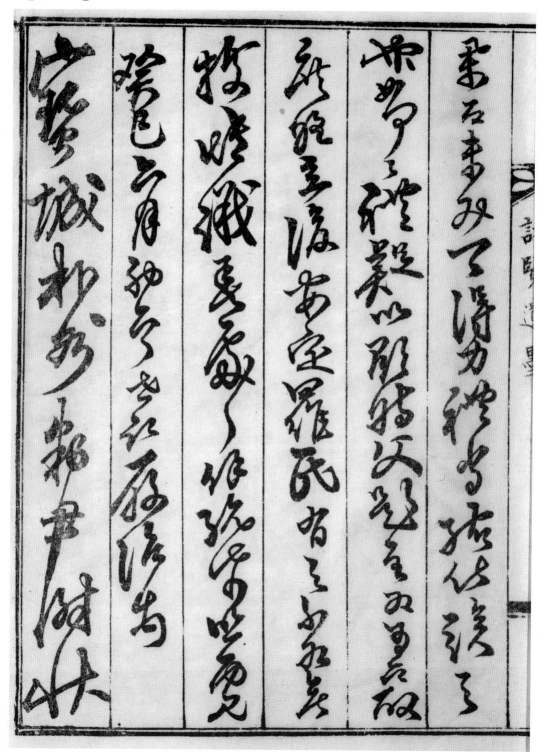

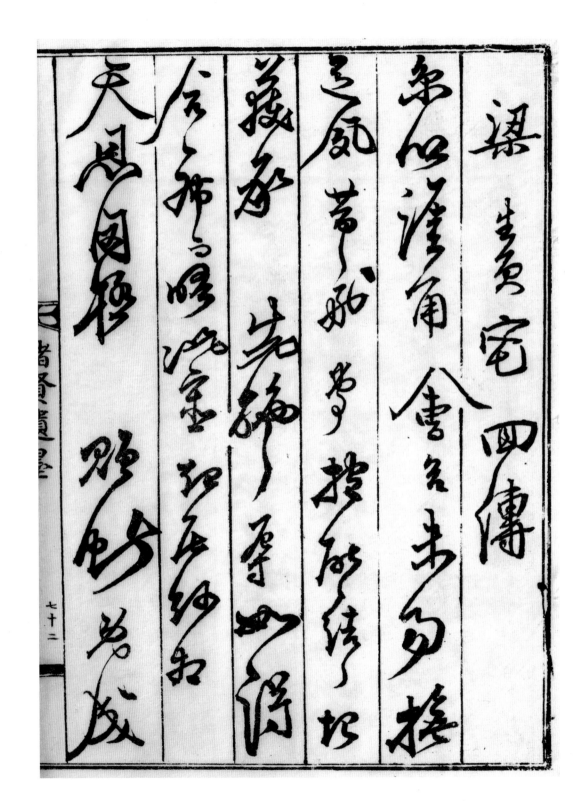

〈157〉 양씨세장첩 상(梁氏世藏帖 上)

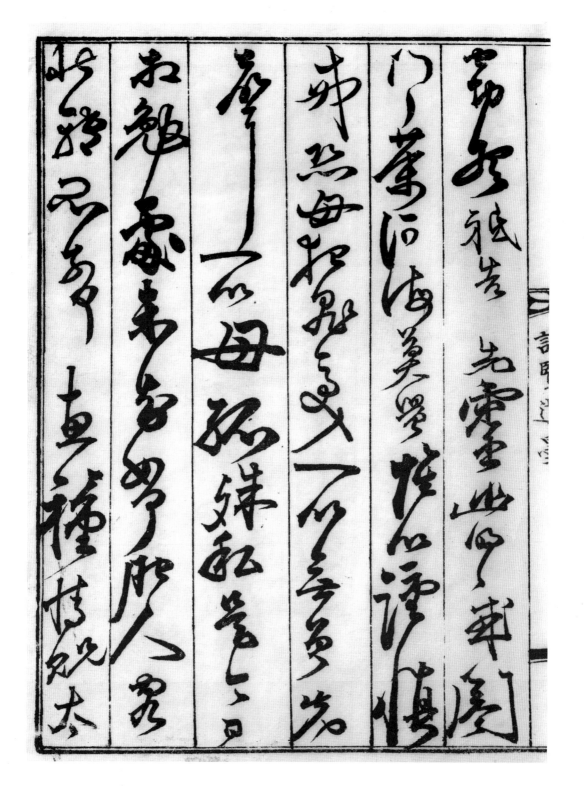

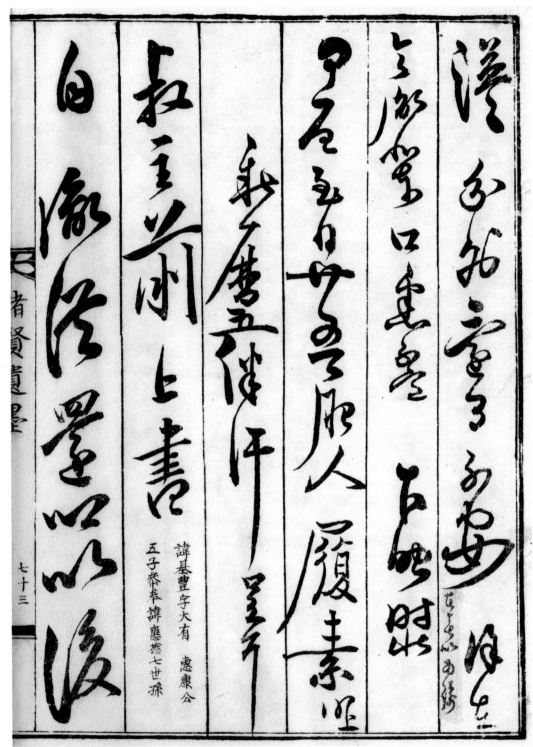

〈159〉 양씨세장첩 상(梁氏世藏帖 上)

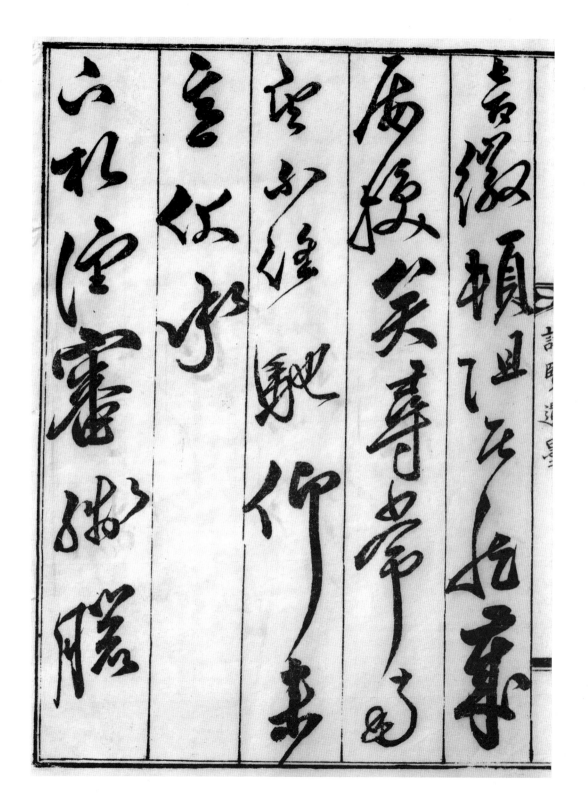

言緣頓迫不拾棄

眉後笑尋常

室如經馳仰書

言依水

六杜連審御膽

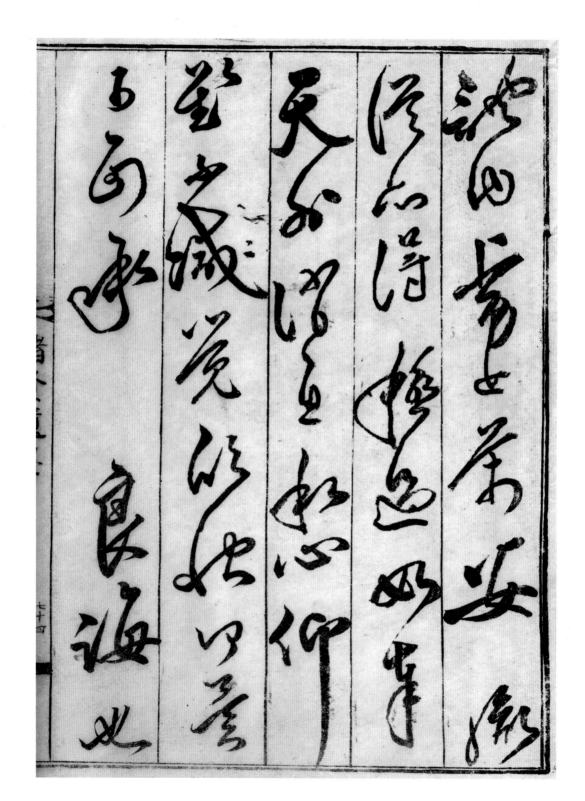

〈161〉 양씨세장첩 상(梁氏世藏帖 上)

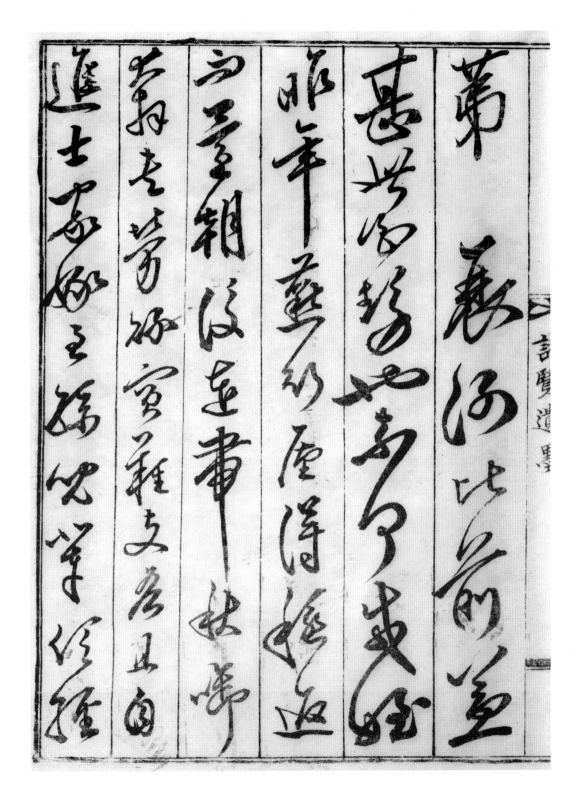

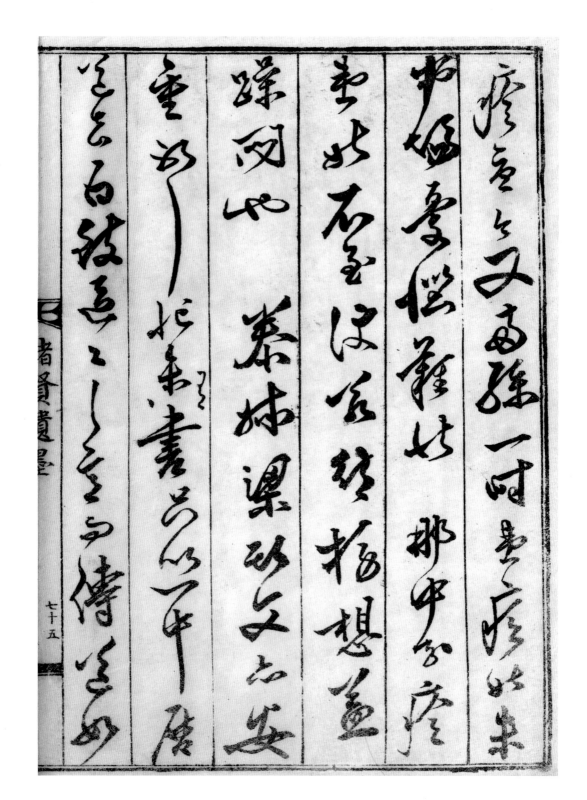

〈163〉 양씨세장첩 상(梁氏世藏帖 上)

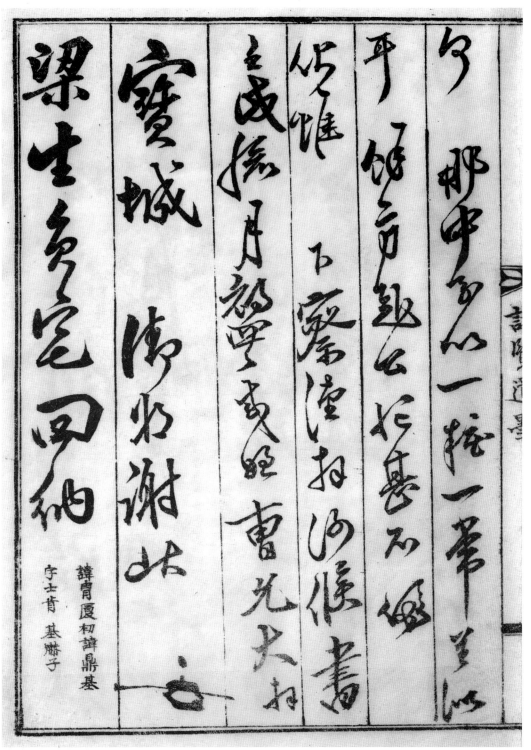

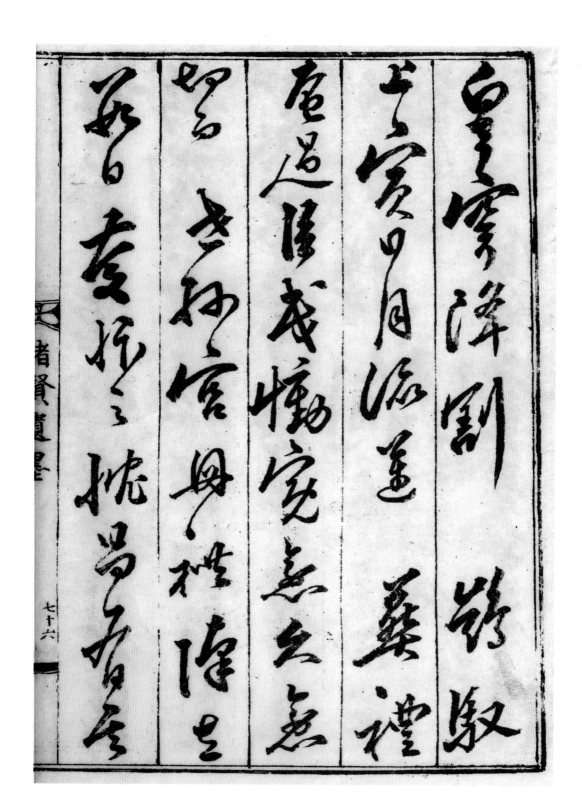

皇雲洋割 詩數

玉宇日月瀧运 藝禮

庵邀陽戔愴寬恵也恵

留先神官毋恍椎俗足

弄吾挑る恍罪罪奇尽

者賢遺墨

七十六

〈165〉 양씨세장첩 상(梁氏世藏帖 上)

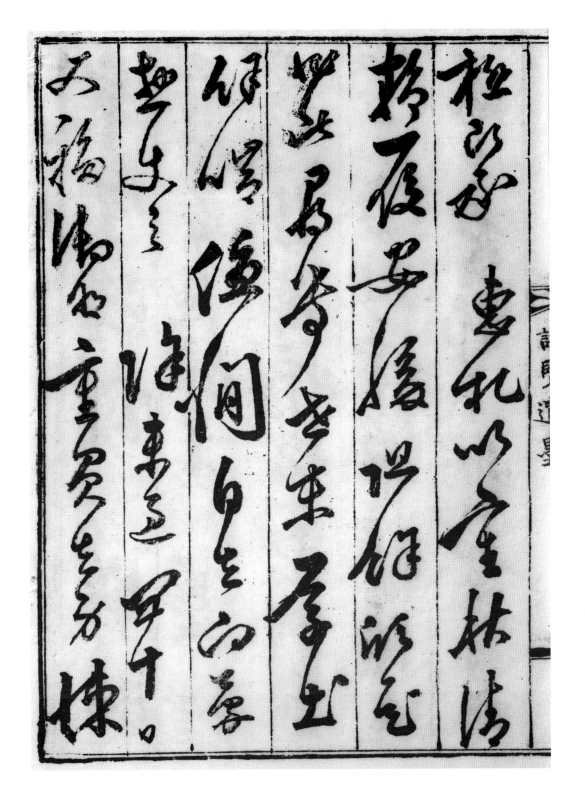

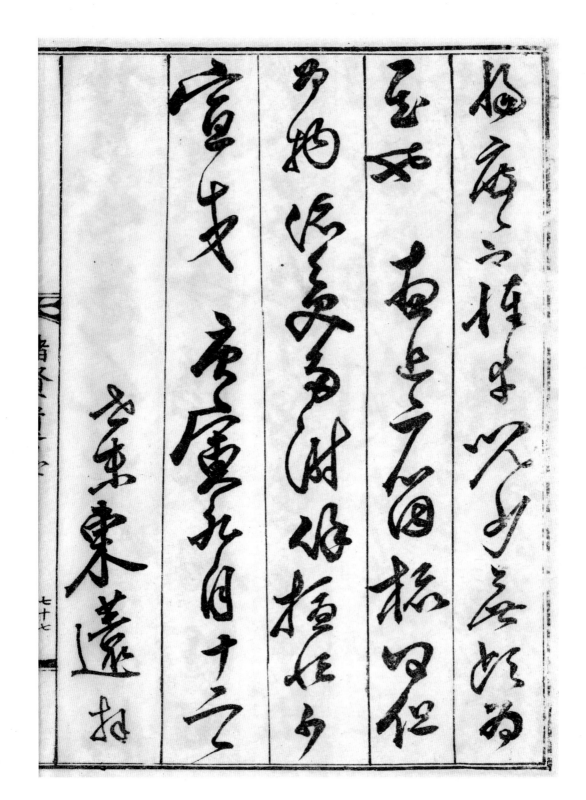

〈167〉　양씨세장첩 상(梁氏世藏帖 上)

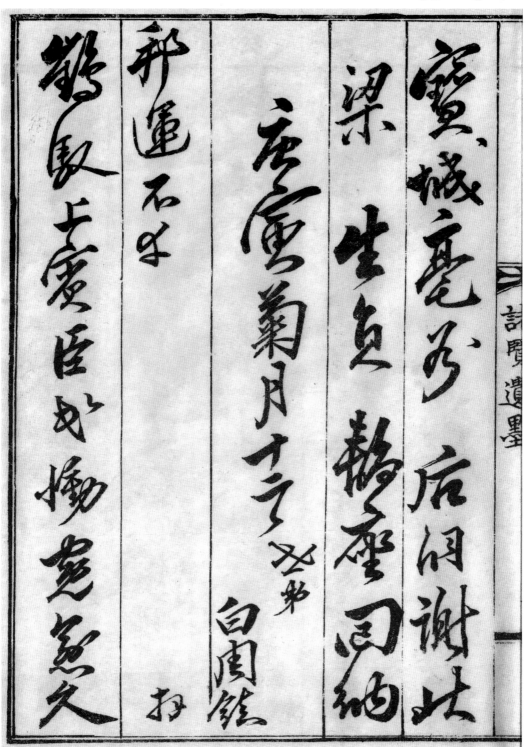

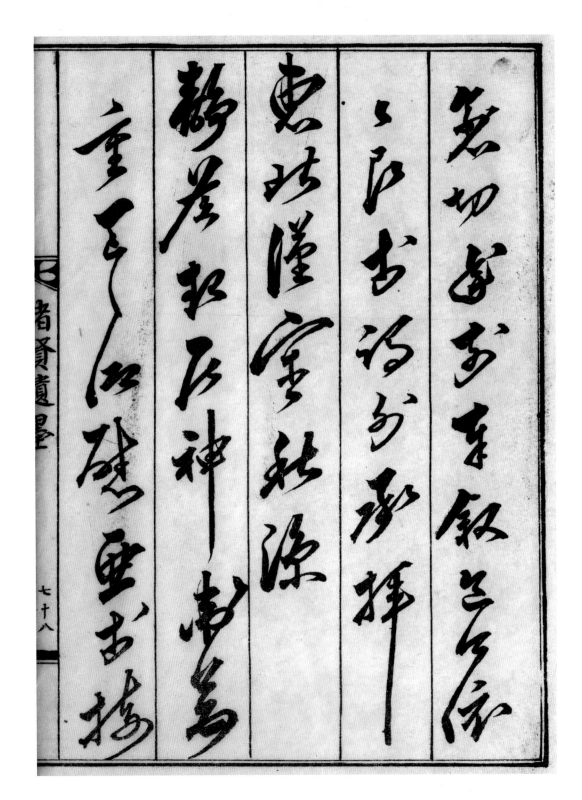

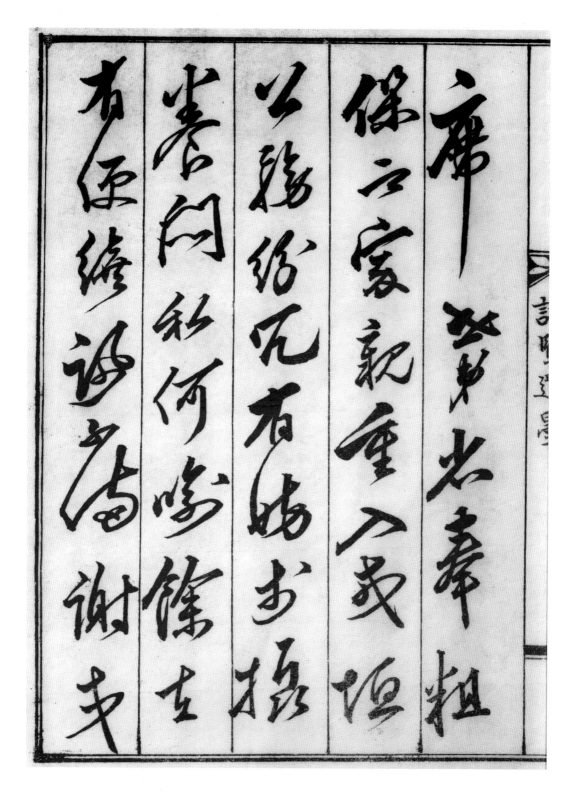

席　　□□老奉粗

保之家親重入我垣

公路紛沉有姊書掃

崇問私何嗳儉去

方原絡謝少為謝束

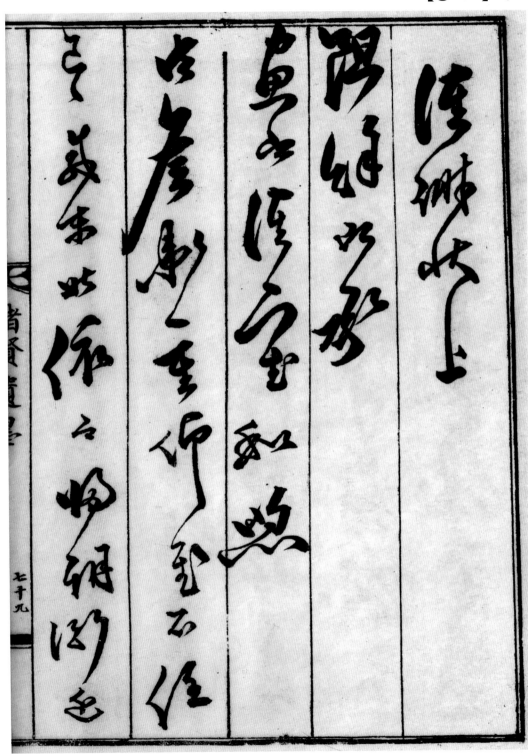

〈171〉 양씨세장첩 상(梁氏世藏帖 上)

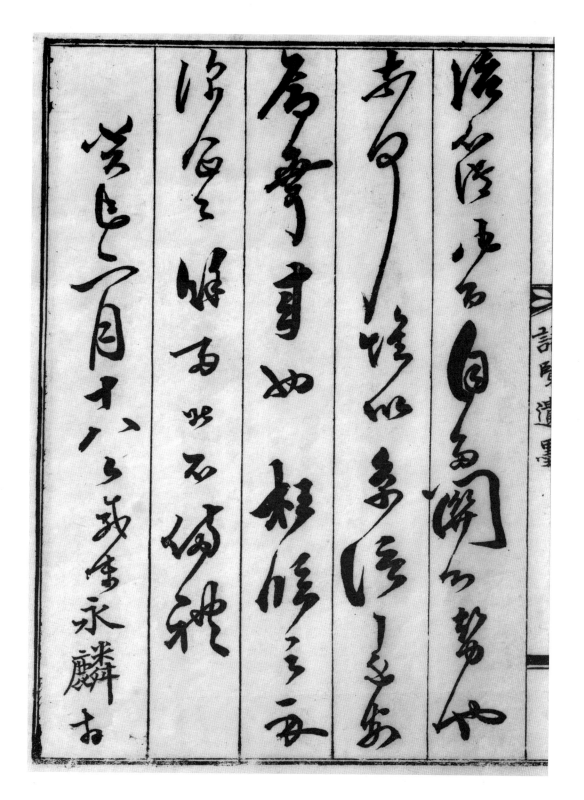

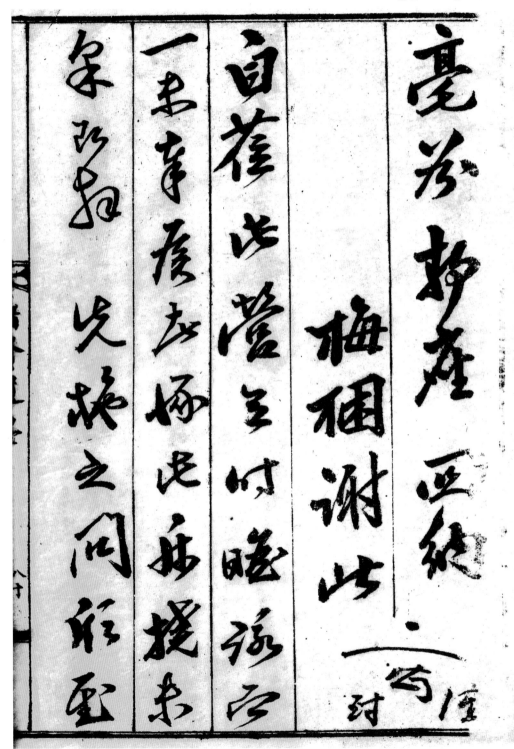

朱政相 先祖之同於聖

一王事魔主保近岳援束

白崔此營主付暁孫方

毫芳郡庠正統

梅個謝此 向座 对

〈173〉 양씨세장첩 상(梁氏世藏帖 上)

傳說登但起信萬樣

尤何扶至盤築裹且亦

芳甲又經慶辰汚白恂少

當整綝名多雲陌云以乎

辰路世不愛亭陽弟修修

如人至之歡二株之再室

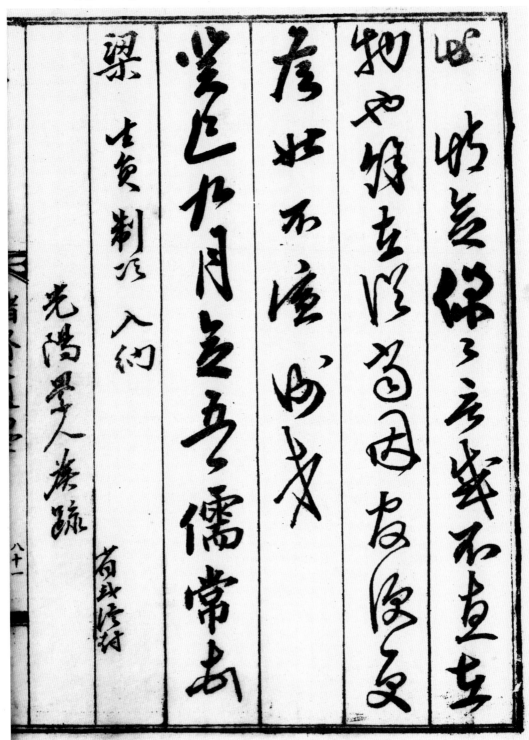

〈175〉 양씨세장첩 상(梁氏世藏帖 上)

省礼云

先夫人襄事孝思切何之盡然練

祥已過而制所辟砂雖

壽君慕随愛司極欽而事戲

言来沙年為興自諟弘為所陳東

鄉雖相愛純情志未嘗不派通也

弘従時圍尋石至家雅大漢

斗寧衡海聲名事了覺夫傳今

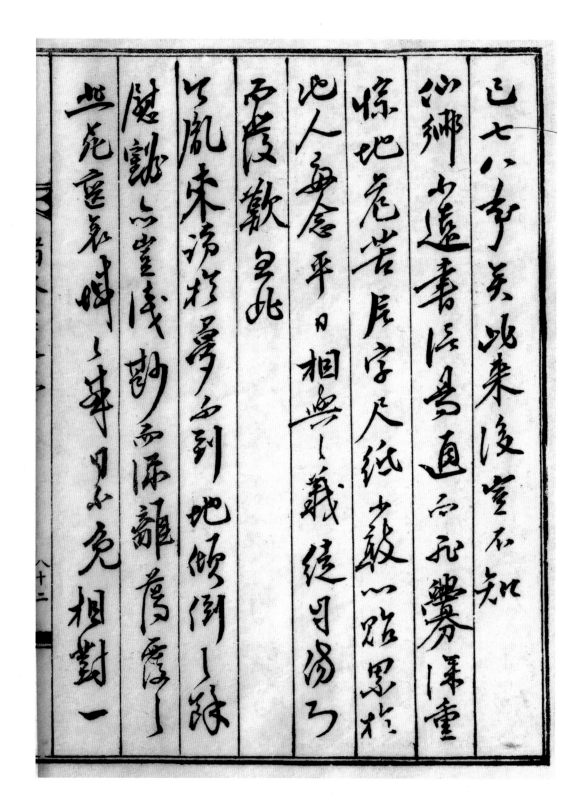

己七八年英此來後尚不知
仙鄉遠書涯爲道而元驀渾重
悵地庵若居字尺紙小毅一貼黑於
地人要念平日相與~義緩日湯弓
巖淺歡早北
巧亂來於夢而到地傾倒~餘
鬱懃而室淺勤而深離鳶震海
此尢寡哀暗~年日永免相對一

〈177〉　양씨세장첩 상(梁氏世藏帖 上)

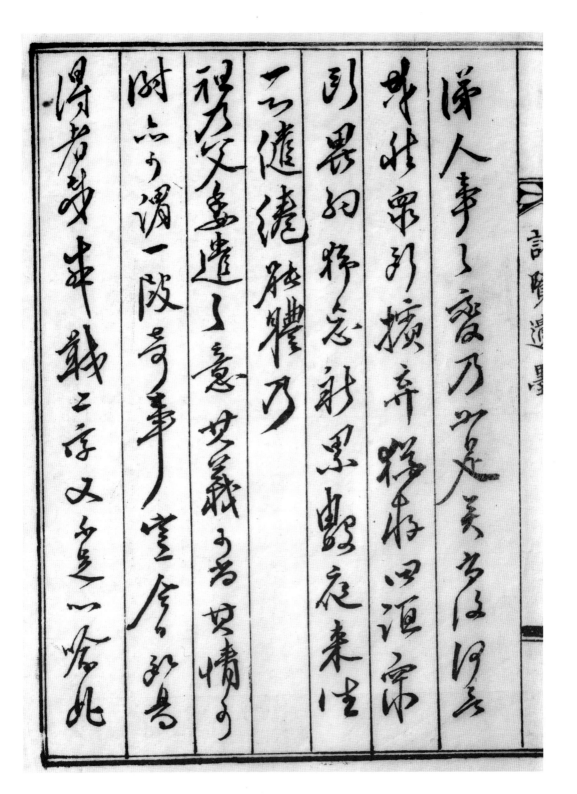

洋人事之弊乃如是美岁洋云
我此衆引撥弃釋假以復宗
引畏約將念新墨野麃来性
二二隨港躰體乃
程交务遣之意共義之者其情之
附六之謂一叚奇事宣今如者
得者多申載二字又之之一修此

毫谷 眼座而 寫細 本伴謄書

癸卯三月十吉 呼兒 慌云君扳

懷也灣塵之辦 不辦其書儀塵之 數字道此無之向 脚間起塵之向 北年安君之之都付其曰寧之而一顆 之也陳多一堆寅莘氣愴度少備涼弥上

古永涼村

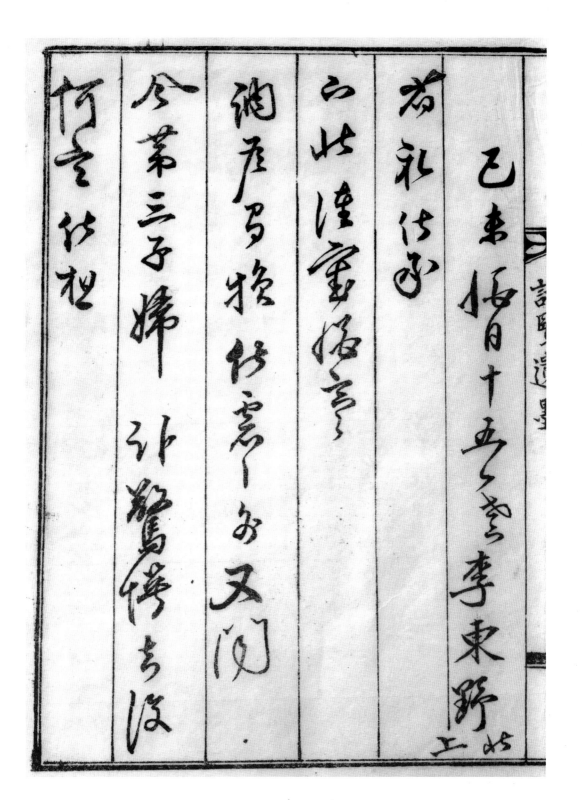

己亥僧十五人云李東野上处

若礼行少

六此渥蜜搭云

泗座弓将行云々又沉

今第三子婦外驚傳去没

阿宣祉祀

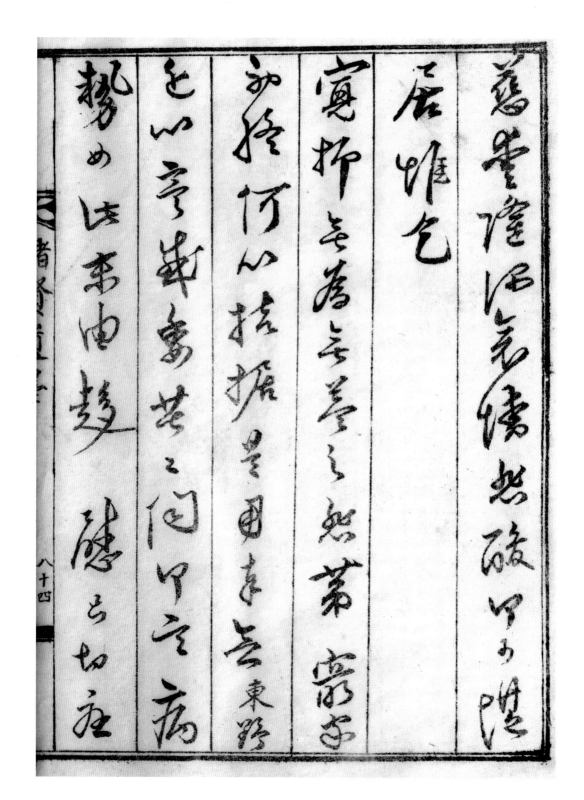

〈181〉 양씨세장첩 상(梁氏世藏帖 上)

想隨□博卿尼以後烟反三斗

米享室平□□□海帖上

竈谷　　□□行中海□

梁　　生□竈器

□□

□庵□□□□□手

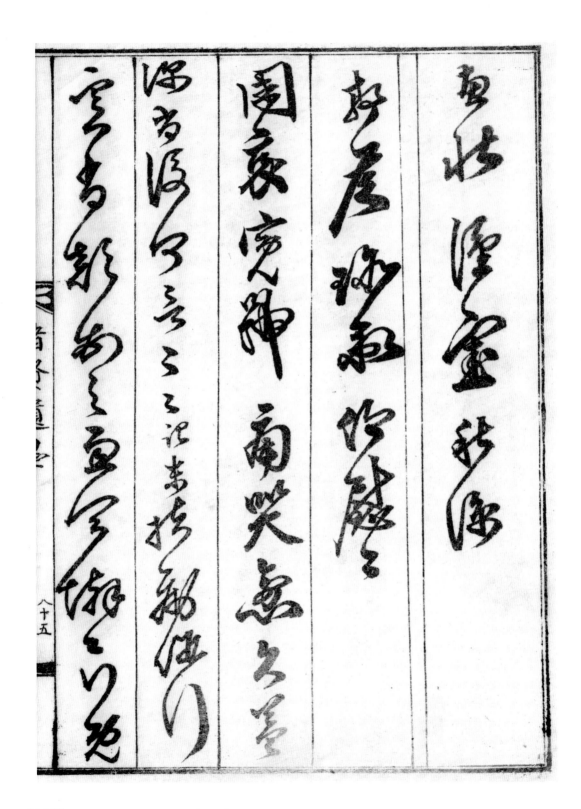

〈183〉　양씨세장첩 상(梁氏世藏帖 上)

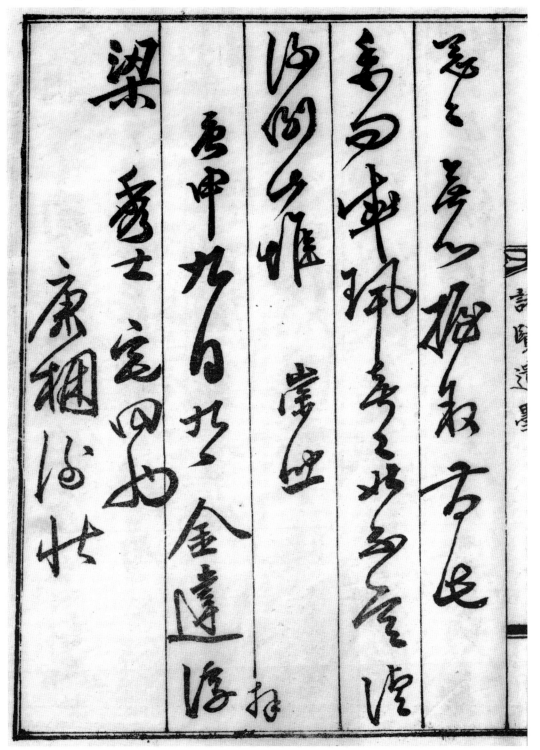

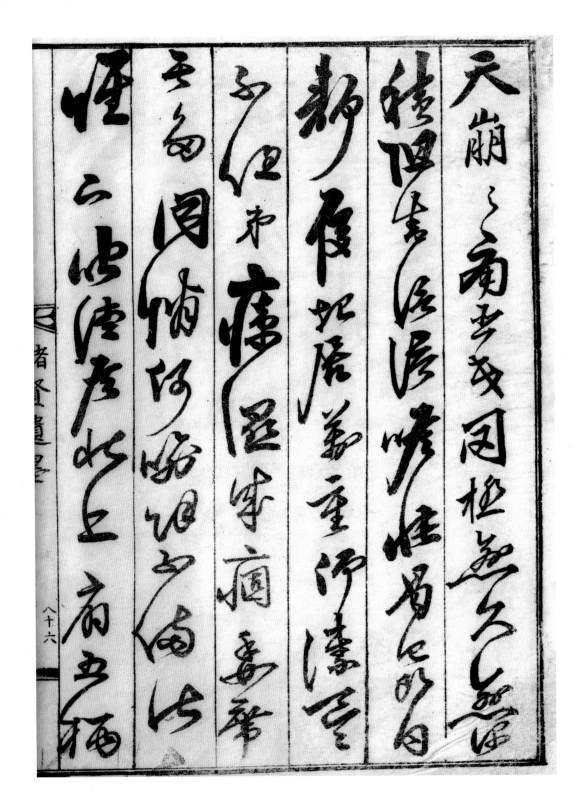

〈185〉 양씨세장첩 상(梁氏世藏帖 上)

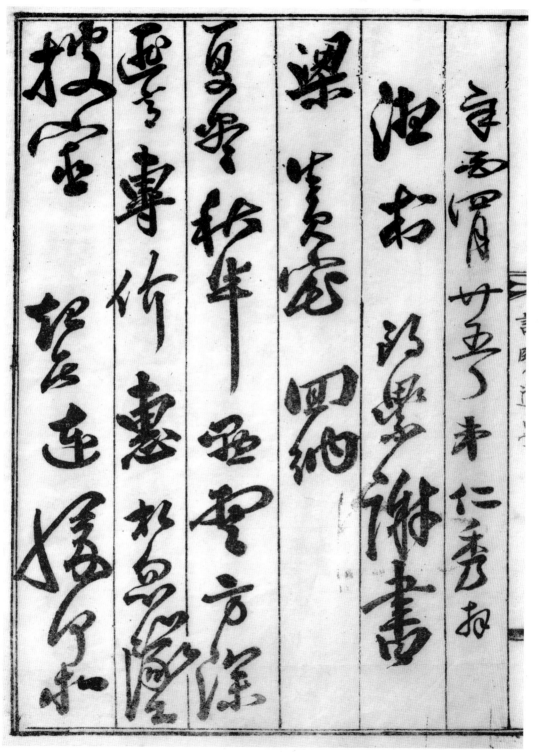

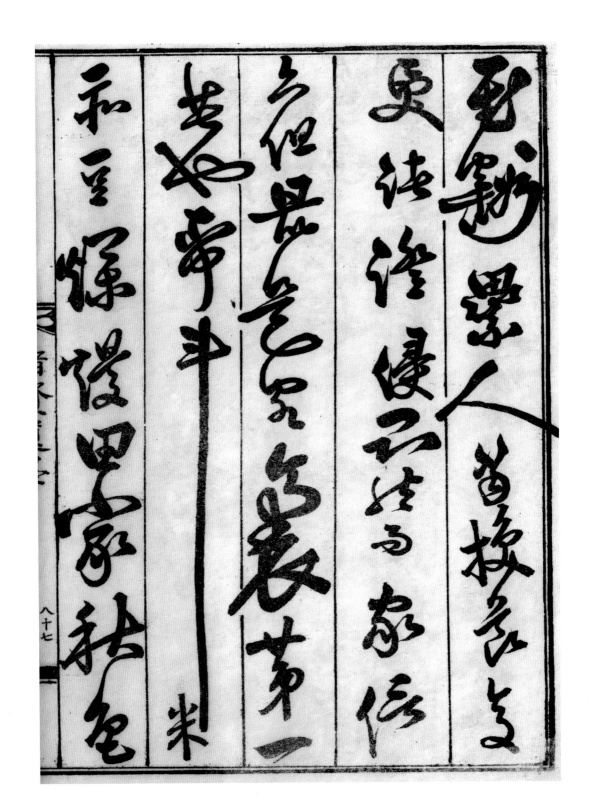

〈187〉　양씨세장첩 상(梁氏世藏帖 上)

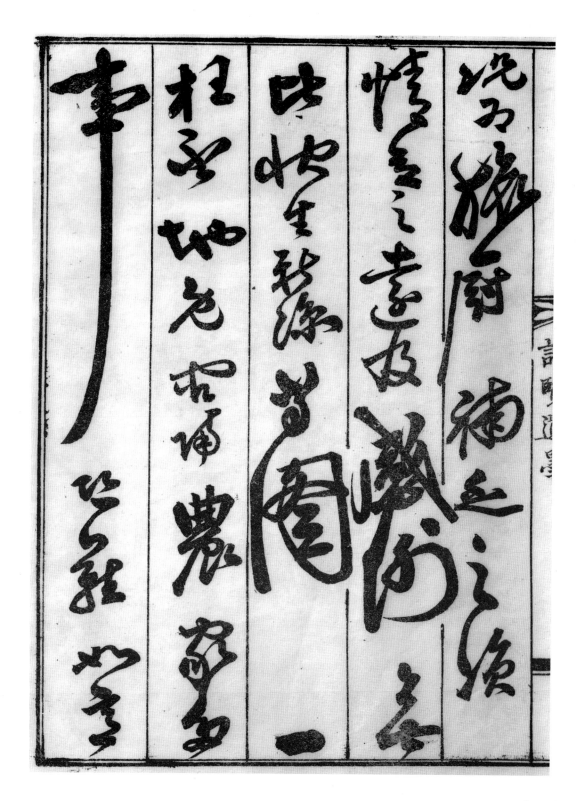

寶城亳谷　民洞申進士候書

梁　碩士　宅入納

謹封胄鉉字玉汝
基豐子

眷生金復度

吉俸赴任之行慎付一本以爲保存

八十八

〈189〉 양씨세장첩 상(梁氏世藏帖 上)

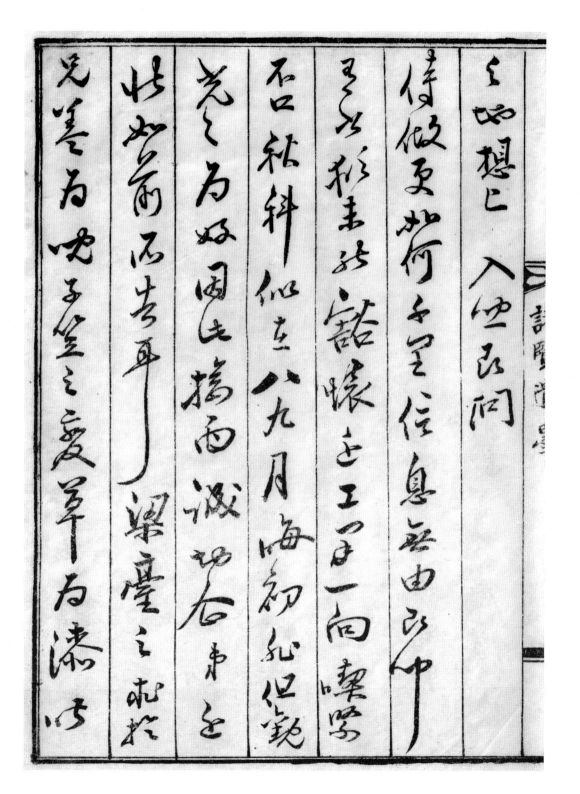

先達爲忧守室之愛罩爲漆情

特如帝而石吉耳梁臺之求於

光之爲好圖氏搞而誠如吾束之

石秘科他立八九月海初松但跪

是之形君於話懷之王子一向嘆哭

侍做更如荷手望侄息無由此仰

之仰想已 入他玉問

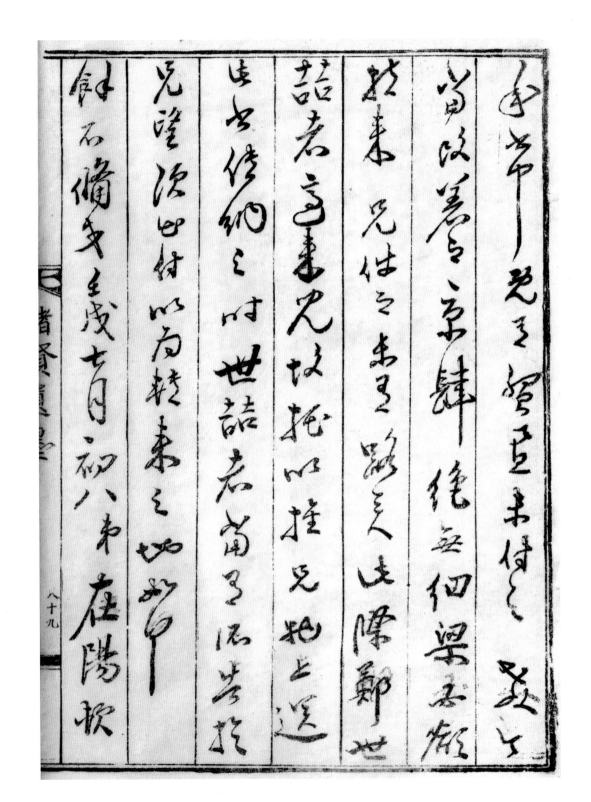

〈191〉 양씨세장첩 상(梁氏世藏帖 上)

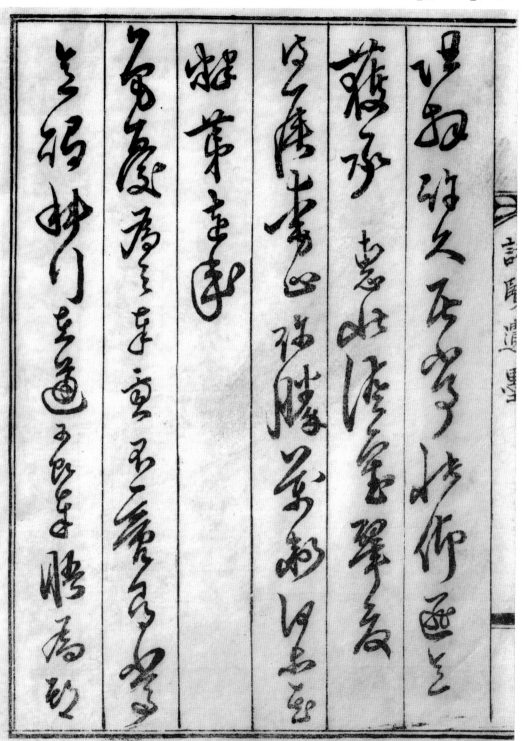

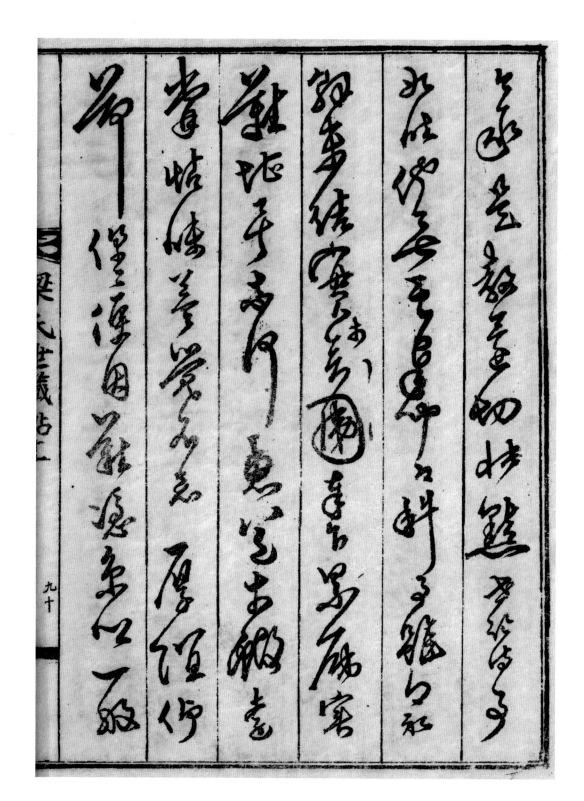

〈193〉 양씨세장첩 상(梁氏世藏帖 上)

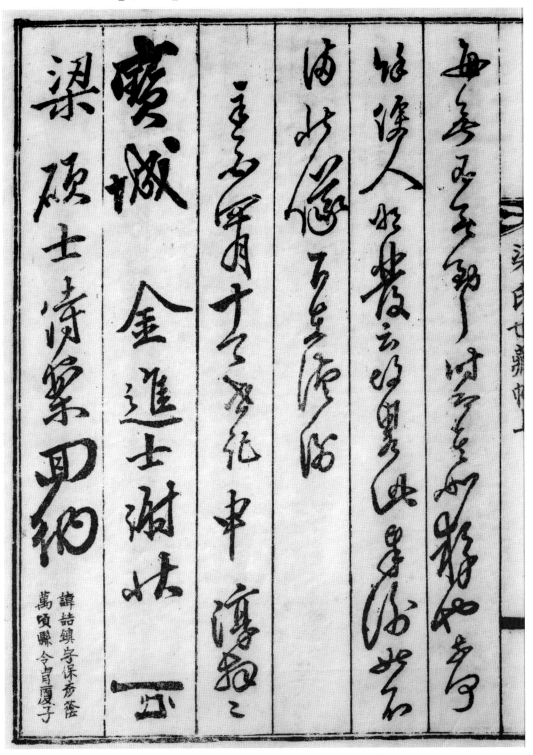

蘗城　金進士澍妹

梁碩士○○○納

諱喆鎭崇保參蓥
萬頃縣令胄廈子

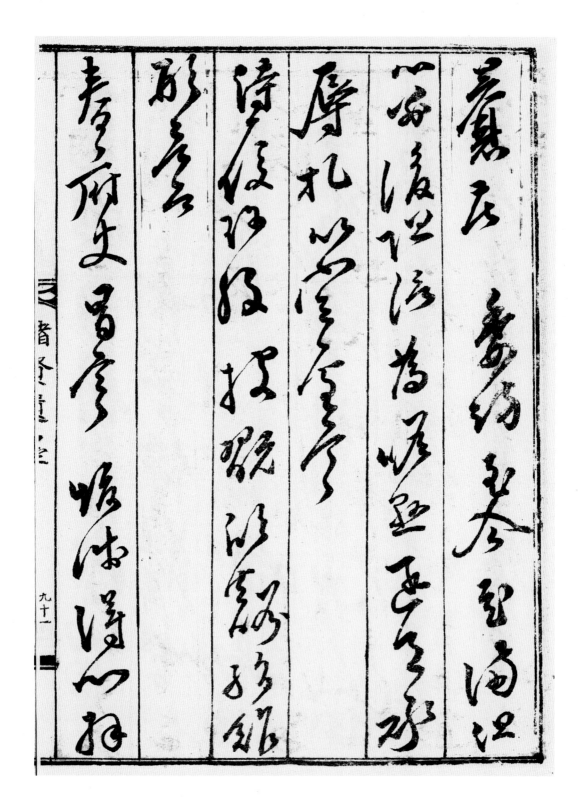

〈195〉 양씨세장첩 상(梁氏世藏帖 上)

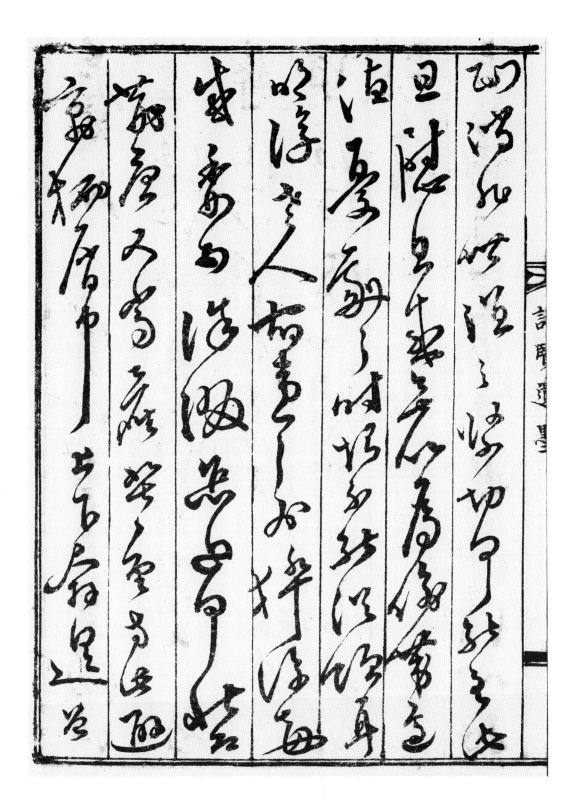

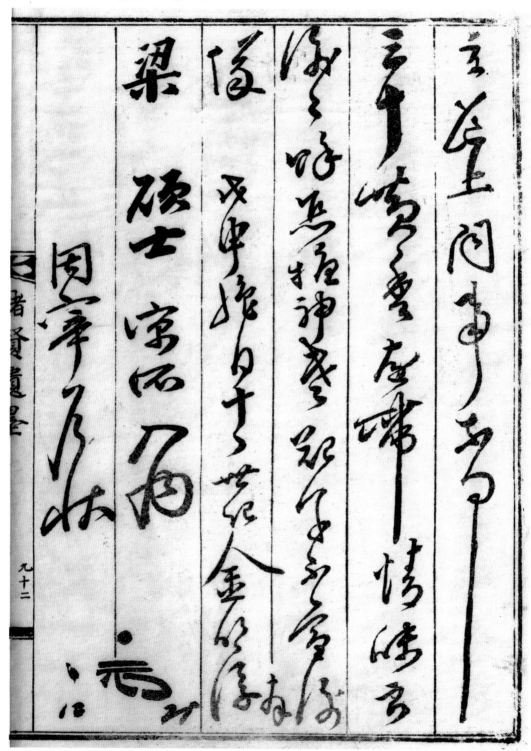

〈197〉 양씨세장첩 상(梁氏世藏帖 上)

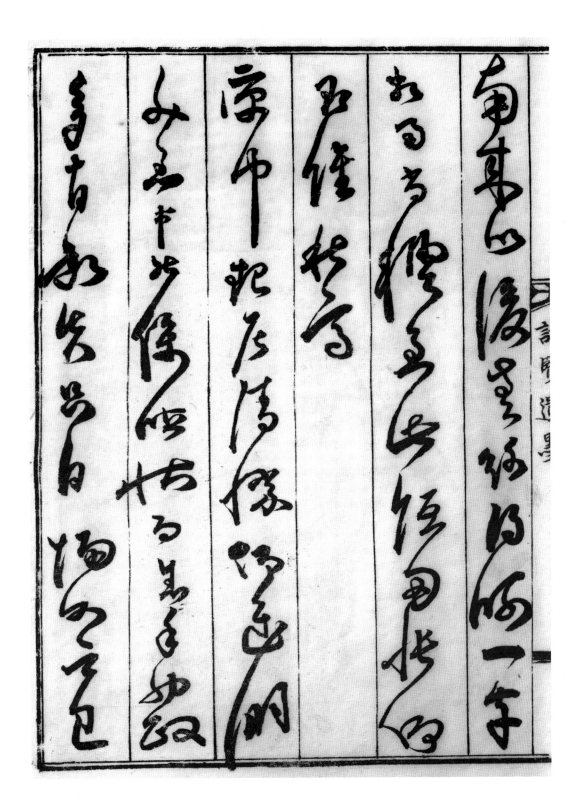

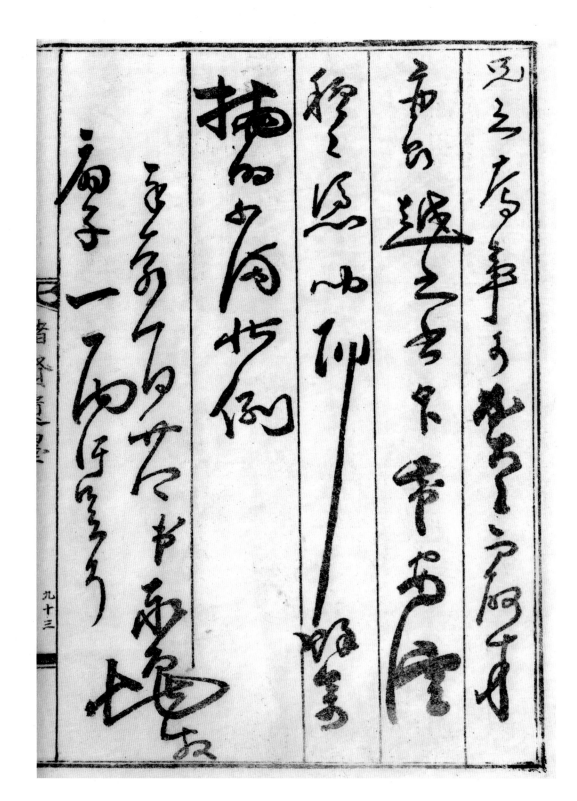

九十三

〈199〉　양씨세장첩 상(梁氏世藏帖 上)

言賢遺墨

梁

寶城亞老宮 參筆

梁 生員溪廉同閏

者賢遺墨

九十四

文淳 楷業

〈201〉　양씨세장첩 상(梁氏世藏帖 上)

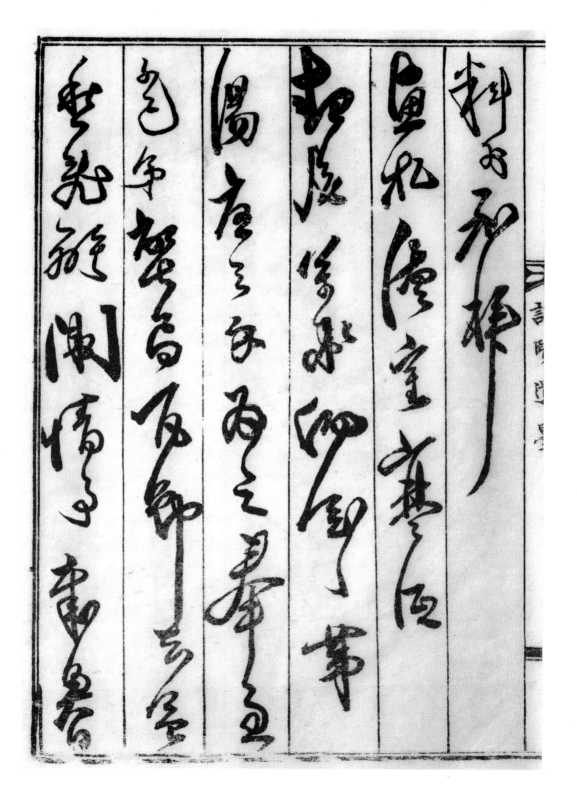

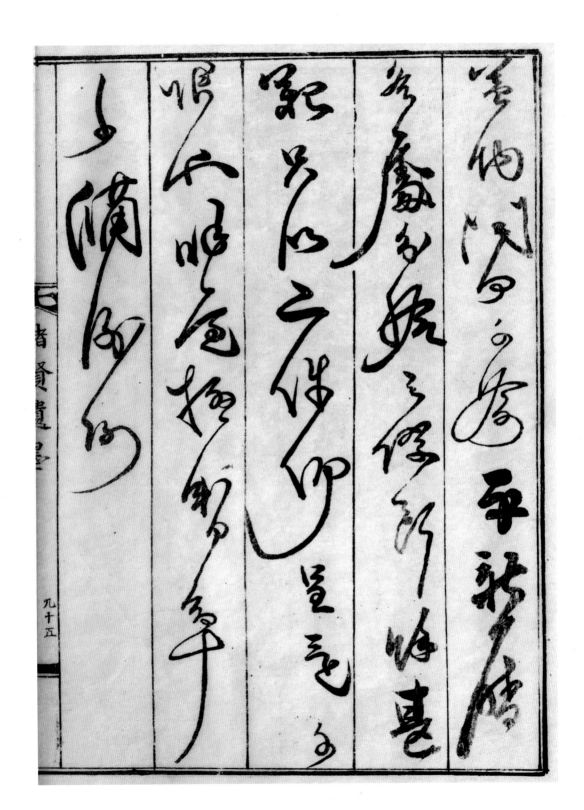

〈203〉 양씨세장첩 상(梁氏世藏帖 上)

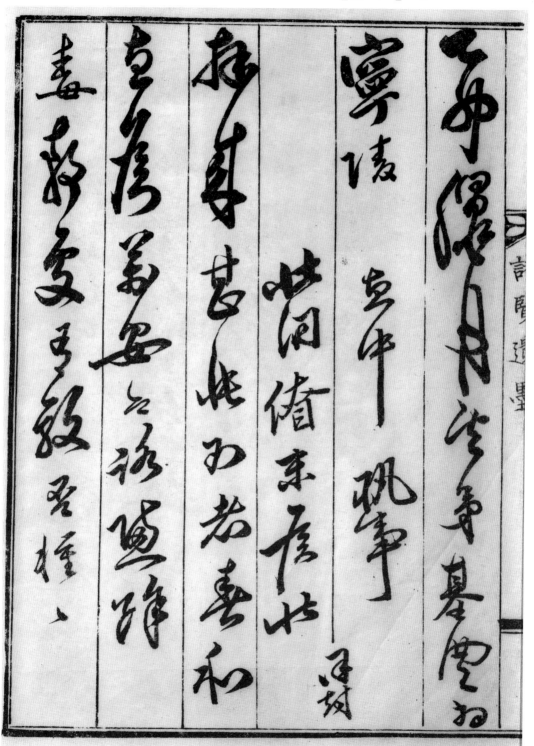

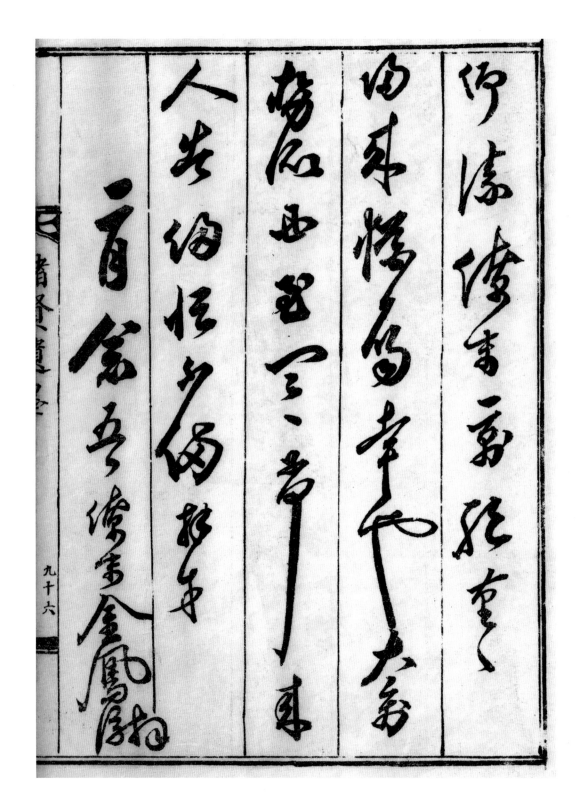

〈205〉　양씨세장첩 상(梁氏世藏帖 上)

梁 郡守 仕案 佾

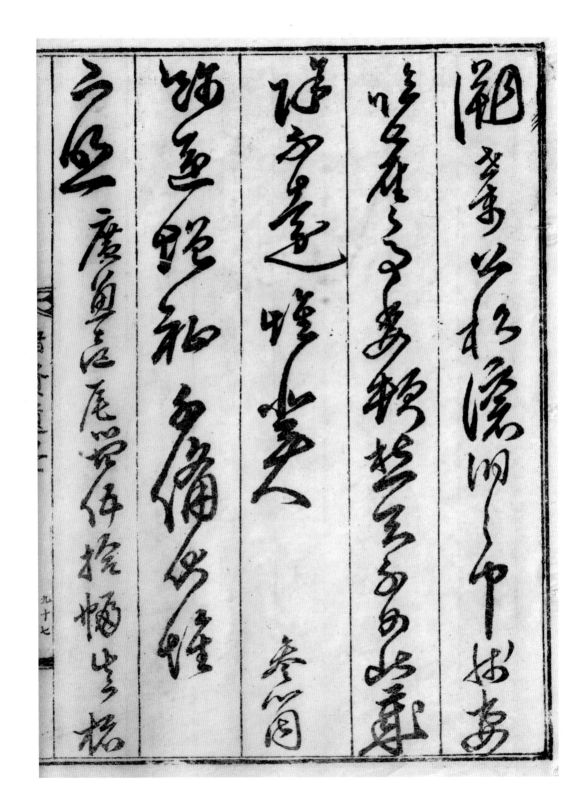

〈207〉 양씨세장첩 상(梁氏世藏帖 上)

己未七月十二日 ⋯⋯命諭海

寶博毫谷　無虞乃帖

梁　監察　宅入納

⋯⋯⋯⋯⋯⋯

付屋⋯⋯⋯⋯⋯⋯

⋯⋯主守⋯⋯⋯⋯事子⋯⋯

毫谷 內柔 机車

乙卄皇月

九十八

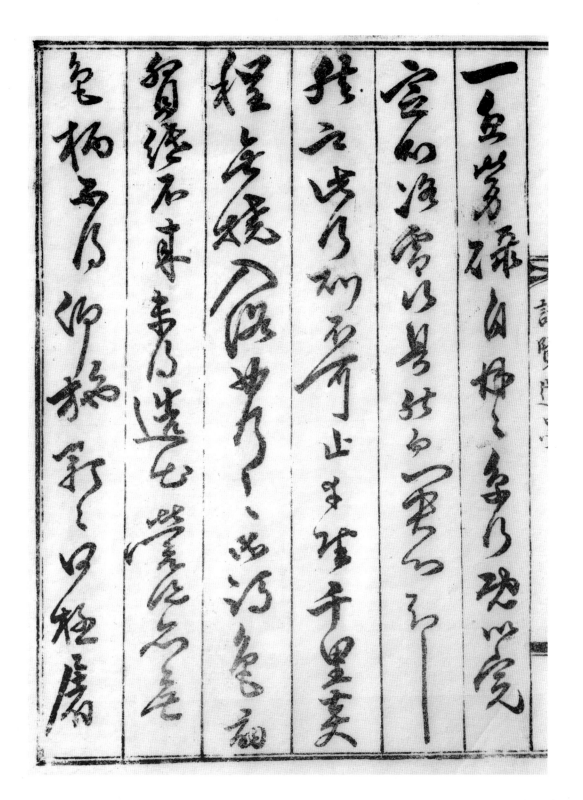

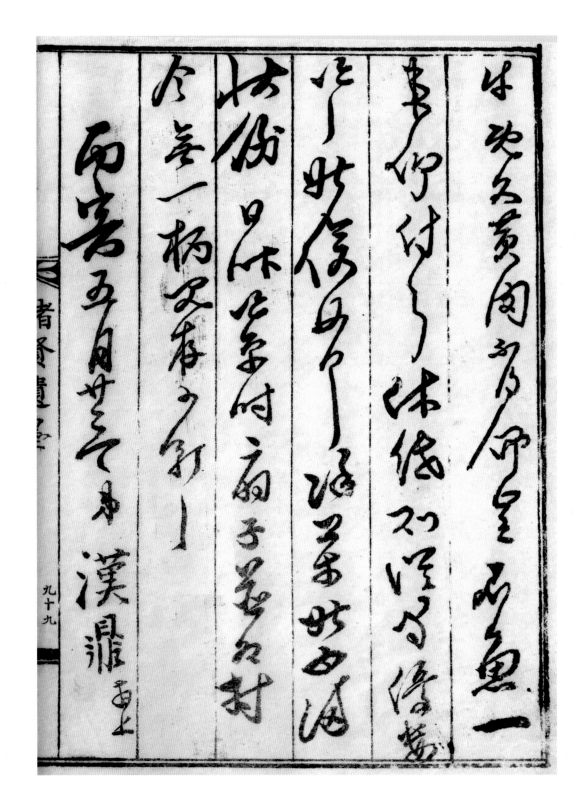

〈211〉 양씨세장첩 상(梁氏世藏帖 上)

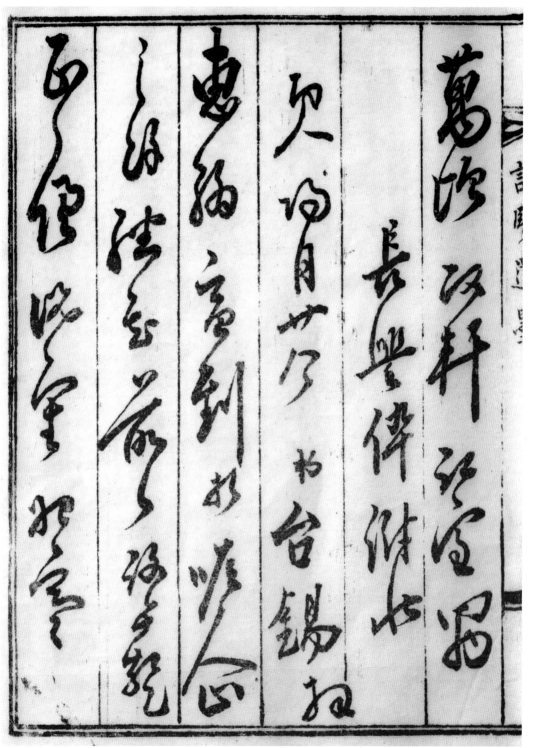

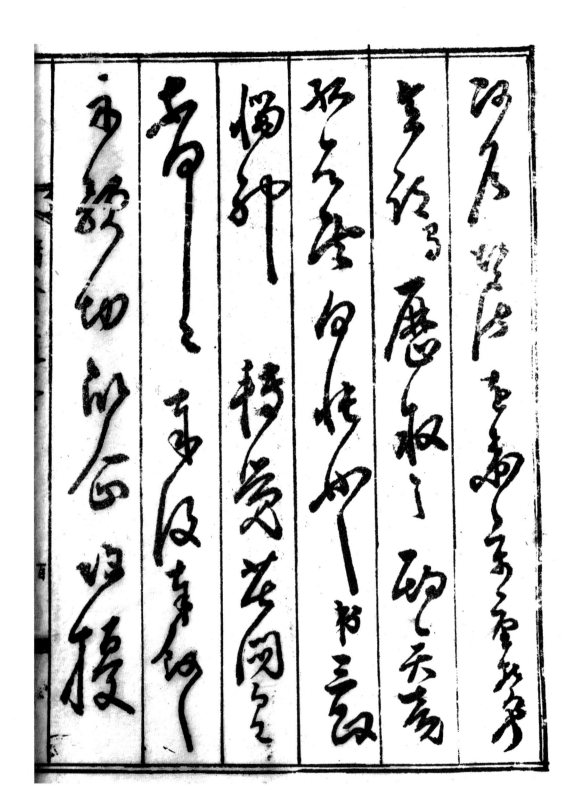

〈213〉 양씨세장첩 상(梁氏世藏帖 上)

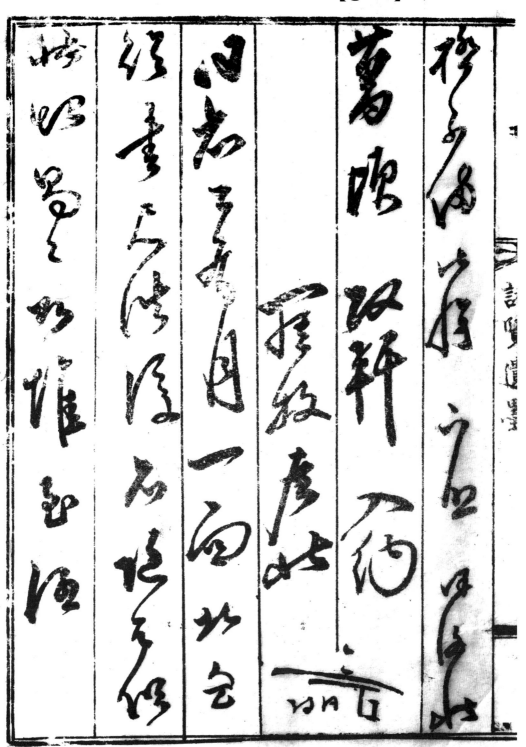

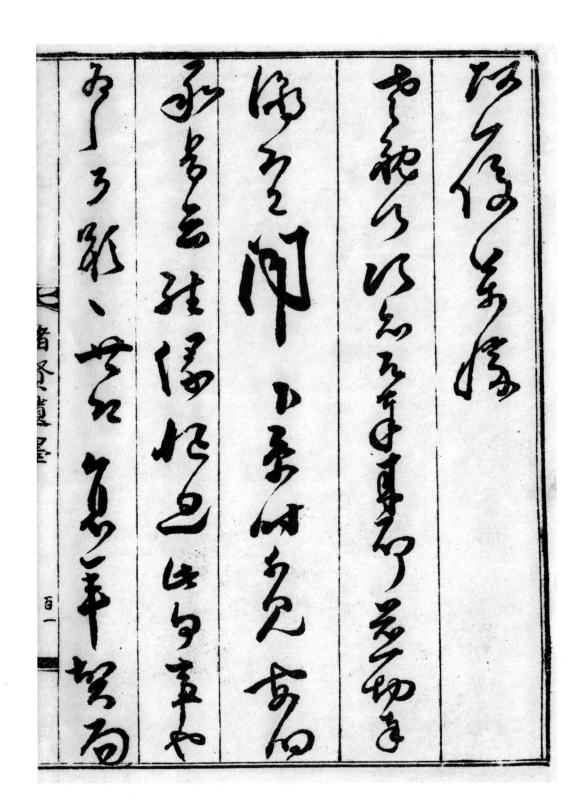

〈215〉 양씨세장첩 상(梁氏世藏帖 上)

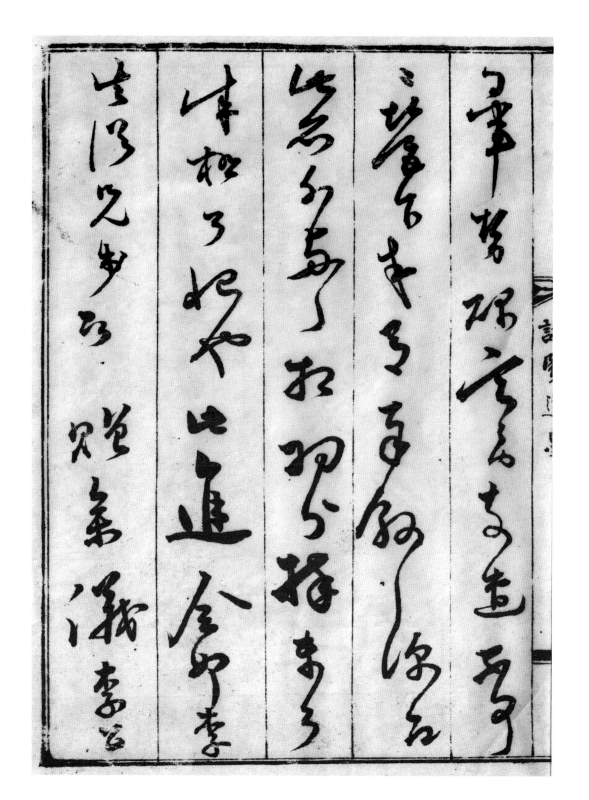

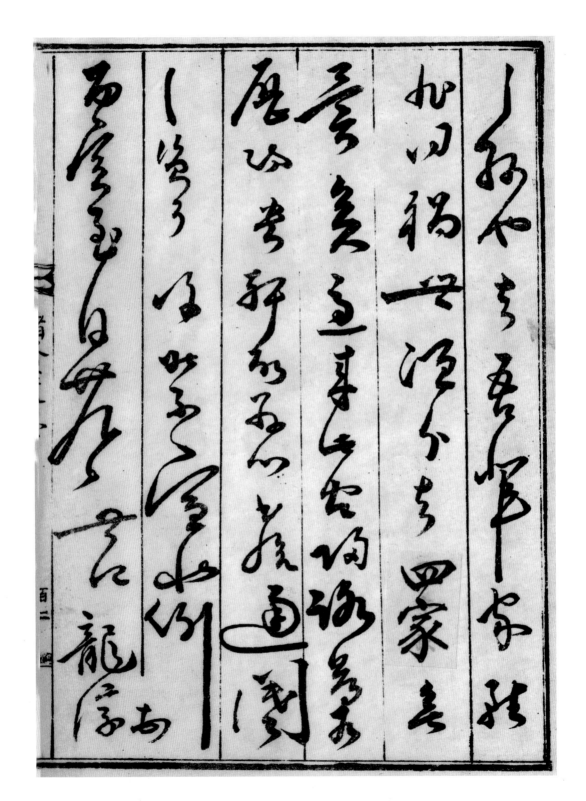

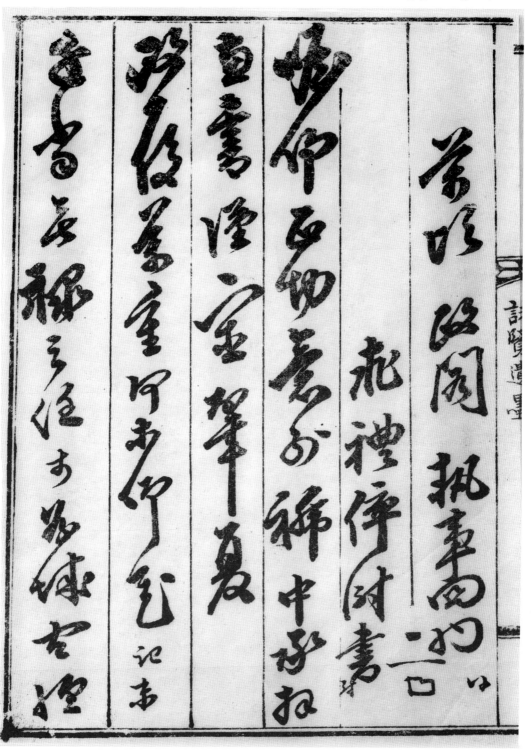

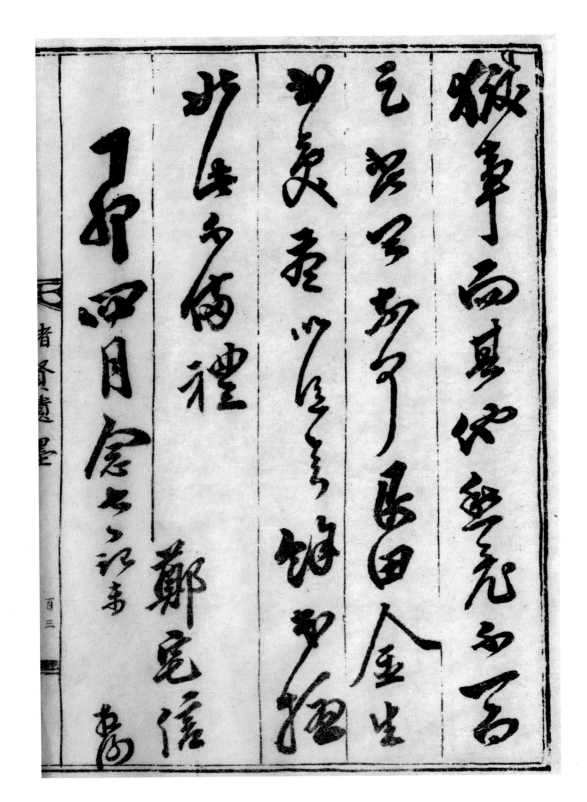

〈219〉　양씨세장첩 상(梁氏世藏帖 上)

寶城

梁萬頃　校洞　答狀上

省禮謹對

梁萬頃　孝廬　回納

省禮礼書之外夫復何喩年岭雖高曾聞

筋力鹿旺且以　哀誠孝意謂益享天年

宣料今者遽承凶音耶表礼凡百能無

憾而 攀擗之餘 衰氣力何似 心制人罷

逘深重禍延先妣攀呼哭擗五內分崩

而頑命尚未滅絕奄過祥禫痛寃益復

如新 惠送賻儀紙燭衰感萬々餘

呉薫 鄭衰自保毋至以孝傷孝之地

千萬々不備謹狀上

巳巳七月初七日 心制人金鼎根狀上

寶城 毫雲 貞岩 謝筵

梁碩士 昭案 回納

程筮如把 經年心焉 正五年을忘 又復

子手皖備 審審來

尊復萬擾 言隨口事

不宣表事 出於千萬悰想之餘

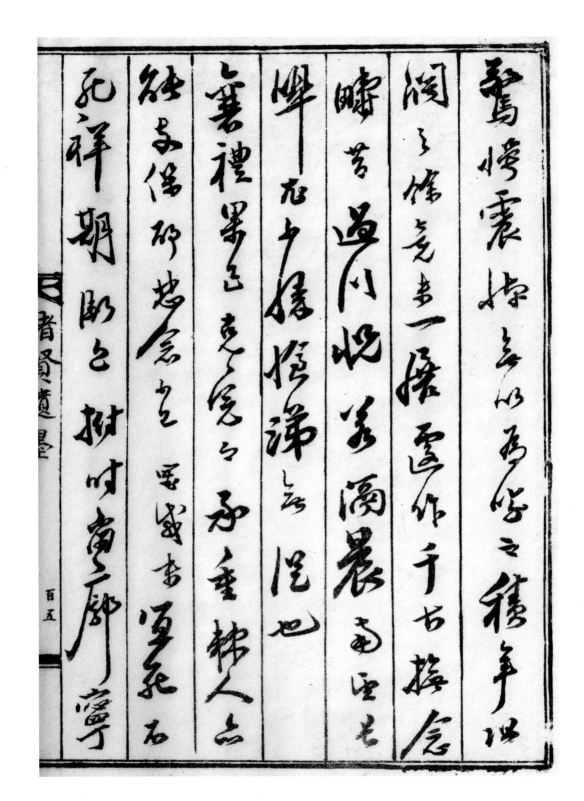

〈223〉 양씨세장첩 상(梁氏世藏帖 上)

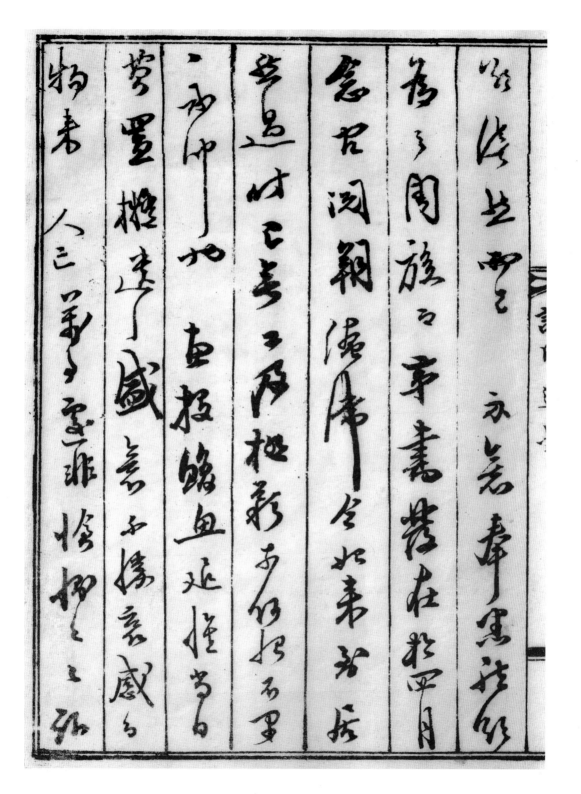

書三≡好姓書居任○知名字孳○

李傳寺名体侯信恳畫少兄海路

上亥六月五丁君戚事鳳振裖氕

宝城毫羕冠山伴許書靈紊
書迮

梁萬頃宅回納

○美歷坊人当5軍衲

百
六

者賢賷星

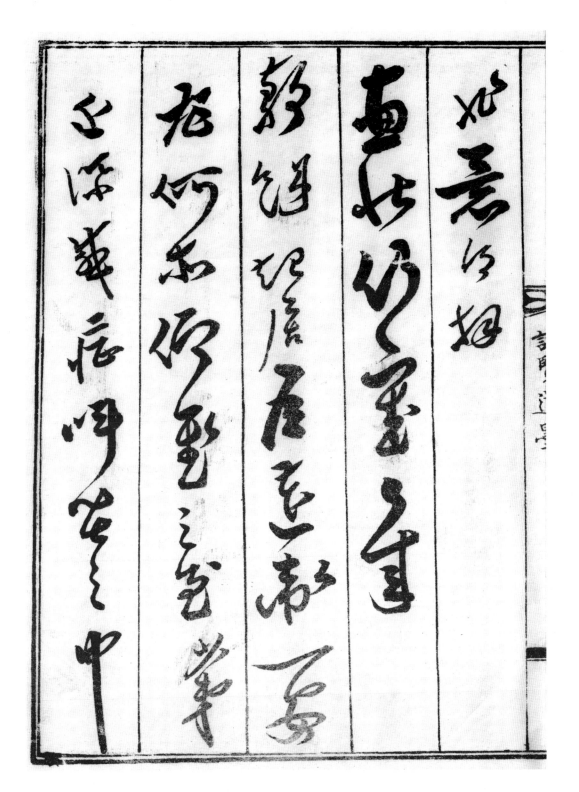

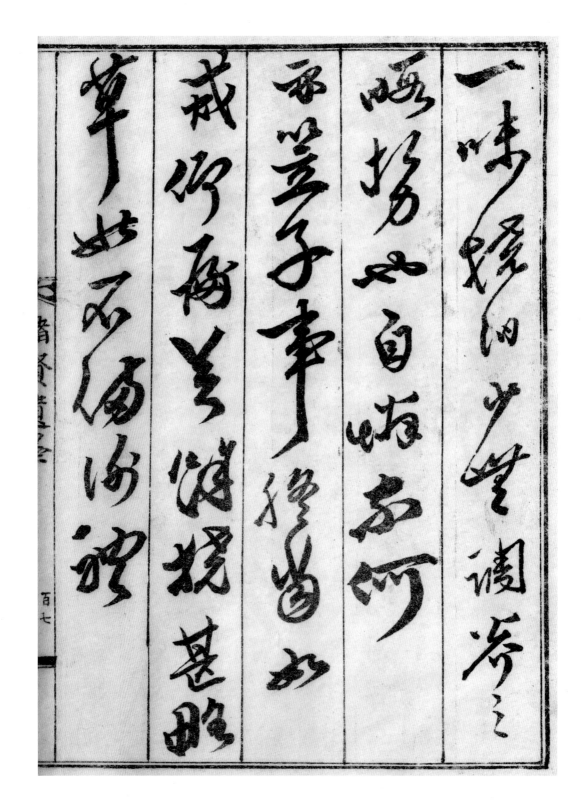

〈227〉　양씨세장첩 상(梁氏世藏帖 上)

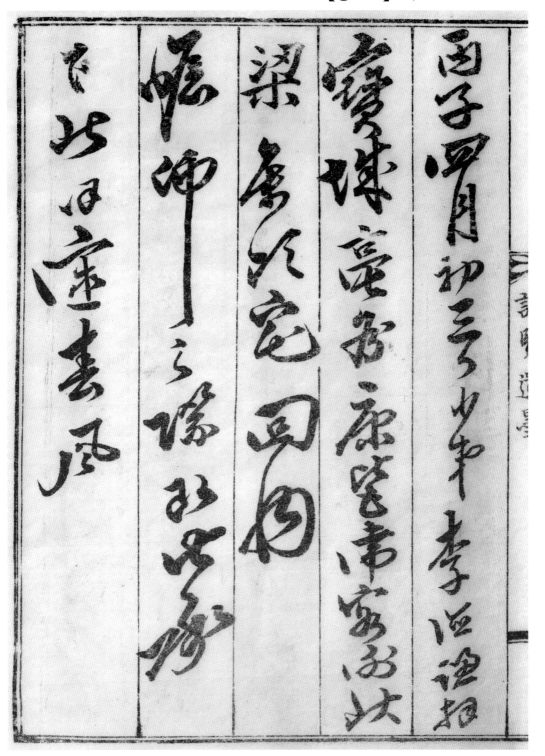

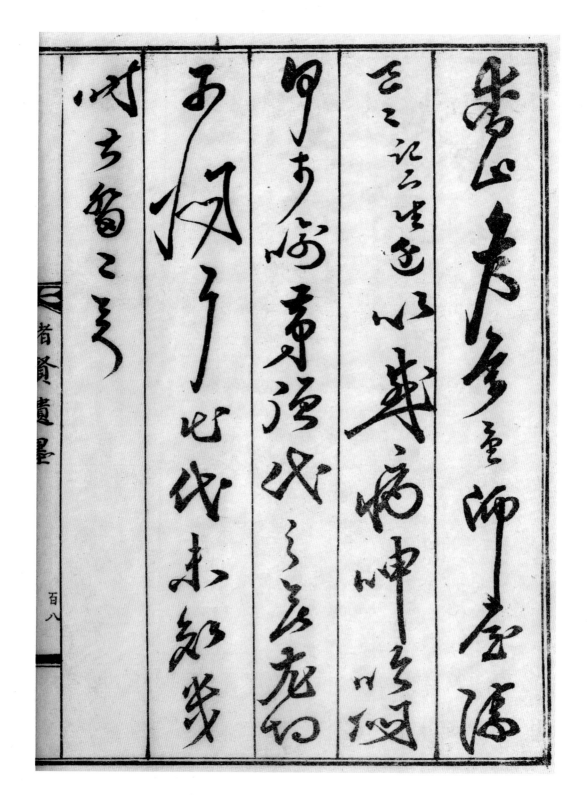

〈229〉 양씨세장첩 상(梁氏世藏帖 上)

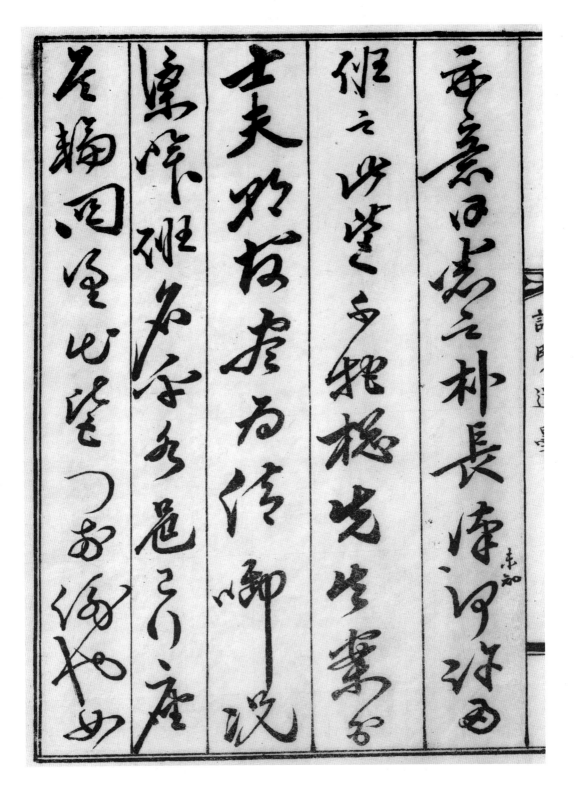

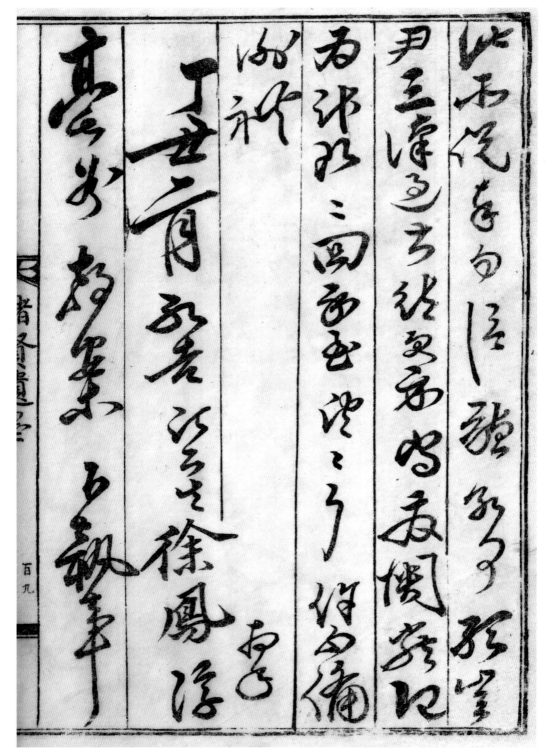

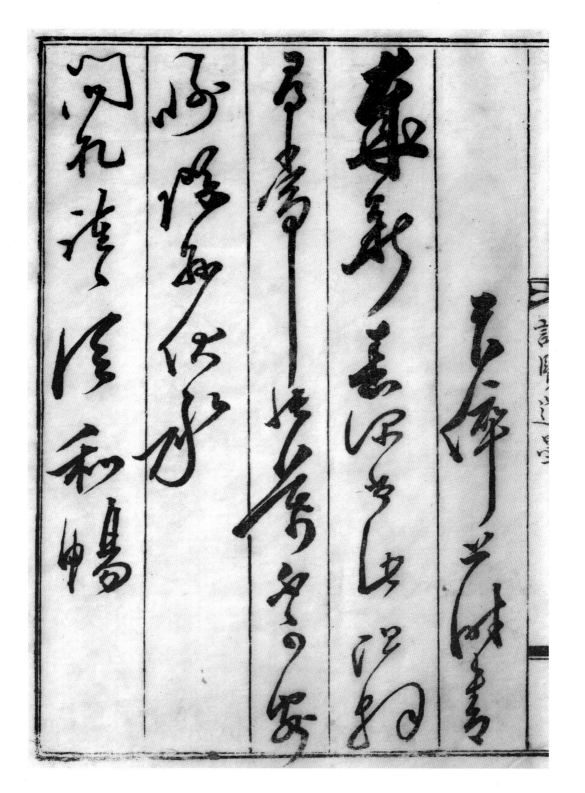

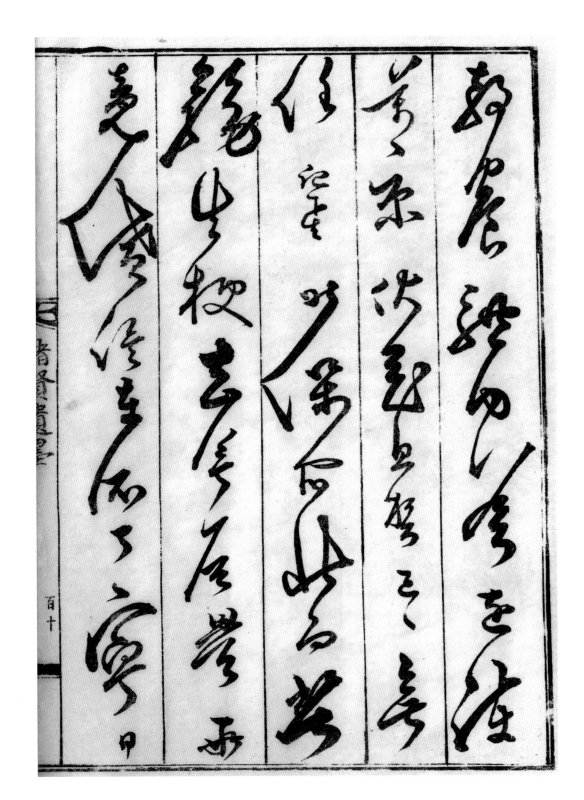

百十

〈233〉 양씨세장첩 상(梁氏世藏帖 上)

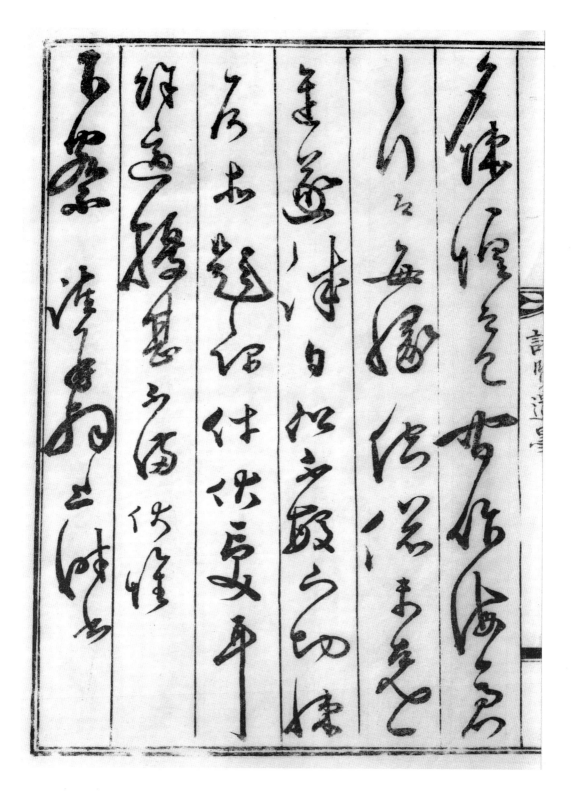

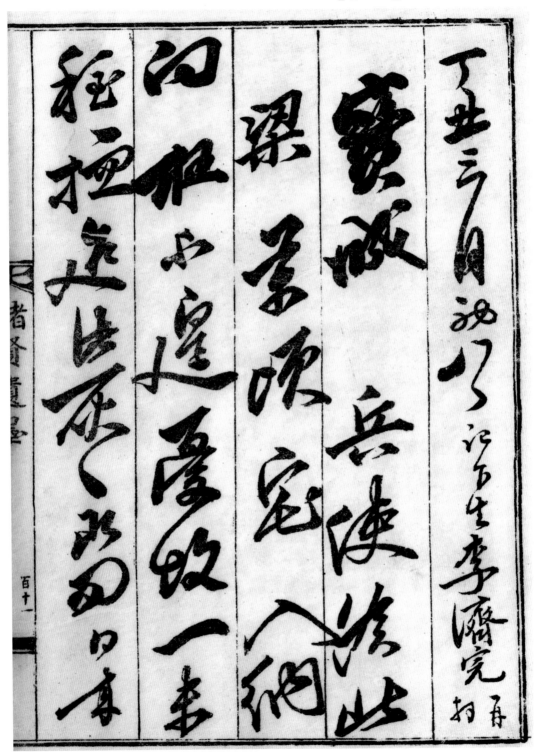

〈235〉 양씨세장첩 상(梁氏世藏帖 上)

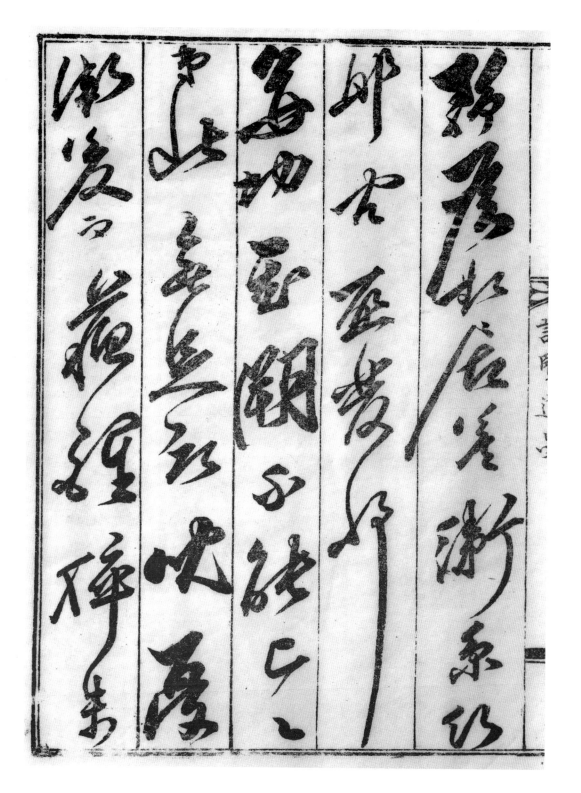

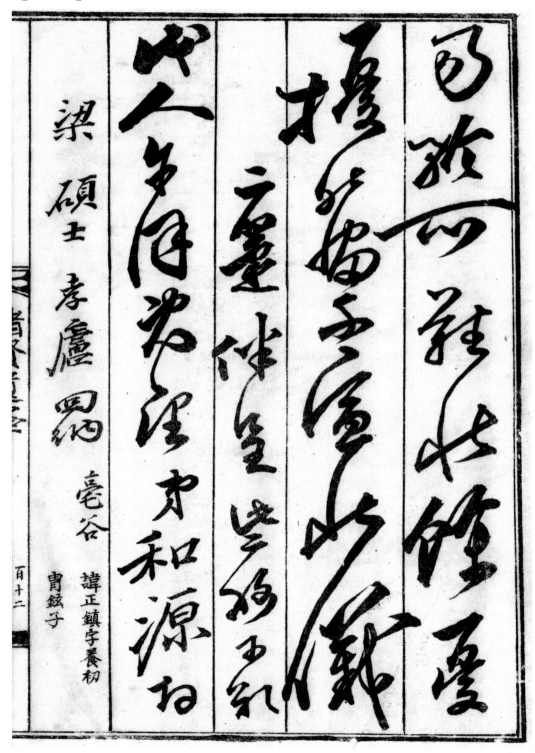

〈237〉 양씨세장첩 상(梁氏世藏帖 上)

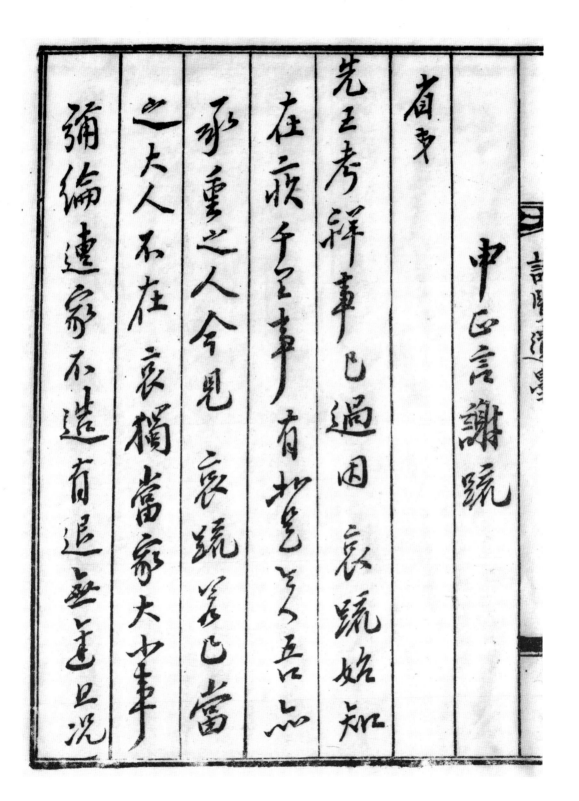

省事

申玉言謝疏

先王考祥事已過因哀疏始知

在疚手皇事有些子云云

承重之人今見哀疏當已當

之夫人不在哀獨當家大小事

彌編連家不造有退之無些且况

家垈而庄俊奴掄想盍為雖年
慮功之夢石竹勉卖　衰家卖
以文學紅誼持門雖百郅中
無幸放倒学之勉飭與無燈憲家
聲以副垈垣之期待也坮家
年泰裏白報甚晚皆亭不耐公
故幸如此主事乌喜府育辇

〈239〉　양씨세장첩 상(梁氏世藏帖 上)

梁氏七號帖

相念又不歇後話多時已有□刪

生□有□居事□事擾告

不石□□□□接石二□疏例

丙子七月廿六　在陽□上

竟為　昇平□□書

梁　碩士　宅入納

詳梱字子聾

可傳次雲孫

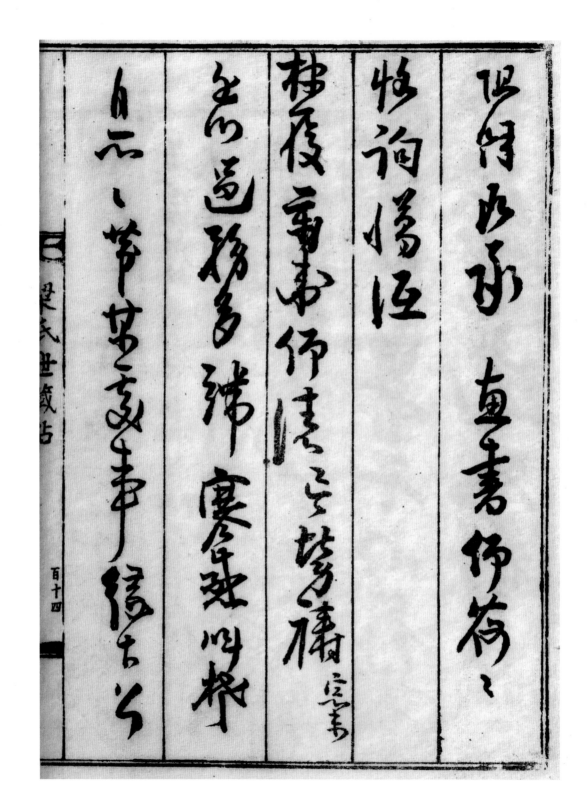

〈241〉 양씨세장첩 상(梁氏世藏帖 上)

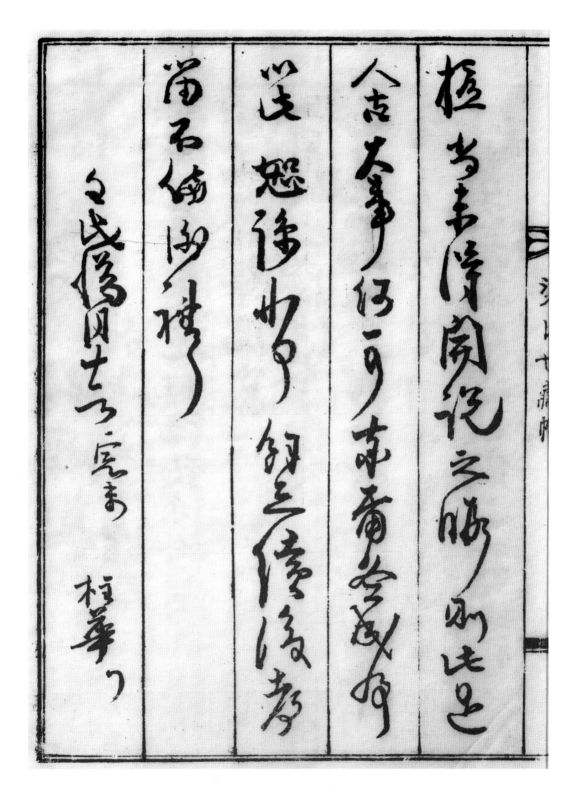

雙鳳 侍座 曰敬

永峽金生陸奉呵

讀在襄字汝正 奉事公十一世孫

匪意華宗遠枉袖致孫翰病枕伏讀

寄意隆摯徧心懡惶不知所以修對也

平默磈磊一腐儒本不足比數於士類間余

年將八十不出戶庭尋常人事七顛八倒

屋雷咋復朝夕間事冝乎萬事憁

付之先天久矣春秋綱常孔孟程朱何

梁氏世藏帖

百十五

〈243〉 양씨세장첩 상(梁氏世藏帖 上)

敢開口上下也惟天徑民衆与人同故承教

不覺惕然起感矣柳老子已矣惟冀晝

年富力强奮迅踢躍拔出於六合庭墊之

申使人理不至盡絶於殷師之舊邦千萬之

嘆辛卯七月朔朝金平黙再曰

雙峰　靜座　囬絢

三溪　謝快上

省玄屑來涸顔呰曰俱永谓於安雅

委訪謝謝好之世致崇椷書慰南多及惟

静彦善重萬處經俗群撫稱樓皇

種々瀉處甚々私家不幸吾君連家人

臨年去鄉日以先逝於道星多猩差弖

曲家逼署瀉龕叩悵僑寓當逑文書五三禍

已冒涉擇呈々片以を至々多佈去花集

渥領兩宇約以書海書溥源面筆々乔除

些少信々四子海去冊対勮（溪達致兼好禅

〈245〉 양씨세장첩 상(梁氏世藏帖 上)

雙冀靜産四納

三哥也人成大永沿坐

懽喜戰之丞謝快穆乙巳七月五日坐

不遲遲芳遠訪來幾又車

陳喜伊唐笑誠倚托考究

多字托名為榮怠僭謹攘

臺潭沿狀

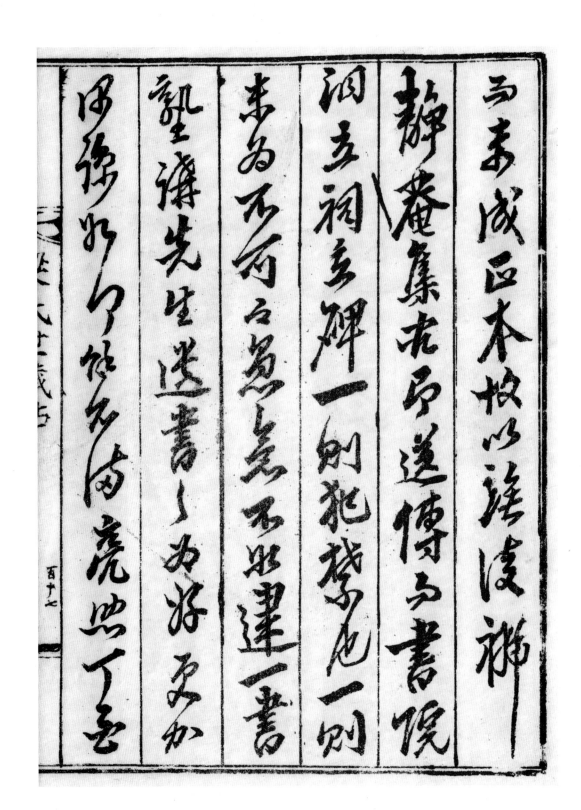

為壽成正本收以詩淩辭

靜菴集老兄所送傳与書院

洞立祠立碑一册批戡耄兒一册

来為不可云窩不似建一書

塾儔先生送書～為好更加

日諭如夕能如為虎呪丁云

百十七

〈247〉　양씨세장첩 상(梁氏世藏帖 上)

某月八服人秉璿 拜

梁碩士孝座回納 綾州 双峰

省禮光陰奔流練祀奄過竆惟孝子至

感時伤物尤當如何兹承昨年九月曁又至二月

兩度惠疏拜審向来孝體支福侍奠餘

暇講禮辨疑僉愈篤愈勤當此天地莫肅

倫綱頹毁之日臣以爲扶植名敎之一大根基
者尤不勝欽歎萬萬也俯敎兩世遺事走
避不得淹乙年副非敢以文字自居而必
其入用要以擇狂瞽之意切不可一向遁慢
也幸須到處刪潤務歸平正千萬萬 益風波
餘端近益殄頓蟄伏含愆厭負孔多誅
不知以何顏對人只恨一死之尚遲也餘祝
因序加護不備候狀 丙申六月四日

百十八

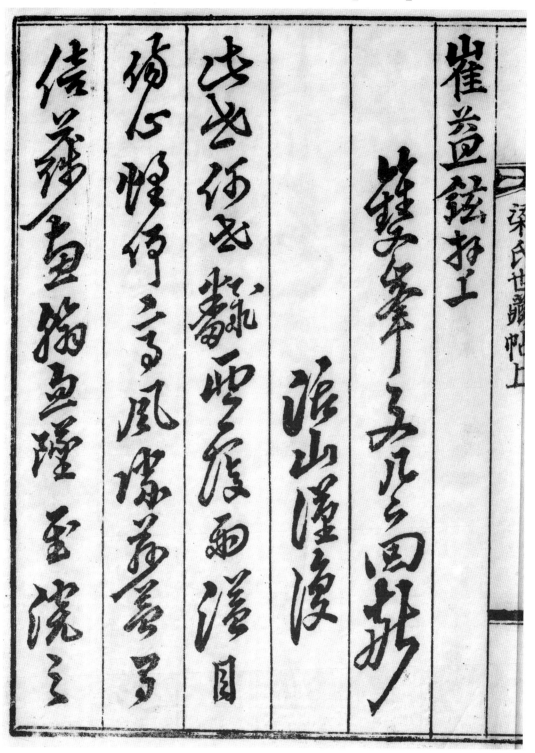

崔益鉉書上

梁氏世蹟帖上

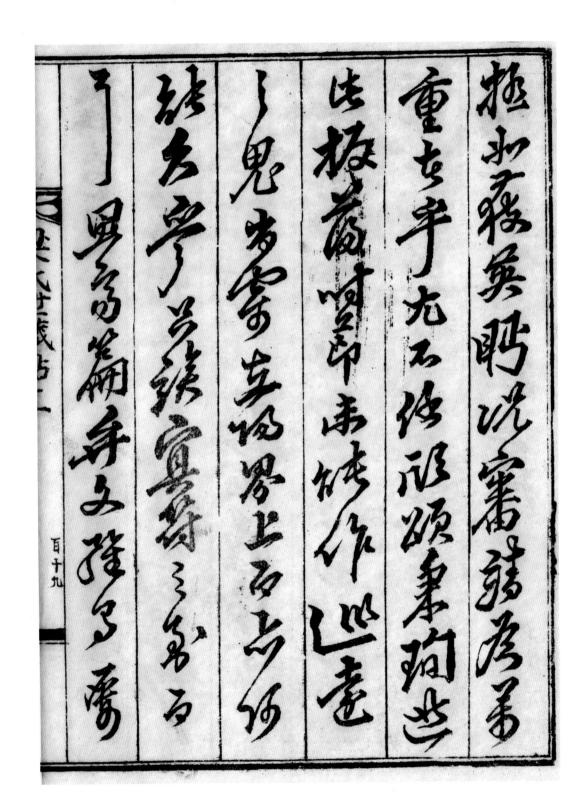

〈251〉 양씨세장첩 상(梁氏世藏帖 上)

雙峰 衰盧 [印]

沙崖 謝孫

省神玄料穋貴宗寧至教承禮書憂統

謹審孝體玄將慰荷僉君志安侍增課

耶記䚮䔲䔲其壽之慶跂狀宗證愛曲

兹乐为行去教晚義筆已剡布何其凶地

杳封集并謹領投讀某経權一論使墨大

矢字銃蔵之花集校勘之囑眄己豕孝安之

梁氏世藏帖上

百二十

〈253〉 양씨세장첩 상(梁氏世藏帖 上)

托何歟抑欲臼而辭之　翔雉髦峯公顯刻

以昌三獲交於其畜親諸公甚願以

吾相之況於斯役雲龍一言以勸之曰惟

其時也文字必須有一分善況然後可為以今求

亚石得者真肯之推家謂寫用兵為乃化集

院石施救勤而如以委揖之時來列之單付文集石

宜先曾若以筆束譏諷至王孝公愧儒

孫孫不舞謝疏乙未九月念方望李建居村跪

梁雅士　雲潭病生〔謝書〕　　諱在德宇德一

獲書知南州有梁清一斯文生於靜庵先生賦
鵬之邦夙聞大賢之風魚挺卓犖之姿士志意
高遠獨立於羽毛鱗介要盟之衝而不懼仍知
講明義理扶持綱常必本於聖賢之道決意甚
輒有此諄〻捄親勝己資發豈晦羽雖云甫三人
行必有我師亦孔聖之言也誠願一日惠然共尋己印
之餘猪以達于洛建圖所以致一身之中和為安泰天地
萬物之本否伏惟察納庚寅至月十四曰金平黙拜謝

百二十一

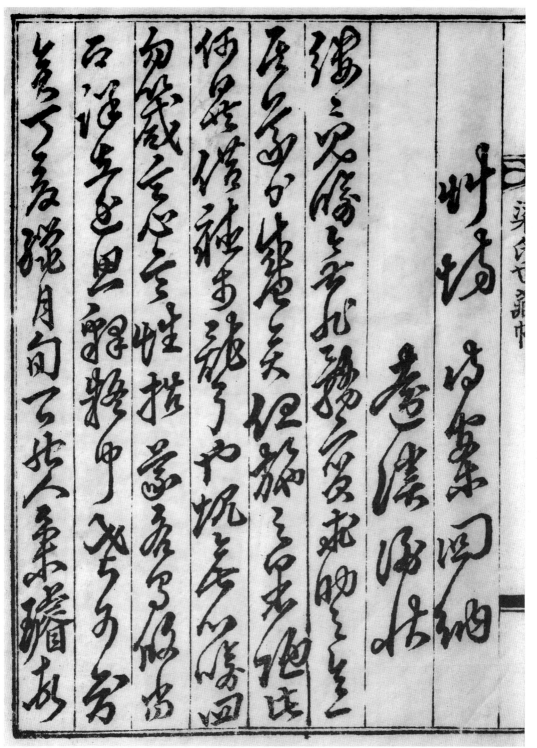

梁大雅經座回納

青城謹侯狀

窮悴尊門直學浮湛忠孝並開

望于湖南以毖發貝親毛懿文以

罰豪随一尼德音喻越山河闊入

樵牧之祉濯手拱莊玩辭音鄭

重决不著題麋鹿奧鳥之君厓華

而以古人之言更於不直一丈之貝厚

梁氏世藏帖二

百二十二

〈257〉 양씨세장첩 상(梁氏世藏帖 上)

睨何敢忘也噫此日此時宁苹厄罷升

天入地判左瞬息於左右明弓立膝

不諫聲聖聚之羨父師之示是一華

蒙諱也庚寅三月廿一日崔益錄○

州場出座酒款　滨山謝狀　書

國吏司極喜行粗胡郡衛十

奥光之書謁藍豆赴　己至兒

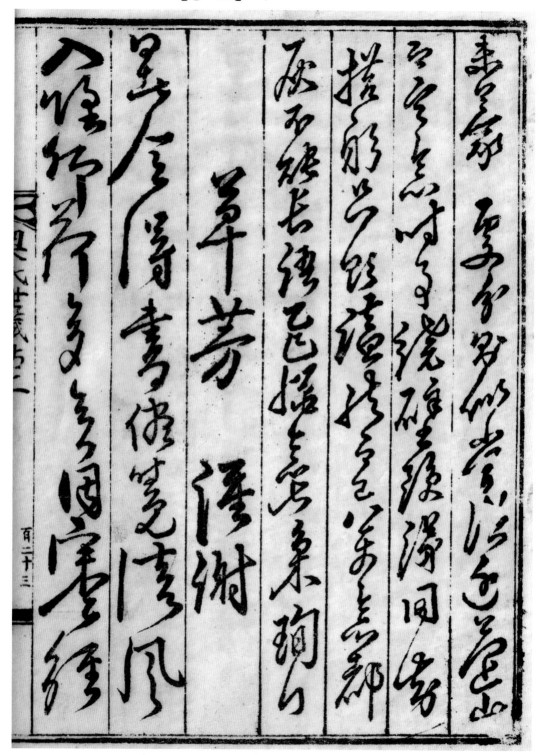

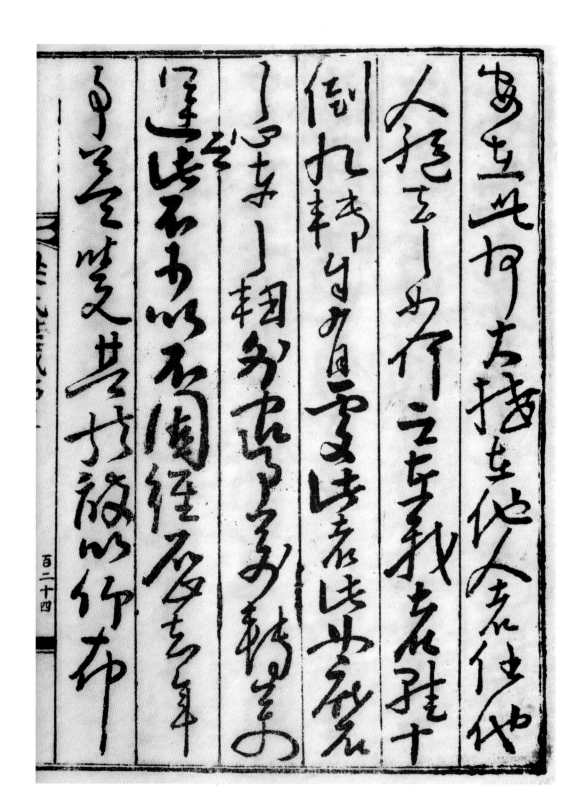

〈261〉　양씨세장첩 상(梁氏世藏帖 上)

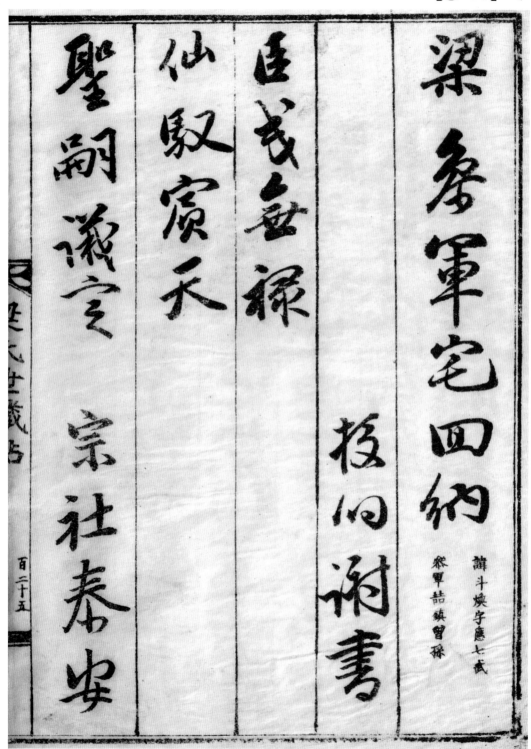

梁參軍宅四納

蔣斗煥字應七武
參軍喆鎭曾孫

授仰謝書

匡我无祿

仙馭賓天

聖嗣濫玆 宗社奏安

百二十五

⟨263⟩ 양씨세장첩 상(梁氏世藏帖 上)

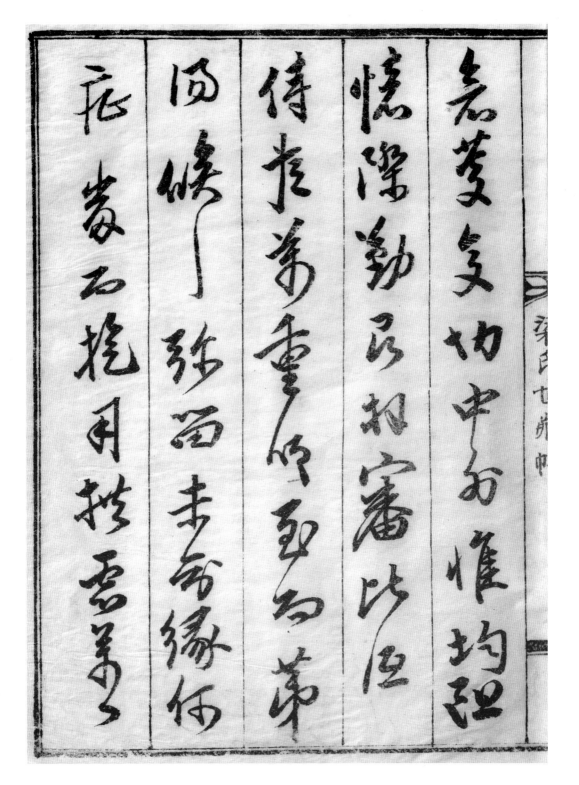

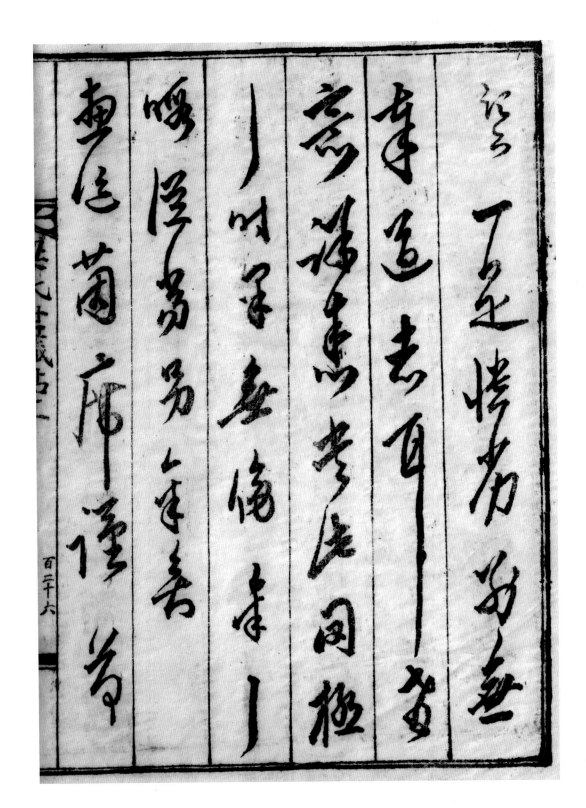

〈265〉 양씨세장첩 상(梁氏世藏帖 上)

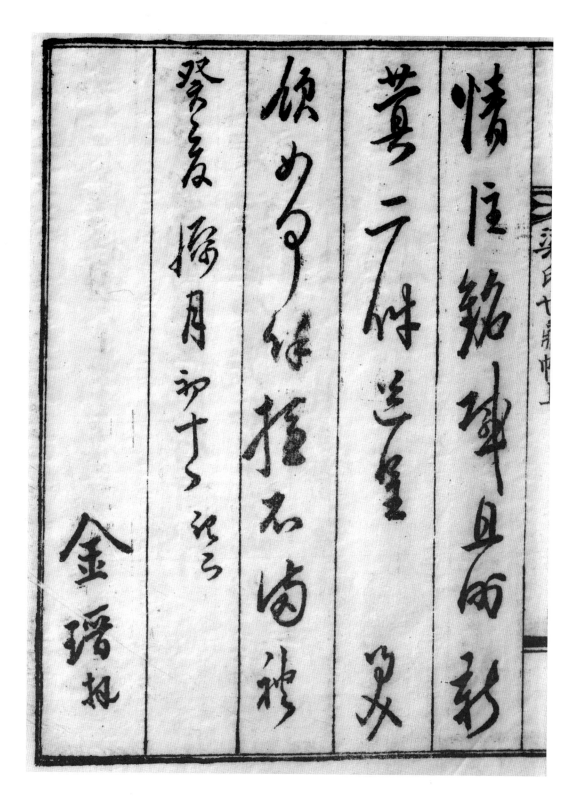

情庭銘珍身所新

蓋二件送呈

頒給擲名湳祉

癸巳春 橋月初十日行

金瑢招

謹次茶岑族叔四晉年生辰宴韻 并序

譁德煥字致文
官僉樞斗煥弟

族叔茶岑翁唯丙午以降 行年四十七而康莊 七

如少年見者謂神仙中人今年壬戌即其回晉

周朝也子舍會水氏以三月甲寅爲庚降初

慶置酒張樂餙喜獻壽雕飯綺饌不

以爲榮當日之宴參於三席而觀盛舉者盖千

百二六之一

〈267〉 양씨세장첩 상(梁氏世藏帖 上)

餘人莫不嘖〻歎賞曰公翁之初載不可謂富

樂而子舍孝養志體以致其樂故公翁〻無憂

而難老餉今曰福慶世或有如公翁之壽〻而

有翁之壽者誰也或有如翁之壽而有子如

翁之無憂者復誰也翁既魚有〻壽美矣

爲人父者安得以餉公翁之壽而東爲人子者有

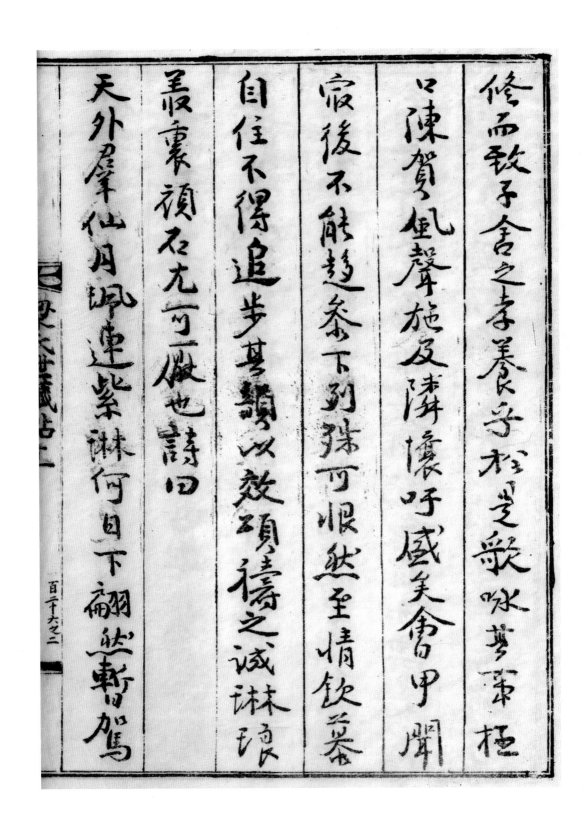

修而致子舍之孝養矣於是歌詠夢華梧

□陳賀風聲施及隣懷吁咸美會甲聞

寢後不能趨參下列殊可恨然至情飲蓉

自住不得追步其韻以效頌禱之誠琳琅

羔裘顙石九□□似也 詩曰

天外羣仙月佩連紫琳何日下翩然斬加

〈269〉 양씨세장첩 상(梁氏世藏帖 上)

風霆難上界試壽烟大飽塵緣春澤寶

樹成家業窰壽擢恒沙鋪酒這有餘石三四

留避祿永使兜狲百世傳

詩成更收餘意以備一言所謂辛丑之亂

也第閗子舍族兄朝夕平宛飮食忠養也

日々獻壽也每値生朝達請父舅極力營

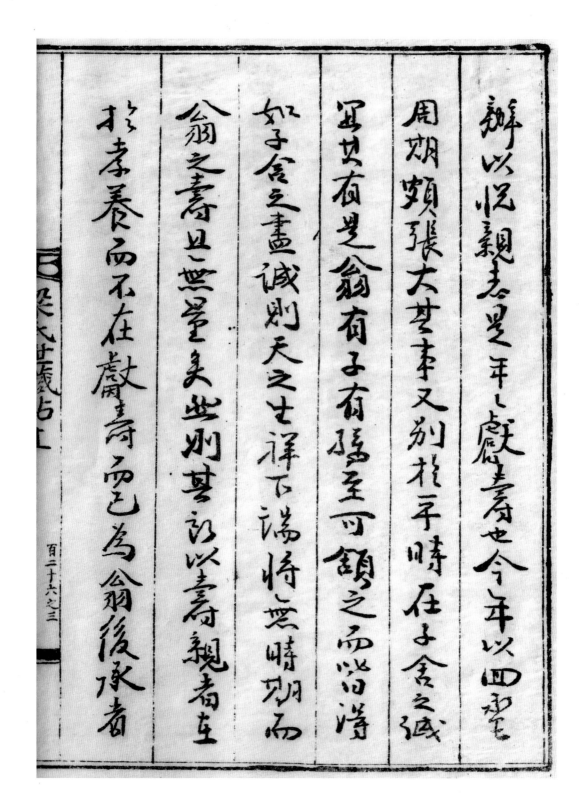

辦以恱親志是年之戱壽也今年以四垂而

周期頒張大其事又別於子時在子舍之減

亞於有是翁有子有孫至可頌之而智潛

如子舍之畫誠則天之士祥下端將之無時朔而

翁之壽且之無量美些則其詫以壽親者至

於孝養而不在獻壽而已為翁後承者

百二十六之三

〈271〉 양씨세장첩 상(梁氏世藏帖 上)

謹勤守拙

壬戌三月下澣族任會甲敬書

德巖　靜座下　入納　諱箕煥号德岩　斗煥三從弟

竹谷謹拜謝狀

山中書無便新元書越月通謝悚

眞不可言伏惟

燕意起居持服係重大都俱

稿淵祝康非弛 圭容老母旬月岬

吟始浸僅寧身亦嗟乆乆之猶

不惶健耳支峰長逝誠為吾

黨盖孤之嘆共世间一切髑冐傷

心者都卋了如蟬蛻織濁章甞

不快豁我況其言語文章猶足傳

〈273〉 양씨세장첩 상(梁氏世藏帖 上)

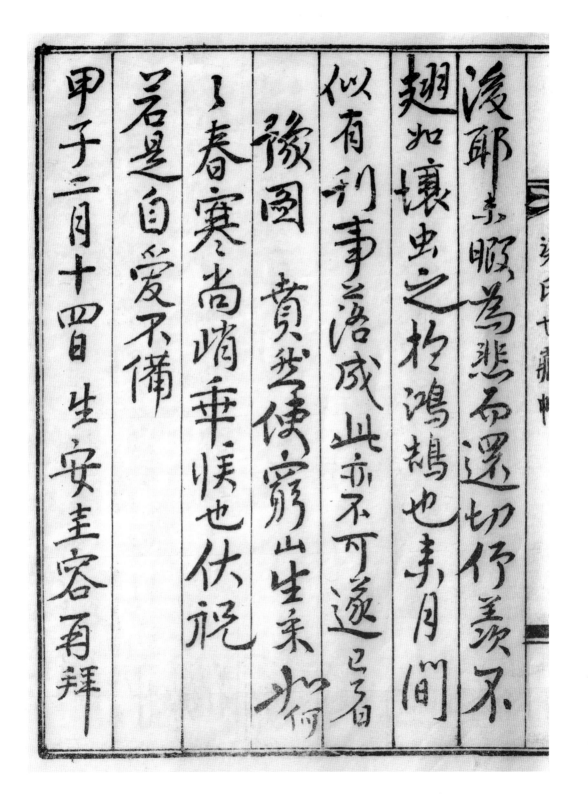

浚郞耒眼爲悲而還切佇羡不
翅如壞虫之扵鴻鵠也耒月間
似有刊事浩成此亦不可遽已耳
豫圖　賣弊便窮山生耒如何
又春寒尚峭垂恨也伏祝
若是自爱不備
甲子二月十四日　生安圭容再拜

〈275〉 양씨세장첩 상(梁氏世藏帖 上)

番筵主上便作晝席上勢聲及向日

饑腸人不外疏糒水橋間有予之志

便且思人便嘸問糒粗又惡行丑悗

且噯緣城々駕或以々自將屋手鄉何

邸右日邪殘家伩迎賓々日や囿每發績

蒼御を々屋路舒　楊光罷何新寫邸

中列主念君者雜門事与生涯韻文明

瑞應兩氏注梅庵宅中呉慰帖坊
清一孝兄之義雖峰与墓盧此本辱号
出蓬陽限仰心懷之餘思吧之相唯咸
呂海附上 初玄湖一本 安鍾鶴云南附
全南孝子向病沒玉釋之好底恢抑一
日事
義盧榻幽向来之我忽心死矣技扮君

百二十九

〈277〉 양씨세장첩 상(梁氏世藏帖 上)

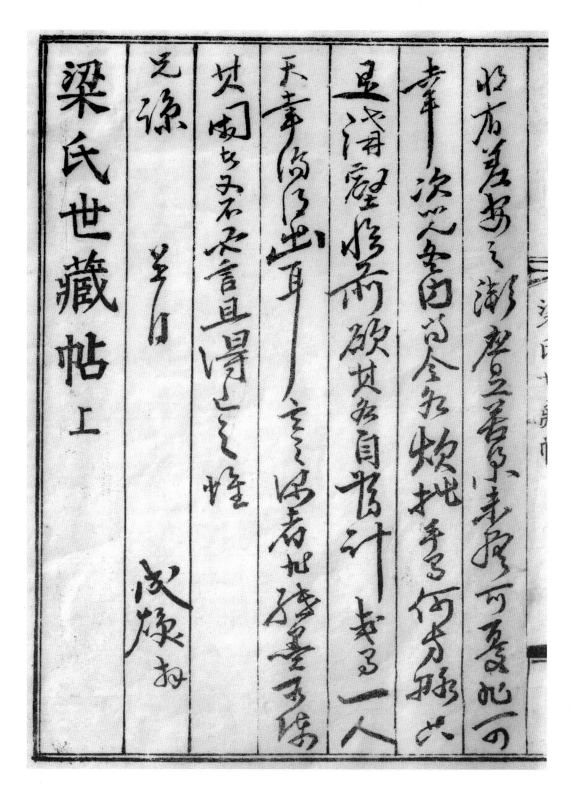

梁氏世藏帖 上

元孫　羊目　敬撰

其内女子不言且得之之悍

天華渴...耳...風春也悍臺弓孫

是也海壁修前頃其名自誓計...一人

華次此書當全名燉批手母何方孫此

水方善安之澎聲且善未舊可憂此一而

梁氏世藏帖

下

梁氏世藏帖下目錄

梁氏世藏帖下目錄

⟨283⟩ 양씨세장첩 하(梁氏世藏帖 下)

梁禹及　字纘卿學圖第五子求　奉應德玄孫武兵使

梁居安　字□玄孫庄員

梁禹轍　漢字庄員

梁澂　字遷伯號六化翁

梁得中　字汝叔兵使子○監　察全州李元成女壻

梁渝　字擇夫號德村禹　錫三從姪遠承旨

梁益柱　字汝和號信齋通　德郎叅奉禹成子

梁益標　字瑩甫號德殿子○　縣監龍仁李宜馪女壻

梁禹績　字正甫兵使孫　武府使　贈兵判

梁載湅　字希溫　菁坡孫

梁基㷕　字晦仲兵使曾孫　○縣監寶城宣泰九女壻

梁頊觀　字明文持平　鰲峯從玄孫

梁喆鎮　字保彦蔭縣令可爀子

梁㴱　初諱得觀字利甫號琴齋樂隱子

梁栒　字子罄可爀次玄孫

梁斗煥　字應七武北部泰軍喆鎮曾孫

梁泰永　字汝修號梅石軒琴齋子

梁德煥　字致文號茶岑奉斗煥常

梁會南　字士珍號曉翠軒寶慶第二子通德郎圌鎮玄孫

梁氏世藏帖下目錄

終

梁氏世藏帖下

別尹田物亨使頟南　梁彭孫

古載春秋筆以杠如今衙　命向南

邦開膳鷹史庭須客絢採遷

令要駿庬傳播藝味嘉藝冷敷

凍楓陛德音降行裝弨往圖

輕重莫擬尋常擁使幢

〈287〉　양씨세장첩 하(梁氏世藏帖下)

楊柳長程十里低雙鼓角<small>鄉喬</small>山

鬵為者學士<small>風</small>源事簽名家

翠黛齋

南沅齋安女程知點馬溪南州

佳麗地雄薦豹皮狀 大善

興来方壹乘白塵旋到函 聊可

消愁　惟有垂浮心逸 〔印〕〔印〕 出蓬芝圖

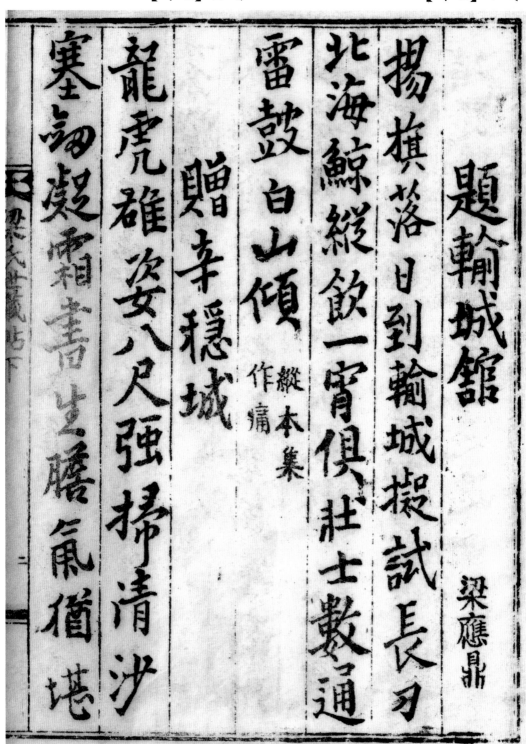

題輪城館　梁應鼎

揚旗落日到輪城撥試長弖

北海鯨縱飲一宵俱壯士數合通

雷鼓白山傾　縱本集

贈辛穩城　作痛

龐虎雄姿八尺強掃清沙

塞詞嚟書生膽氣猶堪

梁氏世藏帖下

〈289〉　양씨세장첩 하(梁氏世藏帖 下)

送張景純之關東

笑曾上之摩府戰塲

㳽日窮蛄引東遊又發程

海昇金柱動山送耳玉蓮

明迭宕吟邊輿宣□泥眾外

情塵窓空嵗晓倚悟唱驪

聲

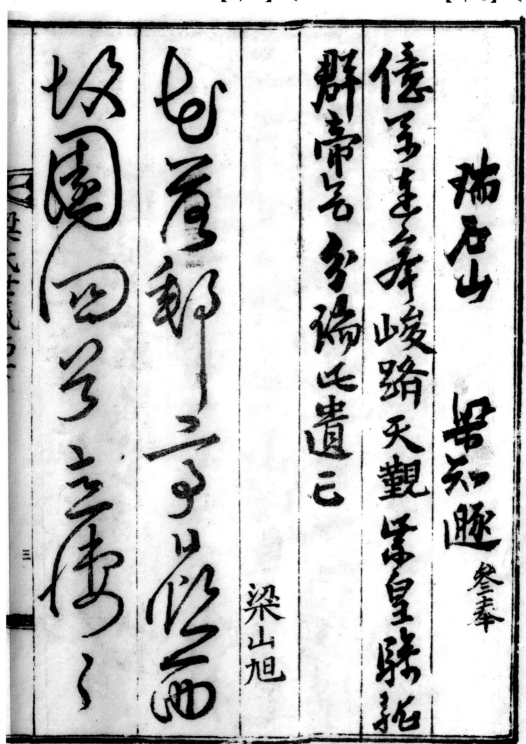

瑞石山　梁知歷 叅奉

倚空走峻路天觀筆皇
群帝号多瑞氏遺二

梁山旭

〈291〉　양씨세장첩 하(梁氏世藏帖 下)

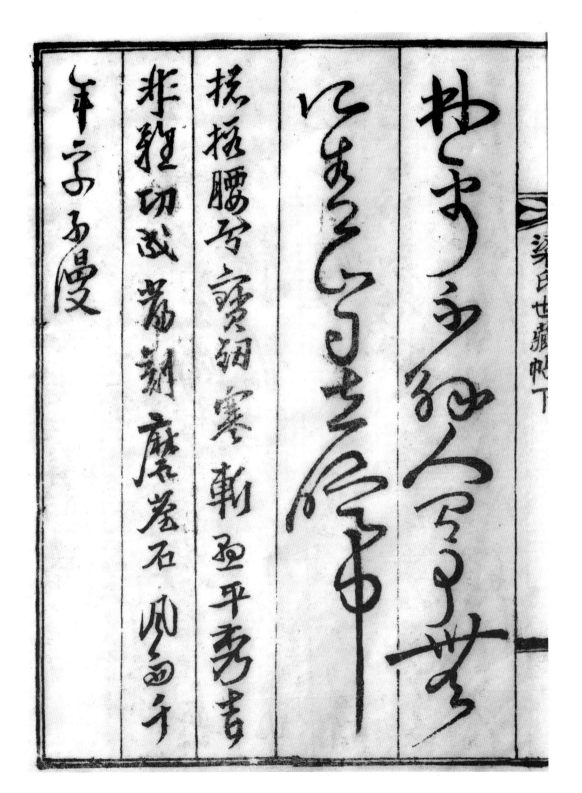

梁氏世藏帖下

撥捵腰弓讀弱寒嶄平秀書

非雜切滅萱新靡卷石

年子漫

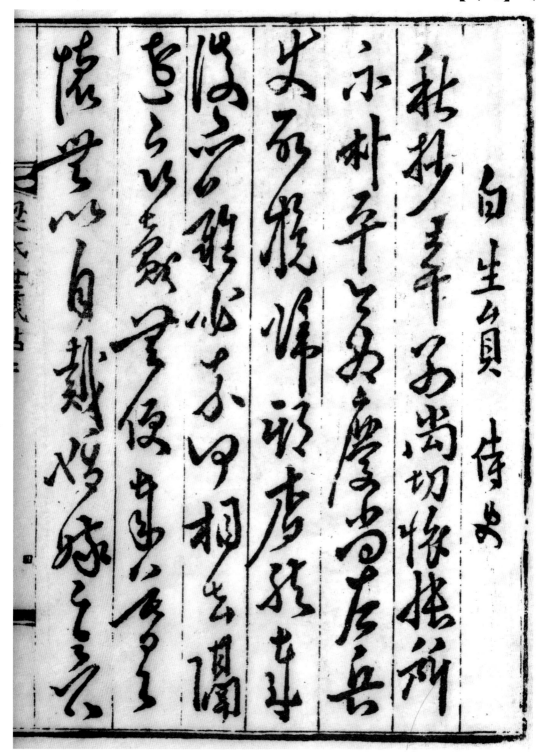

〈293〉 양씨세장첩 하(梁氏世藏帖 下)

石仍為色夕及中军小威

伙住隆吸了光

欽啇恩泳渡　　　山海　　　梁昌容

銀姻燒殘弓後貝寶衣挦畫寺將維

青消銅雀死後日暮殘斷琴瑟色塞七年

衰華表莊頭而語曰永安官裡受

遺時弓憐庸圖歸竹晚丞濠人金重業

以款

梁柱南

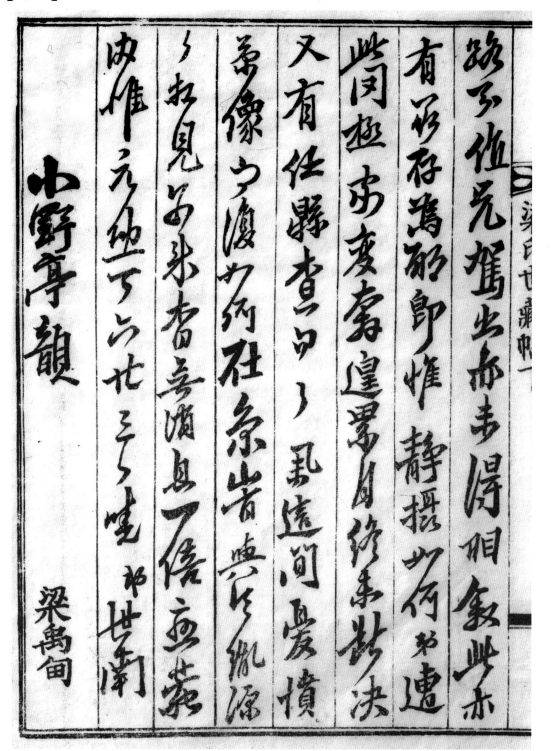

梁氏世譜帖一

雲產松林似此些些臨復此謝五班

仕斗人寥宇前五壺近峯吞舍

後抽水孫花叩易攙賣汪酬鹽

淚呈孫壽如今更道若偃忻漁

送推玉雞凉

右先人也 諱渭南號九峯 進士孝參奉

作詩記之以後後之知此山先生道庄者

〈297〉　양씨세장첩 하(梁氏世藏帖 下)

大道淪喪世希稀古今稀兌俗人護

夾注雜有讖緯傍以目壹添華吉輝

淫古儒賢集蓬不撓時保呼 天扉

字至一蔽休書根千載亭至堂堂飛

梅溪釣主松石臺亭觀爐韻 譖桂南

松陰倒水魚沉碧歸龍彌空月邊

舞千種情花飛攞此東荷開江上不

〈299〉　양씨세장첩 하(梁氏世藏帖 下)

諱之沆

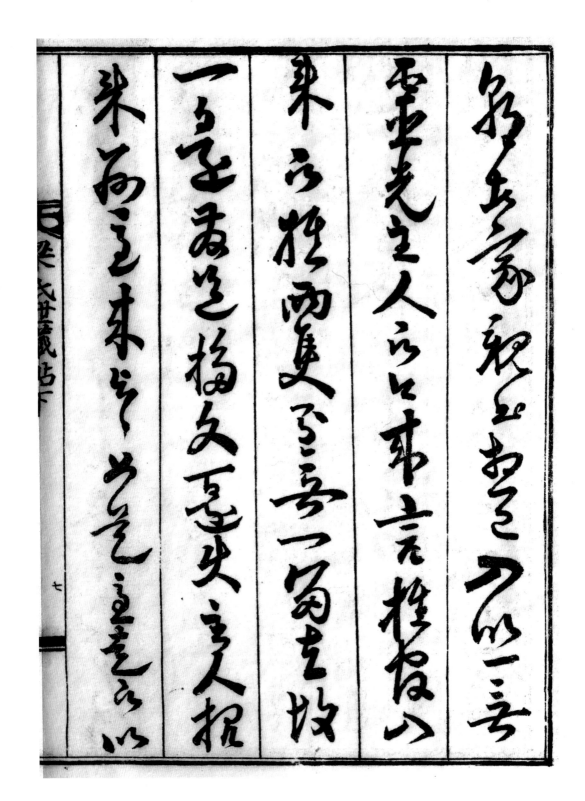

〈301〉 양씨세장첩 하(梁氏世藏帖 下)

記末明日內乃達于重老等

戊七莎夕叶 克家一式

九　前叅上書

　　　　諱禹戌字
　　　　度卿叅奉

伏喙玉因途气聿體三書伏舍

舍和今旬专于到書杉于伏拴

重葉玄元月十三百舍第粟及扣

朝鮮國全羅道綾州中條山雙峰寺

東麓佛莫塋又高改感情〻河僁

五月十五日民國不〻〻前覺全國

〻用待諸〻〻〻〻〻〻

遞補　崇禎五十二年五月

日〻〻兩撤清

〈303〉　양씨세장첩 하(梁氏世藏帖 下)

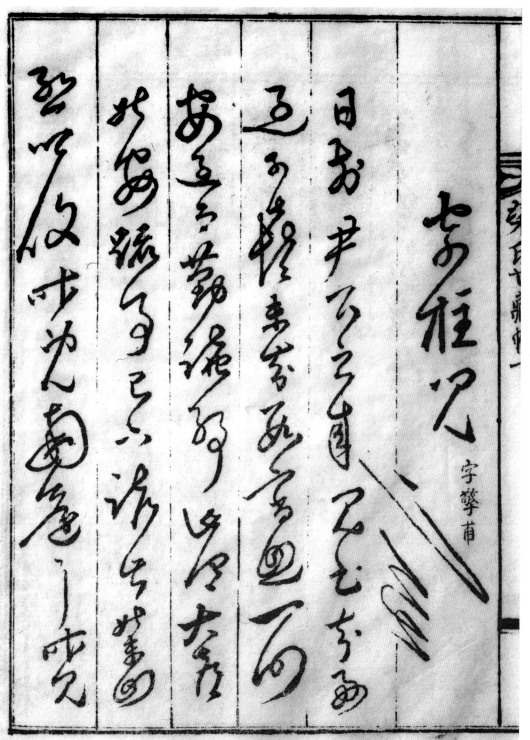

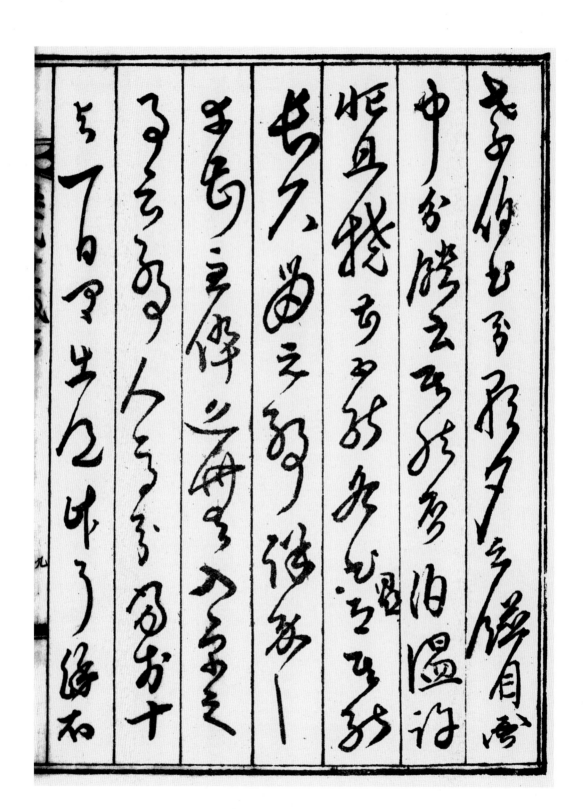

〈305〉 양씨세장첩 하(梁氏世藏帖 下)

宸 朴學士叅輔　梁居安　韓懲

初君庚年後茜見孫今朝妨兄忘焉

補天泵申剋析百年公儀豈論況形殘不害全

歸孝名壽哥所敎泵恭欽远泰國庠空餒餞長懇

英覺窀監臨

追和　先甫届　大頷擅御製名詩　皇恩

玉趾修壇元祀親宸心式壹奉王春　皇恩

丙代寧忘報殷舊三薰萳自陳盛烈修看東

晦表至誠能偉年傳信中執道過今日祝何祝

泛此徽章永世導

有懷中原陸沉

河說江南左帝州警筆文物擅寰區晉

家火業憂龍讖其國金精鎮府丘五季送

興風燭散六朝交旺蜄蠻遊山河形勝今

獨在誰伏王靈復舊周

聞王子生壽夆

王家儒貴早公擧國臣民芳山扇天

南海忽間殷鸞秀東方廣觀周爪綿

二八七蕭公

倘來灾變能勝德應敎賢賢業紹

前莫性此翁家石死會當乘化方平年

贈宗牟仲立君擇　諱敬之號方菴進士

諱采之號竹隱

鳴呼宗族同多人惟甯书之最明親怜君

擇善洤吾野善仲直影僊性眞圓充

淸修傳人名墜圓角允業徒毋自名爲慕

昊眞如處毋天良視莫獻頻

次小野亭守韻

湖海風流四十秋一亭烟月寄淸游

岧天雲影随江去靑峰看容卑

兩抽山兮野花真好夜吳鹽盧搗

是佳蕃人閒萬事都無以寬圖鴈波

浩蕩流 此一首更主考數 薛孝容字汝順

兄主前 謹拜状上 薛居安

去头因宗弟棘人歷訪無承手

書之間驚倒感醫而苾審遭

重慽怛然驚痛何能已兄主屢

遭膝下之慘曾已聞知矣又因宗

梁氏世藏帖下

〈309〉 양씨세장첩 하(梁氏世藏帖 下)

芽細聞兄主筭景色此是芽年

來抱經者為之相憐不勝區

惟是彼此侍奉之節其得安穩

此為萬幸以先祖墓道文字事以

書仰白於叔主剛而說猶未盡盖

讫卯錄堵書觀之則先祖在己卯似

應在削奪官爵之例而墓碣去已

卯罷歸戊戌又罷似是只罷官而覔

削奪且碣文云丁亥拜其官而不

言不就職而家藏舊篋有先祖狀草

一段文字此乃進士宗叔士由氏所述去乃云丁亥朝廷収叙黨人

始復先生職拜典籍刑禮正郎皆拜不就此則

似是前日之罷為削奪新授之職又並不應命矣

十二

此等曲折皆未瑩然伏望於趍庭之際一一稟質

明以示之葦甚徐非片牘可盡伏惟謀眠拜上狀

辛卯九月二十四日宗弟得中拜

字
正蘭

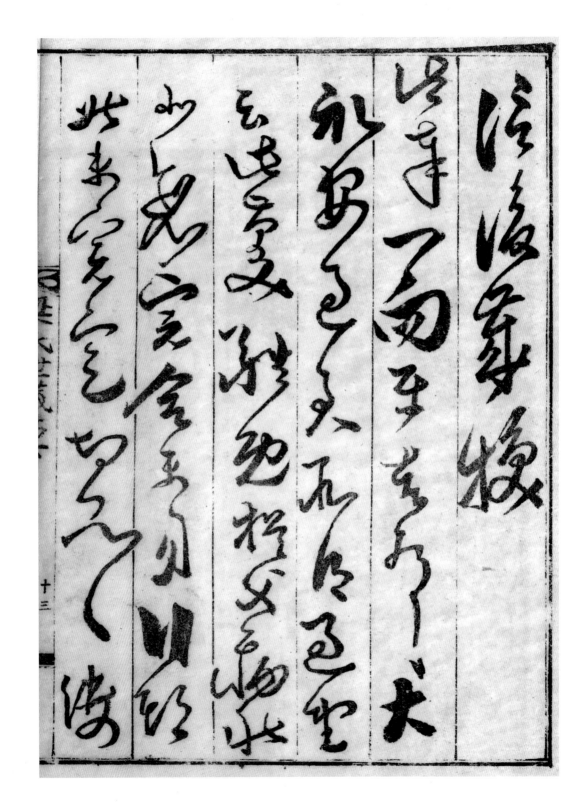

〈313〉 양씨세장첩 하(梁氏世藏帖 下)

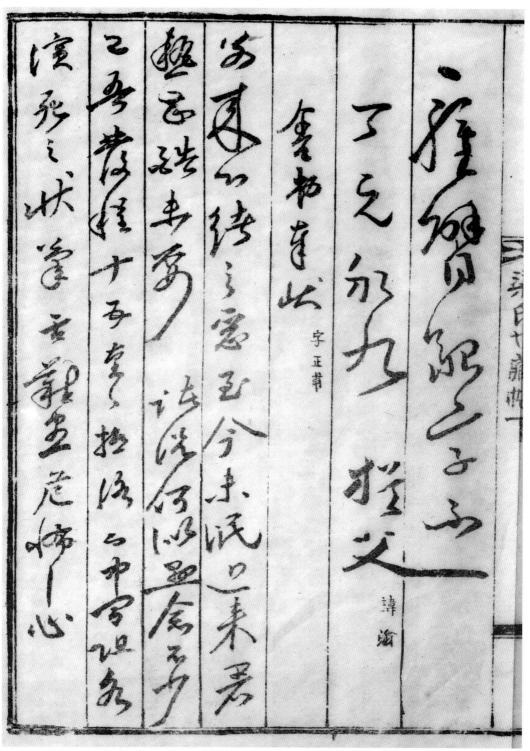

梁氏世藏帖 下

十四

〈317〉 양씨세장첩 하(梁氏世藏帖 下)

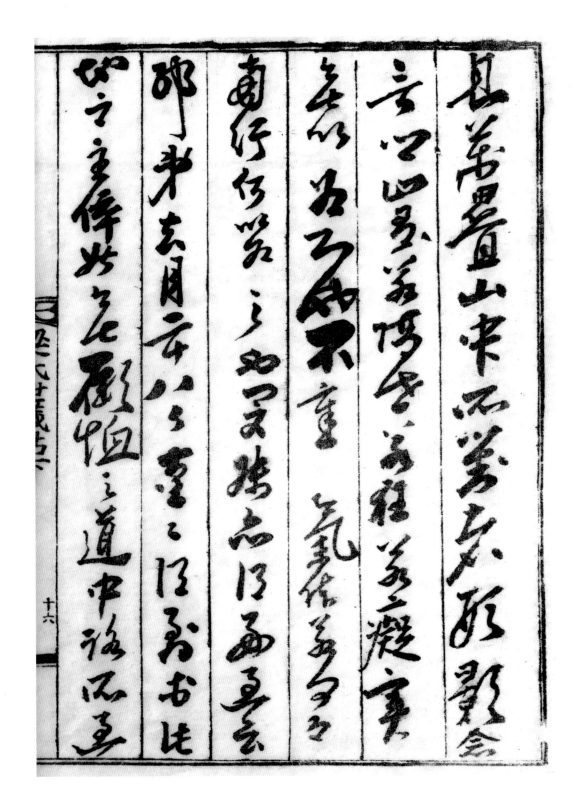

〈319〉 양씨세장첩 하(梁氏世藏帖 下)

【하-20】-2 ◁

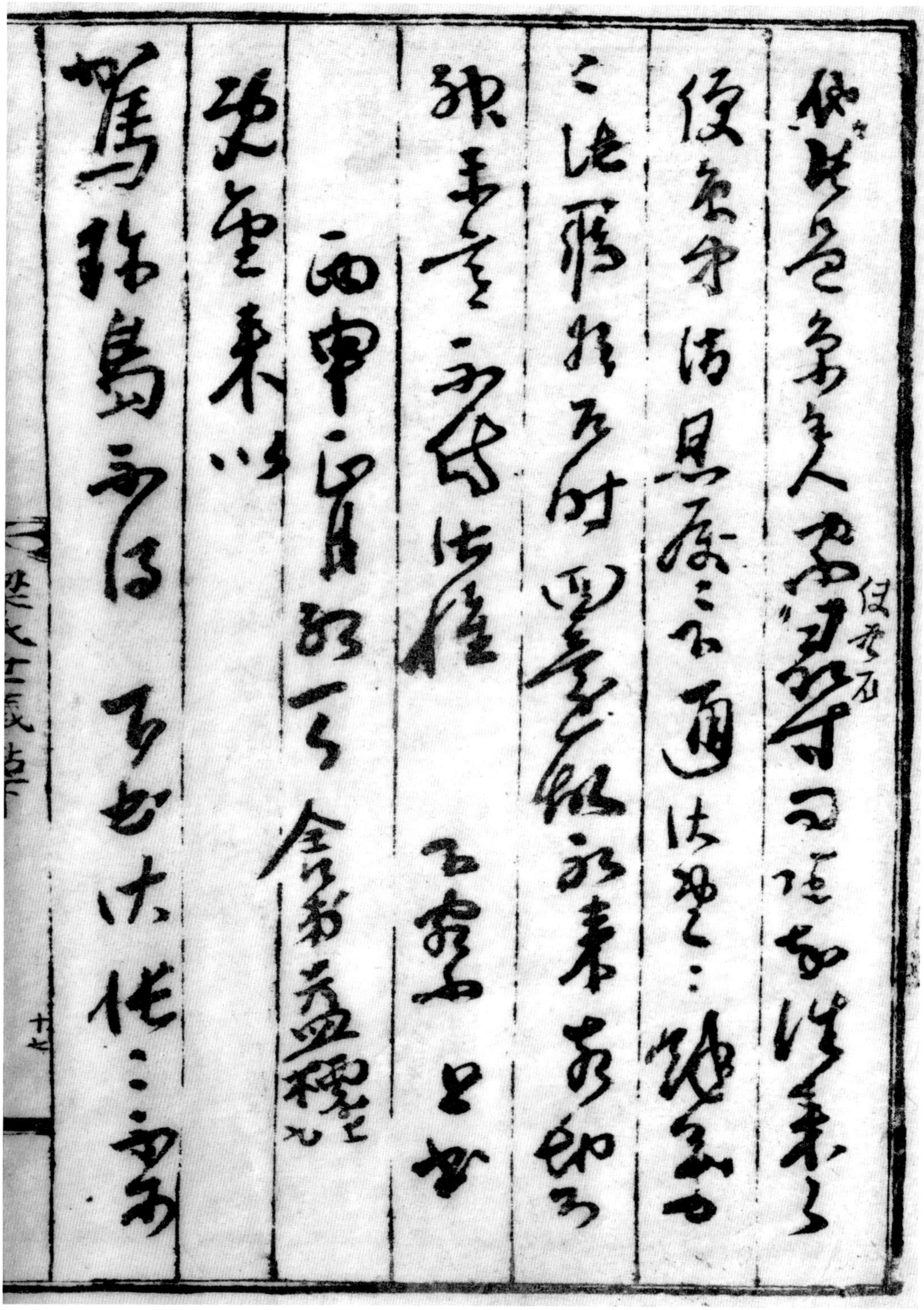

〈321〉 양씨세장첩 하(梁氏世藏帖 下)

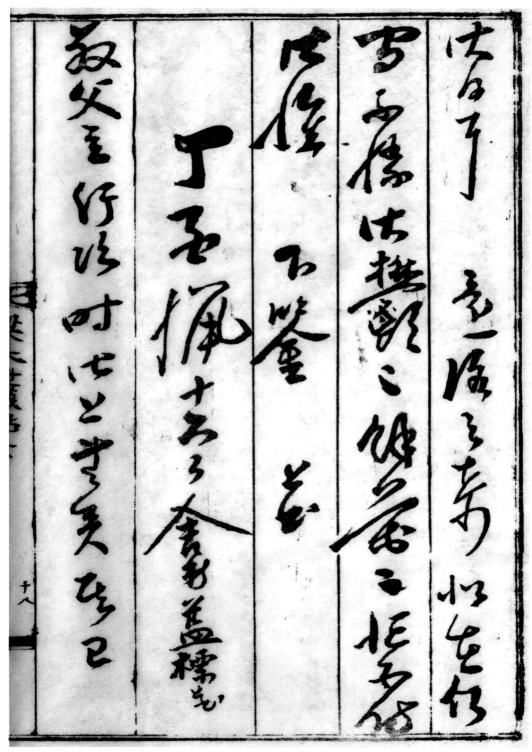

〈323〉　양씨세장첩 하(梁氏世藏帖 下)

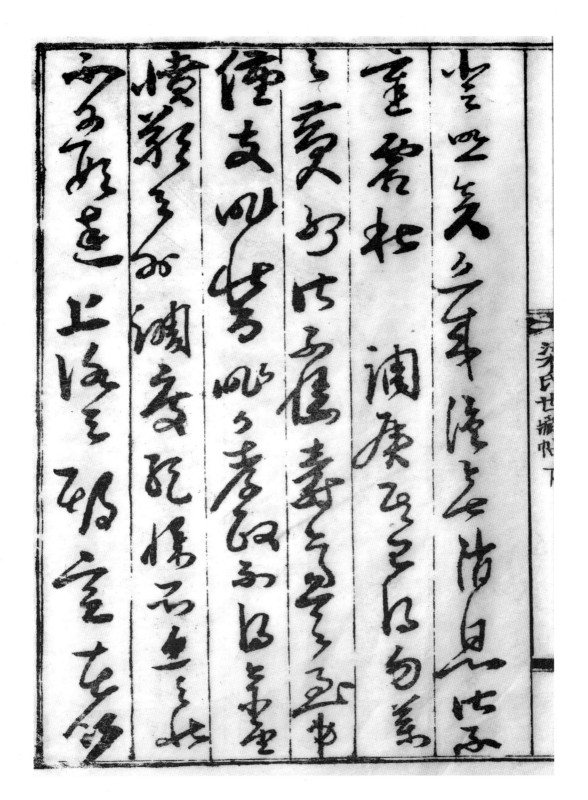

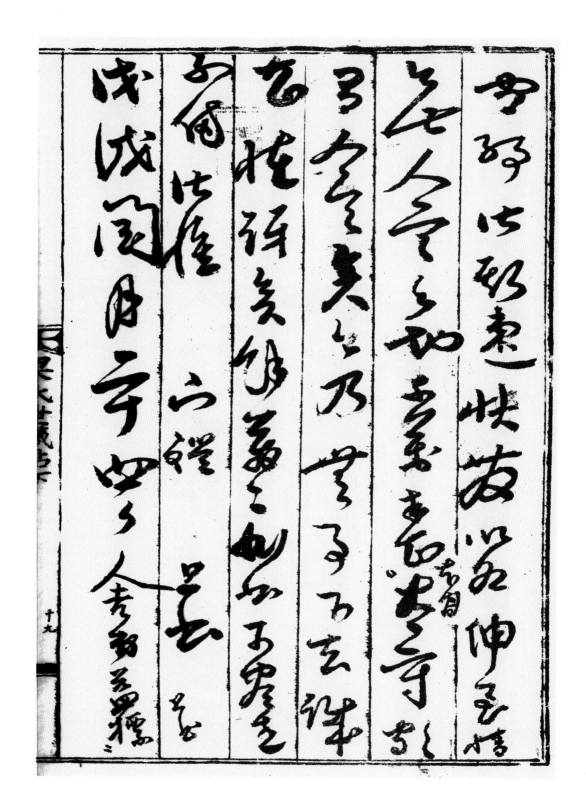

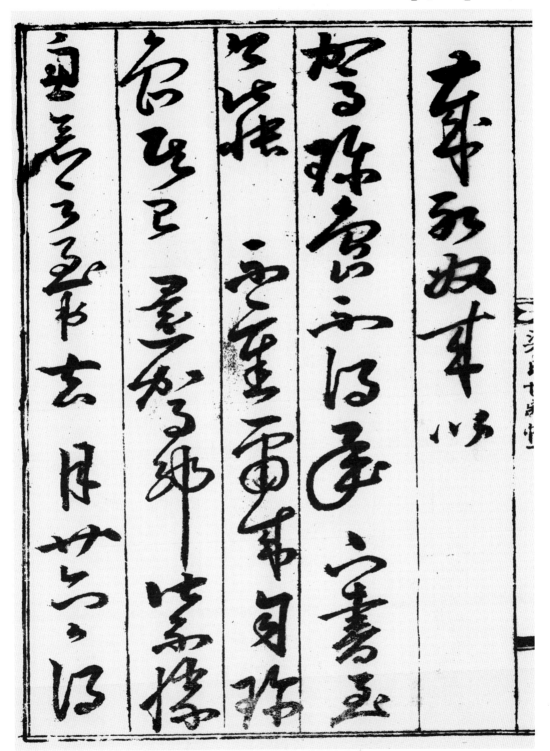

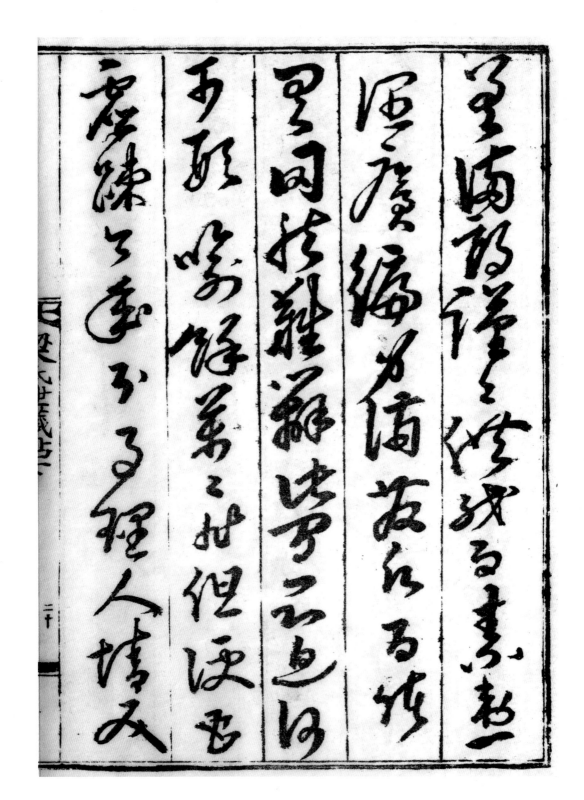

〈327〉 양씨세장첩 하(梁氏世藏帖 下)

爲臺海此後不備治瘴

六程　上書

己丞有十三兄書弟蓋標

兄三書　臺上書

之新來此事

之書因臺之盡移家抄爲濱橫莘子少海

〈329〉 양씨세장첩 하(梁氏世藏帖 下)

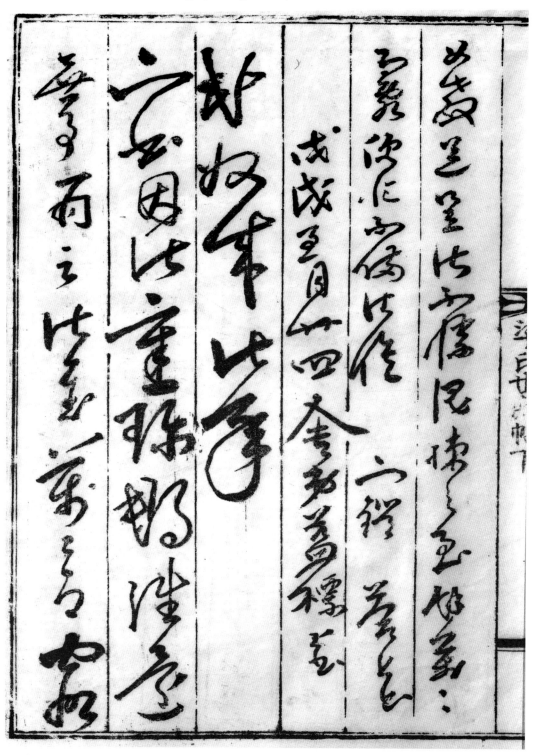

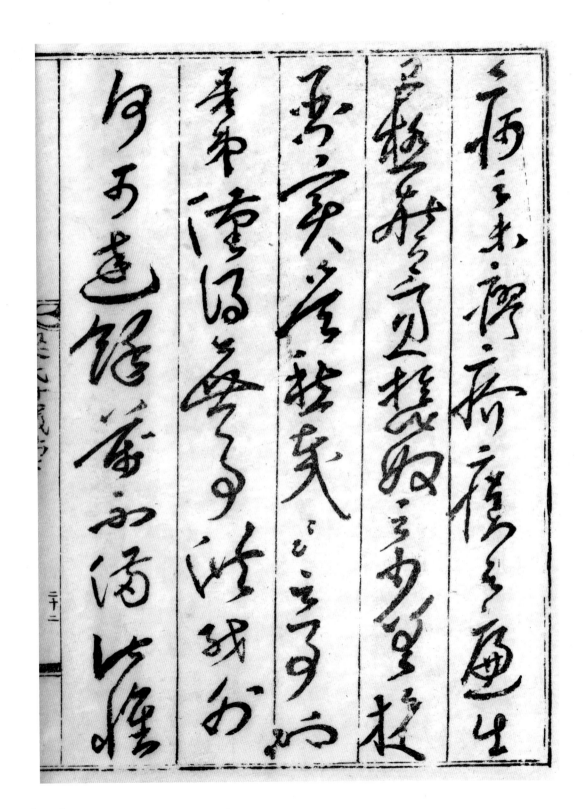

〈331〉 양씨세장첩 하(梁氏世藏帖 下)

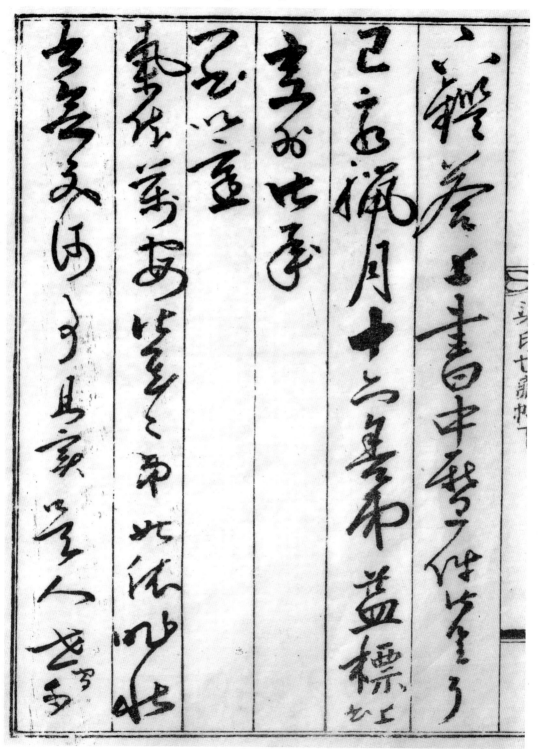

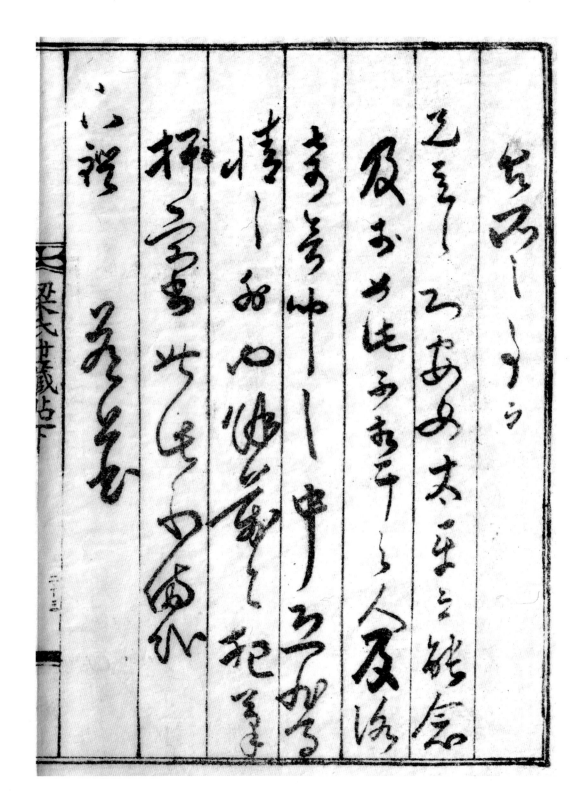

〈333〉 양씨세장첩 하(梁氏世藏帖 下)

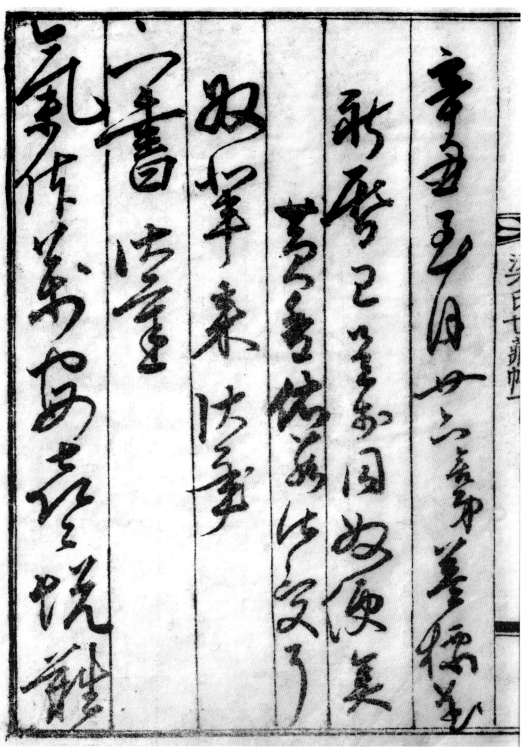

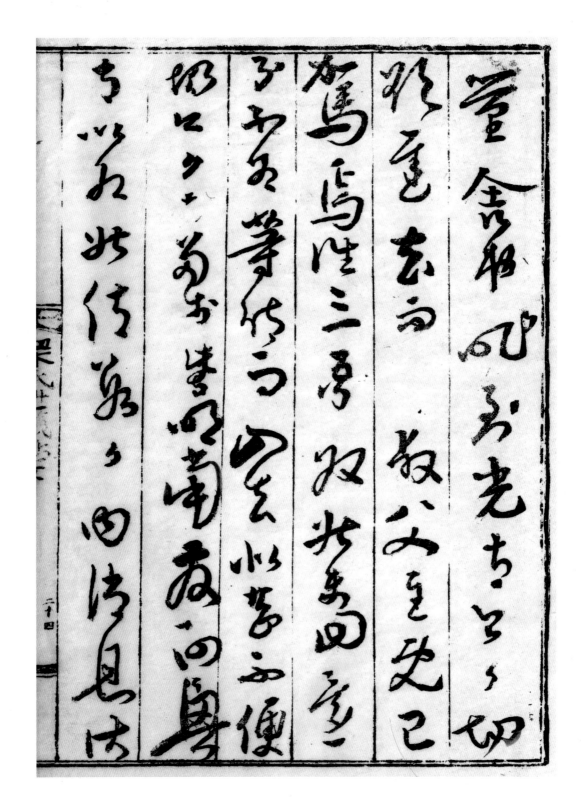

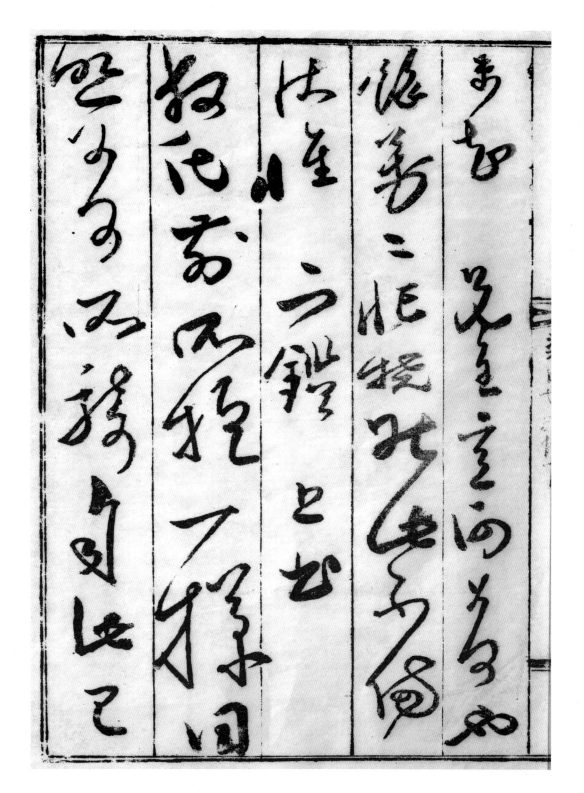

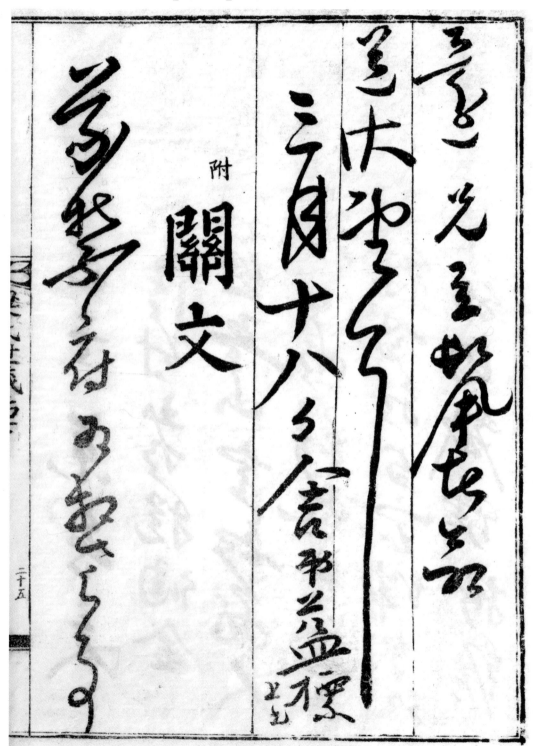

附
關文

二十五

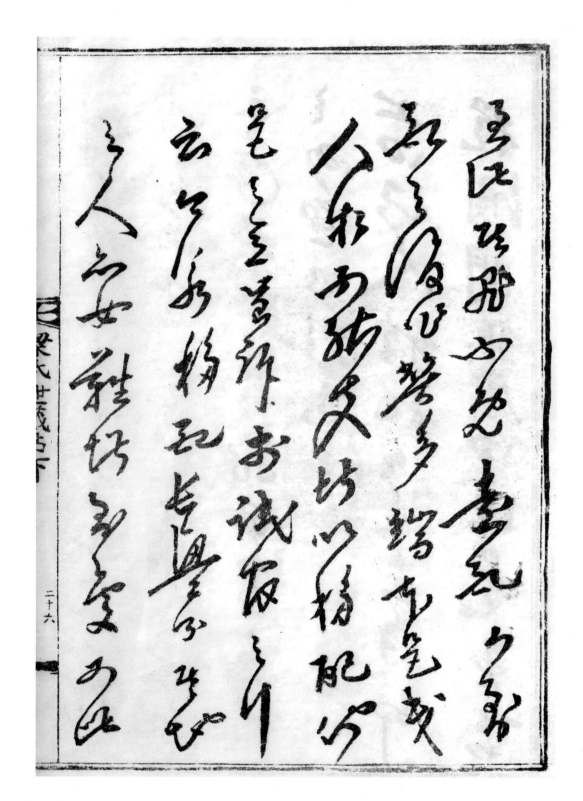

〈339〉 양씨세장첩 하(梁氏世藏帖 下)

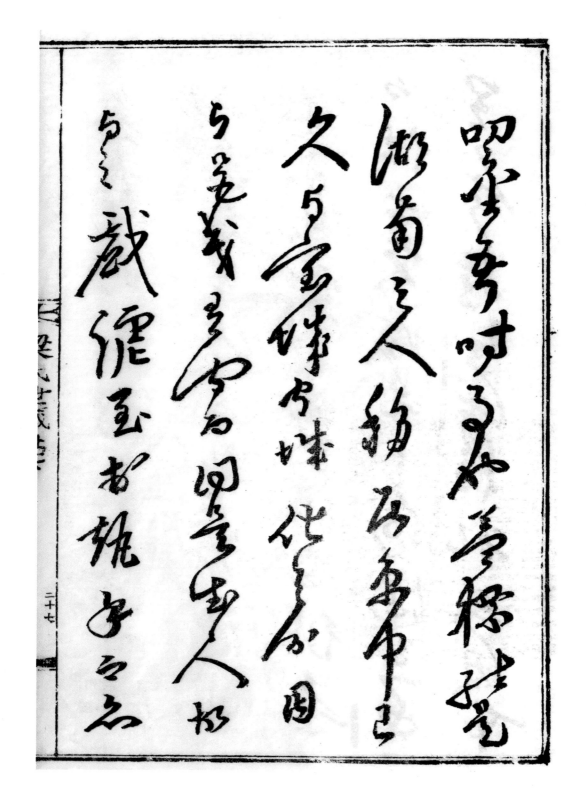

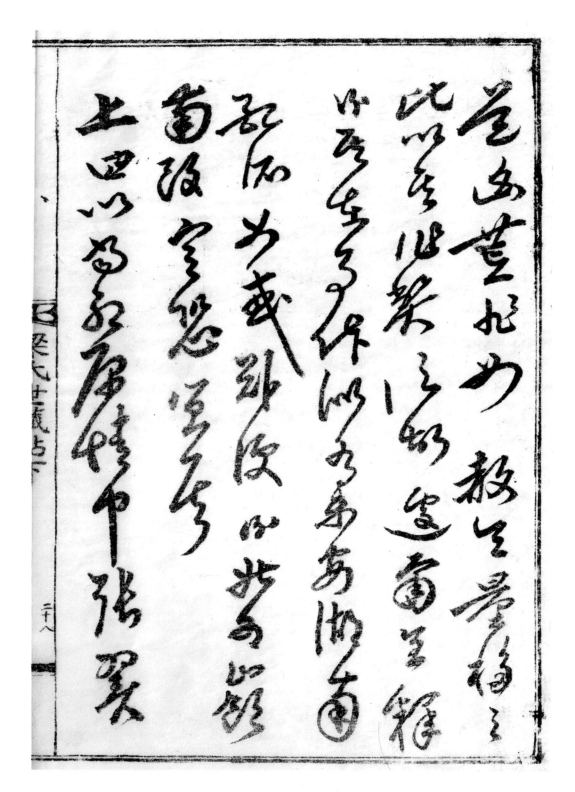

〈343〉 양씨세장첩 하(梁氏世藏帖 下)

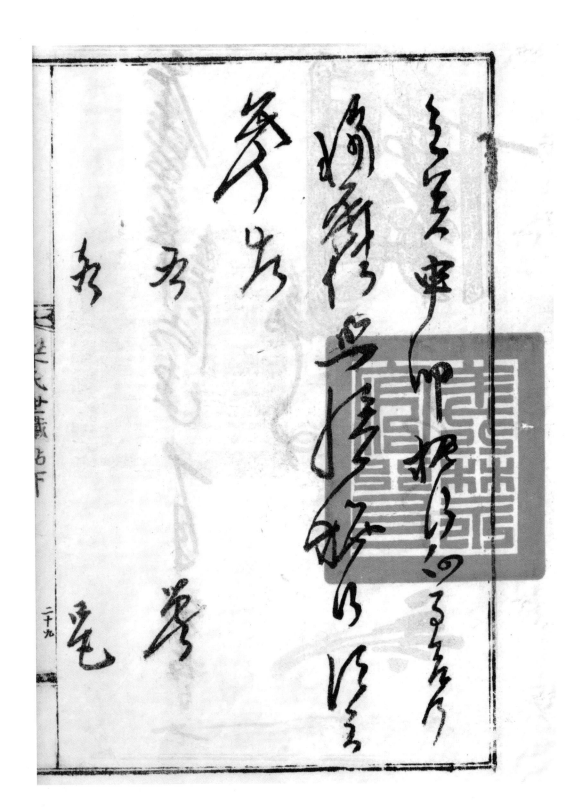

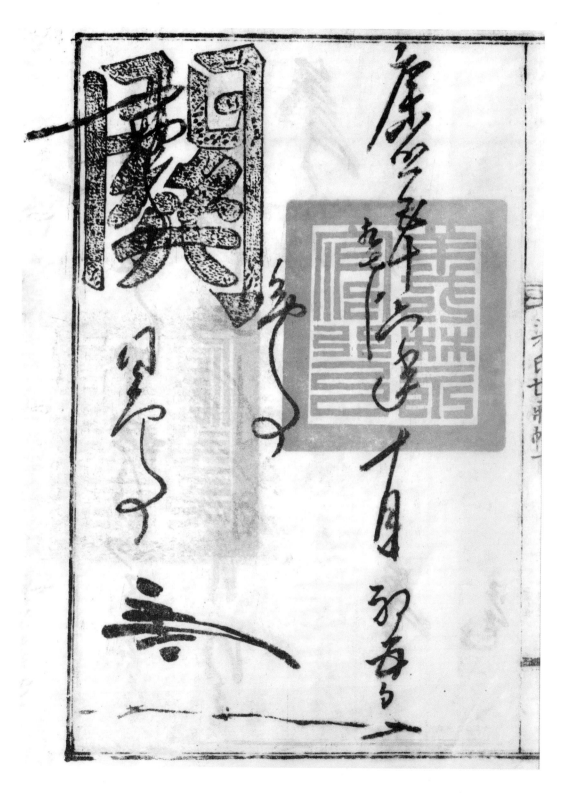

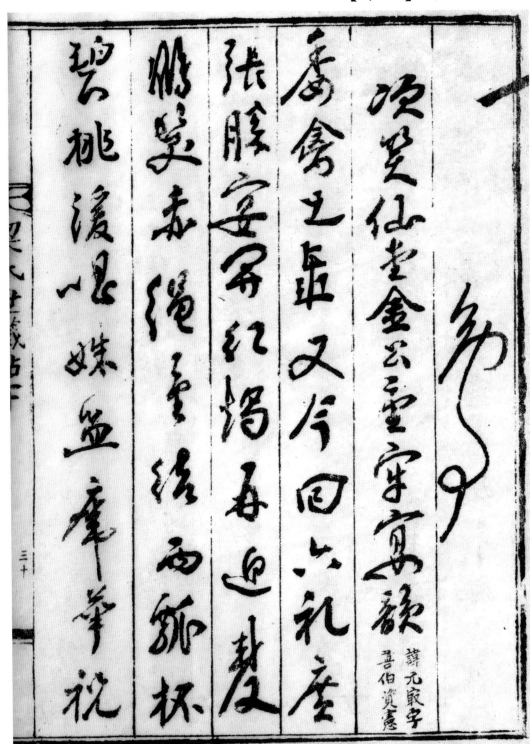

〈347〉　양씨세장첩 하(梁氏世藏帖 下)

爭涉勿滿臺陳舞遷

前千永夕東來少

一可沐衣

梁禹績

志外潢拜臺乳詐窆欷老

念動止安福何禾坐賀學

圍出祖諱謹事飛家尚包元

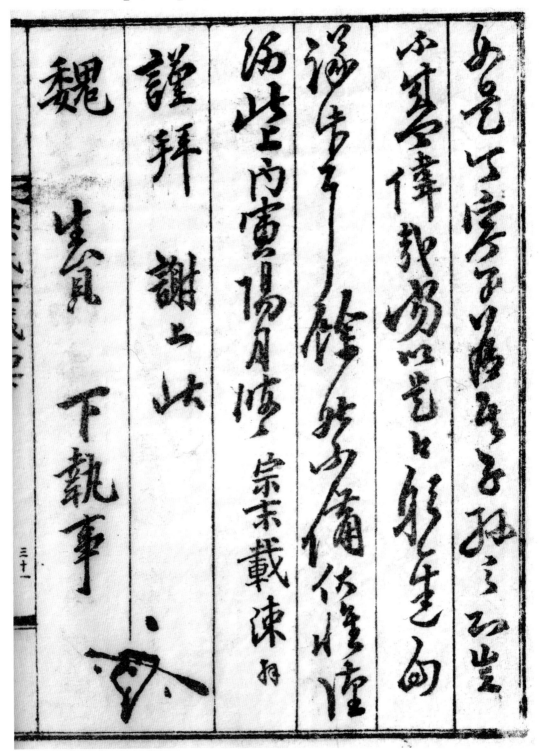

如是下情子為年子孫之所望

不勝舉諭所望四岂己能生面

謹拜言修步少庵依權座

涓此內實陽月修 宗宋載凍拜

謹拜 謝上狀

魏 生員 下執事

三十一

〈349〉 양씨세장첩 하(梁氏世藏帖 下)

正亦
惠此行善欣歷親事丕於
湝吉不服感荇修乃
僃俟惟

尊照 謹拜謝上狀

己亥臘月初九 梁可 嘿

湳宁 金陵 狄次

家兒歸後書信漸稀喜

仲瞻游南雲品自扰扰

梁氏世藏帖下

三十二

〈351〉 양씨세장첩 하(梁氏世藏帖 下)

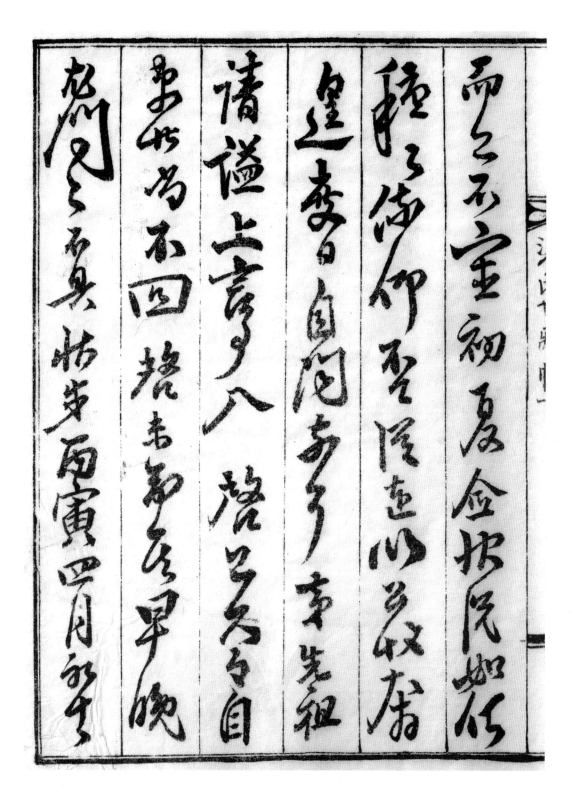

而之不定初夏合抄民如何
種之傳卯至今通以叔居
塋邊蔡 自陶家之 高先祖
請謚上言多人 稽首之自
弟孫為不回 諸未知是早晚
敬見之不真 時弟丙寅四月所書

陛下明 鍳久郞

民洞留梁生上候書

全羅君弘蓉　鉄六　執事入術

家急作揮拖未終頌喁耳沐揚

壺㓊兵垂湲修上一壽言保

三十三

登覽書有名後致悚歉悚墨

制梱體度茂膺神休而忱

坤候近得夾健一邪種之決瀆不

任下誠侍生行其凡百花法之計計

幸蒙

吳人忿胹護之力果全至橈之策

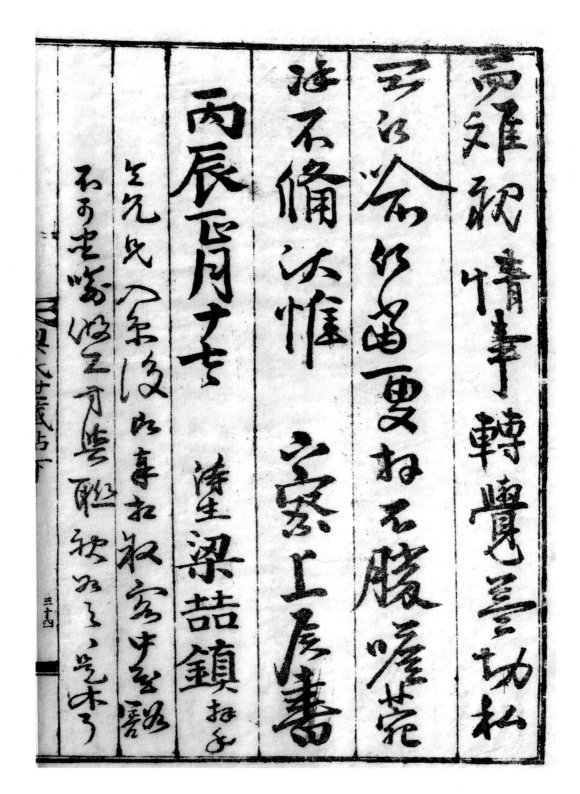

雖祝情事轉覺云云私
可幸冷留更和不勝嘆荒
陳不備伏惟 尊上辰書
丙辰正月十六 溗生梁喆鎮和子
克兄後事相叔家中皆寧
不宜書伏惟叔寧秋冬已覺未

〈355〉 양씨세장첩 하(梁氏世藏帖 下)

完鎭營　我軒의親事

崇頉停上産書

正劤扣鳴歸程打打於書書乗

孝伏非辰에

我居起居之保重之伏乞

且陳下賣歸寧後何孫溪業當

〈357〉 양씨세장첩 하(梁氏世藏帖 下)

之營 ... 文字禮 ... 後 ...

... 犯音窘 ... 之患 ...

先云後 ... 廿百暁 ... 軍

... 錢計 ... 又 ... 等

... 妻 ... 等

... 左往 ... 不備伏 ...

窠　上彦書

丁卯二月十六　下官　梁喆鎮　拜手

謹次資憲金公回婚宴賀韻

讚元寂号
笑仙堂

延壽必於積善人□南室

梅count □□八句偕老□室宴□福

俱全堂□□□□□□暗云□□□□壽

□□□相□三□□□□□秀□□孫子

生□圓滿辛□二月 □ 梁㳂

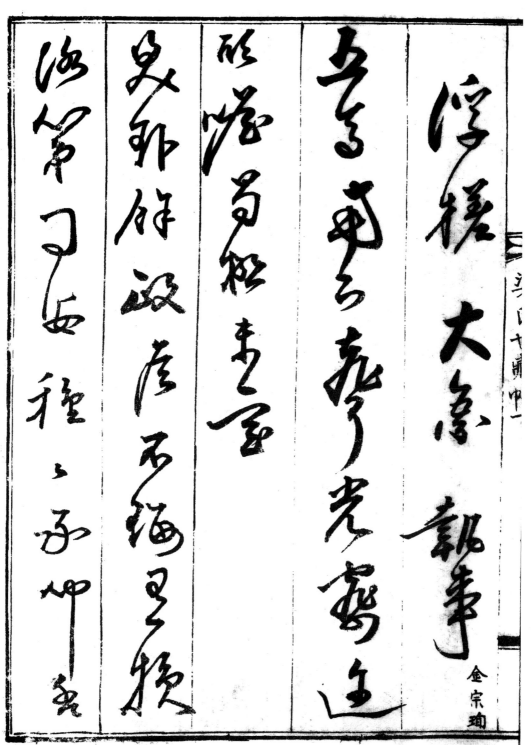

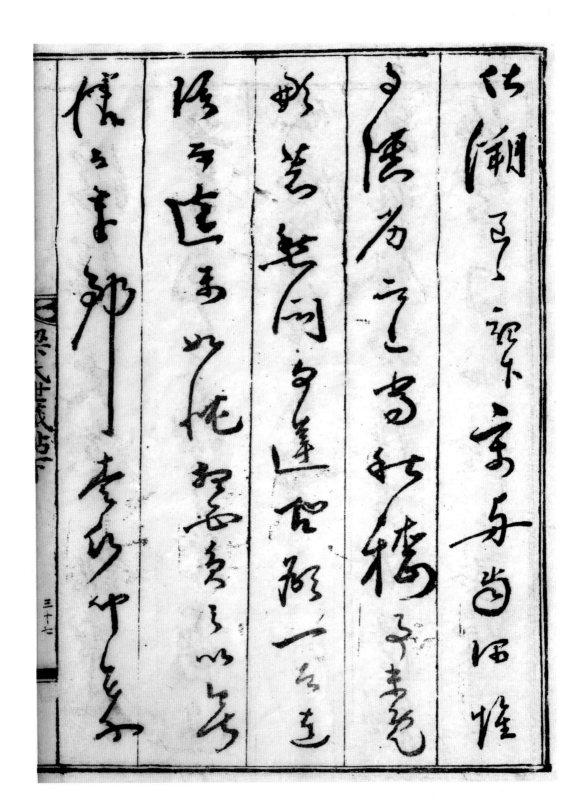

〈361〉 양씨세장첩 하(梁氏世藏帖 下)

季父主前

上候書

梁栒

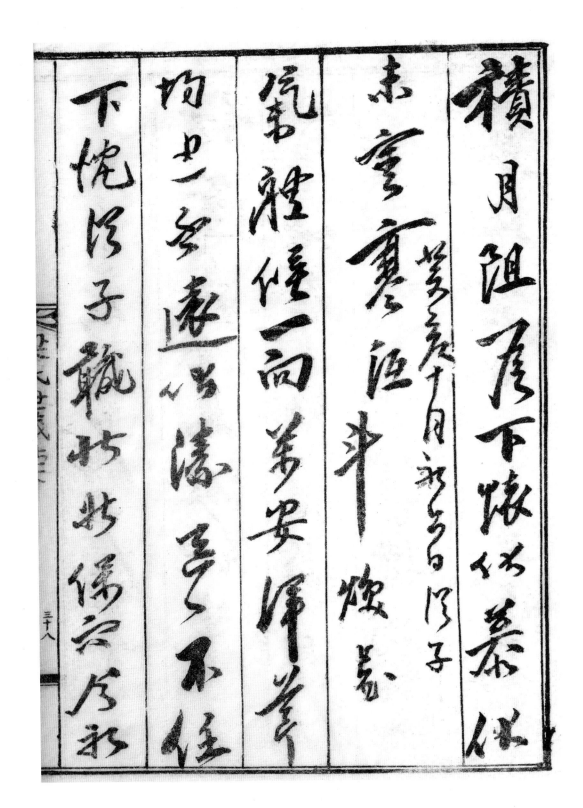

二百素判乃加贈事

蒙天恩寧祝差此六到

雲生先侮後何出書而信

近九口傳計六元夢書而信拶

搆不穩勢也信莠亦何三

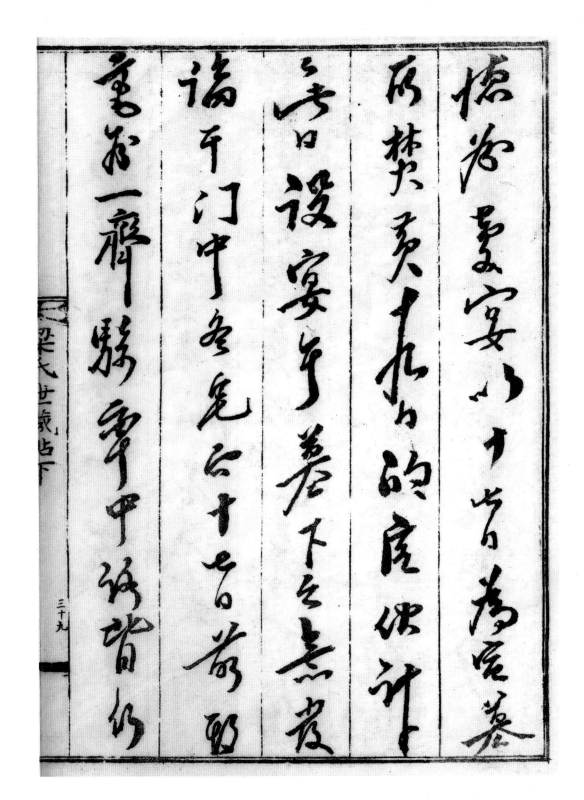

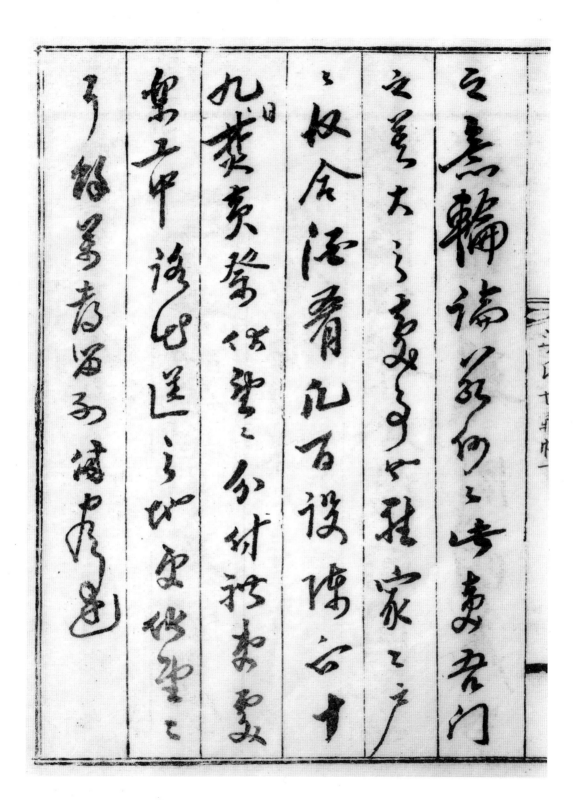

六畲 上畲

謹次華山金延峯春堂重宰

宴賀韻 諱元宰

嗤鴻佳期今復回同字

盛造旭朝開門庭爭

四十

〈367〉　양씨세장첩 하(梁氏世藏帖 下)

槻重字遊三蘭文奉

万年杯北園春光明

華席南極星光耀

曲其進美東床每好

疏枡白頎秀一可

休長

茶岑韻　　梁泰永

七句何幸纂斯樓　占得清凘永日遊　地僻为

烟開洞口月明虚喜　上欄頭竿次未完難經

夏上木檥做山層秋戒峯扵石固此桂家拜　　梁德煥

云好風流　　梁德煥

四十一

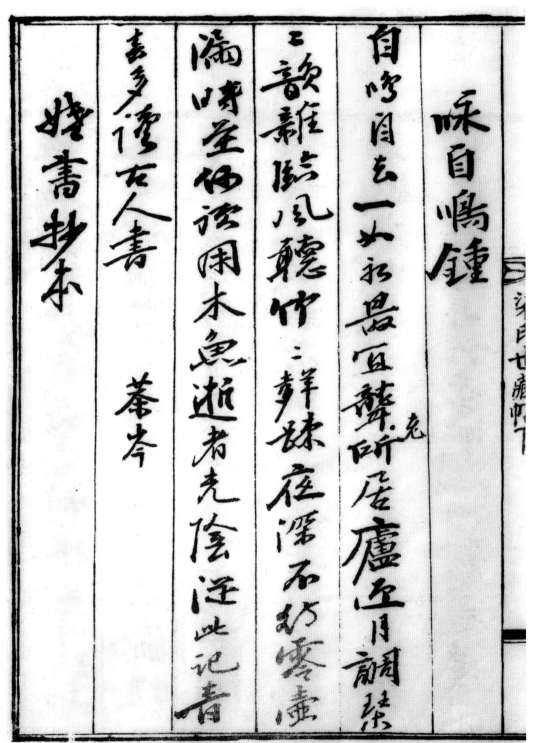

詠自鳴鍾

自鳴自去一如初晶盤藥所居盧丘月韻瑳

二韻離臨風聽竹二彝铢庭深石䑃零壺

滿晴堂何該閒木魚遊者先陰逆此記青

差多隱右人書　　菴岑

婢書抄本

供以婚姻正而令全聖人制禮夫婦別而

倫敍君子造端百祿是遒二姓之合窮惟

尊門之第三娘子實足右族之無雙閨

婺婦工天才不勞純於組維女誡家範

兼嫺熟於蓺藝氏族著於荊三朝迤

噴々家夾并於李呼閨口斬々頗草三

四十二

忱子女承生性十室里泠關姿才鈍鲁

促畫鵰枢牌為產訓室陳壽免生拓

禮裙年己七年父母珉稚者室力且織

細婿媦掉少監門幸苟陸家之迂拙人言

特毋達楯之脫勇倚惷歆儒素之南雅

姝童壽辮排術者之多端不拘關兼

月日

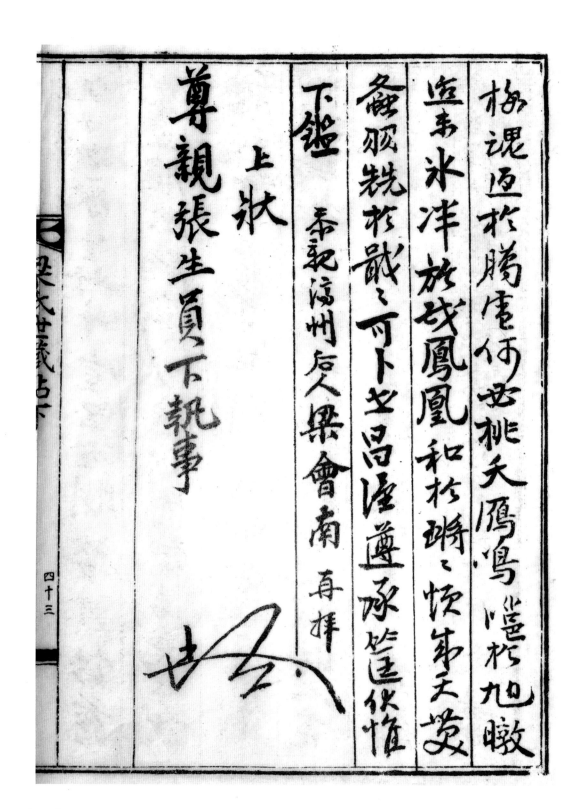

梅魂逗於勝傳何西桃夭鴯鴯鷁於旭暾

邁事氷泮旅戈鳳凰和於鏘鏘怳第天荒

盒殺糕於戴戴可卜立昌煋邇祿篋伏惟

下鑒

希乾湵州后人梁會甫再拝

上狀

尊親張生員下執事

〈373〉 양씨세장첩 하(梁氏世藏帖 下)

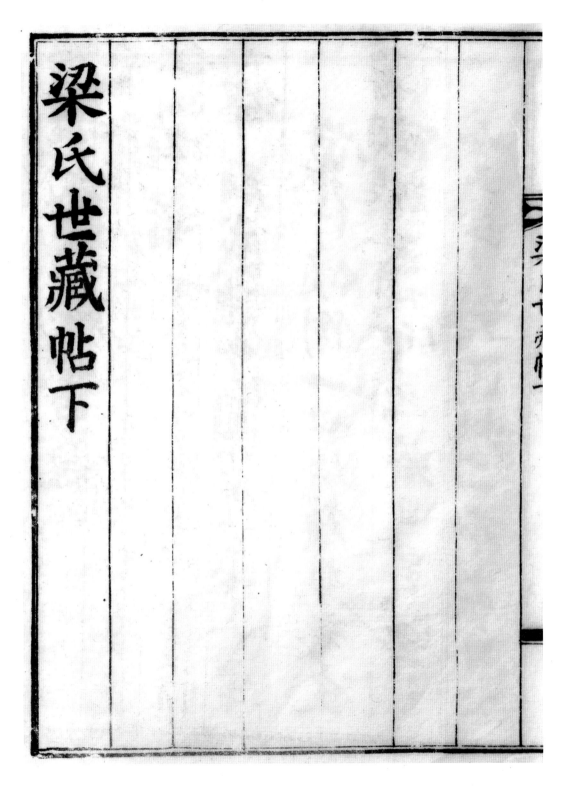

梁氏世藏帖下

梁氏寶藏舊題

在昔

中廟盛時學圃梁公以文章

節行傾倒一世烺耀於書史

百歲之下仰之若日星望之

必斗矣淂此二本出自公

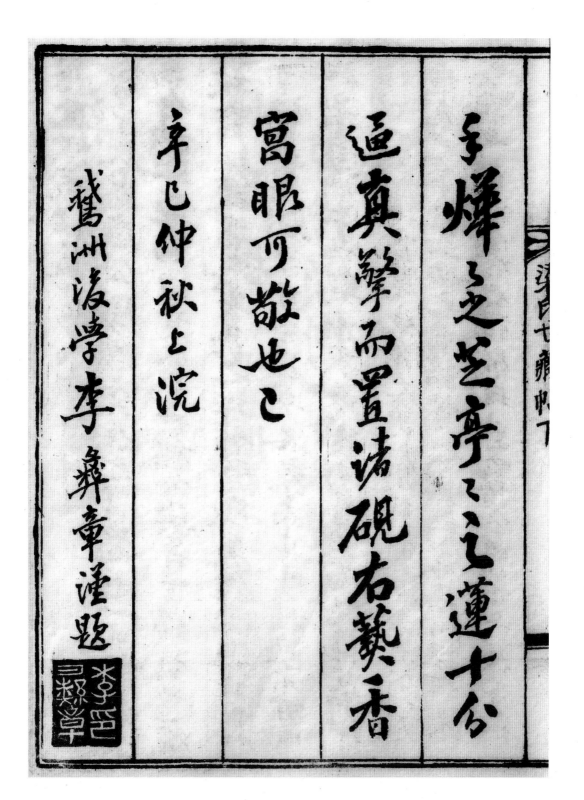

手燁之之芝亭之之蓮十今

逼真擘而置諸硯右藝香

冩眼可敬也已

辛巳仲秋上浣

鷺洲後學李舜章謹題

梁氏世藏帖跋

梁文會京氏惠康公學圃先生之肖裔也一日訪余于
稽山寓舍袖示一帖而曰吾家先世諸公與异世諸賢遊從
講劇故有往復書礼嘗為之作帖珍藏矣迨至近日世代
漸遠子姓益蕃則欲其分藏于各家而其數有限不可以
均矣於是吾族仁承與千承東候兩君相為謀移摹印
出子頎以一語置諸尾也余之蔑裂其何敢為遼謝不
獲命謹為之奉覽一帖之中諸賢之心畫燦然貽耀誠
稀世之寶也自他人視之猶敬玩無斁况以梁氏後承知

〈377〉 양씨세장첩 하(梁氏世藏帖 下)

其爲世傳之寶而因此可以念先德因此可以講先誼

那況人家之禍變難測與其藏于一處寧分于各處也

仁家之卵而廣之者其意誠且切矣余於此固竊有觀

得乎梁氏先範之懿家規之嚴非他族之所可望者夫

陳荀之家聲天下之所稱而未及數世不能嗣守爲朱

夫子之所歎矣梁氏則自學圃先生傳之十餘世而世

有令德以先先懿此可見先生之貽謨燕翼大有過於大

丘朗陵之蓋邁乃猷而八龍之薪與三難之對起終有不及

於先生後承之諸公者美古所謂篠蕩之筆其蟄自負
猶鶂之雛其羽五采者真梁氏之韶矣雖然詩亦
不玄乎風雨也梅鷄鳴不已願梁氏後人盍加愓焉於此
使其家風世德久益不替也若其是帖傳之（守）方梁氏旣
知之明故不欲擧論也窃於帖中或不無名位事功之
不顯始終大致之可議者而以當特論之窃交契之厚
也故今以後人不可有所存援於其間梁氏後人當有
以斟酌乎此而至於覽之者亦宜有諒焉而勿疑也夫

〈379〉　양씨세장첩 하(梁氏世藏帖 下)

龍集乙巳小春之殼生晼德殷宋在直謹識

幷書

檀紀四二九九年丙午元月 日發刊

檀紀四二九九年丙午元月 日發行

發行所　寶城郡得粮面松谷里

　　　　濟州梁氏永慕齋

發行代表者　梁禾承

發刊所　麗川郡呂羅面天圍里

　　　　大同印刷社

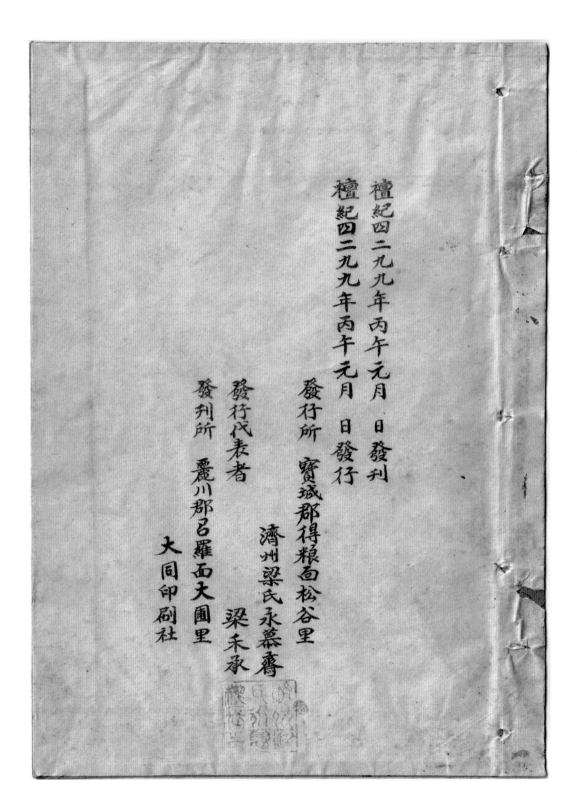

〈381〉　양씨세장첩 하(梁氏世藏帖 下)